Nentwig

Nachschusspflichten im Verbandsrecht

Rechtsfragen der Handelsgesellschaften

Band 125

Nachschusspflichten im Verbandsrecht

von

Dr. Martin Nentwig

2011

Verlag
Dr. Otto Schmidt
Köln

Bibliografische Information
der Deutschen Nationalbibliothek

Die Deutsche Nationalbibliothek verzeichnet diese Publikation in der Deutschen Nationalbibliografie; detaillierte bibliografische Daten sind im Internet über http://dnb.d-nb.de abrufbar.

Verlag Dr. Otto Schmidt KG
Gustav-Heinemann-Ufer 58, 50968 Köln
Tel. 02 21/9 37 38-01, Fax 02 21/9 37 38-943
info@otto-schmidt.de
www.otto-schmidt.de

ISBN 978-3-504-64679-0

Das verwendete Papier ist aus chlorfrei gebleichten Rohstoffen hergestellt, holz- und säurefrei, alterungsbeständig und umweltfreundlich.

Einbandgestaltung nach einem Entwurf von:
Jan P. Lichtenford
Druck und Verarbeitung: Betz, Darmstadt
Printed in Germany

Vorwort

Die vorliegende Arbeit wurde im Wintersemester 2010/2011 vom Fachbereich Rechtswissenschaft der Freien Universität Berlin als Dissertation angenommen. Rechtsprechung und Literatur konnten bis März 2011 berücksichtigt werden.

Danken möchte ich zunächst meinem Doktorvater und akademischen Lehrer, Herrn Prof. Dr. Christian Armbrüster, für die stets hilfreiche Kritik und fortwährende Unterstützung bei der Erstellung dieser Arbeit.

Außerdem möchte ich mich bei Herrn Prof. Dr. Gregor Bachmann für die schnelle Erstellung des Zweitgutachtens bedanken.

Überdies gebührt dem Elsa-Neumann-Stipendium des Landes Berlin Dank für die Gewährung des Promotionsstipendiums.

Mein Dank gilt auch Alexander Wulff, Johan Horst sowie Ivan Paulavets, die mit Ihren kritischen Anmerkungen die Arbeit entschieden mit vorangebracht haben.

Schließlich danke ich meiner Familie, insbesondere meinem Bruder Malte Nentwig, der mir den ausschlaggebenden Anstoß zur Umsetzung dieser Arbeit gegeben hat.

Anna Miriam Burgheim gilt ein besonderer Dank.

Berlin, im März 2011 *Martin Nentwig*

Inhaltsübersicht

Inhaltsverzeichnis

Abkürzungsverzeichnis

a. A.	andere Ansicht
Abs.	Absatz
AcP	Archiv für civilistische Praxis
a. E.	am Ende
AG	Amtsgericht, Aktiengesellschaft
AGB	Allgemeiner Geschäftsbedingungen
AGBG	Gesetz zur Regelung des Rechts der Allgemeinen Geschäftsbedingungen
AktG	Aktiengesetz
Aufl.	Auflage
BB	Betriebs-Berater
BBoSchG	Bundesbodenschutzgesetz
Begr.	Begründung
Bd.	Band
BGB	Bürgerliches Gesetzbuch
BGBl.	Bundesgesetzblatt
BGH	Bundesgerichtshof
BGHZ	Entscheidungen des Bundesgerichtshofes in Zivilsachen
BKR	Zeitschrift für Bank- und Kapitalmarktrecht
BMF	Bundesministerium der Finanzen
BT-Drucks.	Bundestagsdrucksache
BMWi	Bundesministerium für Wirtschaft und Technologie
DB	Der Betrieb
d. h.	das heißt
ders.	derselbe
dies.	dieselbe
Diss.	Dissertation
DNotZ	Deutsche Notar-Zeitschrift
DÖV	Die öffentliche Verwaltung (Zeitschrift)
DStR	Deutsches Steuerrecht (Zeitschrift)
Einl.	Einleitung
EuZW	Europäische Zeitschrift für Wirtschaftsrecht
EWiR	Entscheidungen zum Wirtschaftsrecht
e.V.	eingetragener Verein
f./ff.	folgende
FAZ	Frankfurter Allgemeine Zeitung

Fn.	Fußnote
FS	Festschrift
GbR	Gesellschaft bürgerlichen Rechts
gem.	gemäß
GenG	Genossenschaftsgesetz
ggf.	gegebenenfalls
GmbH	Gesellschaft mit beschränkter Haftung
GmbHG	Gesetz betreffend die Gesellschaft mit beschränkter Haftung
GmbHR	GmmbH-Rundschau
GWR	Gesellschafts- und Wirtschaftsrecht (Zeitschrift)
Habil.	Habilitationsschrift
Hdb.	Handbuch
HGB	Handelsgesetzbuch
Hrsg.	Herausgeber
HS	Halbsatz
INF	Information über Steuer und Wirtschaft (Zeitschrift)
i.V.m.	in Verbindung mit
i.S.d.	im Sinne des
JZ	Juristen Zeitung
KG	Kammergericht, Kommanditgesellschaft
LG	Landgericht
MDR	Monatsschrift für Deutsches Recht
NJW	Neue Juristische Wochenschrift
NJW-RR	NJW-Rechtsprechungsreport
n. rk.	nicht rechtskräftig
n.v.	nicht veröffentlicht
NVwZ	Neue Zeitschrift für Verwaltungsrecht
NZG	Neue Zeitschrift für Gesellschaftsrecht
NZI	Neue Zeitschrift für Insolvenzrecht
OHG	Offene Handelsgesellschaft
OLG	Oberlandesgericht
p.a.	per annum
PartG	Partnerschaftsgesellschaft
PartGG	Partnerschaftsgesellschaftsgesetz

Reg. Begr.	Regierungsbegründung
RG	Reichsgericht
RGZ	Entscheidungen des Reichsgerichts in Zivilsachen
Rn.	Randnummer
RT-Drucks.	Reichtagsdrucksache
S.	Seite
sog.	sogenannt
Urt. v.	Urteil vom
vgl.	vergleiche
WM	Wertpapiermitteilungen
WpHG	Wertpapierhandelsgesetz
WRP	Wettbewerb in Recht und Praxis (Zeitschrift)
WuB	Entscheidungssammlung zum Wirtschafts- und Bankrecht
ZfIR	Zeitschrift für Immobilienrecht
ZGR	Zeitschrift für Unternehmens- und Gesellschaftsrecht
ZHR	Zeitschrift für das gesamte Handelsrecht und Wirtschaftsrecht
ZIP	Zeitschrift für Wirtschaftsrecht
ZNotP	Zeitschrift für die Notarpraxis
ZPO	Zivilprozessordnung
ZWE	Zeitschrift für Wohnungseigentumsrecht

Wegen abgekürzt zitierten Kommentaren, Handbüchern, Festschriften u.ä. wird auf das Literaturverzeichnis verwiesen.

Andere Abkürzungen folgen – soweit nicht allgemeinverständlich – den Vorgaben von Kirchner (Hrsg.), Abkürzungsverzeichnis der Rechtssprache, 6. Auflage, 2008.

A. Einleitung

I. Problemstellung

Ziel dieser Arbeit ist es, den Problemkreis der Nachschusspflichten im Gesellschaftsrecht zu erörtern. Dabei soll dieser Themenkomplex ausschließlich im Stadium des werbend tätigen Verbandes[1] behandelt werden. Die Nachschusspflicht eines Verbandsmitgliedes in der Liquidation und Insolvenz unterliegt anderen dogmatischen Grundlagen[2] und geht über den Rahmen dieser Untersuchung hinaus.

Von zentraler Bedeutung für die Nachschusspflichten im Gesellschaftsrecht ist das sog. „Belastungsverbot", wonach ein Gesellschafter nicht ohne seine Zustimmung zu weiteren Leistungen verpflichtet werden kann.[3] Dieser Grundsatz wird aus § 707 BGB, § 53 Abs. 3 GmbHG sowie § 180 AktG gefolgert.[4] Im Genossenschafts- und Vereinsrecht fehlen vergleichbare Vorschriften. Gleichwohl wird im Hinblick auf das Belastungsverbot – oftmals ohne nähere Erörterung – von einem allgemeinen Prinzip des Gesellschaftsrechts gesprochen.[5] So lässt sich nach einer Ansicht die Regelung des § 707 BGB, wonach ein Gesellschafter nicht zur Erhöhung des vereinbarten Beitrags verpflichtet ist, bereits aus diesem allgemeinen Prinzip herleiten.[6] In dieser Arbeit gilt es zu untersuchen, ob dieses Postulat tatsächlich zutrifft.

---

1 Unter einem Verband wird nachfolgend jede privatrechtliche Personenvereinigung verstanden, die aufgrund einer Satzung oder eines Gesellschaftsvertrages zur Erreichung eines bestimmten Zwecks errichtet worden ist, vgl. hierzu *K. Schmidt*, Gesellschaftsrecht, S. 168, 656; *Wiedemann*, Gesellschaftsrecht I, S. 89 f.

2 Eingehend hierzu *Scherf*, Nachschußpflicht, S. 73 ff.

3 *Armbrüster*, ZGR 2009, 1, 27; *Beuthien*, BB 1987, 7, 10; Staudinger/*Habermeier*, § 707 Rn. 1; *K. Schmidt*, Gesellschaftsrecht, S. 473; *Schubert*, WM 2008, 1197, 1198; *Stein*, in: MünchKomm-AktG, § 180 Rn. 4; *Wiedemann*, Gesellschaftsrecht I, S. 393; *ders.*, ZGR 1977, 690, 692.

4 *Beuthien*, BB 1987, 7, 10; Staudinger/*Habermeier*, § 707 Rn. 1; *Stein*, in: MünchKomm-AktG, § 180 Rn. 4; *Wiedemann*, Gesellschaftsrecht I, S. 393; *ders.*, ZGR 1977, 690, 692.

5 *Armbrüster*, ZGR 2009, 1, 27; *A. Hueck*, OHG, S. 209: *„Grundprinzip des Gesellschaftsrechts"*; Michalski/*Hoffmann*, § 53 Rn. 86; *K. Schmidt*, Gesellschaftsrecht, S. 473: *„Allgemeines Institut des Gesellschaftsrechts"*; *ders.*, JuS 2007, 971, 972: *„Allgemeine Institution des Gesellschaftsrechts"*; Scholz/*Priester/Veil*, § 53 Rn. 50; *Stein*, in: MünchKomm-AktG, § 180 Rn. 4; *Ulmer/Schäfer*, in: MünchKomm-BGB, § 707 Rn. 1; *Wiedemann*, ZGR 1977, 690, 692: *„Grundregel des Gesellschaftsrechts"*.

6 Staudinger/*Habermeier*, § 707 Rn. 1.

Zudem ist von besonderem Interesse, inwieweit die vorbezeichneten Normen eine Erhöhung der finanziellen Leistungspflichten von Verbandsmitgliedern konterkarieren. Überdies gilt es aus kautelarjuristischer Sicht zu betrachten, welche Anforderungen an die Gestaltung von Gesellschaftsverträgen gestellt werden, damit Verbandsmitglieder zu zusätzlichen Beitragspflichten herangezogen werden können.

Hierzu soll nicht nur das Personengesellschaftsrecht im Hinblick auf Nachschusspflichten untersucht werden, sondern auch einzelne Rechtsformen der Körperschaften. Diesbezüglich werden zur Ermöglichung einer rechtsformübergreifenden Betrachtung das Vereinsrecht, das Aktien- und GmbH-Recht sowie das Genossenschaftsrecht analysiert. Die spezielle Rechtsform der Partenreederei (§§ 489 ff. HGB) wird aufgrund ihrer geringen praktischen Bedeutung nur am Rande erwähnt. Der Versicherungsverein auf Gegenseitigkeit (§§ 15 ff. VAG), als spezielle Form des rechtsfähigen Wirtschaftsvereins, wird wegen seiner spezifischen Besonderheiten nicht erörtert. Um eine detailreiche und vertiefte Analyse der Nachschusspflichten vornehmen zu können, wird auf einen rechtsvergleichenden Ansatz verzichtet. Die vorliegende Arbeit beschränkt sich daher auf das deutsche Gesellschaftsrecht.[7]

Trotz der beabsichtigten rechtsformübergreifenden Betrachtung liegt der Schwerpunkt der Arbeit im Personengesellschaftsrecht. Hier ist das Problem der Nachschusspflichten von besonderer Bedeutung. Bezüglich der für das Personengesellschaftsrecht relevanten Vorschrift des § 707 BGB hat schon das RG entschieden, dass die Freiheit des Einzelnen den Ausgangspunkt bilde, und nicht das Mehrheitsprinzip.[8] Bereits diese Auseinandersetzung des RG mit dem Thema der Nachschusspflichten bestätigt die zeitlose Relevanz dieses Problemkreises.[9] So wird dieser auch als ein „schlafender Klassiker“ bezeichnet, der erst wieder vom BGH zum Leben erweckt werden musste.[10] Die aktuelle Relevanz des Themas ist den sog. geschlossenen Immobilienfonds[11] in Form von Publikumspersonengesellschaften[12] geschul-

7 Zur entsprechenden Rechtslage in anderen europäischen Staaten vgl. *Wiedemann*, FS Priester, 2007, S. 858 f.

8 RG, Urt. v. 23.11.1917 – II 242/17, RGZ 90, 166, 168.

9 Vgl. hierzu ebenfalls die bereits 1903 erschienene Monographie von *Förster*, Nachschusspflicht bei Aktiengesellschaften.

10 *Schäfer*, Gesellschaftsrecht i. d. Diskussion, S. 137.

11 Eingehend zur Gestaltung und Konzeption von geschlossenen Immobilienfonds *Schneider*, Rückabwicklung, S. 45 ff.; *Walch*, Immobilienfondsgesellschaft, S. 31 ff.; näher zur Definition eines geschlossenen Immobilienfonds BGH, Urt. v. 21.1.2002 – II ZR 2/00, BGHZ 150, 1, 4 = NJW 2002, 1642; *Holmer*, Geschlossener Immobilienfonds, S. 3 ff.

12 Vgl. zur Definition einer Publikumspersonengesellschaft die Nachweise in Fn. 79.

det.[13] Aufgrund der schlechten Marktentwicklung von geschlossenen Immobilienfonds[14], insbesondere in den neuen Bundesländern, stieg der Bedarf an zusätzlichem Eigenkapital dieser Gesellschaften. Dabei stellte sich die zentrale Frage, ob und inwieweit die Gesellschafter neben ihrer bereits erbrachten Einlage zur Zahlung von weiterem Eigenkapital verpflichtet werden konnten. Im Ergebnis führte dies zu einer eingehenden Auseinandersetzung des BGH mit dem Thema der Nachschusspflichten im Personengesellschaftsrecht, der „geradezu epidemisch"[15] seit 2005 mit entsprechenden Prozessen beschäftigt worden ist. Dabei wird das hier zu erörternde Problem der Nachschusspflichten wohl in jüngster Zeit wieder große praktische Relevanz erlangen. Zahlreiche Schiffsfonds, die ebenfalls in Form von Publikumspersonengesellschaften betrieben werden[16], befinden sich derzeit in einer wirtschaftlichen Schieflage.[17] Diese stellen mit einem Anteil von 30% an den im Jahre 2008 platzierten geschlossenen Fonds[18], welche insgesamt über rund EUR 8,3 Milliarden an Eigenkapital von Anlegern verfügen[19], ein beliebtes Anlagemodell dar. Zwar ist im Jahr 2009 ein Rückgang des platzierten Eigenkapitals bei geschlossenen Fonds von knapp 40% zu verzeichnen gewesen.[20] Besonders drastisch fiel der Rückgang mit ca. 70% bei Schiffsfonds aus. Jedoch hat sich der Markt für geschlossene Fonds im Jahr 2010 mit einer Erhöhung des platzierten Eigenkapitals um 13% gegenüber dem Vorjahr auf rund EUR 5,8 Milliarden leicht erholt.[21] In Bezug auf Schiffsfonds ist allerdings zu beachten, dass fast ein Drittel des im Jahre 2010 platzierten Eigenkapitals für Kapitalerhöhungen verwendet worden ist, um die

13 *Priester*, ZIP 2010, 497.

14 BT-Drucks. 16/13402, S. 2; *Holmer*, Geschlossener Immobilienfonds, S. 67 ff.; *Schneider*, Rückabwicklung, S. 29, 33 mit Fn. 28; *K. Wagner*, NZG 1998, 289 ff.; *ders.*, NZG 1999, 868 ff.; *Walch*, Immobilienfondsgesellschaft, S. 40 ff.; *Westermann*, NZG 2010, 321.

15 *K. Schmidt*, ZGR 2008, 1, 20.

16 Eingehend zu deren rechtlichen Gestaltung sowie steuerrechtlichen Besonderheiten *Lüdicke/Arndt*, Geschlossene Fonds, S. 238 ff.

17 FAZ v. 5.2.2010, Nr. 30, S. 19; *Paul/Richter*, DB 2010, 2153; nach Ansicht von *Stupp*, DB 2010, 489 ist diese Anlageklasse momentan am stärksten betroffen.

18 Offizielle VGF (Verband Geschlossene Fonds e.V.) Marktzahlen 2008, S. 9, abrufbar unter http://www.vgf-branchenzahlen.de.

19 Offizielle VGF (Verband Geschlossene Fonds e.V.) Marktzahlen 2008, S. 4, abrufbar unter http://www.vgf-branchenzahlen.de.

20 FAZ v. 4.2.2010, Nr. 29, S. 21; Offizielle VGF (Verband Geschlossene Fonds e.V.) Marktzahlen 2009, S. 5, abrufbar unter http://www.vgf-branchenzahlen.de.

21 Offizielle VGF (Verband Geschlossene Fonds e.V.) Marktzahlen 2010, S. 6, abrufbar unter http://www.vgf-branchenzahlen.de.

Folgen der Wirtschaftskrise abzufedern.[22] Dies zeigt, dass sich das Problem der Nachschusspflichten gerade für die schon platzierten Schiffsfonds ergeben wird. Mit einer neuen Reihe von veröffentlichten Urteilen ist jedoch nur in einem sehr geringen Umfang zu rechnen, da bei Schiffsfonds in der Regel Schiedsgerichtsvereinbarungen gem. §§ 1029 ff. ZPO getroffen werden[23]. Entsprechende Prozesse und Entscheidungen werden daher der Öffentlichkeit weitgehend unbekannt bleiben.[24]

Die schwelende Brisanz der Nachschusspflichten besteht darin, dass ein unbestimmtes und insbesondere von den Gesellschaftern nicht beeinflussbares Ereignis zu einem hohen Eigenkapitalbedarf der Gesellschaft führen kann. Daher ist die Problematik in Krisenzeiten besonders virulent.[25] Beachtet werden muss sie aber ebenso in wirtschaftlich besseren Zeiten, um gleichfalls präventiv einer (vorläufigen) zu geringen Eigenkapitalausstattung der Gesellschaft in der Zukunft vorzubeugen.

Dennoch bleibt die aktuelle Brisanz der Nachschusspflichten nicht auf den Bereich der Personengesellschaften beschränkt. Vielmehr musste sich der BGH auch im Vereinsrecht mit der Thematik befassen.[26] Dies zeigt, dass sich auch bei einer ideellen Zwecksetzung des Verbandes, nämlich in einem nichtwirtschaftlichen Verein gem. § 21 BGB, die Frage einer zusätzlichen Leistungspflicht der Vereinsmitglieder stellen kann. Diese Unterscheidung in der Zwecksetzung und Struktur des Verbandes ist gerade vor dem Hintergrund einer rechtsformübergreifenden Betrachtung von Interesse.

Die umfangreiche aktuelle Rechtsprechung des BGH zum Problemkreis der Nachschusspflichten im Gesellschaftsrecht hat noch keinen entsprechenden Niederschlag in der Literatur gefunden. Bisher liegt nur eine aktuellere vertiefte Darstellung zu Nachschusspflichten im Gesellschaftsrecht vor.[27] Diese Monographie legt den Schwerpunkt jedoch nicht auf die Nachschusspflicht

22 Pressemitteilung der VGF (Verband Geschlossene Fonds e.V.) Nr. 4/2011, S. 3, abrufbar unter http://www.vgf-online.de/presse/pressemitteilungen.html.

23 Vgl. zur Unwirksamkeit einer entsprechenden Schiedsgerichtsvereinbarung bei einem Schiffsfonds OLG Oldenburg, Urt. v. 23.5.2001 – 1 U 9/01, NZG 2002, 931.

24 Eine Ausnahme in der Veröffentlichung schiedsgerichtlicher Urteile bilden die Entscheidungssammlungen *Straatmann (Hrsg.)*, Handelsrechtliche Schiedsgerichts-Praxis Bd. I und II, fortgesetzt durch die *Handelskammer Hamburg (Hrsg.)*, Rechtsprechung kaufmännischer Schiedsgerichte, Bd. III bis V. Sie beinhalten jedoch nur teilweise gesellschaftsrechtliche Entscheidungen.

25 *Wulff*, WuB II J. § 707 BGB 1.06.

26 BGH, Urt. v. 24.9.2007 – II ZR 91/06, NZG 2008, 38; Urt. v. 2.6.2008 – II ZR 289/07, NZG 2008, 675 sowie ausführlich unten S. 188 ff.

27 *Scherf*, Nachschußpflicht.

im werbend tätigen Verband, sondern im Stadium der Liquidation und Insolvenz. Zudem konnte die umfassende Rechtsprechung des BGH seit 2005 nicht berücksichtigt werden. Ferner wird das Vereinsrecht vollständig ausgeklammert. Hierdurch wird ein rechtsformübergreifender Vergleich nur begrenzt ermöglicht. Die übrigen Erörterungen in der Literatur stellen oftmals lediglich die Rechtsprechung dar. Eine vertiefte sowie kritische rechtliche Würdigung wird hingegen vielfach nicht vorgenommen. Auffällig ist zudem, dass hinsichtlich des Personengesellschaftsrechts nur sehr vereinzelt Handlungsalternativen aufgezeigt werden, wie die Gesellschaft unabhängig von Nachschusspflichten der Gesellschafter zusätzliches Eigenkapital generieren kann.[28] Überdies wird trotz des allgemeinen gesellschaftsrechtlichen Problems der Nachschusspflichten häufig nur eine rechtsformspezifische Erörterung vorgenommen. Im Gegensatz hierzu soll durch die rechtsformübergreifende Untersuchung der Nachschusspflichten ein weiterer Beitrag zum „Allgemeinen Teil“[29] des Gesellschaftsrechts ermöglicht werden.

Das Problem der Nachschusspflichten stellt sich regelmäßig vor dem Hintergrund einer wirtschaftlichen Krise des Verbandes. Für die Verbandsmitglieder ist also maßgeblich, ob sie sich mit ihrem Eigenkapital hinter ihren Verband stellen oder eine Auflösung bzw. einen Austritt bevorzugen. Diesbezüglich ist freilich von Interesse, welche rechtlichen Handlungsoptionen der Verband und seine Mitglieder haben, und ob diese auch wirtschaftlich sinnvoll sind.

II. Gang der Darstellung

Im ersten Teil der Arbeit wird das Problem der Nachschusspflichten im Personengesellschaftsrecht erörtert. Hierzu soll zunächst eine eigene Begriffsdefinition eines Nachschusses herausgearbeitet werden. Nach Erörterung der gesetzlichen Vorgaben wird sodann auf die Begründung von zukünftigen Beitragspflichten eingegangen. Der Schwerpunkt der Analyse von Nachschusspflichten im Personengesellschaftsrecht folgt in der Untersuchung einer Beitragserhöhung durch einen Mehrheitsbeschluss der Gesellschafter. Diesbezüglich ist von besonderem Interesse, unter welchen Voraussetzungen aufgrund eines Mehrheitsbeschlusses entsprechende Leistungspflichten der Gesellschafter nachträglich vermehrt werden können. Im Rahmen dieser Diskussion werden auch die Auswirkungen der sog. *„Otto“*-Entscheidung

28 Hierauf weist *Schäfer*, Gesellschaftsrecht i. d. Diskussion, S. 137, 147 hin.

29 Vgl. zu diesem Aspekt hinsichtlich der treuhänderischen Beteiligung an Gesellschaften bereits *Armbrüster*, Treuhand, S. 10; im Hinblick auf die Mitgliedschaft *Lutter*, AcP 180 (1980), 84, 155.

des BGH[30] auf den Problemkreis der Nachschusspflichten analysiert und kritisch gewürdigt. Als Ergebnis hiervon werden die Voraussetzungen für eine wirksame Vertragsgestaltung aufgezeigt. Nachfolgend wird auf die Frage eingegangen, ob die Gesellschafter im Einzelfall verpflichtet sind einem Gesellschafterbeschluss zuzustimmen, der eine Beitragserhöhung sämtlicher Gesellschafter zum Gegenstand hat. Diesbezüglich soll versucht werden Kriterien herauszuarbeiten, die eine Zustimmungspflicht nahe legen. Des Weiteren sind die Rechtsfolgen einer unwirksamen Mehrheitsklausel im Gesellschaftsvertrag zu analysieren. Hierbei wird bezüglich der Bindungswirkung eines entsprechenden Beschlusses über eine Beitragserhöhung nach zustimmenden sowie ablehnenden Gesellschaftern differenziert. Außerdem wird erörtert, ob die Entscheidung über eine Beitragserhöhung notwendigerweise stets von den Gesellschaftern selbst zu treffen ist, oder auch an gesellschaftsexterne Personen delegiert werden kann. Ein weiterer Schwerpunkt im Personengesellschaftsrecht liegt in der Darstellung von Handlungsalternativen zugunsten der Gesellschafter(-mehrheit), die eine Beitragserhöhung befürworten, diese allerdings nicht zu Lasten sämtlicher Gesellschafter wirksam beschließen können. Grund hierfür kann eine unwirksame gesellschaftsvertragliche Mehrheitsklausel sein oder aber das Nichterreichen einer gesellschaftsvertraglich vereinbarten qualifizierten Mehrheit. Diesbezüglich wird auf die Möglichkeit einer Kapitalerhöhung im Personengesellschaftsrecht eingegangen. Zugespitzt auf die Sanierungssituation einer Personengesellschaft stellt sich die Frage, inwieweit die Gesellschafter einem Sanierungskonzept in Form einer Kapitalerhöhung zustimmen müssen. Zur Konkretisierung der Zustimmungsvoraussetzungen wird analysiert, ob die in der *„Girmes“*-Entscheidung aufgestellten Kriterien des BGH[31] auf vergleichbare Sachverhalte im Personengesellschaftsrecht (vollständig) übertragbar sind.

Der zweite Teil der Arbeit beinhaltet den Problemkreis der Nachschusspflichten im Körperschaftsrecht, wobei ein maßgeblicher Teil dieses Abschnitts das Vereinsrecht zum Gegenstand hat. Nach einer Darstellung der zulässigen Beitragsregelungen in einem nichtwirtschaftlichen Verein wird untersucht, inwieweit zusätzliche finanzielle Leistungspflichten zu Lasten der Vereinsmitglieder begründet oder bereits bestehende nachträglich erhöht werden können. Schließlich wird auch im Vereinsrecht der Frage nachgegangen, unter welchen Voraussetzungen ein Vereinsmitglied zur Erhöhung seiner finanziellen Leistungen verpflichtet ist. Diesbezüglich ist von besonderem Interesse, ob sich ein Vereinsmitglied durch Kündigung seiner Mit-

30 Urt. v. 15.1.2007 – II ZR 245/05, BGHZ 170, 283 = NJW 2007, 1685 – *„Otto“*.
31 Urt. v. 20.3.1995 – II ZR 205/94, BGHZ 129, 136 = NJW 1995, 1739 – *„Girmes“*.

gliedschaft von zusätzlichen Leistungspflichten befreien kann. Nachfolgend werden die finanziellen Leistungspflichten in der AG unter dem Blickwinkel der Nachschusspflichten dargestellt. Im GmbH-Recht gilt es das System der gesetzlich geregelten Nachschusspflichten vertieft darzustellen. Zudem sind in Abgrenzung zu den Nachschusspflichten die sonstigen finanziellen Leistungspflichten eines GmbH-Gesellschafters sowie deren Erhöhung zu thematisieren. Zur abschließenden Darstellung der Nachschusspflichten im Körperschaftsrecht wird außerdem auf das Genossenschaftsrecht mit seinen spezifischen Besonderheiten eingegangen.

Im dritten Teil der Arbeit wird eine rechtsformübergreifende vergleichende Analyse der Nachschusspflichten im Gesellschaftsrecht erfolgen. Hierbei werden die bestehenden Unterschiede sowie Gemeinsamkeiten zwischen den einzelnen Rechtsformen untersucht. Zudem kann aufgrund der vorangegangenen Erkenntnisse dieser Untersuchung geklärt werden, ob es sich beim Belastungsverbot tatsächlich um ein allgemeines Prinzip des Gesellschaftsrechts handelt. Überdies soll der Versuch unternommen werden, inwieweit einzelne, in der bisherigen Analyse herausgearbeiteten Kriterien zu bestimmten Problembereichen der Nachschusspflicht im Gesellschaftsrecht auf andere Verbandsformen übertragen werden können. Zum Schluss der Arbeit werden die wesentlichen Ergebnisse der Arbeit in Form von Thesen zusammengefasst.

III. Allgemeine Erwägungen

Bevor die rechtsformspezifische Auseinandersetzung mit dem Problemkreis der Nachschusspflichten erfolgt, sollen zunächst einige allgemeine Erwägungen im Hinblick auf das Thema angestellt werden. Hierzu werden insbesondere die Umstände sowie Rahmenbedingungen benannt, die das Problem der Nachschusspflichten rechtsformübergreifend beherrschen.

Zunächst ist der Grundkonflikt, bei dem Streitigkeiten über Nachschusspflichten regelmäßig zum Tragen kommen, zu skizzieren. Wie bereits einleitend erwähnt, stellt sich die Frage von Nachschusspflichten oft bei einer wirtschaftlichen Schieflage des Verbandes oder einem besonderen außerordentlichen Finanzbedarf, der aus den ggf. noch vorhandenen Finanzmitteln nicht bestritten werden kann. Mithin geht es um die Verbesserung der Eigenkapitalausstattung des Verbandes. Auch für eine (ergänzende) Fremdkapitalfinanzierung des Verbandes sind Nachschusspflichten von Belang. Werden nämlich die Verbandsmitglieder in einer wirtschaftlichen Krise ihres Verbandes zu weiteren Zahlungen verpflichtet, so kann Fremdkapitalgebern hierdurch signalisiert werden, dass durch die Zuführung von weiterem Eigenkapital von einer wirtschaftlichen Überlebensfähigkeit des Verbandes ausgegangen wird.

Eine ungenügende Eigenkapitalausstattung eines Verbandes kann auf gesellschaftsexterne Umstände, wie etwa eine schwierige Marktlage, zurückzuführen sein. Jedoch können auch gesellschaftsinterne Voraussetzungen hierfür (mit-)ursächlich sein. Denkbar ist dies z.B., wenn die finanziellen Leistungspflichten der Verbandsmitglieder in Bezug auf die Verwirklichung des Gesellschaftszwecks nicht ausreichend sind. Die Prognose, welche Mittel hierfür erforderlich sein werden, kann aufgrund nicht beeinflussbarer externer Umstände problematisch sein. Hierdurch ergibt sich das folgende Spannungsverhältnis: Zum einen wollen die Verbandsmitglieder aufgrund ihrer Beiträge die Verwirklichung des Verbandszwecks ermöglichen, um hierdurch wiederum individuelle Vorteile zu erlangen. Diese können ideeller Natur sein, wie etwa in einem nichtwirtschaftlichen Verein. Diesbezüglich steht beispielsweise die Nutzung des Vereinsangebotes im Mittelpunkt des Interesses. Die Interessen der Verbandsmitglieder können aber auch wirtschaftlicher Natur sein, etwa in Form von Gewinnausschüttungen oder Steuervorteilen. Dies ist vor allem bei Publikumspersonengesellschaften der Fall. Zum anderen haben jedoch die Verbandsmitglieder ein Interesse daran absehen zu können, in welchem Umfang sie entsprechende Leistungen an den Verband erbringen müssen. Nur durch eine entsprechende Absehbarkeit der Leistungspflichten kann der Einzelne abwägen, ob sich eine Mitgliedschaft im Verband für ihn lohnt. Hierbei werden regelmäßig die finanziellen Leistungspflichten mit den aus der Mitgliedschaft (wahrscheinlich) resultierenden Vorteilen in Verhältnis gebracht. Der Verband bzw. dessen Initiatoren sind hingegen an einer möglichst flexiblen Gestaltung der mitgliedschaftlichen Leistungspflichten interessiert. So soll im Idealfall ein zusätzlicher Finanzbedarf des Verbandes möglichst kurzfristig und flexibel durch die Inanspruchnahme der Verbandsmitglieder aufgebracht werden können. Durch dieses Spannungsverhältnis zeigt sich bereits auf der Ebene der mitgliedschaftlichen Leistungspflichten, dass insoweit ein angemessener Ausgleich zwischen den beiderseitigen Interessen geschaffen werden muss, soweit dieser nicht bereits durch das Gesetz vorgegeben wird. Mithin wird bei Vorliegen einer Situation, bei der das Problem der Nachschusspflichten virulent wird, regelmäßig auch der Blick auf die Vereinbarung hinsichtlich der finanziellen Leistungspflichten gerichtet. Dies gilt vor allem für gesellschaftsvertragliche Regelungen, die eine Leistungspflicht vorsehen, welche nach Gründung des Verbandes bzw. Beitritt des Verbandsmitgliedes geltend gemacht werden kann.

Vor diesem Hintergrund stellt sich die Frage, inwieweit innerhalb eines Verbandes das einzelne Mitglied zu weiteren Zahlungspflichten herangezogen werden kann. Dabei ist zum einen zu berücksichtigen, dass sich das einzelne Mitglied durch den Beitritt in einen Verband einer bestimmten Organisationsgewalt unterwirft und deren Regeln anerkennt.[32] Hierdurch schränkt das beitretende Verbandsmitglied freiwillig seinen persönlichen Handlungsspielraum ein. Verstärkt wird diese Unterordnung durch die gerade im Personengesellschaftsrecht regelmäßig vereinbarten Mehrheitsklauseln[33] oder durch ein schon gesetzlich bestehendes Mehrheitsprinzip, etwa gem. § 47 Abs. 1 GmbHG oder § 43 Abs. 2 S. 1 GenG[34]. Dieses besagt, dass über bestimmte Beschlussgegenstände die Mehrheit der Verbandsmitglieder eine Entscheidung treffen kann. Mithin kann als Folge hiervon ein ablehnend stimmendes Verbandsmitglied überstimmt werden. Problematisch ist insoweit, ob es beispielsweise auch die Folgen eines Mehrheitsbeschlusses hinnehmen muss, der die Erhöhung seiner finanziellen Leistungspflichten zum Gegenstand hat. Diesbezüglich stellt sich die zentrale Frage, inwieweit eine entsprechende Mehrheitsentscheidung überhaupt mit dem eingangs erwähnten Belastungsverbot in Einklang zu bringen ist. Neben der grundsätzlichen Frage, ob die Beiträge der Verbandsmitglieder überhaupt erhöht werden können, müssen insbesondere die Grenzen der Mehrheitsmacht bestimmt werden. Zudem muss geklärt werden, welcher individuelle Schutz dem einzelnen Verbandsmitglied vor zusätzlichen finanziellen Leistungspflichten verbleibt. Wie schon einleitend erwähnt, hat bereits das RG vor dem Hintergrund des § 707 BGB hierzu festgestellt, dass nicht das Mehrheitsprinzip, sondern die Freiheit des Einzelnen den Ausgangspunkt bilde.[35] In diesem vom RG skizzierten Spannungsfeld stellt sich also für das einzelne Verbandsmitglied die bedeutsame Frage, welcher individuelle und von seinem Willen abhängige Schutzbereich ihm gegenüber einer Mehrheitsentscheidung garantiert wird. Hingegen werden die Initiatoren bzw. Gründer eines Verbandes großen Wert darauf legen, dass die Finanzausstattung auch nachträglich möglichst flexibel angepasst werden kann. Vor allem in den hier interessierenden und praktisch relevanten Publikumspersonengesellschaften wird gerade aus Praktikabilitätsgründen auf das Mehrheitsprinzip zurückgegriffen, wodurch die Konfliktlage zwischen Mehrheitsmacht und Belastungsverbot besonders zum Tragen kommt.

---

32 Vgl. hierzu *Wiedemann*, Gesellschaftsrecht I, S. 357.

33 Beispielhaft hierzu unten S. 25 f.

34 *K. Schmidt*, Gesellschaftsrecht, S. 452 f.

35 RG, Urt. v. 23.11.1917 – II 242/17, RGZ 90, 166, 168.

Die große Herausforderung für die Gestaltung eines Gesellschaftsvertrages bzw. einer Satzung[36] besteht darin, dass gerade zum Zeitpunkt des Finanzbedarfs die zusätzlichen Mittel gegenüber den Verbandsmitgliedern geltend gemacht werden können. Die damit einhergehenden kautelarjuristischen Probleme sind Ausdruck der großen Anzahl von Prozessen, die den BGH im Personengesellschaftsrecht, aber auch im Körperschaftsrecht mit entsprechenden Vertragsgestaltungen beschäftigten. Dabei lässt sich die inflationäre Auseinandersetzung des BGH mit dem Problemkreis der Nachschusspflichten gerade im Personengesellschaftsrecht auf mehrere Gründe zurückführen. Zum einen bestand unter den Initiatoren der geschlossenen Fonds in Form von Publikumspersonengesellschaften nicht das notwendige Problembewusstsein im Hinblick auf einen späteren Finanzbedarf der Gesellschaft. Dies überrascht nicht, da die Initiatoren eines geschlossenen Fonds nicht von einer späteren wirtschaftlichen Schieflage ihrer gegründeten Gesellschaft ausgehen. Zudem ist das hier zu behandelnde Problem der Nachschusspflichten bis zum Jahre 2005 nur sehr vereinzelt in der Rechtsprechung erörtert worden. Dies wiederum führte auch zu einer nur geringen Thematisierung in der Literatur. Daher ist wohl bei den Initiatoren entsprechender geschlossener Fonds davon auszugehen, dass sie ohne hinreichende Berücksichtigung der gesetzlichen Vorschriften entsprechende Klauseln verfassten.[37]

Zum anderen sind geschlossene Fonds vor allem wegen ihrer steuerrechtlichen Vorteile angepriesen worden.[38] Dies verlagerte den Schwerpunkt der Vertragsgestaltung sowie Finanzierungskonzeption auf das Steuerrecht[39] und vernachlässigte gesellschaftsrechtliche Problembereiche, wie etwa das der Nachschusspflicht. Allein durch die erhofften Steuervorteile für die Gesellschafter bestand bei den Anlegern oftmals die Erwartung, dass sich hierdurch die Beteiligung an der Gesellschaft wirtschaftlich lohne. Die tatsächliche wirtschaftliche Entwicklung des geschlossenen Fonds und ggf. erforderliche Nachschusspflichten wurden überwiegend unterbewertet. Ergänzt wurde die Konfliktlage dadurch, dass sich viele Anleger ihrer Beteiligung an

36 Vgl. zur Differenzierung zwischen den beiden Begriffen *Lutter*, AcP 180 (1980), 84, 95; *K. Schmidt*, Gesellschaftsrecht, S. 80 ff.; *Ulmer*, FS Werner, 1984, S. 911, 912.

37 *Schäfer*, Gesellschaftsrecht i. d. Diskussion, S. 137.

38 *v. Gerkan/Haas*, in: Röhricht/v. Westphalen, § 161 Rn. 88; *Gummert/Horbach*, in: MüHdbGesR-KG, § 61 Rn. 3 f.; *Schneider*, Rückabwicklung, S. 46 f.; allgemein zu den steuerrechtlichen Rahmenbedingungen bei geschlossenen Fonds *Lüdicke/Arndt*, Geschlossene Fonds, S. 72 ff.; eingehend zu Steuervorteilen bei geschlossenen Immobilienfonds *Schneider*, Rückabwicklung, S. 52 ff.; *Walch*, Immobilienfondsgesellschaft, S. 33 ff.

39 *Schneider*, Rückabwicklung, S. 71.

einer Gesellschaft – mit entsprechenden Rechten und Pflichten – wohl nicht ausreichend bewusst waren[40]. Aufgrund der regelmäßigen Verbraucherstellung der Anleger gem. § 13 BGB wird daher auch im Verlauf der Arbeit darauf eingegangen, ob den Gesellschaftern ein angemessenes Schutzniveau zu Gute kommt.[41]

Verschärft wird die ohnehin schon bestehende Konfliktlage bei Nachschusspflichten durch die gesellschaftsrechtliche Treuepflicht. Denkbar ist nämlich, dass die Gesellschafter aufgrund der gesellschaftsrechtlichen Treuepflicht unter bestimmten Voraussetzungen dazu verpflichtet sind, Nachschüsse an die Gesellschaft zu leisten. Zunächst widerspricht dieser Denkansatz eindeutig der gesetzlichen Ausgangslage, wonach die Pflichten eines Verbandsmitgliedes gegen ihren Willen nicht erhöht werden können. Andererseits muss anerkannt werden, dass die Gesellschafter unter bestimmten Voraussetzungen sogar verpflichtet werden können einer Änderung des Gesellschaftsvertrages zuzustimmen.[42] Dies stellt mitunter eine erhebliche Beeinträchtigung der individuellen Mitgliedschaftsrechte der Gesellschafter dar. Die nicht unerhebliche Reichweite der gesellschaftsrechtlichen Treuepflicht lässt sich auch daran ablesen, dass diese nicht nur während der Stellung als Gesellschafter, sondern ausnahmsweise auch vor und nach der Mitgliedschaft im Verband Anwendung findet.[43] Unter bestimmten Voraussetzungen gilt dies sogar auch für gesellschaftsfremde Personen[44], wie etwa einen Treugeber[45]. Außerdem wird man der Frage nachgehen müssen, ob nicht im Falle einer wirtschaftlichen Krise eines Verbandes allein das Abstellen auf den Gesetzestext zu interessenwidrigen Ergebnissen führt.

Im Ergebnis bedeutet dies, dass im Rahmen der Problematik von Nachschusspflichten dem einzelnen Verbandsmitglied eine Einschränkung seiner individuellen Handlungsalternativen auf zwei Ebenen droht: Zum einen durch das ggf. schon gesetzlich geltende Mehrheitsprinzip, zum anderen durch die gesellschaftsrechtliche Treuepflicht, aus der sich eine Nachschusspflicht ableiten könnte.

---

40 FAZ v. 31.12.2010, Nr. 305, S. 22; *Deutscher*, ZfIR 2010, 481, 482; *Gehling*, BB 2011, 73; *Schäfer*, Gesellschaftsrecht i. d. Diskussion, S. 137.

41 S. hierzu unten S. 272 ff.

42 S. hierzu unten S. 116 f. und die Nachweise in Fn. 535, 536.

43 BGH, Urt. v. 11.2.1960 – II ZR 51/58, BB 1960, 305; Urt. v. 23.10.1979 – VI ZR 230/77, NJW 1980, 881, 883; *Armbrüster*, Treuhand, S. 348 ff.; Baumbach/*Hopt*, § 109 Rn. 24; *Hadding*, FS Stimpel, 1985, S. 139, 160 f.; *K. Schmidt*, Gesellschaftsrecht, S. 588 f.; *Ulmer*, in: MünchKomm-BGB, § 738 Rn. 7; *M. Weber*, Vormitgliedschaftliche Treubindungen, S. 177 ff.

44 Eingehend hierzu *Dembski*, Treubindungen, S. 82 ff.

45 *Armbrüster*, Treuhand, S. 338 ff.

B. Nachschusspflichten im Personengesellschaftsrecht

I. Begriff des „Nachschusses“

1. Bedürfnis nach einer Definition

Allgemein wird aus § 707 BGB gefolgert, dass für einen Gesellschafter einer GbR grundsätzlich keine sog. „Nachschusspflicht“ besteht.[46] Die Norm findet über §§ 105 Abs. 3, 161 Abs. 2 HGB auch bei der OHG und KG sowie gem. § 1 Abs. 4 PartGG bei der PartG Anwendung. Mit dieser Feststellung ist jedoch noch nichts darüber gesagt, was unter einem Nachschuss selbst zu verstehen ist. Um die Begründung einer Pflicht und deren Wirksamkeit analysieren zu können, muss zunächst geklärt werden, welche Pflicht überhaupt begründet werden soll. Diese Frage stellt sich hier also für den sog. „Nachschuss“.

In Teilen der Literatur wird der Begriff des Nachschusses bisweilen missverständlich definiert, obwohl dieser häufig verwendet wird. So wird die Ansicht vertreten, es läge bei einer Beitragserhöhung ein sog. „echter Nachschuss“ vor.[47] Außerdem soll das „Nachschieben von weiteren Beiträgen“ einen Nachschuss darstellen.[48] Eine genauere Abgrenzung, insbesondere zum vereinbarten Beitrag i.S.d. § 707 BGB, wird hierbei jedoch in der Regel nicht vorgenommen.[49] So sei unter einer Nachschusspflicht jede Form einer gesellschaftsvertraglich oder gesetzlichen vorgesehenen Nachzahlungspflicht zu verstehen.[50] Schließlich wird die Begrifflichkeit eines Nachschusses sogar ohne nähere Begründung abgelehnt[51], jedoch teilweise ohne weitere Erläuterung gleichwohl verwendet[52]. Die Ungenauigkeit in der Definition zeigt sich auch darin, dass bereits in der Gesetzesbegründung die Erhöhung des Beitrags und der Nachschuss ohne Abgrenzung nebeneinander verwendet werden.[53] Allein diese uneinheitliche Verwendung des Nach-

---

46 Vgl. statt aller *K. Schmidt*, Gesellschaftsrecht, S. 1742 f.
47 *Abram*, MDR 2006, 7, 8.
48 *K. Wagner*, DStR 2006, 1044.
49 Vgl. hierzu etwa *Ulmer/Schäfer*, in: MünchKomm-BGB, § 707 Rn. 5.
50 *Walch*, Immobilienfondsgesellschaft, S. 78.
51 *Wiedemann*, Gesellschaftsrecht I, S. 393.
52 So z.B. bei *K. Wagner*, WM 2006, 1273.
53 Motive zum BGB, Bd. II, S. 597 (zu § 630); so auch bei Palandt/*Sprau*, § 707 Rn. 2.

schussbegriffs in der Literatur zeigt das Bedürfnis nach einer genaueren Definition.

2. Fehlende Legaldefinition im Personengesellschaftsrecht

Der Begriff des Nachschusses ist weder im BGB noch im HGB oder PartGG legaldefiniert. In § 707 BGB – der zentralen Norm in Bezug auf Nachschusspflichten im Personengesellschaftsrecht – wird dieser Begriff nicht verwendet. In der vorbezeichneten Norm wird lediglich festgelegt:

> *„Zur Erhöhung des vereinbarten Beitrags oder zur Ergänzung der durch Verlust verminderten Einlage ist ein Gesellschafter nicht verpflichtet."*

Zwar wird der Begriff des Nachschusses in der Gesetzesbegründung einmal verwendet, jedoch nicht näher definiert.[54] Mithin kann § 707 BGB unmittelbar nicht zur näheren Auslegung herangezogen werden, unter welchen Voraussetzungen ein Nachschuss vorliegt.

Der Begriff der Nachschusspflicht wird jedoch in der Überschrift zu § 735 BGB verwendet. Diese Norm regelt den Ausgleich von Fehlbeträgen in der Liquidation. Da die Vorschrift nur im Liquidationsfall Anwendung findet, kann sie jedoch nicht für die Frage der Definition eines Nachschusses bei der werbend tätigen Personengesellschaft herangezogen werden. Überdies findet sich im Gesetzeswortlaut keine Legaldefinition des Nachschussbegriffs. Auch systematisch passt die Norm für die Frage der Definition des Nachschusses nicht, denn bei der Anwendung des § 735 BGB gilt das Verbot der Nachschusspflicht nach § 707 BGB gerade nicht.[55]

Eine Legaldefinition von einem Nachschuss findet sich ausschließlich in § 26 Abs. 1 GmbHG. Danach kann

> *„[...] im Gesellschaftsvertrag bestimmt werden, dass die Gesellschafter über die Nennbeträge der Geschäftsanteile hinaus die Einforderung von weiteren Einzahlungen (Nachschüssen) beschließen können."*

Fraglich ist jedoch, ob diese Legaldefinition von einem Nachschuss im GmbH-Recht auf das Personengesellschaftsrecht übertragen werden kann. Dagegen spricht zunächst, dass diese Definition speziell auf die GmbH zugeschnitten ist. Für die Frage, ob ein Nachschuss im Sinne der vorbezeich-

---

54 Motive zum BGB, Bd. II, S. 597 (zu § 630).

55 RG, Urt. v. 14.12.1940 – II 68/40, RGZ 166, 65, 68 f.; Erman/*Westermann*, § 735 Rn. 1; Palandt/*Sprau*, § 735 Rn. 1; Soergel/*Hadding*, § 735 Rn. 1; Staudinger/*Habermeier*, § 735 Rn. 1; *Timm/Schöne*, in: Bamberger/Roth, § 735 Rn. 1; *Ulmer/Schäfer*, in: MünchKomm-BGB, § 735 Rn. 1.

neten Norm vorliegt, wird dieser maßgeblich zur Stammeinlage (vgl. hierzu § 3 Abs. 1 Nr. 4 GmbHG) abgegrenzt. Im Personengesellschaftsrecht kann jedoch aufgrund des Fehlens einer Stammeinlage sowie eines festen Stammkapitals keine entsprechende Abgrenzung vorgenommen werden. Die Gesellschafter einer Personengesellschaft sind weitaus freier in der Gestaltung ihrer Kapitalaufbringung und -ausstattung als die einer GmbH. Außerdem spricht das Gesetz von einer (originären) gesellschaftsvertraglichen Vereinbarung. Nach dem Wortlaut des § 707 BGB geht es jedoch gerade um die Erhöhung dieses im Vertrag vereinbarten Beitrags. Es erscheint daher nicht sinnvoll, das Abgrenzungskriterium des GmbH-Rechts auf das Personengesellschaftsrecht zu übertragen. Die Legaldefinition des § 26 Abs. 1 GmbHG kann also nicht zur Bestimmung des personengesellschaftsrechtlichen Nachschusses herangezogen werden.

3. Definitionsversuche der Rechtsprechung

Fraglich ist, unter welchen Voraussetzungen der BGH einen Nachschuss bejaht. Zwar hat er diesen Begriff häufig in Urteilen verwendet, die sich mit dem Problemkreis der Nachschusspflichten befassen.[56] Jedoch hat der II. Zivilsenat in einer bisherigen Entscheidung nicht ausdrücklich definiert, unter welchen Voraussetzungen ein Nachschuss vorliegt. Lediglich in einer Pressemitteilung zu einem Urteil wird erwähnt, dass Nachschüsse „nachträgliche Beitragserhöhungen“[57] seien. Dieses Verständnis des BGH hinsichtlich eines Nachschusses lässt sich auch aus den Leitsätzen ablesen. In diesen spricht der BGH häufig von „Nachschusspflichten“ bzw. „nachträglichen Beitragserhöhungen“, ohne dass eine Differenzierung zwischen den beiden Begriffen erkennbar wäre.[58] Dies gilt auch für die Entscheidungsgründe. Zudem wird im Rahmen einer Entscheidung der Begriff einer Beitragserhöhung und eines Nachschusses alternativ verwendet, ohne jedoch nachfolgend eine Differenzierung vorzunehmen.[59] Somit lässt sich festhalten, dass der BGH den Begriff des Nachschusses nicht ausdrücklich definiert hat. Jedoch ergibt sich aus den vorbezeichneten Urteilen die Annahme

56 So z.B. BGH, Urt. v. 23.1.2006 – II ZR 306/04, NZG 2006, 306, 307 Rn. 13; Urt. v. 23.1.2006 – II ZR 126/04, NZG 2006, 379 Rn. 13; Urt. v. 19.3.2007 – II ZR 73/06, NZG 2007, 382, 383 Rn. 16; Urt. v. 25.5.2009 – II ZR 259/07, NZG 2009, 862, 863 Rn. 19.

57 Pressemitteilung Nr. 12/2006 zu BGH, Urt. v. 4.7.2005 – II ZR 354/03, NZG 2005, 753, abrufbar unter http://www.bundesgerichtshof.de.

58 BGH, Urt. v. 23.1.2006 – II ZR 306/04, NZG 2006, 306; Urt. v. 23.1.2006 – II ZR 126/04, NZG 2006, 379; Urt. v. 21.5.2007 – II ZR 96/06, NZG 2007, 620.

59 BGH, Urt. v. 25.5.2009 – II ZR 259/07, NZG 2009, 862, 863 Rn. 19.

des BGH, dass ein Nachschuss dann gegeben ist, wenn eine nachträgliche Beitragserhöhung vorliegt. Maßgeblich für den BGH ist wohl die Differenzierung zwischen dem vereinbarten Beitrag i.S.d. § 707 BGB und dessen nachträglicher Erhöhung (dann sog. Nachschuss).

4. Definition eines Nachschusses aufgrund allgemeiner Kriterien

Ein weiterer Ansatzpunkt für die Definition eines Nachschusses könnte die Herausarbeitung von allgemeinen Strukturmerkmalen sein. Dies wurde bereits für die Nachschusspflicht getan.[60] Es soll nachfolgend untersucht werden, ob hieraus Schlüsse für den Begriff des Nachschusses gezogen werden können. Als allgemeines Strukturmerkmal einer Nachschusspflicht wird dabei unter anderem genannt, dass der Anspruch – also die Nachschusspflicht – sich entweder ausdrücklich aus dem Gesellschaftsvertrag oder direkt aus dem Gesetz ergibt.[61] Zudem muss dieser Anspruch über die ursprüngliche vertragliche Beitragspflicht hinausgehen, ohne dass der Gesellschafter eine unmittelbare Gegenleistung erhält. Es ist fraglich, ob diese Merkmale den Begriff des Nachschusses näher definieren. Wenn die Gesellschafter im Gesellschaftsvertrag ausdrücklich einen sog. „Nachschuss" vereinbart haben, so ist schwer vorstellbar, wie dieser über die ursprüngliche Beitragspflicht hinausgehen kann. Schließlich ist diese ggf. als „Nachschuss" bezeichnete Leistungspflicht gemeinsam mit der ursprünglichen Beitragspflicht vereinbart worden, kann also nicht über diese hinausgehen. Vielmehr handelt es sich insgesamt um den vereinbarten Beitrag. Dies ist wohl auch der Ansatzpunkt des BGH, dass es sich stets um eine nachträgliche Beitragserhöhung handeln muss, damit ein Nachschuss vorliegt. Nur insoweit wird über die ursprüngliche Beitragspflicht hinausgegangen. Daher sind diese allgemeinen Kriterien für eine Nachschusspflicht nicht für die Definition des Nachschusses selbst heranzuziehen, da diese zu weit gefasst sind. Außerdem erweisen sie sich als widersprüchlich.

5. Eigener Ansatz: Feststellung eines Nachschusses aufgrund der Abgrenzung zum Beitrag

Die bisherigen Feststellungen haben gezeigt, dass oftmals der Begriff des vereinbarten Beitrags dem des Nachschusses gegenübergestellt wird. Dies entspricht auch dem Wortlaut des § 707 BGB. Dieser besagt nämlich, dass eine Erhöhung des vereinbarten Beitrags nicht zulässig ist. Demzufolge

60 *Scherf*, Nachschußpflicht, S. 5, 24.
61 *Scherf*, Nachschußpflicht, S. 5.

stellt sich die Frage eines Nachschusses immer dann, wenn eine Leistungspflicht von einem Gesellschafter gefordert wird, die über den vereinbarten Beitrag hinausgeht.[62] Es ist daher zu untersuchen, wie beide Begriffe voneinander abzugrenzen sind. Im Gegensatz zum Begriff des Nachschuss wird der Begriff des Beitrags im BGB verwendet, vgl. §§ 705, 706 BGB. Aus § 705 BGB ergibt sich, dass ein Beitrag die vom Gesellschafter aufgrund des Gesellschaftsvertrages zur Förderung des Gesellschaftszwecks zu bewirkenden Leistungen sind. Der Beitrag kann dabei jede Art von Leistung sein.[63] In der Regel wird sich jedoch die Frage der Abgrenzung bei Geldzahlungspflichten ergeben.

6. Konkrete Abgrenzung eines Nachschusses anhand verschiedener Beitragsgestaltungen

Um eine genaue Abgrenzung zwischen dem vereinbarten Beitrag und einem Nachschuss vornehmen zu können, sind zunächst beispielhaft einige in der Praxis übliche Vertragsgestaltungen in Bezug auf Beiträge darzustellen. Anhand dieser erfolgt dann im Einzelfall eine Abgrenzung zwischen dem vereinbarten Beitrag und einem Nachschuss. Als Prüfungsmaßstab gilt dabei der soeben herausgearbeitete Grundsatz, dass ein Nachschuss dann vorliegt, wenn die Leistungspflicht über den vertraglich vereinbarten Beitrag hinausgeht.

a) Offene Beitragspflicht

In Gesellschaftsverträgen sind die Beitragspflichten der Gesellschafter nicht immer dezidiert aufgelistet. Insbesondere finden sich vereinzelt keine der Höhe nach festgelegten Beiträge in Form von Geldzahlungspflichten.[64] In solch einem Fall könnte die entsprechende Klausel im Gesellschaftsvertrag wie folgt lauten:[65]

62 *Armbrüster*, ZGR 2009, 1, 3.

63 Palandt/*Sprau*, § 706 Rn. 4; *K. Schmidt*, Gesellschaftsrecht, S. 568 ff., 1736; Staudinger/*Habermeier*, § 705 Rn. 19; *Timm/Schöne*, in: Bamberger/Roth, § 706 Rn. 6; *Ulmer/Schäfer* in: MünchKomm-BGB, § 706 Rn. 10.

64 So z.B. bei Bau-Arbeitsgemeinschaften (ARGE), vgl. hierzu *Thierau/Messerschmidt*, NZBau 2007, 129, 133 mit Hinweis auf § 4.1 des Mustervertrages zur ARGE vom Hauptverband der Deutschen Bauindustrie e.V., Stand: 2005; allgemein zu Arbeitsgemeinschaften Palandt/*Sprau*, § 705 Rn. 37; *Ulmer*, in: MünchKomm-BGB, Vor § 705 Rn. 43 ff.

65 Vgl. hierzu § 4.1 (Gesellschafterleistungen) des Mustervertrages zur ARGE, hrsg. vom Hauptverband der Deutschen Bauindustrie e.V., Stand: 2005.

„Die Gesellschafter sind verpflichtet, zur Erreichung des Gesellschaftszwecks im Verhältnis ihrer Beteiligung (§ 3) Beiträge und Leistungen (z.B. Gestellung von Geldmitteln, Bürgschaften, Geräten, Stoffen, Personal – Personalgestellung jedoch nicht als einzige vertragliche Leistung –) an die ARGE zu erbringen und den sich aus diesem Vertrag ergebenen Verpflichtungen ordnungsgemäß und zeitgerecht nachzukommen."

Zunächst ist fraglich, ob eine derartige Klausel überhaupt zulässig ist. Aus dem Gesetz, insbesondere aus den § 705 bis § 707 BGB, ergibt sich nicht, dass der Beitrag konkretisiert sein muss. Dies gilt sowohl hinsichtlich der Art des Beitrags als auch des Umfanges bzw. der Höhe.[66] Auch aus dem Schutzzweck des § 707 BGB[67], den Gesellschafter vor unübersehbaren Risiken zu schützen[68], lässt sich keine Konkretisierungspflicht ableiten.[69] Schließen sich nämlich mehrere Personen zu einer Personengesellschaft zusammen, so ergeben sich bereits aus dem Gesellschaftszweck die Konkretisierung und das Ausmaß möglicher Beitragspflichten.[70] Auch soll die Norm keine Kostentransparenz herstellen, wie dies z.B. zugunsten von Verbrauchern beim Darlehensvertrag der Fall ist, vgl. § 492 Abs. 1 S. 5 BGB.[71]

Daher ist auch nach Ansicht der Rechtsprechung die Vereinbarung einer sog. „offenen Beitragspflicht" zulässig.[72] Allerdings hat der BGH in den beiden ersten Urteilen zur offenen Beitragspflicht ausdrücklich erwähnt, dass solche Vereinbarungen nur dann zulässig sind, wenn sich die Personen zur Verwirklichung eines sachlich und wirtschaftlich begrenzten Projekts zusammenschließen.[73] In den jüngsten Urteilen hat der BGH dieses Kriterium nicht mehr ausdrücklich genannt. Jedoch lässt sich aus der Zitierung der vorherigen Rechtsprechung des II. Zivilsenats hinsichtlich der Vereinbarung offener Beitragspflichten schließen, dass dieser nach wie vor an diesem Kriterium festhalten möchte.[74] Es erscheint sinnvoll und angemessen diese

66 BGH, Urt. v. 7.11.1960 – II ZR 216/59, WM 1961, 32, 34; Urt. v. 2.7.1979 – II ZR 132/78, NJW 1980, 339, 340; Urt. v. 4.7.2005 – II ZR 354/03, NZG 2005, 753.

67 Näher dazu unten S. 39 f.

68 *Klam*, INF 2006, 74; *Timm/Schöne*, in: Bamberger/Roth, § 707 Rn. 1.

69 *Armbrüster*, ZGR 2009, 1, 4.

70 *Scherf*, Nachschußpflicht, S. 14; Staudinger/*Habermeier*, § 707 Rn. 3.

71 *Armbrüster*, ZGR 2009, 1, 5.

72 BGH, Urt. v. 7.11.1960 – II ZR 216/59, WM 1961, 32, 34; Urt. v. 2.7.1979 – II ZR 132/78, NJW 1980, 339, 340; Urt. v. 4.7.2005 – II ZR 354/03, NZG 2005, 753.

73 BGH, Urt. v. 7.11.1960 – II ZR 216/59, WM 1961, 32, 34; Urt. v. 2.7.1979 – II ZR 132/78, NJW 1980, 339, 340.

74 BGH, Urt. v. 4.7.2005 – II ZR 354/03, NZG 2005, 753; Urt. v. 19.3.2007 – II ZR 73/06, NZG 2007, 382, 383 Rn. 17; Urt. v. 5.11.2007 – II ZR 230/06, NZG 2008, 65, 66 Rn. 17.

einschränkende Auslegung in Bezug auf den Umfang des Gesellschaftszwecks beizubehalten, denn nur wenn der Gesellschaftszweck in der oben genannten Art und Weise beschränkt ist, lässt sich dieser auch hinsichtlich der erforderlichen Beiträge bestimmen.[75] Im Übrigen könnten die Beiträge zu einem nicht überschaubaren Risiko für die Gesellschafter werden.

Die Einforderung der für die weitere Verfolgung des Gesellschaftszwecks erforderlichen Beiträge ist sodann die Aufgabe des Geschäftsführers der Gesellschaft. Dieser legt auch die Höhe der Beiträge konkret fest, ohne dass es – grundsätzlich – eines weiteren Beschlusses der Gesellschafter bedarf.[76] Ein Gesellschafterbeschluss ist nur dann erforderlich, wenn die Beiträge sich nicht bestimmt genug aus dem Gesellschaftszweck ergeben, so z.B. bei einer fehlenden sachlichen Beschränkung. Hier kann aufgrund des Schutzzwecks des § 707 BGB die konkrete Festsetzung und Anforderung der Beiträge nicht willkürlich dem Geschäftsführer oder einem sonstigen Dritten überlassen werden.[77]

Fraglich ist jedoch, wann bei einer offen ausgestalteten Beitragspflicht von einem Nachschuss im oben genannten Sinne ausgegangen werden kann. Dabei ist immer dann vom vereinbarten Beitrag i.S.d. § 707 BGB auszugehen, wenn die Geschäftsführer Leistungspflichten einfordern, die aufgrund objektiver Kriterien nach dem Gesellschaftsvertrag bereits bei Vertragsabschluss hinreichend bestimmbar sind. Problematisch wird die Abgrenzung zum Nachschuss, wenn der Geschäftsführer Beiträge einfordert, die über das hinausgehen, was für die Verfolgung des Gesellschaftszwecks erforderlich ist. Die Gesellschafter haben sich schließlich vereinbart nur dasjenige zu leisten, was für die Verwirklichung des Gesellschaftszwecks notwendig ist. Hierbei wird sich die Rechtsstreitigkeit regelmäßig darauf beschränken, welcher Beitrag und insbesondere welche Beitragshöhe für die weitere Verfolgung des Gesellschaftszwecks erforderlich sind.

Somit lässt sich zusammenfassen, dass bei einer offenen Beitragspflicht der vereinbarte Beitrag i.S.d. § 707 BGB dann vorliegt, wenn die Leistungspflicht der Gesellschafter aufgrund bestimmter objektiver Kriterien im Gesellschaftsvertrag (z.B. Verfolgung des Gesellschaftszwecks) hinreichend bestimmbar ist. Die Frage eines Nachschusses stellt sich immer erst dann, wenn Leistungen durch die Geschäftsführer eingefordert werden, die nicht

75 *Timm/Schöne*, in: Bamberger/Roth, § 707 Rn. 4.

76 BGH, Urt. v. 4.7.2005 – II ZR 354/03, NZG 2005, 753.

77 BGH, Urt. 28.9.1978 – II ZR 218/77, WM 1987, 1399, 1400; KG, Urt. v. 23.6.1978 – 5 U 1975/77, DB 1978, 1922, 1923; *Barfuß*, DB 1977, 571, 573 f.; *Ulmer/Schäfer* in: MünchKomm-BGB, § 707 Rn. 1, 4.

die objektiven Kriterien des Gesellschaftsvertrages zur Festsetzung des Beitrags erfüllen. So kann beispielsweise bei der vorbezeichneten Klausel[78] von einem Nachschuss gesprochen werden, wenn die angeforderten Leistungspflichten über das erforderliche Maß der Gesellschaftszweckverfolgung hinausgehen. Ob dies gegeben ist, bedarf einer Einzelfallbetrachtung und hängt freilich stark vom Gesellschaftszweck sowie dessen Art und Umfang ab.

b) Konkrete Regelung einer Beitragspflicht

In Gesellschaftsverträgen von Personengesellschaften sind vielfach Beitragspflichten konkret geregelt, die hinsichtlich der Höhe und Fälligkeit eindeutig sind. Dies gilt vor allem in Bezug auf Publikumspersonengesellschaften. Dies sind Personengesellschaften, die auf den Beitritt von zahlreichen Kapitalanlegern angelegt ist.[79] So könnte eine Klausel hinsichtlich der Beitragspflichten folgendermaßen lauten:

> *„Jeder Gesellschafter ist verpflichtet 10.000 EUR bei Gründung der Gesellschaft zu leisten. Der Beitrag ist mit Unterzeichnung des Gesellschaftsvertrages fällig und auf das Konto der Gesellschaft zu überweisen.“*

Denkbar ist auch ein entsprechender Verweis auf die Beitrittserklärung, in der ein ziffernmäßiger Betrag sowie der Fälligkeitstermin festgesetzt werden. Bei diesen Vertragsgestaltungen ist eine Abgrenzung zum Nachschuss nicht sonderlich schwierig. Jede weitere Leistungspflicht, die über die im Gesellschaftsvertrag bestimmte Summe hinausgeht, ist als Nachschuss zu qualifizieren.

c) Aufschiebend bedingte/befristete Beitragspflichten; Fälligkeitsregelungen

Aufgrund der vertraglichen Gestaltungsfreiheit bei Personengesellschaften können die Beitragspflichten der Gesellschafter aber auch befristet oder unter eine Bedingung gestellt werden. Auch Fälligkeitsregelungen hinsichtlich des Beitrags sind vorstellbar. Derartige vertragliche Bestimmungen haben eine große praktische Bedeutung. Dies liegt vor allem daran, dass die Initiatoren von den hier in Rede stehenden geschlossenen Fonds sich mit

---

78 S. hierzu oben S. 18.

79 BGH, Urt. v. 4.7.1977 – II ZR 150/75, BGHZ 69, 207, 220 = NJW 1977, 2311; *v. Gerkan/Haas*, in: Röhricht/v. Westphalen, § 161 Rn. 87; *Grunewald*, in: MünchKomm-HGB, § 161 Rn. 101; *Gummert/Horbach*, in: MüHdbGesR-KG, § 61 Rn. 1; *Kellermann*, FS Stimpel, 1985, S. 295, 296; Palandt/*Sprau*, § 705 Rn. 47; *Schiefer*, DStR 1997, 119; *K. Schmidt*, Gesellschaftsrecht, S. 1665; *Wiedemann*, Gesellschaftsrecht II, S. 21 f.

möglichst abstrakt formulierten Klauseln gegen mögliche zukünftige wirtschaftliche Engpässe absichern wollen.[80] Dabei soll als Beispiel[81] die folgende Vertragsgestaltung dienen, die sich oft in Gesellschaftsverträgen von geschlossenen Immobilienfonds findet und Anlass zu Rechtsstreitigkeiten gab[82] (nachfolgend: „Darlehensmodell“):

> *„Das Eigenkapital wird auf insgesamt EUR 5.000.000 festgesetzt. Die Erhöhung des Eigenkapitals ist nur mit Zustimmung aller Gesellschafter zulässig.*
>
> *[...].*
>
> *Neben dem vorbezeichneten Eigenkapitel, das ca. 35% der für die Durchführung des Gesellschaftszweck erforderlichen Gesamtmittel ausmachen wird, nimmt die Gesellschaft durch sämtliche Mitgesellschafter – entsprechend der Gesellschaftereinlagen zueinander – Fremdmittel auf, um die Investitionen dem Gesellschaftszweck entsprechend durchführen zu können. Dabei sollen die Gesamtkosten bis zur vollständigen Durchführung des Bauvorhabens EUR 15.000.000 nicht überschreiten.*
>
> *[...].*
>
> *Der Zins- und Tilgungsdienst des Grundschulddarlehens wird über die Gesellschaft abgewickelt. Die anfallenden Beträge werden von der Gesellschaft aus ihr zufließenden Miet- und sonstigen Einnahmen nach Abzug der für die Gesellschaft entstehenden Aufwendungen, wie z.B. Bewirtschaftungskosten des Hauses und Kosten der Gesellschaft, gezahlt. Sofern der erwirtschaftete Überschuss nicht für die Bedienung der Darlehen ausreicht, sind die Gesellschafter verpflichtet, anteilig Einzahlungen aufzubringen. Die zu leistenden Einzahlungen werden den Gesellschaftern vierteljährlich zur Zahlung aufgeben.“*

Die Initiatoren dieser geschlossenen Immobilienfonds erwarben nunmehr Grundstücke mit Mietwohnungen für die Gesellschaften. Diese sollten dann, häufig nach einer Sanierung, vermietet werden. Zur Finanzierung dieser Projekte nahmen die Gesellschaften, wie vorgesehen, Darlehen auf. Als Sicherheit dienten dabei die von der Gesellschaft erworbenen Grundstücke, die zugunsten der kreditgebenden Bank mit einer Grundschuld belastet wur-

80 *Wertenbruch*, DStR 2007, 1680, 1681.

81 Nach BGH, Urt. v. 5.11.2007 – II ZR 230/06, NZG 2008, 65.

82 Nach der Pressemitteilung des BGH Nr. 164/2007 zu BGH, Urt. v. 5.11.2007 – II ZR 230/06, abrufbar unter http://www.bundesgerichtshof.de, wurde der hier auszugsweise zitierte Gesellschaftsvertrag bei einer Vielzahl von Immobilien-GbRs verwendet; vgl. hierzu etwa BGH, Hinweisbeschlüsse v. 3.12.2007 – II ZR 304/06 und 36/07, NZG 2008, 335 f.; KG, Urt. v. 8.12.2006 – 14 U 21/06, NZG 2007, 226.

den. In der Regel kam es dann bei den geschlossenen Immobilienfonds mit derartigen Klauseln zur Auszahlung der Darlehen an die jeweilige Gesellschaft. Da die Anlageobjekte nicht die erhofften Mieteinnahmen erbrachten und die Gesellschaften keine ausreichenden Überschüsse erzielten, wurden die Gesellschafter durch die Geschäftsführer zur Bedienung der Zinsen und Tilgung der Darlehen aufgefordert.

Häufig findet sich stattdessen auch folgende Klausel bei diesbezüglichen Gesellschaften:[83]

> *„Soweit bei der laufenden Bewirtschaftung des Grundstücks Unterdeckungen auftreten, ist der jeweilige Gesellschafter verpflichtet, binnen vier Wochen nach entsprechender Aufforderung der Geschäftsführung die seinem Anteil am Gesellschaftsvermögen entsprechenden Zahlungen zu erbringen."*

Grundidee für diese vertraglichen Regelungen war das folgende Finanzierungskonzept: Durch die – ggf. auch später beitretenden – Gesellschafter wurde Eigenkapital akquiriert. Hiermit wurde üblicherweise etwa ein Drittel des von den Initiatoren zu erwartenden Finanzbedarfes aufgebracht. Die restliche Finanzierung wurde (zunächst) durch Fremdkapital, also Darlehen, sichergestellt. Sind nunmehr die laufenden Einnahmen der Gesellschaft durch die Vermietung des Objekts nicht mehr für die Bedienung der Darlehen ausreichend, liegt eine sog. Unterdeckung vor. Diese Deckungslücke sollte nunmehr durch die vorbezeichneten Klauseln aufgefangen werden. Daher wird dieses Modell auch als sog. „Unterdeckungsmodell" bezeichnet.[84]

Zunächst ist festzuhalten, dass die Gesellschafter bei derartigen Vertragsklauseln freilich nur dann zu einer Zahlung verpflichtet sein können, wenn die entsprechenden Tatbestandsvoraussetzungen der Klausel vorliegen. Die Pflicht zur Zahlung ist also aufschiebend bedingt (vgl. § 158 Abs. 1 BGB), da sie von einem zukünftigen ungewissen Ereignis abhängig gemacht wird, hier einer Unterdeckung. Fraglich ist, ob bei aufschiebend bedingten Leistungspflichten von einem vereinbarten Beitrag i. S. d. § 707 BGB oder einem Nachschuss im oben verstandenen Sinne auszugehen ist. Zwar könnte für das Vorliegen eines Nachschusses argumentieren werden, dass der Anspruch erst nachträglich von der Gesellschaft durchsetzbar ist, nämlich mit dem Eintreten der aufschiebenden Bedingung. Gleichwohl liegt damit noch keine nachträgliche Erhöhung des vereinbarten Beitrags vor. Vielmehr besteht der Anspruch schon dem Grunde nach bei Vertragsabschluss bzw. zum

83 BGH, Urt. v. 23.1.2006 – II ZR 306/04, NZG 2006, 306; Urt. v. 19.3.2007 – II ZR 73/06, NZG 2007, 382; *Abram*, MDR 2006, 7, 8.

84 *Barta/Geiseler-Bonse*, BKR 2006, 265.

Zeitpunkt eines nachträglichen Beitritts des Gesellschafters, wenn dieser hinreichend bestimmt ist. Nur die Abhängigkeit von einem zufälligen Ereignis macht die Leistungspflicht nicht zum Nachschuss, denn der Anspruch ist schon ursprünglich im Vertrag festgelegt worden.[85] Die finanzielle Belastung des Gesellschafters ergibt sich in diesem Falle, wie bei einem konkret vereinbarten Beitrag, bei entsprechender objektiver Bestimmbarkeit direkt aus dem Vertrag. Jede weitere Leistungspflicht, die über die maximale Grenze dieser Belastung hinausgeht, ist dann als Nachschuss zu werten. Insoweit ist es auch terminologisch nicht passend, wenn in diesem Zusammenhang von einer „aufschiebend bedingten Nachschusspflicht“[86] gesprochen wird. Es hängt hier nämlich die originäre Beitragspflicht von einem zufälligen Ereignis ab und gerade nicht eine spätere Erhöhung dieses bereits vertraglich vereinbarten Beitrags. Eine andere Beurteilung ergibt sich auch dann nicht, wenn die Leistungspflicht befristet ist bzw. die Fälligkeit hinausgeschoben wird. Auch hier wird bereits mit dem Abschluss des Gesellschaftsvertrages dem Grunde nach ein Anspruch der Gesellschaft begründet, der zur Durchsetzung nur noch des Zeitablaufs bedarf. Eine andere Frage stellt sich hinsichtlich der Wirksamkeit solcher Vereinbarungen, insbesondere ob die Gestaltung des Beitrags hinreichend bestimmt ist.[87] Um diese jedoch beurteilen und feststellen zu können, muss zunächst geklärt werden, welche Art von Leistungspflicht (Nachschuss oder Beitrag) überhaupt vorliegt.

d) Gespaltene Beitragspflicht

Um eine sog. „gespaltene Beitragspflicht“ handelt es sich dann, wenn neben einer einmaligen, betragsmäßig festgelegten Leistungspflicht weitere laufende Beitragsleistungen hinzutreten.[88] Diese weiteren Leistungspflichten sind in der Regel als aufschiebend bedingte Beitragspflicht formuliert. Dies bedeutet also, dass die Gesellschafter bei Gründung der Gesellschaft bzw. ihrem Beitritt einen genau bezifferten Geldbetrag zu zahlen verpflichtet sind. Darüber hinaus sind sie dazu verpflichtet während der Dauer der Gesellschaft unter bestimmten objektiven Voraussetzungen, z.B. bei einer Unterdeckung, weitere Beiträge zu leisten. Hier besteht der vereinbarte Beitrag

85 *Armbrüster*, ZGR 2009, 1, 5.

86 So aber etwa Staudinger/*Habermeier*, § 707 Rn. 3; *Ulmer/Schäfer* in: MünchKomm-BGB, § 707 Rn. 3; *Wertenbruch*, DStR 2007, 1680, 1681.

87 Ausführlich hierzu unten S. 50 ff.

88 BGH, Urt. v. 23.1.2006 – II ZR 126/04, NZG 2006, 379 Rn. 14; Urt. v. 5.11.2007 – II ZR 230/06, NZG 2008, 65, 66 Rn. 17; *Frings*, NZG 2008, 218; *Saenger*, LMK 2008, 250670.

i.S.d. § 707 BGB in der Summe beider Leistungspflichten, denn nach der soeben vorgenommenen Abgrenzung im Rahmen der aufschiebend bedingten Beitragspflichten handelt es sich jeweils um Beiträge. Mithin liegt nicht ein betragsmäßig festgelegter Beitrag nebst Nachschuss vor. Letzterer kommt erst in Betracht, wenn über diese gesamte vertragliche Verpflichtung hinaus eine Leistungspflicht begründet werden soll.[89]

Oft stellt sich bei derartigen vertraglichen Vereinbarungen die schwierig zu beantwortende Frage, wie bei einer gespaltenen Beitragspflicht die laufende Beitragspflicht von einem Nachschuss abzugrenzen ist. Hierbei kommt es – ähnlich wie bei der offenen Beitragspflicht – maßgeblich darauf an, dass die laufende Beitragspflicht des Gesellschafters eindeutig aus dem Gesellschaftsvertrag hervorgeht und deren Höhe zumindest objektiv bestimmbar ausgestaltet ist.[90] Nur wenn diese Voraussetzungen erfüllt sind, lässt sich die Maximalbelastung des Gesellschafters durch die laufenden Beiträge absehen. Jede Leistungspflicht, die über diese mögliche maximale Belastung des Gesellschafters hinausgeht, ist als Nachschuss zu qualifizieren.

Um eine adäquate Abgrenzung zwischen einer gespaltenen Beitragspflicht und einem Nachschuss vornehmen zu können, ist nunmehr zu untersuchen, auf welcher Grundlage die Frage der Eindeutigkeit sowie der objektiven Bestimmbarkeit zu beantworten ist. Bisher haben die Gerichte dabei lediglich den Gesellschaftsvertrag zur Auslegung herangezogen.[91] Dieser kann auch vom Revisionsgericht zur selbständigen Sachverhaltsauslegung herangezogen werden, denn er ist bei Publikumspersonengesellschaften – die bisher maßgeblich von diesbezüglichen Regelungen betroffen waren[92] – objektiv auszulegen und ohne Berücksichtigung des individuellen Verständnisses der Gründer.[93]

---

89 *Armbrüster*, ZGR 2009, 1, 6.

90 BGH, Beschluss v. 15.1.1996 – II ZR 22/95, DStR 1996, 879, 881; Urt. v. 19.3.2007 – II ZR 73/06, NZG 2007, 382, 383 Rn. 17; Urt. v. 5.11.2007 – II ZR 230/06, NZG 2008, 65, 66 Rn. 17; Hinweisbeschl. v. 3.12.2007 – II ZR 304/06, NZG 2008, 335 Rn. 5; *Frings*, NZG 2008, 218; *Saenger*, LMK 2008, 250670; ausführlich zu diesen Kriterien unten S. 50 ff.

91 BGH, Urt. v. 4.7.2005 – II ZR 354/03, NZG 2005, 753, 754; Urt. v. 19.3.2007 – II ZR 73/06, NZG 2007, 382, 383 Rn. 18 ff.; KG, Urt. v. 8.12.2006 – 14 U 21/06, NZG 2006, 226, 227.

92 *Armbrüster*, ZGR 2009, 1, 2.

93 BGH, Urt. v. 28.9.1978 – II ZR 218/77, NJW 1979, 419, 420; Urt. v. 30.4.1979 – II ZR 57/78, NJW 1979, 2102 f.; Urt. v. 16.11.1981 – II ZR 213/80, NJW 1982, 877, 878; Urt. v. 4.7.2005 – II ZR 354/03, NZG 2005, 753, 754; Urt. v. 9.2.2009 – II ZR 231/07, NZG 2009, 501, 502 Rn. 14; *v. Gerkan/Haas*, in: Röhricht/v. Westphalen,

Nunmehr hat der BGH bestätigt, dass ebenfalls die Beitrittserklärung des Gesellschafters in Verbindung mit dem Gesellschaftsvertrag zur Auslegung heranzuziehen ist.[94] Dadurch haben sich die Möglichkeiten, die laufende Beitragspflicht näher zu konkretisieren, maßgeblich erweitert. Dies ist in der Literatur bisher auf Zustimmung gestoßen[95] und reiht sich konsequent in die Rechtsprechung des BGH ein. So hat er bereits in einer früheren Entscheidung darauf hingewiesen, dass der Inhalt der Beitrittserklärung Teil des Gesellschaftsverhältnisses sei.[96] Außerdem hat er in einer nachfolgenden Entscheidung festgestellt, dass der Prospekt über die Gründung der Gesellschaft und deren Durchführung dann mit in die Auslegung einzubeziehen sei, wenn der Gesellschaftsvertrag auf ihn verweist.[97] Denkbar ist es nach Maßgabe dieser Rechtsprechung nunmehr auch, dass sämtliche vorgenannten Unterlagen und deren Inhalt als Auslegungskriterium herangezogen werden, d.h. Prospekt, Beitrittserklärung sowie Gesellschaftsvertrag. Dies kann z.B. dann der Fall sein, wenn in der Beitrittserklärung auf den Prospekt explizit Bezug genommen wird. Hier kann sich dann die Frage der Bestimmbarkeit – soweit sich diese nicht bereits aus dem Gesellschaftsvertrag selbst ergibt – aus dem Gesamtzusammenhang der Unterlagen ergeben.[98] Welche spezifischen Anforderungen an die Vereinbarung von gespaltenen Beitragspflichten gestellt werden, ist vorwiegend eine Frage der Wirksamkeit entsprechender Klauseln. Daher soll dies an entsprechender Stelle ausführlich erörtert werden.[99]

e) Mehrheitsbeschlüsse über Beitragserhöhungen

Eine weitere häufige Vertragsgestaltung, die Anlass zu Rechtsstreitigkeiten hinsichtlich des hier zu behandelnden Themas gibt, sind sog. „Mehrheits-

---

§ 161 Rn. 93; *Goette*, DStR 1996, 879, 881; *Grunewald*, ZGR 1995, 68, 71 ff.; *dies*., in: MünchKomm-HGB, § 161 Rn. 110; *Kellermann*, FS Stimpel, 1985, S. 295, 299; *K. Schmidt*, Gesellschaftsrecht, S. 89; *Ulmer*, in: MünchKomm-BGB, § 705 Rn. 175 f.

94 BGH, Urt. v. 5.11.2007 – II ZR 230/06, NZG 2008, 65, 66 Rn. 19 ff.; Hinweisbeschl. v. 3.12.2007 – II ZR 304/06, NZG 2008, 335 Rn. 7 ff.; so nunmehr auch KG, Urt. v. 15.12.2008 – 23 U 132/08, WM 2009, 2177, 2178 f.

95 *Frings*, NZG 2008, 218, 219; *Saenger*, LMK 2008, 250670; *Schodder*, EWiR 2008, 43, 44.

96 BGH, Urt. v. 5.11.1984 – II ZR 111/84, NJW 1985, 974.

97 BGH, Urt. v. 4.7.2005 – II ZR 354/03, NZG 2005, 753, 754; vgl. zur Prospektpflicht bei geschlossenen Fonds § 8f Abs. 1 VerkProspG sowie unten S. 272 ff.

98 *Frings*, NZG 2008, 218, 219 stellt auf Anlagen zum Gesellschaftsvertrag ab; *Saenger*, LMK 2008, 250670 allgemein auch auf außerhalb des Gesellschaftsvertrages liegende Umstände.

99 S. hierzu unten S. 50 ff.

klauseln“ über Beitragserhöhungen[100]. Entsprechende Klauseln sehen im Gesellschaftsvertrag vor, dass (auch) über Beitragserhöhungen ein Mehrheitsbeschluss gefasst werden kann.[101] Dabei kann ein diesbezüglicher Gesellschaftsvertrag beispielsweise folgendermaßen formuliert sein:[102]

> *„Die Geschäftsführung wird ermächtigt, [...] etwaige wirksam beschlossene Nachschüsse der Gesellschafter einzufordern.*
>
> *[...].*
>
> *Soweit bei der laufenden Bewirtschaftung des Grundstücks Unterdeckungen auftreten, ist der jeweilige Gesellschafter verpflichtet, binnen vier Wochen nach entsprechender Aufforderung der Geschäftsführung die seinem Anteil am Gesellschaftsvermögen entsprechenden Zahlungen zu erbringen.*
>
> *[...].*
>
> *Die Gesellschafterversammlung beschließt über die Genehmigung der jährlichen Vermögensübersicht und Überschussrechnung.*
>
> *[...].*
>
> *Sämtliche Beschlüsse werden mit einfacher Mehrheit der anwesenden Stimmen gefasst.“*

Bisweilen lassen sich auch sog. „schlichte“ Mehrheitsklauseln in den zugrunde liegenden Gesellschaftsverträgen finden.[103] Dies bedeutet, dass die Gesellschafterversammlung jede Änderung des Gesellschaftsvertrages mit der Mehrheit der Stimmen beschließen kann. Neben einem konkret festgelegten einmaligen Beitrag wiesen die Gesellschaftsverträge jedoch keinen weiteren Anhaltspunkt für weitere Leistungspflichten auf, also z.B. einen etwaigen Ausgleich einer Unterdeckung. Sodann kam es aufgrund eines Mehrheitsbeschlusses zur nachträglichen Einführung einer Unterdeckungsklausel[104] bzw. zur nachträglichen Erhöhung des Beitrags[105]. Bei den vorgenannten Klauseln stellt sich wiederum die Frage, ob aus diesen vertraglichen Regelungen Nachschüsse resultieren oder ob es sich um den vereinbarten

100 Staudinger/*Habermeier*, § 707 Rn. 4.

101 Vgl. zur näheren rechtlichen Einordnung entsprechender Mehrheitsklauseln unten S. 95 ff.

102 Nach BGH, Urt. v. 23.1.2006 – II ZR 306/04, NZG 2006, 306; Urt. v. 19.3.2007 – II ZR 73/06, NZG 2007, 382.

103 Vgl. hierzu BGH, Urt. v. 5.3.2007 – II ZR 282/05, NZG 2007, 381; Urt. v. 21.5.2007 – II ZR 96/06, NZG 2007, 620.

104 BGH, Urt. v. 21.5.2007 – II ZR 96/06, NZG 2007, 620.

105 BGH, Urt. v. 5.3.2007 – II ZR 282/05, NZG 2007, 381.

Beitrag selbst handelt. Hierbei ist zwischen den einzelnen vertraglichen Gestaltungen zu differenzieren.

Hinsichtlich des ersten Formulierungsbeispiels[106] könnte eine aufschiebend bedingte Beitragspflicht vorliegen. Für den Eintritt der aufschiebenden Bedingung ist dabei neben einer Unterdeckung selbst noch ein wirksamer Mehrheitsbeschluss notwendig, der diese auch feststellt. Beide Umstände stellen ein ungewisses zukünftiges Ereignis dar. Es wird also im Gegensatz zum originär gesellschaftsvertraglichen Unterdeckungsmodell lediglich eine weitere Bedingung hinzugefügt, nämlich ein wirksamer Mehrheitsbeschluss. Aufgrund des schlichten Hinzufügens einer weiteren Bedingung spricht dies für eine (aufschiebend bedingte) Beitragspflicht.

Nach einer Ansicht soll bei einer derartigen Mehrheitsklausel kein Abgrenzungsproblem zwischen dem vereinbarten Beitrag und einem Nachschuss vorliegen, sondern vielmehr wird die Vereinbarung über den Beitrag selbst verändert.[107] Zwar ist es richtig, dass sich im vorbezeichneten Beispiel der konkrete Beitrag erst aus der Feststellung der Jahresabrechnung (und damit der Unterdeckung) durch die Gesellschafterversammlung ergibt. Außerdem besagt der Gesellschaftsvertrag ausdrücklich, dass die sog. „Nachschüsse“ wirksam beschlossen werden müssen. Somit fällt es nach dem Gesellschaftsvertrag in die Kompetenz der Gesellschafterversammlung, diese zu konkretisieren. Hierdurch wird der Beitrag also jedes Jahr modifiziert, mithin neu vereinbart.

Jedoch bedarf es stets einer genauen Prüfung, ob es nach dem Gesellschaftsvertrag der Gesellschafterversammlung obliegt den Beitrag jeweils abschließend und verbindlich festzulegen. Nur wenn die Gesellschafterversammlung die Beiträge verbindlich und konkret festsetzen kann ist davon ausgehen, dass der Beitrag neu vereinbart wird.[108] Dabei genügt es bereits, wenn die verbindliche Festlegung der Gesellschafterversammlung vorbehalten wird. Denn in diesem Falle hat sie es jederzeit in der Hand, den Beitrag zu ändern.[109] Erfolgt hingegen die konkrete Festlegung der Höhe der jeweils einzuzahlenden Beiträge durch die Geschäftsführung, so ist der Gesellschafterbeschluss lediglich eine Berechnungsgrundlage.[110] Somit steht

106 Vgl. hierzu die Nachweise in Fn. 102.

107 *Armbrüster*, ZGR 2009, 1, 6.

108 So etwa ausdrücklich bei BGH, Urt. 4.7.2005 – II ZR 354/03, NZG 2005, 753. Hier wurden die *„erforderlichen Nachschussbeiträge sowie Instandhaltungsrücklagen der Gesellschafter verbindlich festgesetzt“* durch die jährliche, von der Gesellschafterversammlung zu beschließende Jahresabrechnung.

109 Vgl. hierzu BGH, Urt. v. 23.1.2006 – II ZR 126/04, NZG 2006, 379, 380 Rn. 17.

110 BGH, Urt. v. 5.11.2007 – II ZR 230/06, NZG 2008, 65, 67 Rn. 25.

der Beitrag nicht im Ermessen der Gesellschafter, und kann daher auch nicht von diesen geändert werden. Mithin geht es insoweit nicht um die Änderung des vereinbarten Beitrags und der vorherigen Zustimmung hierzu, sondern um das Erweitern der Voraussetzungen zur Leistungspflicht bei einer Unterdeckung.

Hinsichtlich des zweiten Beispiels[111], einer schlichten Mehrheitsklausel, stellt sich kein Abgrenzungsproblem zwischen dem vereinbarten Beitrag und einem Nachschuss. Hier wird nämlich nachträglich überhaupt erst eine weitere Leistungspflicht eingeführt, im obigen Beispiel für den Fall der Unterdeckung. Dabei soll die vereinbarte Beitragspflicht nicht (nur) erhöht werden, sondern diese selbst wird unmittelbar neu vereinbart und ausgestaltet. Es liegt mithin ein Fall der Änderung des Gesellschaftsvertrages vor.[112] Das Ergebnis dieser Änderung stellt dann den vereinbarten Beitrag i.S.d. § 707 BGB dar. Es geht also nicht um einen vom vereinbarten Beitrag abzugrenzenden Nachschuss.[113] Vielmehr stellt sich die Frage, wie aufgrund einer Mehrheitsklausel der vereinbarte Beitrag zulässigerweise abgeändert werden kann.[114]

7. „Mittelbare" Nachschusspflichten

In der Literatur wird im Zuge des Problemkreises der Nachschusspflichten häufiger der Begriff von sog. „mittelbaren" Nachschusspflichten[115] bzw. „mittelbaren" Beitragserhöhungen[116] verwendet, wobei die Bezeichnungen inhaltsgleich verwendet werden. Auch in der Rechtsprechung lässt sich bisweilen die Begrifflichkeit der „mittelbaren"[117] oder „faktischen"[118] Nachschusspflicht finden. Was hierunter zu verstehen ist, wird anhand von verschiedenen Sachverhalten diskutiert. Hierbei geht es zum einen um die persönliche Haftung des Gesellschafters einer Personengesellschaft, zum anderen um den Innenregress eines Gesellschafters gegenüber seinen Mitgesellschaftern. Außerdem wird das Problem der „mittelbaren" Nachschuss-

111 Vgl. hierzu die Nachweise in Fn. 103.

112 *Ulmer/Schäfer*, in: MünchKomm-BGB, § 707 Rn. 1.

113 *Armbrüster*, ZGR 2009, 1, 6.

114 Eingehend hierzu unten S. 76 ff.

115 *Armbrüster*, ZGR 2009, 1, 3; *Wertenbruch*, DStR 2007, 1680, 1683.

116 Palandt/*Sprau*, § 707 Rn. 2; *Schäfer*, Gesellschaftsrecht i.d. Diskussion, S. 137, 143; *Timm/Schöne*, in: Bamberger/Roth, § 707 Rn. 5; *Walch*, Immobilienfondsgesellschaft, S. 110.

117 BGH, Urt. v. 19.10.2009 – II ZR 240/08, BGHZ 183, 1, 10 ff. Rn. 29, 32 = NJW 2010, 65 – *„Sanieren oder Ausscheiden"*, eingehend zu dieser Entscheidung unten S. 153 ff.

118 KG, Urt. v. 20.11.2008 – 23 U 60/08, WM 2009, 2174, 2175 f.

pflichten diskutiert, wenn ein Gesellschafter im Rahmen einer Kapitalerhöhung vor die Handlungsalternativen der Zahlung oder des Ausscheidens gestellt wird. Nachfolgend soll untersucht werden, ob sich für die Gesellschafter im Rahmen dieser möglichen Fallgestaltungen Nachschüsse nach der soeben aufgezeigten Definition ergeben können.

a) Persönliche Haftung gem. § 128 S. 1 HGB (analog)

Die unbeschränkte gesamtschuldnerische und persönliche Außenhaftung der Gesellschafter einer OHG für die Verbindlichkeiten der Gesellschaft ergibt sich aus § 128 S. 1 HGB. Für die Partner einer PartG gilt die Norm grundsätzlich auch gem. § 8 Abs. 1 PartGG.[119] Für die Komplementäre einer KG gilt § 128 S. 1 HGB durch den Verweis in § 161 Abs. 2 HGB. Ein Kommanditist haftet ebenfalls persönlich, jedoch gem. § 171 Abs. 1 1. HS HGB nur bis zum Betrag der Einlage, soweit diese nicht erbracht ist. Die analoge Anwendung des § 128 S. 1 HGB auf die GbR ist mittlerweile anerkannt.[120] Diese unmittelbare sowie primäre Außenhaftung kann nunmehr dazu führen, dass ein Gläubiger der Gesellschaft einen Gesellschafter persönlich in Anspruch nimmt. Zwar wird sich erfahrungsgemäß ein Gläubiger in der Regel erst an die Gesellschaft wenden. Gesetzlich ausgeschlossen ist eine unmittelbare Inanspruchnahme eines Gesellschafters aber nicht aufgrund dessen persönlicher Haftung.[121] Zahlt der Gesellschafter nunmehr auf die Forderung des Gesellschaftsgläubigers, so kann eine „mittelbare“ Nachschusspflicht bzw. Beitragserhöhung in Rede stehen. Die finanzielle Leistungspflicht des Gesellschafters wird nämlich aufgrund der erfolgreichen Inanspruchnahme durch den Gläubiger zunächst einmal erhöht.

Jedoch ist zu beachten, dass der in Anspruch genommene Gesellschafter nach § 110 Abs. 1 HGB (ggf. i.V.m. § 6 Abs. 3 S. 2 PartGG bzw. gem. §§ 713, 670 BGB für die GbR) gegenüber der Gesellschaft einen Regressanspruch hat, soweit er mit befreiender Wirkung an den Gesellschaftsgläubiger gezahlt hat. Er kann insoweit den Ersatz der Leistung verlangen und etwaige Geldleistungen sind nach § 110 Abs. 2 HGB bzw. § 256 S. 1

119 Vgl. jedoch die Einschränkung in § 8 Abs. 2 PartGG.

120 BGH, Urt. v. 29.1.2001 – II ZR 331/00, BGHZ 146, 341, 358 = NJW 2001, 1056; Urt. v. 21.4.2009 – XI ZR 148/08, NZG 2009, 779, 780 Rn. 14; Urt. v. 2.7.2009 – III ZR 333/08, NZG 2009, 1143 Rn. 12; Erman/*Westermann*, § 714 Rn. 11; *K. Schmidt*, NJW 2001, 993, 998; *ders.*, Gesellschaftsrecht, S. 1790 ff.; Staudinger/*Habermeier*, § 707 Rn. 6; *Timm/Schöne*, in: Bamberger/Roth, § 718 Rn. 15; *Ulmer/Schäfer*, in: MünchKomm-BGB, § 714 Rn. 5; kritisch *Hadding*, FS Raiser, 2005, S. 130, 137 ff.

121 Baumbach/*Hopt*, § 128 Rn. 1; *K. Schmidt*, in: MünchKomm-HGB, § 128 Rn. 20; *ders.*, Gesellschaftsrecht, S. 1413 f.

BGB zu verzinsen. Mithin hat der Gesellschafter lediglich eine Vorleistungspflicht. Etwaige wirtschaftliche Nachteile erwachsen ihm aus der persönlichen Haftung und deren Folgen also nicht. Von einer „mittelbaren" Nachschusspflicht aufgrund der persönlichen Haftung gem. § 128 S. 1 HGB (analog) kann daher grundsätzlich nicht gesprochen werden. Dies gilt freilich nur, soweit die Gesellschaft auch finanziell in der Lage ist, den Aufwendungsersatz gegenüber dem (vor-)leistenden Gesellschafter zu erfüllen.

b) Innenregress gegenüber Mitgesellschaftern

Problematischer ist es für den betreffenden Gesellschafter jedoch dann, wenn er von der Gesellschaft keinen Ersatz erlangen kann. Diese kann aufgrund von finanziellen Schwierigkeiten hierzu nicht in der Lage sein. Zwar kann der Gesellschafter in diesem Falle wegen des gesamtschuldnerischen Ausgleichs unter den Gesellschaftern grundsätzlich die Mitgesellschafter nach § 426 Abs. 1 BGB sowie § 426 Abs. 2 BGB i.V.m. der Gesellschaftsgläubigerforderung anteilig in Anspruch nehmen. Jedoch kann ein Gesellschafter während der Dauer der Gesellschaft keine sog. „Sozialansprüche" gegenüber den Mitgesellschaftern geltend machen.[122] Sozialansprüche umfassen Ansprüche eines Gesellschafters gegen die Gesellschaft, die auf dem Gesellschaftsverhältnis beruhen.[123] Darunter fällt auch der Regressanspruch gem. § 110 Abs. 1 HGB bzw. §§ 713, 670 BGB für die Begleichung von Gesellschaftsschulden.[124] Begründet wird die fehlende persönliche Haftung der Mitgesellschafter in Bezug auf Sozialansprüche damit, dass dies entgegen § 707 BGB zu einer unzulässigen Beitragserhöhung führen würde.[125] Eine Ausnahme wird jedoch für den vorbezeichneten Fall gemacht, wenn nämlich der Gesellschafter von einem Gesellschaftsgläubiger auf Zahlung in Anspruch genommen worden ist und er bei der Gesellschaft keinen Ersatz

---

122 BGH, Urt. v. 10.4.1989 – II ZR 158/88, NJW-RR 1989, 866; *K. Schmidt*, Gesellschaftsrecht, S. 1380; *Ulmer/Schäfer*, in: MünchKomm-BGB, § 707 Rn. 5.

123 BGH, Urt. v. 10.4.1989 – II ZR 158/88, NJW-RR 1989, 866; *K. Schmidt*, Gesellschaftsrecht, S. 556, 1379; bei gleichlautender Definition wird ebenfalls die Begrifflichkeit der „Sozialverbindlichkeit" oder „Sozialverpflichtung" verwendet, vgl. hierzu etwa Palandt/*Sprau*, § 705 Rn. 30; Staub/*Schäfer*, § 105 Rn. 211; Staudinger/*Habermeier*, § 705 Rn. 37, 40; *Timm/Schöne*, in: Bamberger/Roth, § 705 Rn. 124 f.; *Ulmer*, in: MünchKomm-BGB, § 705 Rn. 197.

124 *Timm/Schöne*, in: Bamberger/Roth, § 707 Rn. 6; *Ulmer*, in: MünchKomm-BGB, § 705 Rn. 191, 197.

125 BGH, Urt. v. 2.7.1962 – II ZR 204/60, BGHZ 37, 299, 302 = NJW 1962, 1863; Urt. v. 10.4.1989 – II ZR 158/88, NJW-RR 1989, 866; Erman/*Westermann*, § 707 Rn. 3; *Faust*, FS K. Schmidt, 2009, S. 357, 361; *K. Schmidt*, Gesellschaftsrecht, S. 1380; Staudinger/*Habermeier*, § 707 Rn. 6; *Ulmer/Schäfer*, in: MünchKomm-BGB, § 707 Rn. 5.

erlangen kann.[126] Hierbei genügt es bereits, dass der Gesellschaft keine frei verfügbaren Mittel zur Verfügung stehen.[127] Unter diesen Voraussetzungen kann der Gesellschafter seinen Regressanspruch nach § 426 Abs. 1 BGB sowie § 426 Abs. 2 BGB i.V.m. der Gesellschaftsgläubigerforderung anteilig gegenüber den Mitgesellschaftern geltend machen.[128]

Eine „mittelbare“ Nachschusspflicht kann zunächst darin gesehen werden, dass der regressberechtigte Gesellschafter mit seiner Forderung gegenüber der Gesellschaft ausfällt und die Mitgesellschafter den Sozialanspruch nur anteilig tragen müssen.[129] Der zahlende Gesellschafter erlangt also nicht den vollen Ersatz für seine erbrachte Leistung. Jedoch wird auch bezüglich der Mitgesellschafter von einer „mittelbaren“ Nachschusspflicht gesprochen, da diese schließlich den Regressanspruch anteilig mittragen müssen.[130] Ein Schutz der Gesellschafter gegen solche „mittelbaren“ Nachschusspflichten soll dadurch gewährleistet werden, dass die Geschäftsführungsbefugnis dann überschritten werde, wenn die Verbindlichkeit erkennbar nicht vom Gesellschaftsvermögen erfüllt werden kann.[131] Mit dem Gesellschaftsvertrag gehen die Gesellschafter begrenzte Verpflichtungen ein, die der Geschäftsführer nicht einseitig durch Vornahme von wirtschaftlichen unerfüllbaren Geschäften erweitern könne.[132] Insoweit stehe § 707 BGB entgegen.[133] Grundsätzlich ist dieser Ansicht beizupflichten, wenn der Geschäftsführer tatsächlich bei Abschluss des Geschäftes erkennen konnte, dass das Gesellschaftsvermögen zur Erfüllung der Verbindlichkeit nicht ausreicht. Sonst hätte er es allein in der Hand, die finanziellen Leistungspflichten der Gesellschafter nachträglich zu erhöhen. Dies entspricht nicht dem Schutzzweck des § 707 BGB.[134]

126 BGH, Urt. v. 2.7.1962 – II ZR 204/60, BGHZ 37, 299, 302 = NJW 1962, 1863; Urt. v. 2.7.1979 – II ZR 132/78, NJW 1980, 339, 340; Erman/*Westermann*, § 707 Rn. 3; *Timm/Schöne*, in: Bamberger/Roth, § 707 Rn. 7; *Ulmer/Schäfer*, in: MünchKomm-BGB, § 707 Rn. 5; *Wertenbruch*, in: HdbPersGesR, Rn. 397; *Wiedemann*, Gesellschaftsrecht II, S. 237.

127 BGH, Urt. v. 2.7.1979 – II ZR 132/78, NJW 1980, 339, 340; Soergel/*Hadding*, § 707 Rn. 1; *Timm/Schöne*, in: Bamberger/Roth, § 707 Rn. 7.

128 BGH, Urt. v. 2.7.1979 – II ZR 132/78, NJW 1980, 339, 340; *K. Schmidt*, Gesellschaftsrecht, S. 1437; Staudinger/*Habermeier*, § 707 Rn. 6.

129 *Schäfer*, Gesellschaftsrecht i.d. Diskussion, S. 137, 143.

130 *Wertenbruch*, DStR 2007, 1680, 1683.

131 *Faust*, FS K. Schmidt, 2009, S. 357, 363 mit Fn. 29; *Schäfer*, Gesellschaftsrecht i.d. Diskussion, S. 137, 143; *Wertenbruch*, DStR 2007, 1680, 1683 mit Hinweis auf BGH, Urt. v. 2.7.1979 – II ZR 132/78, NJW 1980, 339, 340.

132 *Wertenbruch*, DStR 2007, 1680, 1683.

133 BGH, Urt. v. 2.7.1979 – II ZR 132/78, NJW 1980, 339, 340.

134 Vgl. zu diesem Aspekt ausführlich unten S. 39 f.

Nach dieser Ansicht kommt es jedoch nur dann nicht zu einer (weiteren) Belastung der Gesellschafter, wenn die wirtschaftliche Notsituation der Gesellschaft bei Begründung der Verbindlichkeit für den Geschäftsführer auch erkennbar war. Somit ist fraglich, wie der Sachverhalt zu beurteilen ist, wenn die Gesellschaft erst nach Eingehung der Verbindlichkeit finanziell außerstande ist diese, und damit auch den Regressanspruch eines Gesellschafters, zu erfüllen. Hier kann insoweit nicht auf die Beschränkung der Geschäftsführungsbefugnis abstellt werden. Diese Fälle sind nicht unwahrscheinlich, wie die Vielzahl von geschlossenen Immobilienfonds gezeigt hat.[135] Zum Zeitpunkt der Begründung der Gesellschaftsverbindlichkeiten, in der Regel Darlehen, war nicht offensichtlich, dass diese zukünftig aufgrund der schlechten Marktentwicklung nicht mehr von der Gesellschaft bedient werden können. Hier greift das obige Schutzsystem durch die Beschränkung der Geschäftsführungsbefugnis also nicht. Dies gilt auch bei deliktischen Ansprüchen gegen die Gesellschaft. Der auf die Gesellschaftsschuld leistende Gesellschafter kann in diesen Fällen von den Mitgesellschaftern (nur) einen anteiligen Ausgleich verlangen. Fraglich ist, ob es sich dann hinsichtlich seines selbst zu tragenden Anteils um eine „mittelbare" Nachschusspflicht handelt, also eine Leistungspflicht, die über den vereinbarten Beitrag i.S.d. § 707 BGB hinausgeht. Zwar liegt unzweifelhaft eine Leistungspflicht vor, die über die vereinbarten Beiträge hinausgeht. Jedoch haben sich die Gesellschafter mit Abschluss des Gesellschaftsvertrages geeinigt, die persönliche Haftung für Gesellschaftsverbindlichkeiten zu übernehmen. Zumindest konkludent erfolgt dies durch die gemeinsame Wahl der entsprechenden Gesellschaftsform. Wird nunmehr ein Gesellschafter in Anspruch genommen und ist die Gesellschaft nicht in der Lage sowohl die Verbindlichkeit als auch den Regressanspruch zu erfüllen, so realisiert sich gerade hierin das allgemeine Risiko der durch den Gesellschaftsvertrag übernommenen persönlichen Haftung.[136] Dass die Frage eines Nachschusses einerseits und der persönlichen Haftung andererseits getrennt betrachtet werden muss, lässt sich auch aus der Rechtsprechung des BGH ablesen. Hierbei wurde in Bezug auf eine Revisionsbeschränkung festgestellt, dass es sich bei der Begründung von weiteren Leistungspflichten und der persönlichen Haftung nach § 128 S. 1 HGB um zwei verschiedene Streitgegenstände handelt.[137] Dieses Verständnis legt er auch in einem früheren Urteil zugrunde, wonach die per-

135 *Armbrüster*, ZGR 2009, 1, 3.

136 BGH, Urt. v. 2.7.1962 – II ZR 204/60, BGHZ 37, 299, 302 = NJW 1962, 1863; *Faust*, FS K. Schmidt, 2009, S. 357, 363; *Klam*, INF 2006, 74; *Timm/Schöne*, in: Bamberger/Roth, § 707 Rn. 7; vgl. ebenfalls *Wiedemann*, Gesellschaftsrecht I, S. 393.

137 BGH, Hinweisbeschl. v. 26.3.2007 – II ZR 22/06, NZG 2007, 582 Rn. 3; *Armbrüster* ZGR 2009, 1, 4.

sönliche Haftung für die Gesellschaftsverbindlichkeiten neben der gesellschaftsvertraglich festgelegten Beitragspflicht stehe.[138] Schließlich hat der BGH festgestellt, dass eine unbeschränkte Außenhaftung unabhängig vom Bestehen einer Nachschussverpflichtung im Innenverhältnis der Gesellschaft vorliege.[139]

Somit steht bei dem Problemkreis der „mittelbaren“ Nachschusspflichten hinsichtlich des Innenregresses der Gesellschafter kein Nachschuss in Rede. Zwar können sich die finanziellen Leistungspflichten der Gesellschafter erhöhen, wenn ein auf die Gesellschaftsschuld leistender Gesellschafter mit seinem Regressanspruch gegenüber der Gesellschaft ausfällt. Die anteilige Inanspruchnahme der Mitgesellschafter ist jedoch Ausfluss der persönlichen Haftung eines Gesellschafters einer Personengesellschaft und steht daher nicht in Widerspruch zu § 707 BGB. Es liegt daher auch nicht eine Einschränkung des mitgliedschaftlichen Grundrechts aus § 707 BGB vor.[140] Die Begrifflichkeit der „mittelbaren“ Nachschusspflichten ist missverständlich und sollte nicht verwendet werden. Sie vermischt zwei unterschiedliche Aspekte der finanziellen Leistungspflichten eines Gesellschafters im Innen- und Außenverhältnis, nämlich zum einen die Leistungspflicht gegenüber der Gesellschaft (Beitrag oder Nachschuss), zum anderen gegenüber Gläubigern (persönliche Haftung).[141]

c) „Sanieren oder Ausscheiden“

Beschließen die Gesellschafter eine Kapitalerhöhung[142] und vereinbaren sie zugleich im Rahmen einer Änderung des Gesellschaftsvertrages, dass ein Gesellschafter bei fehlender Übernahme der neuen Anteile bis zu einem bestimmten Zeitpunkt aus der Gesellschaft ausscheidet, so wird vereinzelt von einer „mittelbaren“[143] oder auch „faktischen“[144] Nachschusspflicht gesprochen. Insoweit kann ein faktischer Zwang zur Leistung weiterer Beiträge darin gesehen werden, dass nur hierdurch ein Ausscheiden aus der Gesell-

138 BGH, Urt. v. 2.7.1962 – II ZR 204/60, BGHZ 37, 299, 302 = NJW 1962, 1863.

139 BGH, Urt. v. 2.7.2009 – III ZR 333/08, NZG 2009, 1143 Rn. 12.

140 So aber etwa *v. Falkenhausen/Schneider*, in: MüHdbGesR-GbR, § 60 Rn. 101.

141 Vgl. hierzu *Wiedemann*, Gesellschaftsrecht II, S. 238.

142 Eingehend zum Ablauf einer Kapitalerhöhung im Personengesellschaftsrecht unten S. 159 ff.

143 KG, Urt. v. 19.9.2008 – 14 U 9/07, n. v.; vgl. nachfolgend BGH, Urt. v. 19.10.2009 – II ZR 240/08, BGHZ 183, 1, 10 ff. Rn. 29, 32 = NJW 2010, 65 – *„Sanieren oder Ausscheiden“*, eingehend zu dieser Entscheidung unten S. 153 ff.

144 KG, Urt. v. 20.11.2008 – 23 U 60/08, WM 2009, 2174, 2175 f.; *Priester*, ZIP 2010, 497, 501; *Römermann*, NZI 2009, 910, 911; vgl. auch *Westermann*, NZG 2010, 321, 323: *„Faktischer Zwang zur Leistung von Nachschüssen“*.

schaft verhindert wird. Zudem können die finanziellen Leistungspflichten, wenn sich ein Gesellschafter gegen die Beteiligung an einer Kapitalerhöhung entscheidet, nicht absehbar sein.[145] Außerdem mache es für einen Gesellschafter aufgrund der Gleichwertigkeit der Sachverhalte keinen Unterschied, ob er ausgeschlossen wird, weil er sich nicht freiwillig an einer Kapitalerhöhung beteiligt oder weil er sich dazu entscheidet, einen mehrheitlich beschlossenen Nachschuss nicht zu zahlen.[146]

Richtig ist zwar insoweit, dass sich ein Gesellschafter gezwungen sehen kann an einer Kapitalerhöhung zu partizipieren, um nicht aus der Gesellschaft ausscheiden zu müssen und einer etwaigen Pflicht zur Erstattung eines Auseinandersetzungsfehlbetrages gem. § 739 BGB (ggf. i.V.m. § 105 Abs. 3 bzw. § 161 Abs. 2 HGB oder § 1 Abs. 4 PartGG) ausgesetzt zu sein. Durch die Zeichnung neuer Anteile steht also eine Leistungspflicht in Rede, die über die ursprünglich vereinbarte Leistung hinausgeht. Gleichwohl ist zu beachten, dass eine mögliche Fehlbetragshaftung gem. § 739 BGB als Folge des Ausscheidens keine unzulässige Erhöhung des vereinbartes Beitrags gem. § 707 BGB darstellt[147], denn § 707 BGB ist im Rahmen des § 739 BGB gerade nicht anwendbar[148]. Die Unterschiedlichkeit der Sachverhalte zeigt sich insbesondere auch darin, dass dem Gesellschafter beim Ausscheiden unter Umständen auch ein Abfindungsanspruch gem. § 738 Abs. 1 S. 2 BGB (ggf. i.V.m. § 105 Abs. 3 bzw. § 161 Abs. 2 HGB oder § 1 Abs. 4 PartGG) zustehen kann. Zwar ist dies in einer Sanierungssituation durchaus selten. Maßgeblich ist jedoch, dass die Folgen des Ausscheidens einen anderen Problembereich tangieren.[149] Insoweit greift auch nicht das Argument der fehlenden Vorhersehbarkeit der finanziellen Leistungspflichten, denn diese müssen lediglich im Rahmen der werbend tätigen Gesellschaft absehbar sein. Außerdem ist zweifelhaft, ob tatsächlich von einem faktischen Zwang zur Zeichnung neuer Anteile gesprochen werden kann[150], um ein unerwünschtes Ausscheiden abzuwenden. Es ist nämlich darauf hinzuweisen, dass ein Ausscheiden aus der Gesellschaft der (antizipierten) Zustimmung

---

145 BGH, Urt. v. 19.10.2009 – II ZR 240/08, BGHZ 183, 1, 7 Rn. 21 = NJW 2010, 65 – *„Sanieren oder Ausscheiden"*; KG, Urt. v. 20.11.2008 – 23 U 60/08, WM 2009, 2174, 2175.

146 KG, Urt. v. 20.11.2008 – 23 U 60/08, WM 2009, 2174, 2176.

147 BGH, Urt. v. 19.10.2009 – II ZR 240/08, BGHZ 183, 1, 7 Rn. 21 = NJW 2010, 65 – *„Sanieren oder Ausscheiden"*; zustimmend *K. Wagner*, NZG 2009, 1378, 1380.

148 Zum Anwendungsbereich des § 707 BGB s. unten S. 36 f.

149 BGH, Urt. v. 19.10.2009 – II ZR 240/08, BGHZ 183, 1, 7 Rn. 21 = NJW 2010, 65 – *„Sanieren oder Ausscheiden"*; *Holler*, ZIP 2010, 1678, 1681.

150 So etwa *Westermann*, NZG 2010, 321, 323.

des jeweils betroffenen Gesellschafters bedarf.[151] Mithin kann der Gesellschafter grundsätzlich selbst über die Voraussetzungen eines Verbleibs in der Gesellschaft entscheiden.[152] Somit steht auch im Rahmen des Problemkreises „Sanieren oder Ausscheiden“ kein Nachschuss in Rede. Es ist daher missverständlich insoweit von einer „mittelbaren“ Nachschusspflicht auszugehen.[153]

8. Zwischenergebnis

Jede Leistungspflicht, die über den vereinbarten Beitrag i.S.d. § 707 BGB hinausgeht, ist als Nachschuss zu qualifizieren. Um festzustellen, ob es sich bei der Leistungspflicht eines Gesellschafters um einen Nachschuss handelt, bedarf es regelmäßig einer Abgrenzung zum vereinbarten Beitrag. Der vereinbarte Beitrag ist schwer feststellbar, wenn Art und Umfang nicht eindeutig sowie konkret im Gesellschaftsvertrag festgelegt sind. Hier ist anhand objektiver Kriterien (z.B. der Gesellschaftszweck) festzustellen, worin dieser liegt. Sind Leistungspflichten vom Eintritt einer Bedingung abhängig, so sind diese in der Regel als Beiträge zu qualifizieren. Allein die spätere Geltendmachung von Leistungspflichten lassen sie nicht als Nachschuss qualifizieren. Treten neben einer einmaligen Beitragspflicht laufende Leistungspflichten hinzu, so ist dies als eine gespaltene Beitragspflicht zu bewerten, wenn sich dies eindeutig aus dem Gesellschaftsvertrag ergibt sowie Art und Umfang der laufenden Leistungspflicht objektiv bestimmbar sind. Soll auf der Grundlage einer Mehrheitsklausel eine weitere Leistungspflicht begründet werden, so stellt sich hierbei nicht die Abgrenzungsfrage zwischen einem Nachschuss und dem vereinbarten Beitrag. Vielmehr wird der Beitrag selbst innerhalb einer Änderung des Gesellschaftsvertrages modifi-

151 BGH, Urt. v. 26.1.1961 – II ZR 240/59, NJW 1961, 724; Urt. v. 19.10.2009 – II ZR 240/08, BGHZ 182, 1, 6 Rn. 16 = NJW 2010, 65 – *„Sanieren oder Ausscheiden“*; KG, Urt. v. 20.11.2008 – 23 U 60/08, WM 2009, 2174, 2175; Baumbach/*Hopt*, § 131 Rn. 26; *Goette*, in: Ebenroth/Boujong/Joost/Strohn, § 119 Rn. 59, 63; *K. Schmidt*, in: MünchKomm-HGB, § 131 Rn. 89; eingehend zum Zustimmungserfordernis bei Kernbereichseingriffen unten S. 80 ff.

152 Vgl. zur eng begrenzten Ausnahme einer Zustimmungspflicht zum Ausscheiden aufgrund der gesellschaftsrechtlichen Treuepflicht BGH, Urt. v. 21.10.1985 – II ZR 57/85, NJW-RR 1986, 256; Urt. v. 19.10.2009 – II ZR 240/08, BGHZ 183, 1, 8 ff. Rn. 22 ff. = NJW 2010, 65 – *„Sanieren oder Ausscheiden“*; KG, Urt. v. 20.11.2008 – 23 U 60/08, WM 2009, 2174, 2175 ff.

153 Zu Recht daher ablehnend BGH, Urt. v. 19.10.2009 – II ZR 240/08, BGHZ 183, 1, 7, 10 f. Rn. 21, 29, 32 = NJW 2010, 65 – *„Sanieren oder Ausscheiden“*; so nunmehr auch KG, Urt. v. 27.4.2010 – 14 U 20/08, NZG 2010, 1184, 1186 (n. rk., Az. BGH: II ZR 101/10).

ziert. „Mittelbare“ Nachschusspflichten sind nicht als Leistungspflichten im Sinne eines Nachschusses zu qualifizieren.

II. Gesetzliche Vorgaben zur Nachschusspflicht

Nachdem nunmehr festgestellt wurde, was unter einem Nachschuss bzw. dem vereinbarten Beitrag zu verstehen ist, soll nachfolgend die maßgebliche Norm in den Blick genommen werden: § 707 BGB. Hierbei ist von entscheidender Bedeutung, welchen Anwendungsbereich die Norm hat und ob sie dispositiv ist. Nur vor diesem Hintergrund lässt sich sodann eingehend die Frage erörtern, inwieweit Beitragspflichten wirksam begründet und darüber hinaus nachträglich erhöht werden können.

1. Anwendungsbereich des § 707 BGB

Zunächst stellt sich die Frage, in welchem Umfang § 707 BGB anwendbar ist. Hierbei kann zwischen einem sachlichen und zeitlichen Anwendungsbereich differenziert werden. Sachlich ist die Norm immer dann anwendbar, wenn es um die nachträgliche Erhöhung des ursprünglich vereinbarten Beitrags geht.[154] Auf den vereinbarten Beitrag selbst ist die Norm nicht unmittelbar anwendbar.[155] Zutreffend hat der BGH daher auch angenommen, dass bei einer offenen[156] oder gespaltenen Beitragspflicht § 707 BGB nicht betroffen sei[157]. Außerdem ist die Norm nur im Innenverhältnis anwendbar.[158] Gegenüber Gläubigern der Gesellschaft kann sich ein Gesellschafter daher nicht auf § 707 BGB berufen.[159] Dies ergibt sich aus der persönlichen Haftung der Gesellschafter neben der Gesellschaft.[160] In zeitlicher Hinsicht gilt § 707 BGB nur während der Dauer der Gesellschaft.[161] Insbesondere die Pflicht zur Verlustdeckung im Falle der Liquidation (vgl. § 735 BGB) oder

154 Palandt/*Sprau*, § 707 Rn. 1; *Ulmer/Schäfer*, in: MünchKomm-BGB, § 707 Rn. 3.

155 *Barta/Geiseler-Bonse*, BKR 2006, 265, 267.

156 BGH, Urt. v. 7.11.1960 – II ZR 216/59, WM 1960, 32, 34.

157 BGH, Beschluss v. 15.1.1996 – II ZR 22/95, DStR 1996, 879, 881; Urt. v. 4.7.2005 – II ZR 354/06, NZG 2005, 753; Urt. v. 5.11.2007 – II ZR 230/06, NZG 2008, 65, 66 Rn. 15, 17.

158 Jauernig/*Stürner*, § 707 Rn. 1; Palandt/*Sprau*, § 707 Rn. 1; *Timm/Schöne*, in: Bamberger/Roth, § 707 Rn. 2; so auch schon die Gesetzesbegründung, vgl. Motive zum BGB, Bd. II, S. 597 (zu § 630).

159 *Ulmer/Schäfer*, in: MünchKomm-BGB, § 707 Rn. 6.

160 Vgl. hierzu auch oben S. 29 f.

161 *Timm/Schöne*, in: Bamberger/Roth, § 707 Rn. 3.

des Ausscheidens (vgl. § 739 BGB) wird vom Anwendungsbereich nicht erfasst.[162]

Der BGH hat zudem außerhalb des unmittelbaren Anwendungsbereichs eine Ausstrahlungswirkung des § 707 BGB angenommen. Die Grundentscheidung der Norm, wonach ein Gesellschafter nicht zu Nachschüssen verpflichtet werden könne, sei etwa bei der Auslegung des Gesellschaftsvertrages zu beachten.[163] Dies bedeutet, dass bei einer gespaltenen Beitragspflicht die laufende Beitragspflicht eindeutig aus dem Gesellschaftsvertrag hervorgehen und in objektiv bestimmbarer Weise ausgestaltet sein müsse.[164] Somit bestehen strenge Voraussetzungen hinsichtlich der ergänzenden Auslegung des Gesellschaftsvertrages, die zu einer weiteren Beitragspflicht führen kann.[165] Auch hinsichtlich der bereits erwähnten Beschränkung der Geschäftsführungsbefugnis für Geschäfte, die vom Gesellschaftsvermögen nicht gedeckt werden, kann von einer Ausstrahlungswirkung des § 707 BGB gesprochen werden.[166] Zwar hat der BGH diesbezüglich ausgeführt, dass § 707 BGB entgegenstehe.[167] Diese Norm ist jedoch nicht unmittelbar heranzuziehen, da die Haftung für Gesellschaftsverbindlichkeiten – wie oben bereits erörtert[168] – gerade kein Fall der Beitragserhöhung ist. Dies ist auch dann nicht gegeben, wenn die Gesellschaft die Verbindlichkeit nicht erfüllen kann. Daher ist in diesem Zusammenhang vielmehr von einer wertenden Heranziehung des § 707 BGB auszugehen.

2. Auslegung der Norm

Im Hinblick auf die Dispositivität des § 707 BGB[169] ist nachfolgend zunächst eine Auslegung der Norm vorzunehmen. Die hierdurch gewonnenen Erkenntnisse können sodann für die Beurteilung herangezogen werden, ob § 707 BGB abdingbar ist.

---

162 BGH, Urt. v. 5.11.2007 – II ZR 230/06, NZG 2008, 65, 67 Rn. 26; *Barta/Geiseler-Bonse*, BKR 2006, 265, 266; Baumbach/*Hopt*, § 109 Rn. 12; *Faust*, FS K. Schmidt, 2009, S. 357, 361 f.; Palandt/*Sprau*, § 707 Rn. 1; *Ulmer/Schäfer*, in: MünchKomm-BGB, § 707 Rn. 6; *K. Wagner*, WM 2003, 2257, 2259.

163 BGH, Urt. v. 23.1.2006 – II ZR 126/04, NZG 2006, 379 Rn. 14.

164 BGH, Urt. v. 23.1.2006 – II ZR 126/04, NZG 2006, 379, 380 Rn. 14; Urt. v. 5.11.2007 – II ZR 230/06, NZG 2008, 65, 66 Rn. 17.

165 *Armbrüster*, ZGR 2009, 1, 9; Palandt/*Sprau*, § 707 Rn. 1.

166 *Wertenbruch*, DStR 2007, 1680, 1683.

167 BGH, Urt. v. 2.7.1979 – II ZR 132/78, NJW 1980, 339, 340; zustimmend *Schäfer*, Gesellschaftsrecht i.d. Diskussion, S. 137, 143.

168 S. hierzu oben S. 28 ff.

169 Eingehend hierzu sogleich S. 40 ff.

a) Wortlaut

Hinsichtlich des Wortlautes ist § 707 BGB unmissverständlich und gibt bis auf die Unterscheidung der Begrifflichkeiten des Beitrags bzw. der Einlage – dazu sogleich – keinen Anlass zu Auslegungsschwierigkeiten. Die Norm sieht nicht die Möglichkeit von abweichenden vertraglichen Regelungen hinsichtlich der Erhöhung des vereinbarten Beitrags vor. Einzig die Differenzierung zwischen dem Beitrag und der Einlage geht aus dem Wortlaut nicht eindeutig hervor. Nach einer Ansicht wird der Beitrag als Primärpflicht zur Zweckförderung angesehen, die Einlage dagegen als ein Beitrag in das Gesellschaftsvermögen zur Eigenkapitalbildung.[170] Nach anderer Ansicht ist die Einlage hingegen als ein Unterfall des Beitrags zu verstehen, nämlich der bereits an die Gesellschaft bewirkte.[171] Für die Frage der Nachschusspflicht kommt es auf diese Differenzierung im Ergebnis nicht an. Entscheidend ist vielmehr, ob die Leistungspflicht des Gesellschafters vermehrt wird. Inwieweit dies durch eine Erhöhung des Beitrags oder Verminderung der Einlage geschieht, ist dabei unerheblich. Somit kommt es hier auf diesen Streitstand nicht an.

b) Gesetzessystematik

Aus der Gesetzessystematik ergibt sich, dass § 707 BGB zwingend ist. So sieht § 706 Abs. 1 BGB beispielsweise vor, dass die Gesellschafter vorbehaltlich anderer Vereinbarungen gleiche Beiträge zu leisten haben. Auch die §§ 709 ff. BGB sehen den Vorrang gesellschaftsrechtlicher Vereinbarungen vor. In § 707 BGB fehlt eine derartige Regelung. Dieser Befund spricht dafür, dass der Gesetzgeber in einigen Normen bewusst die Möglichkeit eröffnet hat, anderweitige gesellschaftsvertragliche Regelungen zu treffen. Aus einem Umkehrschluss lässt sich für § 707 BGB schließen, dass insofern abweichende Regelungen nicht zulässig sind. Die Gesetzessystematik spricht also gegen die Zulässigkeit von abweichenden Regelungen im Gesellschaftsvertrag.

c) Historie der Norm – Erwägungen des Gesetzgebers

In § 707 BGB – bei Erlass des BGB § 630 – hat der Gesetzgeber inhaltsgleich die Regelung des Art. 92 ADHGB übernommen[172], welche bereits 1861 in Kraft getreten ist[173]. Auch das vom Gesetzgeber in den Motiven erwähnte Allgemeine Landrecht für die Preußischen Staaten (ALR) von 1794

170 Baumbach/*Hopt*, § 109 Rn. 6; *K. Schmidt*, Gesellschaftsrecht, S. 567.
171 Palandt/*Sprau*, § 706 Rn. 1; *Ulmer/Schäfer*, in: MünchKomm-BGB, § 706 Rn. 4.
172 *Mugdan*, Motive zum BGB, Bd. II, S. 333 f. (zu § 630).
173 Baumbach/*Hopt*, Einl. zu § 1 Rn. 9.

kannte bereits in § 190 I 17 das Verbot von Nachschusspflichten.[174] Die Grundüberlegung für die Einführung des damaligen § 630 BGB war, dass der Gesellschafter einer GbR nicht verpflichtet werden sollte, neben dem vereinbarten Beitrage etwas anderes an die Gesellschaft leisten zu müssen.[175] Dies sollte nach Ansicht des Gesetzgebers selbst dann gelten, wenn der Gesellschaftszweck aufgrund von veränderten Umständen oder Kapitalverlust nicht erreicht werden könne. Außerdem wurde in der Gesetzesbegründung klargestellt, dass die Norm nur im Innenverhältnis und nicht gegenüber Gläubigern gelte. Sollten die Gesellschafter aufgrund der veränderten Umstände eine freiwillige Erhöhung der Beiträge beschließen, so sei der sich weigernde Gesellschafter gleichwohl nicht zur Leistung verpflichtet. Dies gelte selbst dann, wenn sein Gewinnanteil verhältnismäßig gleich bleibe. Jedoch könnte nach Ansicht des Gesetzgebers dieser sich weigernde Gesellschafter dann ausgeschlossen werden. Dienen die weiteren Beiträge einem Zweck, der über den der Gesellschaft hinausgehe, so sei dies als Abschluss eines neuen Gesellschaftsvertrages zu werten, wo nur die Zahlenden Vertragsschließende sind.[176] Des Weiteren ging der Gesetzgeber ohne nähere Begründung davon aus, dass § 707 BGB dispositiv sei, die Gesellschafter also im Gesellschaftsvertrag etwas anderes vereinbaren können. Außerdem sei es möglich, dass sich alle Gesellschafter nachträglich über die Erhöhung des Beitrags einigen.[177] Dass die Einführung des damaligen § 630 BGB sachgemäß sei und dem Wesen der GbR entspreche, folgte für den Gesetzgeber bereits aus der Existenz des Art. 92 ADHGB. Nach Auffassung des Gesetzgebers sei diese gesetzliche Vorgehensweise unbestritten.[178]

d) Schutzzweck

§ 707 BGB soll den Gesellschafter einer Personengesellschaft vor weiteren, unübersehbaren Belastungen schützen.[179] Daher wird aus der Norm das sog. „Belastungsverbot" gefolgert.[180] Dieses Verbot wurde zunächst in der Lite-

174 *„Zu mehreren Beyträgen aber, als wozu ein jeder Mitgenosse sich ausdrücklich verbunden hat, kann derselbe, auch unter veränderten Umständen, von den übrigen nicht angehalten werden."*

175 Motive zum BGB, Bd. II, S. 597 (zu § 630).

176 Motive zum BGB, Bd. II, S. 597 f. (zu § 630).

177 Motive zum BGB, Bd. II, S. 597 (zu § 630).

178 Motive zum BGB, Bd. II, S. 597 (zu § 630).

179 BGH, Urt. v. 23.1.2006 – II ZR 306/04, NZG 2006, 306, 308 Rn. 20; *Klam*, INF 2006, 74; Palandt/*Sprau*, § 707 Rn. 1; *Schäfer*, Gesellschaftsrecht i.d. Diskussion, S. 137, 141; *Timm/Schöne*, in: Bamberger/Roth, § 707 Rn. 1.

180 *K. Schmidt*, Gesellschaftsrecht, S. 473; *Timm/Schöne*, in: Bamberger/Roth, § 707 Rn. 1.

ratur[181], später auch in der Rechtsprechung[182] als sog. „mitgliedschaftliches Grundrecht“ bezeichnet. Es geht also um eine Risikobegrenzung dergestalt, dass die gesellschaftsvertraglichen Verpflichtungen die Obergrenze für eine Leistungspflicht eines Gesellschafters bilden. Somit wird auch davon gesprochen, dass § 707 BGB die privatautonome Rechtsgestaltung absichere.[183] Zum Teil wird aus dem Grundsatz des Belastungsverbotes gefolgert, dass dieser (auch) dem Minderheitenschutz diene.[184] Zwar kann für diese Ansicht angeführt werden, dass sich in der Regel wohl eine Minderheit an Gesellschaftern gegen eine Beitragserhöhung wendet. Dies zeigen auch die maßgeblichen Urteile des BGH, wonach häufig ein Mehrheitsbeschluss bezüglich einer Beitragserhöhung zustande gekommen ist und eine Minderheit von Gesellschaftern die weitere Leistungspflicht ablehnte.[185] Auch wenn es im Anwendungsbereich des § 707 BGB oftmals um den Schutz einer Minderheit von Gesellschaftern geht, so ist der Norm gleichwohl kein Minderheiten-, sondern ein Individualschutz beizumessen.[186] Die Norm soll nämlich für jeden einzelnen Gesellschafter garantieren, dass dieser nicht gegen seinen Willen zu Leistungspflichten herangezogen werden kann, die über das vertraglich vereinbarte Maß hinausgehen. Der nicht vorrangig durch die Norm verwirklichte Minderheitenschutz ist insbesondere daran erkennbar, dass die jeweilige Zugehörigkeit zur Mehrheit oder Minderheit stetig wechseln kann.[187] Schließlich hängt diese auch von den oftmals wechselnden Stimmverhältnissen innerhalb der Gesellschaft ab. Das Belastungsverbot soll jedoch unabhängig von den jeweiligen Mehrheitsverhältnissen eine ungewollte Erhöhung der finanziellen Leistungspflicht verhindern.

3. Dispositivität des § 707 BGB

Für die nachträgliche Erhöhung des vereinbarten Beitrags ist von zentraler Bedeutung, inwieweit § 707 BGB diesbezüglichen Regelungen im Gesell-

181 *Wiedemann*, ZGR 1977, 690, 692; *ders.*, Gesellschaftsrecht I, S. 357 f., 393 f.

182 BGH, Urt. v. 5.11.2007 – II ZR 230/06, NZG 2008, 65, 66 Rn. 17; Hinweisbeschl. v. 3.12.2007 – II ZR 304/06, NZG 2008, 335 Rn. 5.

183 *Armbrüster*, ZGR 2009, 1, 9; Staudinger/*Habermeier*, § 707 Rn. 1.

184 *Laule*, WuB II J. § 707 BGB 2.07; *Timm/Schöne*, in: Bamberger/Roth, § 707 Rn. 1.

185 Vgl. nur BGH, Urt. v. 26.3.2007 – II ZR 22/06, NZG 2007, 582.

186 *Schäfer*, Gesellschaftsrecht i.d. Diskussion, S. 137, 141; *K. Schmidt*, ZHR 158 (1994), 205, 224 ff.; *ders.*, ZGR 2008, 1, 16; *Ulmer/Schäfer* in: MünchKomm-BGB, § 707 Rn. 1; *Wiedemann*, ZGR 1977, 690, 692; *ders.*, Gesellschaftsrecht I, S. 393; vgl. zur Abgrenzung des Individualschutzes zum Minderheiten- und Kapitalanlageschutz *Wiedemann*, Gesellschaftsrecht I, S. 363 f.

187 Vgl. zu diesem Aspekt *Wiedemann*, Gesellschaftsrecht I, S. 363.

schaftsvertrag entgegensteht. Es stellt sich mithin die Frage nach der Dispositivität von § 707 BGB. Nach dem Wortlaut der Norm gilt diese uneingeschränkt. Auch die Gesetzessystematik spricht für solch eine Auslegung.[188] Daher scheint nach der Gesetzesauslegung eine abweichende Vereinbarung zu § 707 BGB ausgeschlossen zu sein. Gleichwohl wird nach überwiegender Ansicht § 707 BGB für dispositiv gehalten. Bereits der Gesetzgeber war – wie oben bereits angeführt – der Ansicht, dass die Norm nur vorbehaltlich anderer gesellschaftsvertraglicher Vereinbarungen gilt.[189] Die Rechtsprechung nimmt ebenfalls ohne nähere Begründung die Dispositivität des § 707 BGB an.[190] Dies entspricht auch der überwiegenden Auffassung in der Literatur, die diesen Befund regelmäßig ohne Erörterung als unbestritten darstellt.[191] Mittlerweile mehren sich jedoch die Gegenstimmen, die die Norm nicht für dispositiv, sondern zwingend halten.[192]

Um den Streitstand hinsichtlich der Dispositivität von § 707 BGB zu verdeutlichen, sei zunächst auf eine vertragliche Klausel hingewiesen, die Ge-

188 Vgl. hierzu oben S. 38.

189 Motive zum BGB, Bd. II, S. 597 (zu § 630).

190 RG, Urt. v. 23.11.1917 – II 242/17, RGZ 91, 166, 168; BGH, Urt. v. 27.9.1982 – II ZR 241/81, NJW 1983, 164; Urt. v. 4.7.2005 – II ZR 354/03, NZG 2005, 753; Urt. v. 23.1.2006 – II ZR 306/04, NZG 2006, 306, 307 Rn. 14; Urt. v. 19.3.2007 – II ZR 73/06, NZG 2007, 382, 383 Rn. 17; Urt. v. 5.11.2007 – II ZR 230/06, NZG 2008, 65, 66 Rn. 17; KG, Urt. v. 20.11.2008 – 23 U 60/08, WM 2009, 2174, 2176; Urt. v. 15.12.2008 – 23 U 132/08, WM 2009, 2177, 2179.

191 *Abram*, MDR 2006, 7, 8; *Barfuß*, DB 1977, 571; *Barta/Geiseler-Bonse*, BKR 2006, 265, 270; Baumbach/*Hopt*, § 109 Rn. 14; *Deutscher*, ZfIR 2008, 41, 43; *Enzinger*, in: MünchKomm-HGB, § 119 Rn. 73; *Frings*, NZG 2008, 218; *Gehrlein*, BB 2007, 1019 reSp; *Gummert*, in: AnwHdbPerGesR, § 3 Rn. 21; *Holmer*, Geschlossener Immobilienfonds, S. 57; *Hoppe*, ZfIR, 2006, 61; *Kaligin*, DB 1981, 1172; Oetker/*Weitemeyer*, § 105 Rn. 46; Palandt/*Sprau*, § 707 Rn. 1; *Saenger*, LMK 2008, 250670; *K. Schmidt*, ZGR 2008, 1, 20; Soergel/*Hadding*, § 707 Rn. 3; Staudinger/*Habermeier*, § 707 Rn. 2; *Timm/Schöne*, in: Bamberger/Roth, § 707 Rn. 8: *„Allgemeine Meinung“*; *Ulmer*, in: MünchKomm-BGB, 4. Auflage, § 707 Rn. 6: *„Einhellige Meinung“*; *K. Wagner*, WM 2006, 1273, 1275; *ders.*, DStR 2006, 1044; *Walch*, Immobilienfondsgesellschaft, S. 79; *Weimar*, DStR 1997, 1730, 1734; *Wertenbruch*, in: Ebenroth/Boujong/Joost/Strohn, § 105 Rn. 142; *ders.*, NZG 2006, 408, 410; *ders.*, DStR 2007, 1680; *Wulff*, WuB II J. § 707 BGB 1.06; *Zimmermann*, WuB II J. § 707 BGB 2.06; *ders.*, WuB II J. § 707 BGB 1.07; *ders.*, WuB II J. § 707 BGB 1.08; *Zunft*, NJW 1962, 2148.

192 *Armbrüster*, ZGR 2009, 1, 9 f.; *Goette*, DStR 2008, 115; *Schäfer*, Gesellschaftsrecht i. d. Diskussion, S. 137, 142; *Ulmer/Schäfer*, in: MünchKomm-BGB, § 707 Rn. 2; so wohl auch *Wiedemann*, FS Priester, 2007, S. 857, 860 f., der von einer „Verbotsnorm mit Erlaubnisvorbehalt“ ausgeht; zumindest skeptisch hinsichtlich der Dispositivität *Wiedemann*, ZGR 1977, 690, 692.

genstand eines Rechtsstreits zum Thema der Nachschusspflichten war.[193] In dem der Entscheidung zugrunde liegenden Gesellschaftsvertrag sah dieser die Möglichkeit vor, den Vertrag mit drei Viertel der in der Gesellschafterversammlung abgegebenen Stimmen zu ändern. Schließlich wurde mit der erforderlichen Mehrheit nachträglich eine Klausel in den Gesellschaftsvertrag eingefügt, die eine Zahlungspflicht bei einer Unterdeckung vorsah. Außerdem wurde in der Klausel ausgeführt, dass § 707 BGB insoweit abbedungen sei.

Würde man nunmehr § 707 BGB für dispositiv halten, so wäre eine diesbezügliche Klausel zulässig, da ausdrücklich auf die Abbedingung der Norm hingewiesen wird. Gleichwohl überrascht es, dass der BGH in der zitierten Entscheidung weder die Dispositivität des § 707 BGB erwähnt noch auf die Klausel eingeht, die § 707 BGB abbedingen soll. Näher betrachtet zeigt sich die Ansicht des BGH jedoch nicht als widersprüchlich, sondern eher als missverständlich hinsichtlich der regelmäßigen Feststellung, dass § 707 BGB dispositiv sei.[194] Dies gilt es im Folgenden näher zu erläutern.

a) Schutzzweck der Norm als Ausgangspunkt

Um die Frage zu beantworten, ob § 707 BGB dispositiv ist, muss zunächst festgestellt werden worin der Schutzzweck der Norm liegt. Der Schutzzweck von § 707 BGB liegt, wie oben bereits untersucht[195], darin, den einzelnen Gesellschafter vor weiteren, unübersehbaren Belastungen zu schützen. Er soll nicht finanzielle Leistungspflichten tragen müssen, denen er nicht zugestimmt hat. Die Norm hat also risikobegrenzende Funktion.[196] Hielte man nunmehr § 707 BGB aufgrund einer gesellschaftsvertraglichen Regelung für unanwendbar, so würde der Schutzzweck der Norm nicht erreicht. Beispielsweise hätte im oben genannten Rechtsstreit allein die Klausel, wonach § 707 BGB nicht anwendbar sein soll[197], zur Folge, dass sämtliche Gesellschafter zu unbegrenzten finanziellen Leistungspflichten herangezogen werden könnten. Ist die Beitragspflicht offen gestaltet, so stellt sich das Problem nicht, da ein Nachschuss überhaupt nicht in Rede stehen kann. In diesem Fall richtet sich die Beitragsleistung nach dem Gesellschaftszweck. Sind jedoch die Beitragspflichten konkret bestimmt und soll darüber hinaus § 707 BGB nicht gelten, so könnte aus der allgemeinen Zweckförde-

193 BGH, Urt. v. 21.5.2007 – II ZR 96/06, NZG 2007, 620.

194 Darauf weist auch *Goette*, DStR 2008, 115 hin.

195 S. hierzu oben S. 39 f.

196 *Armbrüster*, ZGR 2009, 1, 8.

197 Vgl. hierzu den Nachweis in Fn. 193.

rungspflicht nach § 705 BGB ein (unbegrenzter) Nachschuss hergeleitet werden.[198] Nach § 705 BGB sind die Gesellschafter verpflichtet, den Gesellschaftszweck zu fördern. Wird dieser beispielsweise allein durch die konkret festgelegten Beiträge der Gesellschafter nicht ausreichend gefördert, so könnten diese aufgrund der Abbedingung des § 707 BGB zu weiteren, über die vertraglich vereinbarten Beiträge hinausgehenden Leistungen herangezogen werden. Es ließe sich argumentieren, dass die Gesellschafter der Abbedingung des § 707 BGB zugestimmt haben, also auf ihren aus dieser Norm resultierenden Zustimmungsvorbehalt[199] für die Zukunft verzichtet haben. Dieser Ansicht ist jedoch nicht zu folgen, denn die Gesellschafter können zu dem Zeitpunkt der Zustimmung in der Regel nicht abschätzen, ob die Zweckförderung durch die konkret festgelegten Beiträge ausreichend ist. Mithin stimmen die Gesellschafter einer unbestimmten zukünftigen Leistungsvermehrung zu. Eine von § 707 BGB gerade beabsichtigte Risikobegrenzung findet also nicht statt, denn die zukünftige Belastung mit weiteren Leistungspflichten ist für den Gesellschafter nicht vorhersehbar. Da der Gesellschaftszweck und dessen Verwirklichung bei einigen Personengesellschaften stark marktabhängig sind (wie z.B. bei geschlossenen Immobilienfonds[200]), könnten die zukünftigen Belastungen weit über dem liegen, was an konkret festgelegten Beiträgen zu leisten ist. Die Folgen der Annahme, § 707 BGB ist dispositiv, wären also für einen Gesellschafter aufgrund der möglichen unbegrenzten finanziellen Leistungspflicht unzumutbar. Der Schutzzweck des § 707 BGB würde mithin unterlaufen werden.[201] Dies gilt auch dann, wenn neben der Abbedingung des § 707 BGB eine Klausel im Gesellschaftsvertrag vorsieht, dass mit der Mehrheit der Stimmen der vereinbarte Beitrag erhöht werden kann. In diesem Fall könnte allein die Mehrheit der Gesellschafter sämtlichen Gesellschaftern nachträglich zusätzliche Leistungspflichten ohne Begrenzung aufbürden. Aufgrund des individualschützenden Charakters des § 707 BGB ist daher nicht von der Dispositivität der Norm auszugehen.[202]

Für die zwingende Geltung des § 707 BGB kann ebenfalls die Feststellung herangezogen werden, dass das aus § 707 BGB folgende Belastungsverbot

198 *Armbürster*, ZGR 2009, 1, 8.

199 Zur Frage, ob aus § 707 BGB ein Zustimmungsrecht oder Zustimmungsvorbehalt resultiert s. unten S. 80 ff.

200 Vgl. hierzu *Holmer*, Geschlossener Immobilienfonds, S. 69.

201 *Schäfer*, Gesellschaftsrecht i.d. Diskussion, S. 137, 141.

202 *Schäfer*, Gesellschaftsrecht i.d. Diskussion, S. 137, 141; *Ulmer/Schäfer*, in: MünchKomm-BGB, § 707 Rn. 2.

ein „mitgliedschaftliches Grundrecht“[203] darstellt.[204] Mit dieser Formulierung wurde auch in der aktuellen Rechtsprechung das besondere individuelle Recht anerkannt, welches sich aus § 707 BGB ergibt. In diesem Zuge wird von der Rechtsprechung betont, wonach § 707 BGB einen Gesellschafter nicht nur vor zusätzlichen Belastungen schütze, sondern insbesondere seine Zustimmung voraussetze.[205]

b) Vergleichende Heranziehung der Parallelnormen aus dem Körperschaftsrecht

Als weiteres Argument für die zwingende Geltung des § 707 BGB können die Parallelvorschriften aus dem Körperschaftsrecht, nämlich § 53 Abs. 3 GmbHG sowie § 180 Abs. 1 AktG herangezogen werden.[206] Danach bedarf es gem. § 53 Abs. 3 GmbHG der Zustimmung des betroffenen Gesellschafters einer GmbH, wenn seine nach dem Gesellschaftsvertrag obliegenden Leistungen vermehrt werden sollen.[207] Nach § 180 Abs. 1 AktG ist ebenfalls die Zustimmung aller betroffenen Aktionäre erforderlich, wenn durch einen Hauptversammlungsbeschluss den Aktionären Nebenverpflichtungen gem. § 55 Abs. 1 AktG auferlegt werden sollen.[208]

In Bezug auf § 53 Abs. 3 GmbHG ist die überwiegende Ansicht der Meinung, dass diese Norm zwingend ist.[209] Selbst die zum Teil vertretene Gegen-

---

203 Vgl. hierzu die Nachweise in Fn. 181, 182.

204 *Ulmer/Schäfer*, in: MünchKomm-BGB, § 707 Rn. 2; a. A. *Wiedemann*, FS Priester, 2007, S. 857, 860.

205 BGH, Urt. v. 15.1.2007 – II ZR 245/05, BGHZ 170, 283, 287 Rn. 9 = NJW 2007, 1685 – *„Otto“*; Urt. v. 5.11.2007 – II ZR 230/06, NZG 2008, 65, 66 Rn. 17; Hinweisbeschl. v. 3.12.2007 – II ZR 304/06, NZG 2008, 335 Rn. 5; daher wird auch von *Goette*, bis zum 30.9.2010 Vorsitzender des für Gesellschaftsrecht zuständigen II. Zivilsenats beim BGH, angemerkt, dass die Formulierung des BGH, § 707 BGB sei dispositiv, missverständlich sei. Dies gelte insbesondere aufgrund der ständigen Rechtsprechung des II. Zivilsenats, wonach aus der Norm ein mitgliedschaftliches Grundrecht folge, DStR 2008, 115.

206 *Schäfer*, Gesellschaftsrecht i. d. Diskussion, S. 137, 141 f.

207 S. hierzu die Nachweise in Fn. 1109, 1110 sowie 1148.

208 S. hierzu die Nachweise in Fn. 1100.

209 *Bayer*, in: Lutter/Hommelhoff, § 53 Rn. 22; *Löffler*, NJW 1989, 2656, 2658; Michalski/*Hoffmann*, § 53 Rn. 86; *Roth*, in: Roth/Altmeppen, § 53 Rn. 27; *Schäfer*; Geschäftsanteil, S. 163 f.; *ders.*, GmbHR 1998, 168, 169; *ders.*, Gesellschaftsrecht i. d. Diskussion, S. 137, 141; Scholz/*Priester/Veil*, § 53 Rn. 51; *Ulmer/Schäfer*, in: MünchKomm-BGB, § 707 Rn. 2; *Wicke*, GmbHG, § 53 Rn. 14; *Wiedemann*, FS Priester, 2007, S. 857, 859; *Zöllner*, in: Baumbach/Hueck, § 53 Rn. 33.

ansicht geht nur von einer eingeschränkten Dispositivität der Norm aus.[210] Eine Mehrheitsentscheidung soll nach letzterer Ansicht nämlich nur dann zulässig sein, soweit dem nicht zustimmenden Gesellschafter ein Austrittsrecht i. S. d. § 27 GmbHG gewährt wird. Gegen diese Ansicht spricht jedoch, dass sich § 53 Abs. 3 GmbHG entgegen § 27 GmbHG nicht auf die tatsächliche Einforderung der Nachschüsse bezieht[211], sondern auf die Satzungsänderung, die eine Leistungsvermehrung zur Folge hat.[212] Neben einer planwidrigen Regelungslücke fehlt es an einer vergleichbaren Interessenlage zur analogen Anwendung des sich aus § 27 GmbHG ergebenen Austrittsrechts. Zudem ist auch bei § 53 Abs. 3 GmbHG der individualschützende Charakter der Norm im Hinblick auf eine mögliche (eingeschränkte) Dispositivität zu beachten. Der individualschützende Charakter der Norm ergibt sich daraus, dass die nach § 53 Abs. 3 GmbHG erforderliche Zustimmung ein besonderes Erfordernis neben dem Gesellschafterbeschluss darstellt.[213] Der leistungsvermehrende Gesellschafterbeschluss bedarf also zu seiner Wirksamkeit der Zustimmung des betroffenen Gesellschafters. Dies gilt sogar dann, wenn diesem das Stimmrecht zulässigerweise entzogen worden ist.[214] Dieser Schutzzweck des § 53 Abs. 3 GmbHG würde jedoch bei Annahme einer (eingeschränkten) Dispositivität der Norm nicht gelten. Es ist daher von einer uneingeschränkten zwingenden Geltung des § 53 Abs. 3 GmbHG auszugehen.

Die zwingende Geltung des § 180 Abs. 1 AktG ergibt sich bereits aus § 23 Abs. 5 AktG, dem sog. Grundsatz der Satzungsstrenge[215]. § 180 Abs. 1 AktG sieht insofern nicht die Möglichkeit einer anderweitigen Satzungsregelung vor. Eine hiervon abweichende gesellschaftsrechtliche Regelung ist daher unzulässig, die Norm also zwingend.

Die wertende Heranziehung der vorbezeichneten kapitalgesellschaftsrechtlichen Vorschriften ist deshalb angemessen, weil sowohl in § 53 Abs. 3 GmbHG als auch in § 180 Abs. 1 AktG das Belastungsverbot in spezieller

---

210 Hachenburg/*Ulmer*, § 53 Rn. 74; *ders.*, in: Ulmer/Habersack/Winter, § 53 Rn. 4, 85; *Zimmermann*, in: Rowedder/Schmidt-Leithoff, § 53 Rn. 57.

211 Vgl. hierzu unten S. 240.

212 Michalski/*Hoffmann*, § 53 Rn. 86.

213 BGH, Urt. v. 14.5.1956 – II ZR 229/54, BGHZ 20, 363, 368 = NJW 1956, 1198; Michalski/*Hoffmann*, § 53 Rn. 92; *Schäfer*, Geschäftsanteil, S. 164.

214 BGH, Urt. v. 14.5.1956 – II ZR 229/54, BGHZ 20, 363, 368 f. = NJW 1956, 1198; *Roth*, in: Roth/Altmeppen, § 53 Rn. 44; *Schäfer*, Geschäftsanteil, S. 59 ff.; Scholz/*Priester/Veil*, § 53 Rn. 92; *Zimmermann*, in: Rowedder/Schmidt-Leithoff, § 53 Rn. 55.

215 *Pentz*, in: MünchKomm-AktG, § 23 Rn. 6.

gesetzlicher Ausformung verankert ist.[216] Solch eine wertende Heranziehung dieser mit § 707 BGB vergleichbaren Normen hat der BGH[217] – wie auch das RG[218] – bereits selbst vorgenommen. Hierbei hat er festgestellt, dass das mitgliedschaftliche Grundrecht, nicht ohne Zustimmung mit weiteren Beitragspflichten belastet zu werden, in § 707 BGB, § 53 Abs. 3 GmbHG sowie in § 180 AktG niedergelegt sei. Folgert man nunmehr mit dem BGH aus diesem mitgliedschaftlichen Grundrecht ein zwingendes Zustimmungserfordernis, so kann für die rechtliche Bewertung der Dispositivität hinsichtlich des § 707 BGB nichts anderes gelten als für die diesbezüglichen Parallelvorschriften im Kapitalgesellschaftsrecht.

c) Zwingende Wirkung des § 707 BGB als Widerspruch zur persönlichen Haftung der Gesellschafter

Die Annahme, dass es sich bei § 707 BGB um eine zwingende Vorschrift handelt, steht nicht im Widerspruch zur persönlichen Haftung der Gesellschafter einer Personengesellschaft.[219] Hierzu wurde nämlich bereits ausgeführt, dass die unmittelbaren Auswirkungen einer persönlichen Inanspruchnahme eines Gesellschafters durch einen Gesellschaftsgläubiger keine nach § 707 BGB unzulässige Beitragserhöhung darstellt.[220] Es besteht aufgrund des Regressanspruches gegenüber der Gesellschaft lediglich eine Vorleistungspflicht. Daher liegt auch keine Abweichung vom zwingenden Charakter der Norm vor. Dies gilt ebenso, wenn ein Gesellschafter für seine Aufwendungen von der Gesellschaft keinen Ersatz erlangen kann und daher seine Mitgesellschafter persönlich anteilig in Anspruch nehmen muss. In der anteiligen Übernahme der Gesellschaftsschuld liegt keine nach § 707 BGB unzulässige Beitragserhöhung, sondern die Verwirklichung des Risikos der persönlichen Haftung als Gesellschafter einer Personengesellschaft.

216 *Holzborn*, in: Spindler/Stilz, § 180 Rn. 1; *Körber*, in: Heidel-AktG, § 180 Rn. 1; *Löffler*, NJW 1989, 2656, 2658; *Seibt*, in: K. Schmidt/Lutter, § 180 Rn. 1; *Stein*, in: MünchKomm-AktG, § 180 Rn. 4; *Ulmer/Schäfer*, in: MünchKomm-BGB, § 707 Rn. 1; *Wiedemann*, ZGR 1977, 690, 692.

217 Urt. v. 5.3.2007 – II ZR 282/05, NZG 2007, 381 Rn. 12; *Goette*, bis zum 30.9.2010 Vorsitzender des für Gesellschaftsrecht zuständigen II. Zivilsenats, weist in diesem Zusammenhang darauf hin, dass die vom BGH genannten Parallelen zu §§ 53 Abs. 3 GmbHG, 180 AktG durchaus ernst gemeint seien, vgl. hierzu *Schäfer*, Gesellschaftsrecht i. d. Diskussion, S. 137, 154.

218 Urt. v. 23.11.1917 – II ZR 242/17, RGZ 91, 166, 168.

219 *Schäfer*, Gesellschaftsrecht i. d. Diskussion, S. 137, 143; *Ulmer/Schäfer*, in: MünchKomm-BGB, § 707 Rn. 2 a. E.

220 Vgl. hierzu oben S. 28 ff.

Somit lässt sich feststellen, dass § 707 BGB zwingend, und nicht dispositiv ist. Die Norm als dispositiv zu qualifizieren ist missverständlich, und wird dem Schutzzweck der Norm nicht gerecht. Diese rechtliche Qualifizierung soll wohl klarstellen, dass die Gesellschafter jederzeit frei sind, ihre vereinbarten Beiträge nachträglich zu erhöhen. Dies steht jedoch nicht im Widerspruch zur Annahme, dass § 707 BGB zwingend ist. Stimmen nämlich sämtliche Gesellschafter einer Erhöhung ihrer Beiträge ausdrücklich zu, so ist der Anwendungsbereich der Norm gar nicht berührt.[221] In diesem Falle üben ja gerade die Gesellschafter ihre nach § 707 BGB erforderliche Zustimmung aus, so dass der Schutzzweck der Norm erfüllt wird. Somit steht die zwingende Geltung des § 707 BGB auch im Einklang mit der oben vorgenommen Gesetzesauslegung, die eine Abweichung von § 707 BGB nicht zulässt. Allerdings bedeutet dies nicht, dass die Gesellschafter ihre vereinbarten Beiträge nicht nachträglich erhöhen können. Eine andere Ansicht scheint der BGH im Ergebnis nicht zu vertreten. Im vorbezeichneten Rechtsstreit hat er nämlich ebenfalls die Wirksamkeit der (antizipierten) Zustimmung zur Unterdeckungsklausel erörtert[222], und nicht etwa, ob § 707 BGB wirksam abbedungen worden sei. Es stellt sich daher für den BGH ebenfalls die Frage, ob die nach § 707 BGB stets erforderliche Zustimmung hinsichtlich der Vereinbarung einer höheren Beitragsleistung vorliegt. Gleichwohl bleibt es missverständlich und irreführend in den Entscheidungen des BGH einleitend von der Dispositivität des § 707 BGB auszugehen, um sodann ausschließlich die Zustimmung des Gesellschafters zu einer Beitragserhöhung zu prüfen. Diese missverständliche Ansicht des BGH teilt auch die überwiegende Literatur, obwohl sie ebenfalls von der Dispositivität des § 707 BGB ausgeht.[223] Hier wird die Zulässigkeit einer Beitragserhöhung erst dann angenommen, wenn die Gesellschafter diese einstimmig beschließen.[224] Eine Ursache für diese missverständliche Ansicht kann auch darin liegen, dass in der Literatur bisweilen aufschiebend bedingte Beitragspflichten bereits als eine Abweichung von § 707 BGB angesehen werden.[225] Dies ist jedoch gerade nicht der

221 Daher zutreffend und prägnant bei BGH, Hinweisbeschl. v. 3.12.2007 – II ZR 36/07, NZG 2008, 336 Rn. 7: *„Das durch § 707 BGB geschützte mitgliedschaftliche Grundrecht eines Gesellschafters ist nicht berührt, wenn er mit seiner Zustimmung – zu einem im Übrigen einstimmig gefassten Gesellschafterbeschluss – mit Beitragspflichten belastet wird“*; sowie bei *Wertenbruch*, in: HdbPersGesR, Rn. 397: *„§ 707 BGB ist selbstverständlich nicht anwendbar, wenn die Gesellschafter eine Beitragserhöhung durch Änderung des Gesellschaftsvertrages beschließen“*.

222 BGH, Urt. v. 21.5.2007 – II ZR 96/06, NZG 2007, 620 Rn. 14 f.

223 S. hierzu die Nachweise in Fn. 191.

224 Vgl. nur Palandt/*Sprau*, § 707 Rn. 3; Staudinger/*Habermeier*, § 707 Rn. 2.

225 Vgl. etwa *K. Schmidt*, ZGR 2008, 1, 20.

Fall, da es sich nach hier vertretener Ansicht insoweit nicht um Nachschüsse handelt[226]. Infolgedessen ist der Anwendungsbereich des § 707 BGB nicht eröffnet. Die Missverständlichkeit hinsichtlich der Ansicht, die von der Dispositivität des § 707 BGB ausgeht, kann also auch als eine Folge der uneinheitlichen Begriffsbestimmung, unter welchen Voraussetzungen ein Nachschuss vorliegt, bewertet werden.

d) Geltungsbereich der zwingenden Wirkung von § 707 BGB

Es wird in der Literatur bezweifelt, ob die zwingende Geltung des § 707 BGB allen Gesellschaftsformen gerecht wird.[227] So wird darauf hingewiesen, dass es sich bei den maßgeblichen Rechtsstreitigkeiten um Sonderfälle der geschlossenen Immobilienfonds handle. Bei vielen Gesellschaftsformen, beispielsweise der ARGE[228], passe die zwingende Geltung des § 707 BGB nicht. Außerdem sehe das Recht der Partenreederei in § 500 Abs. 1 HGB[229] eine sog. „gesetzliche Nachschusspflicht" vor, was gegen eine vollumfängliche zwingende Geltung des § 707 BGB spreche. Somit stellt sich die Frage, ob der zwingende Charakter des § 707 BGB stets gilt.

Hinsichtlich der Gesellschaftsform der ARGE ist anzumerken, dass dem flexiblen Leistungsbedarf vielfach durch die offen ausgestalteten Beitragspflichten ausreichend Rechnung getragen wird.[230] Sollte darüber hinaus § 707 BGB disponibel sein, so hätte dies insbesondere bei großen Bauprojekten unübersehbare finanzielle Leistungspflichten für die Gesellschafter zur Folge. Daher bedarf es auch bei dieser Gesellschaftsform des (zwingenden) Schutzes der Gesellschafter durch den § 707 BGB. Außerdem steht es den Gesellschaftern jederzeit frei, ihre ursprünglich vereinbarten Beiträge nachträglich einstimmig zu erhöhen.

Fraglich ist, ob die Heranziehung des § 500 Abs. 1 HGB betreffend die Partenreederei eine Einschränkung der zwingenden Wirkung des § 707 BGB rechtfertigen kann. Nach dieser Vorschrift sind die Mitreeder verpflichtet, entsprechend ihrer Beteiligung Ausgaben für die Reederei zu tragen. Hinsichtlich des § 500 Abs. 1 HGB wird nach einer Ansicht von einer gesetz-

226 S. hierzu oben S. 20 ff.

227 Vgl. hierzu die Nachweise bei *Schäfer*, Gesellschaftsrecht i.d. Diskussion, S. 137, 142 mit Fn. 17 und S. 153.

228 S. hierzu die Nachweise in Fn. 64.

229 *„Jeder Mitreeder hat nach dem Verhältnisse seiner Schiffspart zu den Ausgaben der Reederei, insbesondere zu den Kosten der Ausrüstung und der Reparatur des Schiffes, beizutragen."*

230 *Schäfer*, Gesellschaftsrecht i.d. Diskussion, S. 137, 142 f.; vgl. hierzu ebenfalls den Formulierungsvorschlag oben S. 18.

lichen Nachschusspflicht gesprochen.[231] Diese rechtliche Einordnung der Norm ist jedoch zweifelhaft. Vielmehr ist hier von einer gesetzlich vorgesehenen offenen Beitragspflicht auszugehen. Die Regelung knüpft wie die bereits oben dargestellte vertragliche Klausel[232] an den Gesellschaftszweck und die Beteiligungsverhältnisse an. Mithin ist für die Gesellschafter bereits bei der Gründung der Partenreederei aufgrund objektiver Kriterien (Kosten der Ausrüstung und Reparatur des Schiffes) hinreichend erkennbar, welche zukünftigen Leistungspflichten gesetzlich möglich sind. Der Beitrag der Mitreeder wird also nicht nachträglich erhöht, sondern ist bereits bei Gründung hinreichend bestimmbar festgelegt. Lediglich die Konkretisierung erfolgt zu einem späteren Zeitpunkt. Bisweilen wird die Leistungspflicht nach § 500 Abs. 1 HGB auch als eine „aufschiebend bedingte Beitragspflicht" bezeichnet, die durch den Liquiditätsbedarf der Reederei ausgelöst wird und deren Umfang sich hiernach richtet.[233] An der rechtlichen Beurteilung als gesetzliche Beitragsregelung ändert dies freilich nichts. Gegen eine gesetzliche Nachschusspflicht und für eine Beitragspflicht spricht des Weiteren der Wortlaut des Gesetzes[234], der insbesondere nicht den Begriff des Nachschusses verwendet. Somit lässt sich aus § 500 Abs. 1 HGB nicht ableiten, dass das Belastungsverbot nur eingeschränkt im Personengesellschaftsrecht[235] gilt. Die zwingende Wirkung des § 707 BGB gilt daher vollumfänglich und ohne Ausnahme.

Selbst wenn man der Ansicht ist, dass aus § 500 Abs. 1 HGB eine gesetzliche Nachschusspflicht resultiert, so erscheint der dispositive Charakter des § 707 BGB nicht als zwingende Folge dieser Annahme. Es ist nämlich zu beachten, dass sich aus § 707 BGB ein Grundsatz für das Personengesellschaftsrecht ergibt. Aus § 500 Abs. 1 HGB kann sich allenfalls eine Ausnahme vom Belastungsverbot ergeben.[236] Aufgrund einer (scheinbaren) Ausnahme hinsichtlich des Belastungsverbotes die Dispositivität des § 707 BGB zu begründen, scheint jedoch nicht plausibel. Hiermit würde nicht nur die Norm selbst, sondern auch deren Schutzzweck ausgehebelt werden. Vom Belastungsverbot als mitgliedschaftliches Grundrecht wäre damit nicht mehr viel übrig.

231 *K. Schmidt*, Gesellschaftsrecht, S. 1898.

232 S. hierzu oben S. 18.

233 *Bote/Weipert*, in: MüHdbGesR-GbR, § 90 Rn. 55 f.

234 *Scherf*, Nachschußpflicht, S. 15.

235 Die Partenreederei wird mittlerweile rechtlich überwiegend als Personengesellschaft eingestuft, vgl. statt aller *Bote/Weipert*, in: MüHdbGesR-GbR, § 87 Rn. 23; *K. Schmidt*, Gesellschaftsrecht, S. 1894.

236 Dies stellt auch *K. Schmidt*, Gesellschaftsrecht, S. 474 fest.

e) Zwischenergebnis

Entgegen der Auffassung der Rechtsprechung und überwiegenden Literatur ist § 707 BGB nicht dispositiv, sondern zwingend. Dies ergibt sich aus dem Schutzzweck der Norm und ist insbesondere Ausfluss des individualschützenden Charakters der Norm als mitgliedschaftliches Grundrecht. Dieses Ergebnis wird durch die vergleichende Heranziehung der zwingenden Parallelvorschriften aus dem Kapitalgesellschaftsrecht, § 53 Abs. 3 GmbHG und § 180 Abs. 1 AktG, bekräftigt. Eine Einschränkung dieses Grundsatzes ist nicht vorzunehmen. Dies ergibt sich weder aus der persönlichen Haftung des Gesellschafters noch aus der wertenden Heranziehung des § 500 Abs. 1 HGB oder anderer bestimmter Gesellschaftsformen. Der zwingenden Wirkung des § 707 BGB widerspricht es nicht, dass die Gesellschafter ihre Beiträge nachträglich erhöhen. Hierzu bedarf es jedoch der Zustimmung sämtlicher Gesellschafter. Liegen diese vor, so ist der Anwendungsbereich des § 707 BGB nicht berührt.

III. Begründung von zukünftigen Beitragspflichten

Bisher wurde untersucht, wann ein Beitrag bzw. Nachschuss vorliegt und inwieweit § 707 BGB gesellschaftsvertraglichen Regelungen grundsätzlich entgegensteht. Vor diesem Hintergrund soll nachfolgend analysiert werden, welche konkreten Voraussetzungen erfüllt sein müssen, um zukünftige Beitragspflichten wirksam zu vereinbaren. Dabei ist für die Vertragsgestaltung von großer Praxisrelevanz, in welchem zulässigen Rahmen die Gesellschafter Vereinbarungen für zukünftige Beitragspflichten treffen können.[237] Hierbei kommt als vertragsgestaltendes Element zum einen die aufschiebend bedingte Beitragspflicht, zum anderen die gespaltene Beitragspflicht in Betracht. Aufgrund der entsprechenden Praxisrelevanz soll nachfolgend der Schwerpunkt der Erörterung auf den gespaltenen Beitragspflichten liegen. Diesbezüglich ist für die Gründer bzw. Initiatoren einer Personengesellschaft von besonderem Interesse, inwieweit mit einer möglichst abstrakt formulierten Klausel im Gesellschaftsvertrag der Liquiditätsbedarf der Gesellschaft auch in Zukunft sichergestellt werden kann. Dieser kann bei wirtschaftlichen Schwierigkeiten der Gesellschaft innerhalb eines kurzen Zeitraumes rapide ansteigen, insbesondere durch von den Gesellschaftern nicht beeinflussbare externe Faktoren (z.B. eine unerwartet verschlechterte Marktlage). Auch ist es dann typischerweise schwierig, zusätzliche Liquidität in Form von Fremdkapital zu akquirieren. Dabei ergibt sich für die Gestaltung

237 *Wertenbruch*, DStR 2007, 1680, 1681.

von Gesellschaftsverträgen das folgende Spannungsverhältnis: Zum einen besteht das Bedürfnis der Gesellschaft, mit möglichst abstrakt formulierten Voraussetzungen eine Zahlungspflicht der Gesellschafter in der Zukunft auszulösen. Hierbei besteht regelmäßig die Gefahr der mangelnden Bestimmbarkeit. Es kann daher eine nach § 707 BGB unzulässige Nachschusspflicht in Rede stehen. Zum anderen kann die überaus differenzierte Beschreibung der Voraussetzungen für eine zukünftige Leistungspflicht die Flexibilität der Gesellschaft stark einschränken. Zudem ist die bereits oben erwähnte Ausstrahlungswirkung des § 707 BGB bei der Vertragsgestaltung zu berücksichtigen, wonach strenge Anforderungen an die ergänzende Vertragsauslegung hinsichtlich der Begründung weiterer Beitragspflichten gestellt werden. Dass dieses Spannungsverhältnis in der Vertragsgestaltung Probleme verursacht, zeigt sich in der Praxis sehr deutlich.[238] Danach ist es, wie die bisherige Rechtsprechung gezeigt hat, in den zugrunde liegenden Gesellschaftsverträgen kaum gelungen, zukünftige Beitragspflichten wirksam in den Verträgen zu vereinbaren.[239]

1. Eindeutigkeit der weiteren Beitragspflicht

a) Aufschiebend bedingte Beitragspflicht

Bezüglich der wirksamen Vereinbarung einer aufschiebend bedingten Beitragspflicht ist es zunächst erforderlich, dass sich diese eindeutig als solche aus dem Gesellschaftsvertrag ergibt.[240] In der Literatur wird diese Voraussetzung, gleichwohl sie für die Wirksamkeit von essentieller Bedeutung ist, nur äußerst spärlich behandelt.[241] Zudem wird diese Voraussetzung nicht hinreichend von der Frage der objektiven Bestimmbarkeit einer Beitragspflicht getrennt.[242] Die Rechtsprechung hat hinsichtlich dieser Voraussetzung festgestellt, dass der (ggf. zusätzliche) Beitrag in verständlicher und

---

238 *Deutscher*, ZfIR 2008, 41, 43.

239 So jedoch bei BGH, Urt. v. 5.11.2007 – II ZR 230/06, NZG 2008, 65; *Schodder*, EWiR 2008, 43, 44 weist diesbezüglich daraufhin, dass es keine Automatik dergestalt gebe, wonach etwaige Klauseln stets an den hohen Anforderungen des BGH scheitern.

240 BGH, Urt. v. 30.4.1979 – II ZR 57/78, NJW 1979, 2102 f.; Staudinger/*Habermeier*, § 707 Rn. 3; *Ulmer/Schäfer*, in: MünchKomm-BGB, § 707 Rn. 3.

241 Baumbach/*Hopt*, § 109 Rn. 14; *v. Falkenhausen/Schneider*, in: MüHdbGesR-GbR, § 60 Rn. 104; *Gummert*, in: AnwHdbPerGesR, § 3 Rn. 17; Staudinger/*Habermeier*, § 707 Rn. 3; *Ulmer/Schäfer*, in: MünchKomm-BGB, § 707 Rn. 3; *K. Wagner*, DStR 2006, 1044 (jeweils nur mit Hinweis auf die Rechtsprechung).

242 So etwa bei *Ulmer/Schäfer*, in: MünchKomm-BGB, § 707 Rn. 3.

nicht versteckter Weise aus dem Gesellschaftsvertrag hervorgehen muss.[243] Eine vertragliche Gestaltung, wonach die Gewinne und Verluste auf ein Privatkonto verbucht werden, welches den Charakter eines Darlehenskonto hat, führe daher nicht zu einer Ausgleichspflicht.[244] Zwar ergebe sich aus dem Zusatz, wonach es sich um ein Darlehenskonto handeln soll, die logische Folge, dass jede auf dem Konto vorgenommene Buchung eine Darlehensschuld des Gesellschafters bzw. der Gesellschaft begründe. Jedoch ist nach Ansicht des BGH nur bei einer eindeutigen Regelung § 707 BGB abbedungen.[245] Nach der hier vertretenen Ansicht kommt in diesem Fall eine Abbedingung des § 707 BGB aufgrund der zwingenden Wirkung der Norm ohnehin nicht in Betracht. Vielmehr ist von einer Ausstrahlungswirkung des § 707 BGB auszugehen[246], und aus diesem Grunde die erforderliche Eindeutigkeit zu verneinen. Auch wegen des Schutzzweckes von § 707 BGB kann ein Gesellschafter nicht erwarten, dass sich aus der vorbezeichneten Regelung eine Verlustausgleichspflicht ergibt. Schon dem Grunde nach – unabhängig von einer etwaigen Höhe – ist eine weitere Leistungspflicht nicht vorhersehbar. Dementsprechend ist vom BGH eine Klausel in einem Gesellschaftsvertrag mangels Eindeutigkeit für unwirksam angesehen worden, wonach die Gesellschafter nach dem Gesellschaftsvertrag verpflichtet sein sollten, die im Zusammenhang mit Bankdarlehen durch das Kreditinstitut genannten Auflagen zu erfüllen.[247] Aufgrund der Reichweite dieser Klausel könnten die Gesellschafter beispielsweise auch zu einer Bürgschaft verpflichtet werden. Mithin ist bei einer entsprechenden Vertragsgestaltung für einen Gesellschafter nicht erkennbar, ob und unter welchen Voraussetzungen er zu einer zusätzlichen Leistung herangezogen werden kann.

Das Gebot der Eindeutigkeit wird ebenfalls aus dem Rechtsgedanken des § 305c Abs. 1 BGB hergeleitet.[248] Zwar ist diese Norm nach § 310 Abs. 4 S. 1 BGB nicht auf Gesellschaftsverträge anwendbar. Jedoch sei die grundsätzliche gesetzliche Wertung, wonach sog. „überraschende Klauseln" unzulässig sind, auch bei Inhaltskontrollen in Bezug auf Gesellschaftsverträge von Publikumspersonengesellschaften gem. § 242 BGB zu beachten.

243 BGH, Urt. v. 27.9.1982 – II ZR 241/81, NJW 1983, 164; KG, Urt. v. 15.12.2008 – 23 U 132/08, WM 2009, 2177, 2179.

244 BGH, Urt. v. 27.9.1982 – II ZR 241/81, NJW 1983, 164; *Ulmer/Schäfer*, in: MünchKomm-BGB, § 707 Rn. 3.

245 BGH, Urt. v. 27.9.1982 – II ZR 241/81, NJW 1983, 164.

246 So ausdrücklich nunmehr auch der BGH, Beschluss v. 15.1.1996 – II ZR 22/95, DStR 1996, 879, 881.

247 BGH, Urt. v. 30.4.1979 – II ZR 57/78, NJW 1979, 2102 f.

248 KG, Urt. v. 23.6.1978 – 5 U 1675/77, DB 1978, 1922 f.; *Kaligin*, DB 1981, 1172 ff. (jeweils noch zu §§ 3, 23 Abs. 1 AGBG).

b) Gespaltene Beitragspflicht

Hinsichtlich der Vereinbarung einer gespaltenen Beitragspflicht hat die Rechtsprechung wiederholt klargestellt und betont, dass sich aus dem Gesellschaftsvertrag die über die betragsmäßig fixierte Beitragspflicht eindeutig hieraus ergeben muss.[249] In der ersten Entscheidung des BGH, die sich dezidiert mit dem Problem der gespaltenen Beitragspflicht beschäftigt hat, wurde in dem der Entscheidung zugrunde liegenden Gesellschaftsvertrag für ein Bauträgermodell ausdrücklich eine ziffernmäßig einmalige Beitragsleistung für jeden Gesellschafter bestimmt.[250] Daneben ergaben sich aus dem Prospekt bestimmte Kosten, die viermal so hoch beziffert wurden wie die Eigenmittel der Gesellschaft. Auch in den zum Beitritt führenden Gesprächen wurde auf diese Differenz hingewiesen. Ferner wurden im Prospekt unter der Überschrift „Liquidität ab Vollvermietung" für einen bestimmten Zeitraum Beträge an noch aufzuwendender Liquidität genannt. Sodann forderte die Gesellschaft von den Gesellschaftern entsprechend ihrer Beteiligung die Liquiditätsbeiträge, die sich nach Ansicht der Gesellschaft aus dem Prospekt ergaben. Der BGH verneinte die Eindeutigkeit einer gespaltenen Beitragspflicht.[251] Zwar könne sich auch aus dem Gesellschaftsvertrag die laufende Beitragspflicht ergeben, da die Beitrittserklärung als Anlage des Gesellschaftsvertrages mehrfach auf den Prospekt Bezug nehme. Außerdem lasse sich aus dem Prospekt entnehmen, dass die Gesellschaft trotz Vollvermietung nicht über genügend Eigenmittel verfügen werde und in Zukunft ein gewisser Liquiditätsbedarf entstehe. Gleichwohl wirke der Begriff der aufzuwendenden Liquidität missverständlich. Überdies ergebe sich an keiner Stelle aus dem Prospekt, dass die einzelnen Gesellschafter selbst die Aufwendungen tragen sollen.

Des Weiteren stellt sich das Problem der Eindeutigkeit einer gespaltenen Beitragspflicht beim sog. Unterdeckungsmodell.[252] Dabei ist hinsichtlich der bereits oben genannten Klausel zum Unterdeckungsmodell[253] in Gesellschaftsverträgen das Gesellschaftskapital auf einen konkret bezifferten Betrag festgesetzt. Sodann wird in der Klausel angeführt, dass dieser Betrag den zur Durchführung des Gesellschaftszwecks erforderlichen Gesellschaf-

---

249 BGH, Beschluss v. 15.1.1996 – II ZR 22/95, DStR 1996, 879, 881; Urt. v. 19.3.2007 – II ZR 73/06, NZG 2007, 382, 383 Rn. 17; Urt. v. 5.11.2007 – II ZR 230/06, NZG 2008, 65, 66 Rn. 17; Hinweisbeschl. v. 3.12.2007 – II ZR 304/06, NZG 2008, 335, Rn. 5; KG, Urt. v. 15.12.2008 – 23 U 132/08, WM 2009, 2177, 2179.

250 BGH, Beschluss v. 15.1.1996 – II ZR 22/95, DStR 1996, 879.

251 BGH, Beschluss v. 15.1.1996 – II ZR 22/95, DStR 1996, 879, 881.

252 BGH, Urt. v. 23.1.2006 – II ZR 126/04, NZG 2006, 379, 380 Rn. 16.

253 S. hierzu oben S. 22.

tereinlagen entspricht. Dieser Betrag stellt also die Summe aller einmalig zu erbringenden Beiträge der Gesellschafter dar. Daneben sollen etwaige Fehlbeträge aufgrund einer Unterdeckungsklausel durch die Gesellschafter ausgeglichen werden. Die Eindeutigkeit einer gespaltenen Beitragspflicht könnte insoweit bejaht werden, als dass sich unmittelbar aus dem Gesellschaftsvertrag die Verpflichtung der Gesellschafter ergibt, bei etwaigen Fehlbeträgen Zahlungen an die Gesellschaft zu leisten. Aufgrund der ausdrücklichen Aufnahme in den Gesellschaftsvertrag liegt auch nicht eine versteckte Leistungspflicht vor. Zudem wird aus der Klausel hinreichend deutlich, dass es sich um eine originäre Verpflichtung für jeden Gesellschafter handelt. Auch die Voraussetzungen für eine Leistungspflicht werden hinreichend genau bezeichnet. Dennoch ist die erforderliche Eindeutigkeit in solch einem Fall durchaus problematisch. Grund hierfür ist, dass die Unterdeckungsklausel im Widerspruch zur konkreten Festsetzung des erforderlichen Gesellschaftskapitals steht. Durch die ziffernmäßige Begrenzung des Gesellschaftskapitals und die Erklärung, allein dies sei zur Durchführung des Gesellschaftszweck erforderlich, wird dem Gesellschafter suggeriert, dass allein die Summe aller einmaligen Beiträge der Gesellschafter für die Finanzausstattung der Gesellschaft ausreicht. Die Klausel ist insofern eindeutig, besagt sie doch, dass der Gesellschaft nur ein bestimmtes Eigenkapital zur Verfügung stehen soll. Dies ist der einmalige Beitrag eines jeden Gesellschafters. Daher ist kein Raum für die Annahme, dass die Unterdeckungsklausel allein eine weitere Beitragspflicht auslöst.[254]

Es könnte nunmehr überlegt werden, ob die Eindeutigkeit der laufenden Beitragspflicht unter der Voraussetzung bejaht werden kann, dass das Gesellschaftskapital nicht ziffernmäßig begrenzt wird. Beispielsweise könnte das zukünftig beabsichtigte Investitionsvolumen im Gesellschaftsvertrag beziffert werden, welches auch das Gesellschaftskapital durch die einmalig zu erbringenden Beiträge darstellt. Daneben wird im Gesellschaftsvertrag ausgeführt, dass in begründeten Fällen von diesem Volumen abgewichen werden kann. Zur Abweichung vom festgesetzten Investitionsvolumen ist beispielsweise eine Unterdeckungsklausel denkbar. Auf den ersten Blick scheint zwischen der Bezifferung des Investitionsvolumens und der Vereinbarung einer Unterdeckungsklausel kein Widerspruch zu bestehen. Jedoch liegt nach Ansicht des BGH die erforderliche Eindeutigkeit nicht allein deswegen vor, weil die Beitragspflicht durch den Gesellschaftsvertrag nicht ausdrücklich auf die einmalige Beitragspflicht begrenzt wurde.[255] Vielmehr muss im

254 BGH, Urt. 4.7.2005 – II ZR 354/03, NZG 2005, 753, 754; Urt. v. 23.1.2006 – II ZR 126/04, NZG 2006, 379, 380 Rn. 16.

255 BGH, Urt. v. 19.3.2007 – II ZR 73/06, NZG 2007, 382, 384 Rn. 22.

Gesellschaftsvertrag festgeschrieben sein, dass die im Vertrag zugelassene Überschreitung des Investitionsvolumens durch weitere Beiträge der Gesellschafter aufgebracht werden soll. Allein aus der möglichen Erhöhung des Investitionsvolumens ergibt sich dies nicht mit der vom BGH geforderten Eindeutigkeit.

Gleichwohl spricht die ziffernmäßige Begrenzung des Eigenkapitals, welches durch die einmaligen Beiträge der Gesellschafter aufgebracht wird, nicht grundsätzlich gegen die Möglichkeit, eine weitere Beitragspflicht eindeutig vertraglich zu vereinbaren. Entscheidend ist hierfür vielmehr, welchem Zweck der zusätzliche Beitrag dient. Soll der zusätzliche Beitrag nämlich nicht der Erhöhung des Eigenkapitals dienen, so besteht zumindest kein Widerspruch zur ziffernmäßigen Festsetzung des Gesellschaftskapitals. Der zusätzliche Beitrag muss jedoch im Übrigen deutlich aus dem Gesellschaftsvertrag hervorgehen. Dies ist fraglich, wenn es den Gesellschaftern nach dem Gesellschaftsvertrag obliegen soll die Tilgung der Zinsen und Bedienung der Darlehen zu übernehmen, soweit die Gesellschaft keine Überschüsse erzielt.[256] Bei solch einer Vertragsgestaltung liegt ein ziffernmäßig festgelegtes Eigenkapital der Gesellschaft vor. Außerdem erfolgt ein Hinweis, dass dieses nur mit Zustimmung aller Gesellschafter erhöht werden kann. Des Weiteren weist der Gesellschaftsvertrag darauf hin, dass die Gesellschaft anteilig durch die Gesellschafter Darlehen aufnimmt, um Investitionen durchführen zu können. In zwei vom BGH entschiedenen Fällen[257] ergaben sich diese Regelungen nicht nur aus dem Gesellschaftsvertrag, sondern auch aus den zugrunde liegenden Beitrittserklärungen. Im Gegensatz zum Gesellschaftsvertrag wurden in den Beitrittserklärungen das übernommene Eigenkapital sowie der zu leistende Gesamtaufwand summenmäßig beziffert. Ebenfalls wurde in diesen ausgeführt, dass neben einer festen Einlage der Restbetrag des Gesellschaftsanteils durch von der Gesellschaft aufzunehmenden Darlehen aufzubringen ist. Zusammen mit der Erklärung im Gesellschaftsvertrag, wonach die Gesellschaft durch sämtliche Mitgesellschafter Darlehen aufnehmen, ist dies wirtschaftlich so zu werten, dass die Gesellschaft im Außenverhältnis Darlehensnehmerin ist, im Innenverhältnis jedoch die Gesellschafter für das Darlehen aufkommen sollen.[258] Lediglich bei einem von der Gesellschaft erwirtschafteten Überschuss sollen die Gesellschafter die Zinsen tragen und die Tilgung der Darlehen vornehmen.

256 S. zu einer entsprechenden Vertragsgestaltung oben S. 21.

257 Urt. v. 5.11.2007 – II ZR 230/06, NZG 2008, 65; Hinweisbeschl. v. 3.12.2007 – II ZR 304/06, NZG 2008, 335.

258 BGH, Urt. v. 5.11.2007 – II ZR 230/06, NZG 2008, 65, 66 Rn. 20; Hinweisbeschl. v. 3.12.2007 – II ZR 304/06, NZG 2008, 335 Rn. 8.

Diesbezüglich hat der BGH festgestellt, dass sich aus der Gesamtschau von Gesellschaftsvertrag und Beitrittserklärung die zusätzliche Verpflichtung eindeutig ergebe.[259] Es wurde bereits erläutert, dass der BGH für die Frage, welche Art von Beitragspflicht vorliegt, nunmehr auch die vom Gesellschafter unterzeichnete Beitrittserklärung mit heranzieht.[260] Die Beitrittserklärung ebenfalls für die Frage der Eindeutigkeit heranzuziehen erscheint zwingend, da sich auch aus ihr die Qualität der Beitragspflicht ergibt.

Dem BGH ist darin beizupflichten, dass sich aus der Gesamtschau von Gesellschaftsvertrag und Beitrittserklärung die Eindeutigkeit der Beitragspflicht ergibt. So wird dem beitretenden Gesellschafter gerade durch die gesonderte Beitrittserklärung ziffernmäßig vor Augen geführt, mit welchen finanziellen Leistungspflichten er insgesamt zu rechnen hat. Da die Summe der möglichen finanziellen Höchstbelastung fast dreimal so hoch ist wie die einmalig zu erbringende Beitragsleistung, musste jeder Gesellschafter davon auszugehen, dass er auch darüber hinausgehende Leistungspflichten zu tragen hat. Außerdem geht aus dem Gesellschaftsvertrag ausdrücklich hervor, dass neben dem Eigenkapital auch Fremdkapital aufgenommen werden soll. Hierzu wird bestimmt, dass dies durch die Gesellschafter geschehen soll. Somit ist auch der Adressat dieser Leistungspflicht konkretisiert. Noch genauer geht dies aus der Formulierung im Gesellschaftsvertrag hervor, wonach die Gesellschafter bei einer Unterdeckung die Tilgung der Zinsen und die Bedienung der Darlehen zu übernehmen haben.

Da sich die Eindeutigkeit der gespaltenen Beitragspflicht aus der Gesamtschau von Gesellschaftsvertrag und Beitrittserklärung ergab, musste der BGH freilich nicht entscheiden, ob sich diese bereits allein aus dem Gesellschaftsvertrag ergab. Gerade im Hinblick auf eine wirksame Vertragsgestaltung stellt sich jedoch die Frage, ob nicht allein auf Grundlage des Gesellschaftsvertrages eine Eindeutigkeit in Bezug auf die Vereinbarung einer gespaltenen Beitragspflicht zu bejahen ist.

Auf die Entscheidung des Berufungsgerichtes lässt sich für eine Argumentation insoweit nicht abstellen.[261] Zwar hat dieses für die Frage, ob eine wirksame gespaltene Beitragspflicht vorliegt, nur auf den Gesellschaftsvertrag abgestellt. Die Wirksamkeit einer solchen wurde aufgrund der fehlenden objektiven Bestimmbarkeit der laufenden Beitragspflichten verneint. Auf die Frage der Eindeutigkeit ist das Gericht daher nicht eingegangen.

---

259 BGH, Urt. v. 5.11.2007 – II ZR 230/06, NZG 2008, 65, 66 Rn. 22; Hinweisbeschl. v. 3.12.2007 – II ZR 304/06, NZG 2008, 335 Rn. 9.

260 Vgl. hierzu die Nachweise in Fn. 94.

261 KG, Urt. v. 11.2.2006 – 23 U 11/06, ZIP 2007, 183.

Jedoch hat das KG in anderen Urteilen, denen ein nahezu identischer Gesellschaftsvertrag zugrunde lag, entschieden, dass sich hierbei die Eindeutigkeit der weiteren Beitragspflicht bereits aus diesem ergebe.[262] Hierfür spricht, dass es schon nach dem Gesellschaftsvertrag für jeden Gesellschafter deutlich gewesen sein muss, wonach in naher Zukunft durch die Gesellschaft Fremdmittel aufgenommen werden sollten. Dies ergibt sich insbesondere aus der Klarstellung, dass das von den Gesellschaftern aufzubringende Eigenkapital nur ca. ein Drittel des Investitionsvolumens ausmacht. Außerdem sind die Gesellschafter in Bezug auf die abzuschließenden Darlehensverträge explizit genannt worden. Insbesondere werden sie als Verpflichtete bezeichnet, die die Darlehen zu bedienen haben. Dies erfolgte auch nicht versteckt, da es in der Klausel hinsichtlich der Darlehen ausdrücklich ausgeführt worden ist. Somit wäre es nach hier vertretener Ansicht für die Frage der Eindeutigkeit der gespaltenen Beitragspflicht nicht auf die Heranziehung der Beitrittserklärung angekommen, zumal diese lediglich die Trennung von Eigen- und Fremdkapital aus dem Gesellschaftsvertrag wiederholt und ergänzend den Gesamtaufwand genau beziffert. Die genaue Bezifferung des Gesamtaufwandes kann jedoch für die Frage der Eindeutigkeit nicht allein maßgeblich sein. Die erforderliche Voraussetzung der Eindeutigkeit soll zunächst einmal Transparenz in dem Sinne herstellen, dass überhaupt eine für den Gesellschafter erkennbare weitere Leistungspflicht vorliegt. Diesen Anforderungen wurde durch den Gesellschaftsvertrag Genüge getan.

c) Allgemeine Kriterien hinsichtlich der Eindeutigkeit

Aufgrund dieser vorbezeichneten konkreten Beispiele lassen sich nunmehr allgemeine Kriterien formulieren, nach denen die Eindeutigkeit einer gespaltenen Beitragspflicht bejaht werden kann.

Zunächst ist es zur wirksamen Vereinbarung einer weiteren Beitragspflicht im Gesellschaftsvertrag notwendig, dass sie auch als eine solche bezeichnet wird. Dies bedeutet, dass die Gesellschafter nach dem Gesellschaftsvertrag explizit für eine bestimmte Leistungspflicht herangezogen werden können, wie z.B. im obigen Falle zur Bedienung eines Darlehens. Des Weiteren darf die Vereinbarung dieser zusätzlichen Leistungspflicht nicht im Widerspruch zu sonstigen Angaben im Gesellschaftsvertrag bzw. der Beitrittserklärung stehen, die eine weitere Beitragspflicht ihrem Wortlaut nach grundsätzlich

262 KG, Urt. v. 22.8.2006 – 14 U 45/05, GE 2007, 51; Urt. v. 8.12.2006 – 14 U 21/06, NZG 2007, 226, 227; Urt. v. 8.12.2006 – 14 U 43/05, DStR 2007, 1267; Urt. v. 16.1.2007 – 14 U 60/05, BeckRS 2007, 04037.

ausschließen.[263] Auch ein in Bezug genommener Prospekt darf insoweit nichts anderes bestimmen, da er im Einzelfall mit in die Auslegung mit einbezogen werden kann. Die summenmäßige Beschränkung der einmaligen Beitragspflicht darf nicht den Eindruck erwecken, dass diese abschließend die einzige Leistungspflicht der Gesellschafter darstellt. Dieser Eindruck wird in der Regel dann vorliegen, wenn nach dem Gesellschaftsvertrag die Summe aller einmalig zu leistenden Beiträge die Grenze sämtlicher durch die Gesellschafter zur Verfügung stehenden Mittel darstellen soll zur Verfolgung des Gesellschaftszwecks. Wird gleichwohl eine solche summenmäßige Begrenzung im Gesellschaftsvertrag vorgenommen, so ist eine Eindeutigkeit der weiteren Beitragspflicht nur bei einem ausdrücklichen Hinweis gegeben, wonach sich neben der einmaligen Einlageleistung noch weitere (zukünftige) Verpflichtungen der Gesellschafter aus dem Gesellschaftsvertrag ergeben können. Dies wäre etwa dann der Fall, wenn bei der vertraglichen Fixierung der einmaligen Beitragsleistung auf die Klausel im Gesellschaftsvertrag hingewiesen wird, aus der sich die weitere (laufende) Beitragspflicht ergibt. Damit eine Eindeutigkeit der weiteren Beitragspflicht bejaht werden kann, muss außerdem stets im Gesellschaftsvertrag ausgeführt werden zu welchem Zweck diese erbracht werden soll (z.B. Erhöhung des Eigenkapitals, Fremdfinanzierung). In diesem Zusammenhang ist darauf hinzuweisen, dass nach einigen Gesellschaftsverträgen die Erhöhung des Eigenkapitals der Gesellschaft der Zustimmung sämtlicher Gesellschafter bedarf. Soll nunmehr eine zusätzliche Leistungspflicht begründet werden, so folgt schon aus der vorbezeichneten Klausel, dass diese nicht der Erhöhung des Eigenkapitals dienen kann. Hier ist eine Eindeutigkeit der weiteren Beitragspflicht nur dann anzunehmen, wenn insoweit ein anderer Zweck bestimmt wird. Ansonsten liegt eine missverständliche Klausel in Bezug auf die weitere Beitragspflicht vor.

2. Objektive Bestimmbarkeit der weiteren Beitragspflicht

a) Notwendigkeit der Risikobegrenzung

Für die wirksame Vereinbarung einer gespaltenen Beitragspflicht im Gesellschaftsvertrag ist es zudem erforderlich, dass die weitere, laufende Leistungspflicht der Höhe nach zumindest in objektiv bestimmbarer Weise im

263 KG, Urt. v. 15.12.2008 – 23 U 132/08, WM 2009, 2177, 2178 f.; *Möller*, BB 2008, 238, 239.

Gesellschaftsvertrag ausgestaltet ist.[264] Der BGH spricht diesbezüglich von der Wahrung des mitgliedschaftlichen Grundrechts eines jeden Gesellschafters, nicht ohne seine Zustimmung mit weiteren Beitragspflichten belastet zu werden, die über die eigentliche Beitragsschuld hinausgehen.[265] Bisweilen bezieht er sich auch auf die in § 707 BGB getroffene Grundentscheidung.[266] Da hierunter das Belastungsverbot zu verstehen ist und § 707 BGB auch nach Ansicht der Rechtsprechung ein mitgliedschaftliches Grundrecht beinhaltet, ist aus den Feststellungen des BGH zu schließen, dass dieser von einer Ausstrahlungswirkung der Norm ausgeht. Der Gesellschafter soll nämlich durch eine laufende Beitragspflicht nicht mit bei Vertragsabschluss unübersehbaren finanziellen Risiken betroffen werden.[267] Vielmehr soll er durch objektive Kriterien im Gesellschaftsvertrag seine Leistungspflichten abschätzen können.[268] Letztendlich schränkt also § 707 BGB die grundsätzlich freie Vertragsgestaltung der Gesellschafter hinsichtlich der Beiträge zum Schutze der einzelnen Gesellschafter erheblich ein, obwohl der unmittelbare Anwendungsbereich der Norm nicht eröffnet ist.

b) Konkrete Anforderungen an wirksame Vertragsgestaltungen

Anhand der bereits oben dargestellten Vertragsgestaltung des sog. „Darlehensmodells“[269] sollen nachfolgend die Voraussetzungen im Hinblick auf objektive Bestimmbarkeit der laufenden Beitragspflicht näher erörtert werden.

Nach einer Ansicht kann bei einer derartigen Vertragsgestaltung von einer objektiv bestimmbaren laufenden Beitragspflicht ausgegangen werden.[270]

---

264 BGH, Urt. v. 23.1.2006 – II ZR 126/04, NZG 2006, 379, 380 Rn. 14; Urt. v. 19.3.2007 – II ZR 73/06, NZG 2007, 382, 383 Rn. 17; Urt. v. 5.11.2007 – II ZR 230/06, NZG 2008, 65, 66 Rn. 17; Hinweisbeschl. v. 3.12.2007 – II ZR 304/06, NZG 2008, 335 Rn. 5.

265 BGH, Urt. v. 5.11.2007 – II ZR 230/06, NZG 2008, 65, 66 Rn. 17; Hinweisbeschl. v. 3.12.2007 – II ZR 304/06, NZG 2008, 335 Rn. 5.

266 BGH, Urt. v. 23.1.2006 – II ZR 126/04, NZG 2006, 379 Rn. 14; Urt. v. 19.3.2007 – II ZR 73/06, NZG 2007, 382, 383 Rn. 17.

267 So ausdrücklich auch der BGH, Urt. v. 5.11.2007 – II ZR 230/06, NZG 2008, 65, 67 Rn. 23.

268 *Frings*, NZG 2008, 218, 219.

269 S. hierzu oben S. 21.

270 KG, Urt. v. 8.12.2006 – 14 U 21/06, NZG 2007, 226, 227, rechtskräftig, da die beim BGH eingelegte Revision zurückgenommen worden ist, NZG 2008, 840; zwischen dem 14. und 23. Zivilsenat des KG ist die Wirksamkeit derartiger Vertragsgestaltungen umstritten, der 23. Zivilsenat des KG hat die erforderliche objektive Bestimmbarkeit verneint, vgl. KG, Urt. v. 11.9.2006 – 23 U 11/06, ZIP 2007, 183 f.; nachfolgend BGH, Urt. v. 5.11.2007 – II ZR 230/06, NZG 2008, 65.

Durch die Bezifferung einer Gesamtsumme hinsichtlich des Fremdkapitalanteils sei diese hinreichend begrenzt. Auch könne die laufende Beitragspflicht nicht nachträglich durch eine Mehrheit der Gesellschafter erhöht werden. Vielmehr stelle der Vertrag fest, dass die Erhöhung der Kosten nur durch eine Eigenkapitalerhöhung – wozu sämtliche Gesellschafter zustimmen müssen – möglich sei. Die Höhe der Darlehen sei durch den bestimmt ausgewiesenen Fremdmittelanteil bereits vorgegeben. Außerdem sei es nach dem Vertrag für jeden Gesellschafter klar gewesen, dass die Aufnahme der Darlehen eine Tilgungs- und Zinslast zur Folge haben würde. Diese Last sei als Erhöhungsrisiko gegenüber der einmaligen Beitragspflicht überschaubar. Erforderlich sei eine objektive Bestimmbarkeit der weiteren Beitragspflicht, nicht aber ein in der Höhe für alle Zeiten unveränderliche bestimmte Festsetzung.

Für diese Ansicht spricht, dass sich aus dem Gesellschaftsvertrag bereits die summenmäßige Begrenzung des Gesamtaufwandes für die Gesellschaft ergibt. Dies stellt damit auch einen Anhaltspunkt für die maximalen finanziellen Leistungspflichten der Gesellschafter dar. Außerdem findet sich ein ausdrücklicher Hinweis im Gesellschaftsvertrag, dass die Erhöhung des Eigenkapitals nur mit Zustimmung aller Gesellschafter möglich ist. Insoweit wird also die Grundaussage des § 707 BGB gesellschaftsvertraglich verankert.

Gegen die Wirksamkeit einer solchen Vertragsgestaltung sprechen jedoch folgende Gründe: Es ist für den Gesellschafter bei Vertragsabschluss bzw. Beitritt nicht erkennbar, oder wie das KG ausführt „überschaubar“[271], wie hoch die anteilig zu tragenden Zins- und Tilgungsraten sind. Diese hängen nämlich maßgeblich vom tatsächlich abgeschlossenen Darlehensvertrag zwischen der Gesellschaft und der kreditgebenden Bank ab. Nach dem Gesellschaftsvertrag ist es ungewiss, wie lang etwa die Laufzeit des Darlehens ist und ob sich die Zinshöhe in der Zukunft ändert, insbesondere erhöht.[272] Bei einer langen Laufzeit und variablen Zinsen kann dies zu einer erheblichen finanziellen (Mehr-)Belastung der Gesellschafter führen. Speziell durch kurzfristige Änderungen der Darlehenskonditionen sind im Einzelfall beträchtliche Erhöhungen der Zinsen möglich. Der Gesamtaufwand der Gesellschaft im Gesellschaftsvertrag bezieht sich lediglich auf die Darlehenshöhe, nicht jedoch auf die Belastung durch die Zinsen. Allein durch die beabsichtigte Aufnahme der Darlehen in bestimmter Höhe lässt sich nicht genau abschätzen, wie hoch diese anteilige Belastung eines jeden Gesell-

271 KG, Urt. v. 8.12.2006 – 14 U 21/06, NZG 2007, 226, 227.
272 *Schodder*, EWiR 2007, 269, 270; *Wertenbruch*, DStR 2007, 1680, 1682.

schafters sein wird. Dies wird jedoch dem Schutzzweck des § 707 BGB (der freilich auch bei seiner Ausstrahlungswirkung zu beachten ist), nämlich die Verhinderung von unübersehbaren Risiken, nicht gerecht. Auch die quasi subsidiäre Beitragspflicht, nämlich erst bei einem nicht erwirtschafteten Überschuss der Gesellschaft leisten zu müssen, ändert hieran nichts. Es lässt sich nämlich aus dem Gesellschaftsvertrag nicht entnehmen, in welcher Höhe eine Entlastung der Gesellschafter stattfinden wird. Der ggf. erwirtschaftete Überschuss der Gesellschaft hängt in diesem Falle maßgeblich von den Marktbedingungen ab (hier: Vermietung der im Eigentum der Gesellschaft stehenden Immobilie), also einer schwer kalkulierbaren Bedingung. Hieraus die Höhe der laufenden Beitragspflicht objektiv eingrenzen zu können, erscheint aufgrund der Unsicherheit einer diesbezüglichen Prognose nicht möglich. Daher ist entgegen der soeben dargestellten Ansicht allein aufgrund des Gesellschaftsvertrages nicht von einer vertraglichen Gestaltung auszugehen, die die gespaltene Beitragspflicht in objektiv bestimmbarer Weise festlegt.

Der BGH stellt hinsichtlich der vorbezeichneten Vertragsgestaltung ebenfalls fest, dass sich allein aus dem Gesellschaftsvertrag nicht die erforderliche objektive Bestimmbarkeit der laufenden Beitragspflicht ergebe.[273] So sei zwar die Gesamthöhe der einmaligen Beitragspflichten betragsmäßig festgelegt. Außerdem stehe der Gesamtbetrag der aufzunehmenden Fremdmittel fest, da der Gesellschaftsvertrag auf einen Investitionsplan Bezug nehme, der die (Gesamt-)Höhe der Darlehen genau beziffere. Der Vertrag stelle ebenfalls klar, dass diese anteilig durch die Gesellschafter zu tragen seien. Gegen die objektive Bestimmbarkeit spricht nach Ansicht des BGH jedoch, dass der Gesellschaftsvertrag nicht bestimmt, wie die anteiligen Zins- und Tilgungsleistungen hinsichtlich der Darlehen aufzubringen sind. Es sei lediglich die Pflicht zur Zahlung für den Fall vorgesehen, dass der erwirtschaftete Überschuss der Gesellschaft nicht für die Bedienung der Darlehen ausreiche. Maßgeblich für die weitere Beitragspflicht sei daher der erwirtschaftete Überschuss, für dessen Entstehung und Höhe jedoch keine ausreichende Konkretisierung vorliege. Durch die im Gesellschaftsvertrag genannten Parameter ergebe sich keine der Höhe nach ziffernmäßig bestimmte oder auch nur objektiv bestimmbare Belastung.

Jedoch hat der BGH darauf hingewiesen, dass das Berufungsgericht[274] zu Unrecht nur den Gesellschaftsvertrag herangezogen, und damit den vorgetragenen Sachverhalt unzureichend gewürdigt habe. Aus der Gesamtschau

---

273 BGH, Urt. v. 5.11.2007 – II ZR 230/06, NZG 2008, 65, 66 Rn. 18.
274 KG, Urt. v. 11.9.2006 – 23 U 11/06, ZIP 2007, 183.

von Beitrittserklärung und Gesellschaftsvertrag ergebe sich nämlich die erforderliche objektive Bestimmbarkeit der weiteren Beitragspflicht.[275] Insbesondere aus der Beitrittserklärung ergebe sich die Höhe der Gesamtbelastung eines jeden Gesellschafters. Wie bereits dargestellt, konnte aus der summenmäßigen Beschränkung des Gesamtaufwandes eine mögliche finanzielle Maximalbelastung für jeden Gesellschafter festgestellt werden. Nach dem Gesellschaftsvertrag bestand nicht die Möglichkeit einer nachträglichen Erhöhung der Beitragslast, sondern nur die einer Reduzierung durch den von der Gesellschaft erwirtschafteten Überschuss. Die laufende Beitragsleistung eines jeden Gesellschafters stand damit nicht ziffernmäßig fest. Diese Unsicherheit besteht nach Ansicht des BGH jedoch nicht in einer Erhöhung der Beitragsleistung, sondern in einer Reduzierung durch die erwirtschafteten Überschüsse. Somit treffe den Gesellschafter kein unübersehbares finanzielles Risiko.[276] Des Weiteren stellt der BGH – wie schon das KG – fest, dass die laufenden Beiträge nicht nachträglich erhöht werden können. Die Fremdmittel seien nach dem Vertrag genau festgelegt und eine Erhöhung des Eigenkapitals bedürfe der Zustimmung aller Gesellschafter. Die Aufnahme weiterer Darlehen mit dem Risiko der Zins- und Tilgungslast durch die Gesellschafter bestehe also nicht.[277] Auch spreche gegen die objektive Bestimmbarkeit nicht, dass sich durch die Anwachsung der Anteile von ausgeschiedenen Mitgesellschaftern die Höhe der laufenden Beitragpflichten erhöhen könnte. § 707 BGB schütze nur vor nachträglichen Erhöhungen der Beiträge durch die Mitgesellschafter. Vom Anwendungsbereich der Norm seien jedoch nicht Folgen erfasst, die mit seiner Stellung als Gesellschafter als solcher kraft Gesetzes (§ 738 Abs. 1 BGB) verbunden sind.[278]

Für die wirksame Vereinbarung einer gespaltenen Beitragspflicht spricht, dass sich aus der Gesamtschau von Gesellschaftsvertrag und Beitrittserklärung die maximal mögliche finanzielle Belastung des Gesellschafters ergibt. Durch diese Obergrenze ist das finanzielle Risiko des Gesellschafters zum Zeitpunkt des Beitritts absehbar. Der Schutzzweck des § 707 BGB wird also erfüllt. Die Unsicherheit, bei einem fehlenden Überschuss der Gesellschaft zur Tilgung der Zinsen und der Darlehen herangezogen zu werden, zieht keine Erhöhung der Beiträge nach sich. Vielmehr geht es um die Reduzierung der möglichen und ausdrücklich bezifferten Maximalbelastung. Dass diese Maximalbelastung ungewiss ist, stellt ein mit dem Schutzzweck von § 707 BGB vertretbares Risiko dar aufgrund der ziffernmäßigen Benen-

275 BGH, Urt. v. 5.11.2007 – II ZR 230/06, NZG 2008, 65, 66 Rn. 19, 22.
276 BGH, Urt. v. 5.11.2007 – II ZR 230/06, NZG 2008, 65, 66 f. Rn. 23.
277 BGH, Urt. v. 5.11.2007 – II ZR 230/06, NZG 2008, 65, 67 Rn. 24.
278 BGH, Urt. v. 5.11.2007 – II ZR 230/06, NZG 2008, 65, 67 Rn. 26.

nung einer Obergrenze. Den Erwägungen des BGH ist daher zuzustimmen. Aus den Feststellungen des BGH ergibt sich auch, dass dieser nicht, wie vom Berufungsgericht angesprochen, eine in der Höhe für alle Zeiten unveränderliche bestimmte Festsetzung fordert. Vielmehr ist nach Ansicht des BGH ausreichend einen Betrag zu nennen, der das Maximalrisiko beziffert. Ob dieser Maximalbetrag dann auch ausgeschöpft wird, ist eine andere Frage. Die Ansicht des BGH stellt sich also flexibler dar, als es nach der Entscheidung des 14. Zivilsenats des KG zunächst erscheint.

Die Ausführungen des BGH sind darüber hinaus deswegen bemerkenswert, da er erst aufgrund der Beitrittserklärung die erforderliche objektive Bestimmbarkeit der weiteren Beitragspflicht bejaht. Damit hat er die Möglichkeiten, aus denen sich die objektive Bestimmbarkeit ergeben kann, deutlich erweitert. Die Heranziehung der Beitrittserklärung erscheint für die Frage der objektiven Bestimmbarkeit folgerichtig, da sie bereits für die rechtliche Einordnung der Beitragspflicht[279] und deren Eindeutigkeit[280] herangezogen wird. Der Inhalt der Beitrittserklärung kann selbstverständlich auch für die Frage der Limitierung der Beitragspflicht von Belang sein. Außerdem kann nichts anderes gelten, als wenn ein Prospekt in Bezug genommen wird.[281] Aus beiden Dokumenten kann sich gleichermaßen eine Begrenzung der finanziellen Leistungspflichten ergeben.[282]

Die oben dargestellte Unterdeckungsklausel[283] ist hingegen nach Ansicht des BGH unwirksam, da sie die weitere Beitragspflicht nicht in objektiv bestimmbarer Weise ausgestaltet.[284] Zwar liege eine Begrenzung insofern vor, als dass die Gesellschafter nur dann zur weiteren Leistung verpflichtet seien, wenn eine Unterdeckung auftrete. Allerdings werden die maßgeblichen Kriterien für die Unterdeckung, nämlich die laufenden Ausgaben bzw. Einnahmen, nicht näher konkretisiert. Der Gesellschaftsvertrag sehe insbesondere auch nicht vor, welche Positionen in den zu erstellenden Wirtschaftsplan mit einzubeziehen seien.[285] Dies sei auch dann der Fall, wenn die Überschussrechnung nach handelsrechtlichen Bewertungsvorschriften vorgenom-

279 S. hierzu die Nachweise in Fn. 94.

280 S. hierzu die Nachweise in Fn. 259.

281 *Frings*, NZG 2008, 218, 219.

282 Zur Möglichkeit der Bezugnahme eines Prospekts vgl. BGH, Urt. v. 4.7.2005 – II ZR 354/03, NZG 2005, 753, 754.

283 S. hierzu oben S. 26.

284 BGH, Urt. v. 23.1.2006 – II ZR 126/04, NZG 2006, 379, 380 Rn. 18; Urt. v. 19.3.2007 – II ZR 73/06, NZG 2007, 382, 384 Rn. 23.

285 BGH, Urt. v. 23.1.2006 – II ZR 126/04, NZG 2006, 379, 380 Rn. 18.

men werden oder durch einen Angehörigen der wirtschaftsprüfenden oder steuerberatenden Berufe überprüft werden soll.[286]

Für diese Ansicht spricht, dass die Unterdeckungsklausel kaum das Risiko eingrenzt, ob und in welcher Höhe laufende Beitragspflichten von den Gesellschaftern zu leisten sind. Es besteht nicht einmal ein sachlicher Anhaltspunkt für etwaige Leistungspflichten, denn die Unterdeckung kann durch eine Vielzahl von Ursachen hervorgerufen werden. Zwar wird häufig eine schlechte Marktlage die Hauptursache darstellen. Jedoch ist eine Vielzahl von Umständen denkbar, die im Rahmen der Bewirtschaftung auftreten kann. So besteht die Möglichkeit, dass das Grundstück selbst Grund für eine übermäßige finanzielle Belastung der Gesellschaft ist. Sollte beispielsweise eine toxische Belastung des Bodens festgestellt werden mit einer entsprechenden Sanierungspflicht nach §§ 4 Abs. 3, 10 Abs. 1 BBoSchG, so kann dies durch die Verantwortlichkeit der Gesellschaft als Grundstückseigentümerin hohe finanzielle Risiken der Gesellschafter zur Folge haben (vgl. § 24 Abs. 1 BBoSchG)[287]. Zudem sind aufgrund einer notwendigen Sanierung des bewirtschafteten Gebäudes hohe finanzielle Leistungspflichten denkbar. Es ist nicht ausgeschlossen, dass (außerordentliche) Aufwendungen für das Grundstück bzw. Gebäude auch als laufende Ausgaben in der Bewirtschaftung deklariert werden. Daher ist der Ansicht des BGH hinsichtlich der rechtlichen Bewertung einer Unterdeckungsklausel zu folgen.[288]

Etwas anderes soll nach Ansicht des BGH auch dann nicht gelten, wenn die Leistungspflicht bei einer Unterdeckung auf die Höhe der Kapitaleinlage begrenzt ist.[289] Begründet wird dies damit, dass sich nicht hinreichend erkennen lasse, unter welchen Maßgaben diese betragsmäßige Grenze gelte. Denkbar sei dies für sämtliche Leistungspflichten aufgrund der Unterdeckung. Ausgeschlossen sei jedoch auch nicht, dass diese Begrenzung nur für weitere Beitragspflichten innerhalb eines bestimmten Zeitraums oder für jede einzelne Zahlungsaufforderung seitens der Gesellschaft gelten soll. Nach anderer Ansicht lässt sich diese Regelung im Zweifel so auslegen,

---

286 BGH, Urt. v. 19.3.2007 – II ZR 73/06, NZG 2007, 382, 384 Rn. 23.

287 Vgl. allerdings zur möglichen Begrenzung der Zustandsstörerhaftung BVerfG, Beschluss v. 6.2.2000 – 1 BvR 242/91, BVerfGE 102, 1 ff. = NJW 2000, 2573; *Bickel*, NJW 2000, 2562 f.; *Giesberts/Hilf*, in: Giesberts/Reinhardt, § 4 Rn. 69 ff., sowie zur Altlastenfreistellung in den neuen Bundesländern *Hilf*, in: Giesberts/Reinhardt, § 24 Rn. 2; *Versteyl*, in: Versteyl/Sondermann, § 24 Rn. 10; *Vierhaus*, NVwZ 2004, 418, 422 f.

288 So auch *Abrams*, MDR 2006, 7, 8; *Schäfer*, EWiR 2006, 301, 302; *Wertenbruch*, DStR 2007, 1680, 1681 f.; *ders.*, in: Ebenroth/Boujong/Joost/Strohn, § 105 Rn. 142.

289 BGH, Urt. v. 21.5.2007 – II ZR 96/06, NZG 2007, 620 Rn. 17.

dass die weitere Leistungspflicht bereits dann erfüllt wird, wenn im Wert der ursprünglichen Einlageleistung eine weitere Leistung in derselben Höhe erbracht worden ist.[290] Soll sich die Obergrenze auf bestimmte Zeiträume beziehen oder auf jede Zahlungsaufforderung, so hätte es klarer Anhaltspunkte bedurft. Zwar mag man dem BGH insoweit zustimmen, als dass sich aus der Regelung nicht eindeutig ergibt, wann die Beschränkung gelten soll. Insbesondere aufgrund der jährlichen Feststellung der ggf. bestehenden Unterdeckung lässt sich die Klausel auch so auslegen, dass die Begrenzung für jede festgestellte Unterdeckung und den daraus folgenden Leistungspflichten gelten soll. Jedoch kann dem Schutzzweck des § 707 BGB nur dann angemessen Rechnung getragen werden, wenn die Klausel mit der Gegenansicht im Zweifel zugunsten des Gesellschafters auslegt wird. Schließlich hat der BGH selbst festgestellt, dass bei der Auslegung des Gesellschaftsvertrages auch die Wertung des § 707 BGB zu berücksichtigen sei.[291] Danach kann bei der vorbezeichneten Klausel nur einmalig eine weitere Beitragspflicht von den Gesellschaftern verlangt werden. Folgt man dieser einschränkenden Auslegung, so ist festzustellen, dass die weitere Beitragspflicht hinreichend bestimmt ist. Sie ist nämlich auf einen ziffernmäßig feststellbaren Betrag beschränkt. Die einmalige Beitragspflicht des Gesellschafters stellt als Richtwert eine absolute Obergrenze dar, so dass Ausmaß und Umfang der zusätzlichen Belastung für den Gesellschafter erkennbar ist. Seine maximale finanzielle Belastung besteht in der einmaligen Beitragspflicht nebst einer weiteren, einmaligen Beitragspflicht in gleicher Höhe bei einer festgestellten Unterdeckung.

Fraglich ist jedoch, ob die vorbezeichnete Klausel überhaupt ein Problem der objektiven Bestimmbarkeit darstellt. Wie bereits eingehend dargestellt wurde, muss sich die laufende Beitragspflicht eindeutig aus dem Gesellschaftsvertrag ergeben. Hier stellt sich hinsichtlich der Regelung das Problem, unter welchen Voraussetzungen eine weitere Beitragspflicht verlangt werden kann. Sollte beispielsweise mehrere Jahre in Folge eine Unterdeckung festgestellt werden, so kann, wie die obige Auslegung gezeigt hat, streitig sein, ob eine Pflicht zur Begleichung derselben von einer entsprechenden Klausel erfasst wird. Es kann daher die Ansicht vertreten werden, dass aufgrund der mangelnden Eindeutigkeit der weiteren Beitragspflicht der Gesellschafter nicht zu weiteren Leistungspflichten herangezogen werden kann. Es macht für den Gesellschafter wirtschaftlich einen großen Unterschied, ob die Begrenzung jährlich oder einmalig gilt. Aus dem Gesamtzusammenhang des Gesellschaftsvertrages lässt sich durchaus vertreten,

290 *Armbrüster*, ZGR 2009, 1, 14 f.

291 BGH, Urt. v. 23.1.2006 – II ZR 126/04, NZG 2006, 379 Rn. 14.

dass die Begrenzung jährlich gilt. Schließlich konnte jeder Gesellschafter bei Abschluss des Gesellschaftsvertrages erkennen, dass die Unterdeckung – sofern vorhanden – jährlich festgestellt wird. Da die Voraussetzungen der weiteren Beitragspflicht nicht hinreichend genau aus dem Vertrag hervorgehen, kann schon die Eindeutigkeit der weiteren Beitragspflicht verneint werden. Zumindest muss sie zugunsten des Gesellschafters ausgelegt werden. In diesem Falle ist die weitere Beitragspflicht jedoch objektiv bestimmbar ausgestaltet.

c) Erfordernis der Bezifferung einer Gesamtbelastung

Der BGH hat bisher nicht abschließend klargestellt, ob für das Vorliegen der objektiven Bestimmbarkeit der laufenden Beitragspflicht die ziffernmäßige Bestimmung der möglichen Gesamtbelastung eines Gesellschafters erforderlich ist.[292] Zwar hat der BGH wiederholt darauf hingewiesen, dass die Höhe der laufenden Beiträge zumindest in objektiv bestimmbarer Weise ausgestaltet sein muss. Aber (bisher) schließt er erst aus der betragsmäßigen Festlegung die objektive Bestimmbarkeit der laufenden Beitragspflicht.[293] Missverständlich ist insoweit die Aussage in einer Entscheidung des BGH, dass sich aus dem Gesellschaftsvertrag die Höhe der laufenden Beitragspflicht nicht ziffernmäßig ergebe oder auch nur objektiv bestimmbar sei.[294] Diese Formulierung erweckt den Eindruck, dass eine objektive Bestimmbarkeit auch ohne eine betragsmäßige Begrenzung vorliegen könnte. Hiergegen spricht jedoch zum einen der Leitsatz der Entscheidung, der hinsichtlich der objektiven Bestimmbarkeit maßgeblich auf die maximale Höhe der weiteren Beitragspflichten abstellt. Zum anderen weist der BGH in der Entscheidung darauf hin, dass sich aus der Gesamtschau von Gesellschaftsvertrag und Beitrittserklärung das Vorliegen der objektiven Bestimmbarkeit ergebe, d.h. der Gesamtbelastung.[295] Es lassen sich die unklaren Formulierungen des BGH nur so deuten, dass er eine entsprechende ziffernmäßige Maximalbelastung hinsichtlich der laufenden Beitragspflichten fordert. Zumindest sind – bisher – vom BGH keine Kriterien herausgearbeitet worden, die eine laufende Beitragspflicht ohne Festsetzung einer Obergrenze objektiv bestimmbar erscheinen lassen.

Teilweise wird in der Literatur die Ansicht vertreten, dass das Erfordernis einer Obergrenze wohl unabdingbar sei, da nichts für eine Abweichung von der Rechtsprechung des BGH zur Erhöhung des vereinbarten Beitrags durch

292 *Möller*, BB 2008, 238, 239.
293 BGH, Urt. v. 5.11.2007 – II ZR 230/06, NZG 2008, 65, 66 Rn. 22.
294 BGH, Urt. v. 5.11.2007 – II ZR 230/06, NZG 2008, 65, 66 Rn. 18 a.E.
295 BGH, Urt. v. 5.11.2007 – II ZR 230/06, NZG 2008, 65, 66 Rn. 22.

einen Mehrheitsbeschluss spreche.[296] Diesbezüglich hat der BGH festgestellt, dass eine nachträgliche Beitragserhöhung eine gesellschaftsvertragliche Regelung gebiete, die Ausmaß und Umfang der möglichen zusätzlichen Belastung erkennen lasse, was die Angabe einer Obergrenze oder sonstiger Kriterien erfordere, die das Erhöhungsrisiko eingrenzen.[297] Zwar ist nach dieser Definition die Angabe einer Obergrenze nicht unabdingbar, jedoch wird sie in der Literatur gleichwohl für notwendig gehalten.[298] Dies liege an der Schwierigkeit festzustellen, was unter den „sonstigen Kriterien" zu verstehen sei, die für den Gesellschafter eine Vorhersehbarkeit gewährleisten sollen.[299] Sie sind vom BGH bisher noch nicht herausgearbeitet worden. Festzuhalten bleibt, dass die vorbezeichneten Kriterien des BGH hinsichtlich einer nachträglichen Beitragserhöhung ungleich höher formuliert sind als bei der gespaltenen Beitragspflicht. Ob der BGH bewusst verschiedene Kriterien aufgestellt hat oder lediglich eine sprachliche Ungenauigkeit vorliegt, sei dahingestellt. Jedenfalls kommt es darauf an, ob die Übertragung der strengeren Voraussetzungen des BGH zur nachträglichen Beitragserhöhung sinnvoll und angemessen ist, insbesondere vor dem Hintergrund des § 707 BGB.

Gegen die Übertragung der strengeren Anforderungen bezüglich einer nachträglichen Beitragserhöhung spricht, dass es sich hier zum einen um Beitragspflichten handelt, zum anderen um eine nach § 707 BGB grundsätzlich unzulässige Beitragserhöhung. Wie der BGH zu Recht festgestellt hat, geht es bei gespaltenen Beitragspflichten gerade nicht um den Anwendungsbereich des § 707 BGB.[300] Daraus könnte gefolgert werden, dass das erforderliche Schutzniveau der Gesellschafter bei einer gespaltenen Beitragspflicht niedriger ist als bei einer nachträglichen Beitragserhöhung. Zwar wird auch bei einer gespaltenen Beitragspflicht die Ausstrahlungswirkung des § 707 BGB zu berücksichtigen sein. Unmittelbar ist das Belastungsverbot jedoch nicht berührt.

---

296 *Möller*, BB 2008, 238, 239; *Wertenbruch*, DStR 2007, 1680, 1682; ausführlich zur Erhöhung des Beitrags aufgrund eines Mehrheitsbeschlusses unten S. 76 ff.

297 BGH, Urt. v. 4.7.2005 – II ZR 354/03, NZG 2005, 753, 754; Urt. v. 23.1.2006 – II ZR 306/04, NZG 2006, 306, 307 Rn. 19; Urt. v. 23.1.2006 – II ZR 126/04, NZG 2006, 379, 380 Rn. 20; Urt. v. 5.3.2007 – II ZR 282/05, NZG 2007, 381 Rn. 13; Urt. v. 9.2.2009 – II ZR 231/07, NZG 2009, 501 Rn. 14.

298 *Möller*, BB 2008, 238, 239.

299 *Schäfer*, EWiR 2006, 301, 302.

300 BGH, Beschluss v. 15.1.1996 – II ZR 22/95, DStR 1996, 879, 881; Urt. v. 4.7.2005 – II ZR 354/06, NZG 2005, 753; Urt. v. 5.11.2007 – II ZR 230/06, NZG 2008, 65, 66 Rn. 15, 17.

Gleichwohl ist auch bei einer gespaltenen Beitragspflicht ein hohes Schutzniveau zu verlangen. Der Gesellschafter muss in beiden Fällen wissen, welche zukünftigen finanziellen Belastungen ihn aufgrund der Mitgliedschaft in der Gesellschaft treffen können. Es kann keinen Unterschied für ihn machen, ob die Beiträge originär im Gesellschaftsvertrag vereinbart sind oder aber nachträglich durch einen Gesellschafterbeschluss erhöht werden.[301] In beiden Fällen besteht für den Gesellschafter ein identisches Bedürfnis bereits bei Vertragsabschluss bzw. Beitritt zu wissen, in welchem Unfang er zu finanziellen Leistungen in der Zukunft verpflichtet werden kann. Dies entspricht auch dem Schutzzweck des § 707 BGB. Im Rahmen der Ausstrahlungswirkung der Norm auf die Vereinbarung einer gespaltenen Beitragspflicht wird man diesem nur dann gerecht, wenn für den Gesellschafter seine gesamten finanziellen Leistungspflichten während der Dauer des Gesellschaftsverhältnisses in der werbend tätigen Gesellschaft absehbar sind. Außerdem ist das finanzielle Risiko für den Gesellschafter identisch, unabhängig von der vertraglichen Regelung. So kann mit beiden Vorgehensweisen, also sowohl mit der gespaltenen Beitragspflicht als auch mit einer nachträglichen Beitragserhöhung, dasselbe finanzielle Belastungsniveau erreicht werden. Daher ist es erforderlich, dass die Obergrenze einer möglichen finanziellen Gesamtbelastung aus dem Gesellschaftsvertrag – ggf. in Verbindung mit Beitrittserklärung oder in Bezug genommenen Prospekt – hervorgeht.[302]

d) Begrenzung der Gesamtbelastung aufgrund objektiver Kriterien

Fraglich bleibt insoweit, ob überhaupt durch objektive Kriterien (ohne ziffernmäßige Begrenzung) die laufende Beitragspflicht eines Gesellschafters hinreichend bestimmbar eingegrenzt werden kann. Notwendig wird dafür sein, dass die Berechnungsparameter selbst hinreichend konkret bezeichnet werden. So lässt sich für das obige Beispiel des Darlehensmodells[303] vorstellen, dass etwa neben der ziffernmäßigen Festlegung der Fremdmittel die maximale Zinshöhe, Tilgungsraten sowie die Laufzeit der Darlehen gesellschaftsvertraglich festgelegt werden. In diesem Falle wäre es denkbar, dass aufgrund der jeweiligen Beteiligung eines Gesellschafters an der Gesellschaft dieser seine mögliche finanzielle Maximalbelastung errechnen kann. Sie wäre damit für ihn vorhersehbar. Die objektive Bestimmbarkeit wäre auch gegeben, da die mögliche finanzielle Belastung der Gesellschafter im

301 *Wertenbruch*, DStR 2007, 1680, 1682.

302 *Armbrüster*, ZGR 2009, 1, 6 mit Fn. 17, 29; *Möller*, BB 2008, 238, 239; *Wertenbruch*, DStR 2007, 1680, 1682.

303 S. hierzu oben S. 21.

Gesellschaftsvertrag durch die maximale Höhe der Zinsen etc. begrenzt wird. Diese gesellschaftsvertragliche Regelung zeigt jedoch, dass die Rechtsprechung im Ergebnis eine betragsmäßige Festlegung fordert. Im vorbezeichneten Beispiel ist bereits für die Initiatoren erkennbar, wie hoch die zukünftige maximale finanzielle Belastung der Gesellschafter ausfallen kann. Mithin kann in einem solchen Fall die finanzielle Gesamtbelastung auch im Gesellschaftsvertrag bzw. in der Beitrittserklärung beziffert werden. Außerdem wird durch solch eine Regelung die eigentlich gewollte Flexibilität, die mit einer fehlenden Bezifferung einhergehen soll, verhindert. Im Ergebnis bedeutet dies, dass erst dann von einer hinreichend bestimmbaren Beitragspflicht ausgegangen werden kann, wenn aufgrund der Berechnungsparameter eine mögliche Bezifferung der weiteren Beitragspflicht erfolgen kann. Ob diese dann auch im Gesellschaftsvertrag genannt wird, kann für die Wirksamkeit der Regelung gleichwohl keine Auswirkung haben. Sie ist dann vielmehr deklaratorischer Natur.

Problematisch erscheint daher auch, ob bereits dann von einer hinrechenden Bestimmbarkeit hinsichtlich einer weiteren Beitragspflicht ausgegangen werden kann, wenn bei der Unterdeckungsklausel die Kriterien, aus denen sich die Unterdeckung ergeben soll (laufende Einnahmen bzw. Ausgaben), näher konkretisiert und die Maßstäbe, nach denen der Wirtschaftsplan zu erstellen ist, festgelegt werden.[304] Obwohl der BGH ausdrücklich auf diese Kriterien hingewiesen hat, stellte er ergänzend in einer nachfolgenden Entscheidung fest, dass auch die Vornahme der Überschussrechnung nach handelsrechtlichen Bewertungsvorschriften nicht ausreiche.[305] Außerdem sei schwer vorstellbar, wie die laufenden Einnahmen bzw. Ausgaben konkretisiert werden sollen, so dass hieraus eine zukünftige Belastung absehbar ist. Der Schwerpunkt der laufenden Einnahmen liegt nämlich bei den hier in Rede stehenden geschlossenen Immobilienfonds grundsätzlich in den Mieteinnahmen. Hier ist aufgrund der nicht vorhersehbaren Schwankungen, z. B. wegen Leerstandes, eine objektive Eingrenzung der Einnahmen nicht möglich. Dies wird bei anderen geschlossenen Fonds mit einem Gesellschaftszweck, der stark marktabhängig ist, nicht anders sein.

Im Hinblick auf das eingehend erörterte Spannungsverhältnis bei der Vereinbarung von gespaltenen Beitragspflichten lässt sich festhalten, dass dieses deutlich zugunsten des einzelnen Gesellschafters gelöst wird. Die Flexibilität der Vertragsgestaltung ist aufgrund der strengen Anforderungen des BGH zu Recht stark eingeschränkt. Gespaltene Beitragspflichten stellen so-

304 BGH, Urt. v. 23.1.2006 – II ZR 126/04, NZG 2006, 379, 380 Rn. 18.
305 BGH, Urt. v. 19.3.2007 – II ZR 73/06, NZG 2007, 382, 384 Rn. 23.

mit nur bedingt ein geeignetes Mittel dar, um einen unvorhergesehenen Liquiditätsengpass der Gesellschaft zu überbrücken.

Dabei ergeben sich aus der Notwendigkeit der betragsmäßigen Festsetzung der Gesamtbelastung eines Gesellschafters jedoch nicht nur Nachteile, wie die unflexiblere Vertragsgestaltung. Es besteht nämlich der Vorteil der Rechtssicherheit für entsprechende Regelungen. Werden bestimmte Parameter zur Berechnung einer zukünftigen Beitragspflicht im Gesellschaftsvertrag genannt, so stellt sich diesbezüglich, wie die Entscheidungen des BGH gezeigt haben, das Problem der rechtlichen Beurteilung in Bezug auf die objektive Bestimmbarkeit. Liegt dagegen eine genaue Bezifferung der Gesamtbelastung der Gesellschafter vor bzw. sind die Parameter so genau bestimmt, dass sich eine Berechnung der finanziellen Maximalbelastung leicht ergibt, so dürfte sich im Hinblick auf etwaige Rechtsstreitigkeiten ein deutlich geringeres Prozessrisiko ergeben.

e) Geltung der Voraussetzungen unabhängig vom konkreten Gesellschaftstyp

Fraglich ist, ob eine Einhaltung dieser strengen Voraussetzungen im Hinblick auf die Vereinbarung zukünftiger Beitragspflichten stets erforderlich ist. Zu bedenken ist nämlich, dass die bisherige Rechtsprechung des BGH zur Frage der gespaltenen Beitragspflicht regelmäßig Publikumspersonengesellschaften betraf.[306] In den zugrunde liegenden Entscheidungen war eine Vielzahl von Gesellschaftern an der jeweiligen Personengesellschaft beteiligt, die ausschließlich wirtschaftliche Interessen verfolgten. Hier ein hohes Schutzniveau zugunsten der Gesellschafter zu fordern, indem man strenge Voraussetzungen zur wirksamen Vereinbarung entsprechender Beitragspflichten formuliert, erscheint gerade im Hinblick auf den Anlegerschutz sinnvoll und notwendig. Aufgrund des hohen Finanzbedarfes dieser Gesellschaften, insbesondere der geschlossenen Immobilienfonds, wären die Anleger sonst mit weiteren hohen finanziellen Leistungspflichten betroffen, die bei einem Beitritt nicht absehbar gewesen wären. Außerdem haben die beitretenden Gesellschafter einer Publikumspersonengesellschaft keinen Einfluss auf die vertraglichen Regelungen, um ihre berechtigten Interessen zu wahren[307], insbesondere im Hinblick auf die Begrenzung von Beitragspflich-

306 *Armbrüster*, ZGR 2009, 1, 2 sowie 28.

307 BGH, Urt. v. 14.4.1975 – II ZR 147/73, BGHZ 64, 238, 241 = NJW 1975, 1318; Urt. v. 3.5.1982 – II ZR 78/81, BGHZ 84, 11, 14 = NJW 1982, 2303; Urt. v. 9.11.1987 – II ZR 100/87, BGHZ 102, 172, 178 = NJW 1988, 969; Urt. v. 21.3.1988 – II ZR 135/87, BGHZ 104, 50, 53 = NJW 1988, 1903; *Gummert/Jaletzke*, in: MüHdbGesR-

ten. Vielmehr ist die Rechtslage vergleichbar mit Allgemeinen Geschäftsbedingungen, die zwischen den Vertragsparteien ebenfalls nicht ausgehandelt werden. Bislang ist noch nicht erörtert worden, ob bei einem begrenzten und überschaubaren Gesellschafterkreis im Hinblick auf die Vereinbarung von gespaltenen Beitragspflichten geringere Anforderungen bezüglich der Bestimmbarkeit gelten sollten. Es wurde vielmehr nur entgegensetzt festgestellt, dass für Publikumsgesellschaften keine geringeren Voraussetzungen gelten.[308]

aa) Analoge Anwendung der Kriterien zur Vereinbarung einer offenen Beitragspflicht

Für geringere Anforderungen bezüglich der Bestimmbarkeit von gespaltenen Beitragspflichten könnte zunächst eine analoge Anwendung der Kriterien zur wirksamen Vereinbarung einer offenen Beitragspflicht sprechen. Die offene Beitragspflicht wird in der Regel nur bei einer geringen Anzahl von Gesellschaftern vereinbart, so z.B. bei der ARGE[309]. Danach genügt es bereits für die wirksame Vereinbarung einer offenen Beitragspflicht, dass sich diese am Gesellschaftszweck orientiert, also einem objektiven Kriterium. Die Absehbarkeit einer Obergrenze ist insoweit nicht erforderlich. Jedoch ist zu beachten, dass die Vereinbarung einer offenen Beitragspflicht nur dann zulässig ist, wenn der Gesellschaftszweck einem sachlich und wirtschaftlich begrenzten Projekt dient.[310] Allein schon aus dieser Beschränkung folgt für die Gesellschafter ein geringeres finanzielles Risiko als bei einer laufenden Beitragspflicht, die nicht auf einen maximalen Betrag begrenzt ist. Außerdem ist die Interessenlage insoweit eine andere. Bei der offenen Beitragspflicht kennen die Gesellschafter den Gesellschaftszweck. Es ist daher bereits bei Gründung der Gesellschaft für die Gesellschafter abschätzbar, worin die Beitragsleistungen eines jeden Gesellschafters liegen. Bei einer laufenden Beitragspflicht kann jedoch – wie oben dargelegt – eine Vielzahl von Umständen zu einer weiteren Beitragspflicht führen. Auch eine zeitliche Begrenzung der weiteren Leistungspflichten kommt grundsätzlich nicht in Betracht. Die laufende Beitragspflicht stellt sich daher für die Gesellschafter grundsätzlich als risikoreicher dar. Diesbezüglich ein höheres Schutzniveau zugunsten der Gesellschafter zu fordern, erscheint daher sachgerecht. Mithin

KG, § 65 Rn. 1; *Kellermann*, FS Stimpel, 1985, S. 295, 296; *Kiss*, Anlegerschutz, S. 20; *Timm/Schöne*, in: Bamberger/Roth, § 714 Rn. 45; *Wiedemann*, FS Priester, 2007, S. 857, 860.

308 *Wertenbruch*, DStR 2007, 1680, 1682.

309 S. hierzu die Nachweise in Fn. 64.

310 Vgl. hierzu die Nachweise in Fn. 73.

können die Voraussetzungen zur Vereinbarung einer offenen Beitragspflicht nicht als Argument dafür angeführt werden, dass bei einem überschaubaren und geschlossenen Gesellschafterkreis die weiteren Beitragspflichten unbestimmter ausgestaltet sein können.

bb) Subjektive Auslegung des Gesellschaftsvertrages als Mittel zur Risikobegrenzung

Bei einer Personengesellschaft mit einem kleinen, geschlossenen Gesellschafterkreis ist der Gesellschaftsvertrag nach den allgemeinen Grundsätzen für Rechtsgeschäfte auszulegen[311], insbesondere nach den §§ 133, 157 BGB.[312] Es findet also im Gegensatz zur Publikumspersonengesellschaft eine subjektive Auslegung des Gesellschaftsvertrages statt, um den wirklichen Willen der Parteien festzustellen.[313] Ausgangspunkt stellt zwar auch hier der Vertragswortlaut dar.[314] Maßgeblich sind jedoch auch außerhalb des Gesellschaftsvertrages bestehende Umstände. Dies können etwa die Entstehungsgeschichte sowie die tatsächliche Durchführung des Vertrages sein, aber auch Äußerungen der Vertragsschließenden.[315]

Diese erweiterten Möglichkeiten der Auslegung des Gesellschaftsvertrages können für geringere Anforderungen im Hinblick auf die objektive Bestimmbarkeit von weiteren Beitragspflichten sprechen. So kann sich nämlich aus dem Willen der Gründungsgesellschafter sowie ergänzenden Tatsachen außerhalb des Gesellschaftsvertrages ergeben, dass ggf. nur für eine bestimmte Zeit weitere Beitragspflichten geleistet werden sollen. Überdies können diese Umstände einen Anhaltspunkt dafür geben, dass lediglich unter weiteren Voraussetzungen eine laufende Beitragspflicht von der Gesellschaft gegenüber den Gesellschaftern eingefordert werden kann. Schließlich ist es auch möglich, dass sich aus diesen Auslegungskriterien eine Obergrenze der Beitragspflichten ergibt. Es kann daher die Ansicht vertreten werden, dass allein schon die erweiterten Auslegungsmöglichkeiten des Ge-

311 *Wiedemann*, Gesellschaftsrecht II, S. 127.

312 Baumbach/*Hopt*, § 105 Rn. 59; Erman/*Westermann*, § 705 Rn. 34; *Grunewald*, ZGR 1995, 68 f.; *K. Schmidt*, in: MünchKomm-HGB, § 105 Rn. 149; Staub/*Schäfer*, § 105 Rn. 192; Staudinger/*Habermeier*, § 705 Rn. 13; *Ulmer*, in: MünchKomm-BGB, § 705 Rn. 171; *Wertenbruch*, in: Ebenroth/Boujong/Joost/Strohn, § 105 Rn. 60.

313 BGH, Urt. v. 28.9.1995 – II ZR 87/94, NJW 1995, 3313, 3314; Urt. v. 17.12.2001 – II ZR 31/00, NZG 2002, 233, 234 f.; Urt. v. 7.4.2008 – II ZR 3/06, NZG 2008, 463, 465 Rn. 12; *Wiedemann*, Gesellschaftsrecht II, S. 127.

314 *Grunewald*, ZGR 1995, 68; *K. Schmidt*, in: MünchKomm-HGB, § 105 Rn. 149; *Wiedemann*, Gesellschaftsrecht II, S. 127.

315 *Grunewald*, ZGR 1995, 68 f.; *Johansson*, in: AnwHdbPerGesR, § 2 Rn. 137; *Ulmer*, in: MünchKomm-BGB, § 705 Rn. 171.

sellschaftsvertrages das Risiko vor weiteren Beitragspflichten einschränkt. Dies hätte zur Folge, dass die Vereinbarung von weiteren Beitragspflichten im Gesellschaftsvertrag von Personengesellschaften mit einem begrenzten und überschaubaren Gesellschafterkreis unbestimmter gefasst werden kann als bei Publikumspersonengesellschaften.

Jedoch ist zu beachten, dass bei einem begrenzten Gesellschafterkreis lediglich die zusätzliche Möglichkeit besteht aufgrund von Umständen, die außerhalb des Gesellschaftsvertrages liegen, eine objektiv bestimmbare Beitragspflicht zu bejahen. Am Schutzniveau kann sich hierdurch jedoch nichts ändern. Es ist darauf hinzuweisen, dass in vielen Fällen die Gründer einer Personengesellschaft – unabhängig von ihrer Anzahl – während der Gründungsphase keine näheren Ausführungen hinsichtlich des zukünftigen Finanzbedarfs der Gesellschaft machen. Dies gilt insbesondere für den Fall einer verschlechterten wirtschaftlichen Situation oder gar einer wirtschaftlichen Notlage. So werden erfahrungsgemäß Musterverträge übernommen und im Hinblick auf zukünftige Beitragspflichten für den Fall einer wirtschaftlich verschlechterten Situation keine weiteren Regelungen getroffen. Daher werden die obigen Auslegungskriterien nur selten Auskunft darüber geben, unter welchen Voraussetzungen und bis zu welcher Höhe etwaige zukünftige Beitragspflichten von der Gesellschaft gegenüber den Gesellschaftern eingefordert werden können, sofern sich dies nicht bereits ausdrücklich aus dem Gesellschaftsvertrag ergibt. Somit lässt sich aus den Umständen des Vertragsschlusses nur selten etwas über die Konkretisierung der weiteren Beitragspflichten der Gesellschafter sagen. Hiervon jedoch den Schutz der Gesellschafter vor zusätzlichen Beitragspflichten abhängig zu machen, erscheint willkürlich und nicht angemessen.

Zudem ist zu berücksichtigen, dass der individuelle Wille der Gründer der Gesellschaft im Laufe der Zeit zunehmend an Gewicht verliert.[316] Dies liegt nicht nur am Zeitablauf selbst. Ursächlich kann etwa auch die Änderung des Gesellschafterbestandes sein oder die einverständliche tatsächliche Durchführung des Gesellschaftsvertrages abweichend vom Wortlaut des Gründungsvertrages. Schließlich ist auch nicht immer gewährleistet, dass der Gründerwille aus dem Gesellschaftsvertrag selbst hinreichend erkennbar ist. Mithin stellt es sich als schwierig dar, mit zunehmendem Zeitablauf auf den Willen der Gründungsgesellschafter zu schließen.[317] Daher besteht auch keine Gewähr dafür, dass die Beitragspflichten der Gesellschafter so ausgelegt werden, wie es dem seinerzeitigen Gründerwillen entsprach. Im Ergebnis

316 *Wiedemann*, Gesellschaftsrecht II, S. 128.
317 *Ulmer*, in: MünchKomm-BGB, § 705 Rn. 172.

kann dies zur Folge haben, dass sich die Gesellschafter mit zusätzlichen Beitragspflichten konfrontiert sehen, die bei Gründung der Gesellschaft so gar nicht gewollt waren. Die mitunter bestehenden erweiterten Auslegungsmöglichkeiten des Gesellschaftsvertrages können daher nicht geringere Bestimmbarkeitsanforderungen hinsichtlich der Vereinbarung von zusätzlichen Beitragspflichten rechtfertigen.

cc) Größerer Einfluss auf die Vertragsgestaltung als ausreichende Risikobegrenzung

Des Weiteren kann für ein geringeres Maß der objektiven Bestimmbarkeit bei entsprechenden Vertragsgestaltungen sprechen, dass die Gesellschafter bei einem überschaubaren Gesellschafterkreis in der Regel einen weitaus größeren Einfluss auf die Gestaltung des Gesellschaftsvertrages haben, als dies bei einer Publikumspersonengesellschaft der Fall ist. Bei einem überschaubaren Gesellschafterkreis ist es durchaus denkbar, dass erfolgreich auf die Einführung einer Obergrenze in Bezug auf die Beitragspflichten insistiert wird. Es kann insoweit argumentieren werden, dass derjenige Gesellschafter, der seine Einwirkungsmöglichkeit auf den Vertragsinhalt nicht wahrnimmt, mit dementsprechenden Folgen zu rechnen hat.

Hinsichtlich des Einflusses der Gesellschafter auf die Vertragsgestaltung ist zwar anzuerkennen, dass dieser wesentlich höher als bei Publikumspersonengesellschaften sein kann. Rein faktisch wird sich diese Einflussmöglichkeit jedoch eher selten auswirken. Schließlich werden die Gesellschafter bei einer Gründung den Schwerpunkt der Vertragsgestaltung nicht im Hinblick auf eine zukünftige wirtschaftliche Schieflage ihrer Gesellschaft legen. Daher werden sie in der Regel keinen Einfluss auf Regelungen zu weiteren Beitragspflichten ausüben. Die Erfahrung bestätigt vielmehr die Neigung von Gründungsgesellschaftern die wirtschaftliche Zukunft der Gesellschaft positiv zu prognostizieren, und den Schwerpunkt der vertraglichen Vertragsverhandlungen dementsprechend etwa auf die Gewinnverteilung zu legen.

dd) Zwischenergebnis

Im Hinblick auf die Bestimmbarkeitsanforderungen weiterer Beitragspflichten ist bei einer Personengesellschaft mit einem überschaubaren Gesellschafterbestand die analoge Anwendung der Kriterien zur wirksamen Vereinbarung einer offenen Beitragspflicht nicht sachgemäß, da es an einer vergleichbaren Interessenlage fehlt. Die subjektive Auslegung von Gesellschaftsverträgen bei einem überschaubaren Gesellschafterkreis stellt keine sachliche Rechtfertigung dar, die Anforderungen bezüglich der Bestimmbarkeit von weiteren Beitragspflichten zu senken. Dies gilt auch hinsichtlich der Einwirkungsmöglichkeit auf die Vertragsgestaltung. Mithin ist kein sachlicher Grund erkennbar, der ein geringeres Schutzniveau der Gesellschafter rechtfertigt. Es gelten somit bei sämtlichen Typen von Personengesellschaften die strengen Anforderungen hinsichtlich der Vereinbarung von weiteren Beitragspflichten. Es erscheint nicht angemessen, nur aufgrund einer geringen Anzahl von Gesellschaftern die Anforderungen zu senken. Die Schutzbedürftigkeit der Gesellschafter ist auch hier in einem vergleichbaren Maße gegeben. Es lässt sich nicht pauschal behaupten, dass ein geringerer Gesellschafterkreis auch geringere wirtschaftliche Risiken für den einzelnen Gesellschafter mit sich bringt. So kann es beispielsweise unter Freiberuflern auch bei einer geringen Anzahl von Gesellschaftern im Einzelfall zu einem hohen Liquiditätsbedarf kommen. Denkbar ist etwa die notwendige Modernisierung einer Arzt-Praxis in Form einer GbR oder PartG im Hinblick auf die technische Ausstattung mit medizinischen Geräten oder deren Renovierung. Zudem ist es schwierig zu beurteilen, nur anhand von bestimmten ziffernmäßigen Beträgen einen entsprechenden Schutzbedarf zu rechtfertigen. Schließlich ist die finanzielle Belastung nicht absolut messbar, sondern hat stets auch etwas mit der individuellen Zahlungsfähigkeit des jeweiligen Gesellschafters zu tun. Diese kann aufgrund von persönlichen Umständen, wie etwa familiäre Verhältnisse (z.B. Scheidung, Unterhaltspflicht gegenüber Kindern), sehr unterschiedlich ausfallen.

f) Zusammenfassung

Zur wirksamen vertraglichen Fixierung einer gespaltenen Beitragspflicht ist es im Hinblick auf die weitere, laufende Beitragspflicht erforderlich, dass diese objektiv bestimmbar ausgestaltet ist. Dies bedeutet jedoch nicht, dass allein die Benennung objektiver Kriterien im Gesellschaftsvertrag zur Bestimmung der weiteren Beitragspflicht ausreichend ist. Vielmehr muss sich aus dem Gesellschaftsvertrag selbst eine absolute Obergrenze hinsichtlich der möglichen Gesamtbelastung der Gesellschafter erkennen lassen. Diese Obergrenze muss nicht zwangsläufig ziffernmäßig festgeschrieben sein. Es genügt bereits die Benennung absoluter Parameter im Gesellschaftsvertrag, aus denen sich die mögliche finanzielle Maximalbelastung ergibt. Diese Parameter müssen so ausgestaltet sein, dass sie nur mit Zustimmung sämtlicher Gesellschafter nachträglich verändert werden können. Die ziffernmäßige Darstellung der möglichen finanziellen Gesamtbelastung kann somit nur „deklaratorischer" Natur sein, wenn sich diese bereits aus dem Gesellschaftsvertrag ergibt. In jedem Falle ist der objektiven Bestimmbarkeit Genüge getan, wenn die mögliche finanzielle Gesamtbelastung ziffernmäßig fixiert wird.

Bei Publikumspersonengesellschaften kann sich die Frage der Maximalbelastung eines Gesellschafters nicht nur aus dem Gesellschaftsvertrag selbst ergeben. Im Rahmen der gebotenen objektiven Auslegung des Gesellschaftsvertrages ist es ebenfalls zulässig, die Beitrittserklärung des Gesellschafters sowie einen in Bezug genommenen Prospekt zur Bestimmung der finanziellen Gesamtbelastung ergänzend heranzuziehen.

Neben den Publikumspersonengesellschaften ist eine Einschränkung dieser strengen Kriterien nicht vorzunehmen. Auch bei Personengesellschaften mit einem überschaubaren Gesellschafterkreis – wie etwa Berufsausübungsgemeinschaften von Freiberuflern – besteht ein vergleichbares Schutzbedürfnis im Hinblick auf weitere Beitragspflichten. Diesem Schutzbedürfnis kann ebenfalls nur durch die Fixierung einer absoluten Obergrenze Rechnung getragen werden. Diese kann sich aufgrund der subjektiven Auslegung des Gesellschaftsvertrages erforderlichenfalls auch aus Umständen außerhalb des Gesellschaftsvertrages ergeben. Die damit einhergehenden zusätzlichen Möglichkeiten der Vertragsauslegung führen jedoch nicht zu einer Verringerung der strengen Anforderungen hinsichtlich der Vereinbarung weiterer Beitragspflichten.

IV. Beitragserhöhung durch Gesellschafterbeschluss

1. Problemstellung

Bisher ist erörtert worden, unter welchen Voraussetzungen zukünftige Beitragspflichten der Gesellschafter originär im Gesellschaftsvertrag wirksam vereinbart werden können. Nunmehr soll untersucht werden, wie der vereinbarte Beitrag i.S.d. § 707 BGB durch einen Gesellschafterbeschluss nachträglich erhöht werden kann. Unproblematisch können sich sämtliche Gesellschafter darauf verständigen, den Beitrag zu erhöhen.[318] Dies wird jedoch in der Praxis eher selten der Fall sein. Vielmehr beinhalten Gesellschaftsverträge regelmäßig die bereits oben dargestellten Mehrheitsklauseln.[319] Diese stellen dann die gesellschaftsvertragliche Grundlage für die Änderung des vereinbarten Beitrags dar. Eine Erhöhung der Beitragspflichten kann auf verschiedene Weise durchgeführt werden. So kann die Gesellschafterversammlung nachträglich die Einführung von weiteren bzw. höheren Beitrags-

318 BGH, Hinweisbeschl. v. 3.12.2008 – II ZR 36/07, NZG 2008, 336 Rn. 7; Staudinger/*Habermeier*, § 707 Rn. 2; *K. Wagner*, WM 2006, 1273, 1275.

319 S. hierzu oben S. 25 ff. sowie BGH, Urt. v. 15.1.2007 – II ZR 245/05, BGHZ 170, 283, 286 Rn. 7 = NJW 2007, 1685 – *„Otto"*; *Bohlken/Sprenger*, DB 2010, 263; *Priester*, DStR 2008, 1386.

pflichten beschließen. Möglich ist aber auch die Beschlussfassung im Einzelfall zur Erhebung eines weiteren (einmaligen) Beitrags.[320] Für die rechtliche Beurteilung macht dies jedoch keinen Unterschied.[321]

2. Grundsatz des Einstimmigkeitsprinzips im Personengesellschaftsrecht

Grundsätzlich gilt bei Personengesellschaften das sog. „Einstimmigkeitsprinzip".[322] Dies bedeutet, dass für das wirksame Zustandekommen eines Beschlusses die Zustimmung aller stimmberechtigten Gesellschafter erforderlich ist.[323] Für die OHG, KG und PartG ergibt sich dieser Befund aus § 119 Abs. 1 HGB (jeweils i.V.m. § 161 Abs. 2 HGB bzw. 6 Abs. 3 S. 2 PartGG), für die GbR aus § 709 Abs. 1 BGB. Zudem lässt sich dies aus dem Leitbild des Gesetzes schließen.[324] Dieses hat einen kleinen Kreis zusammengeschlossener Personen vor Augen, die eine Arbeits- und Haftungsgemeinschaft darstellen. Sollen diese Personen nunmehr gesamtschuldnerisch haften, so muss ihnen auch eine Mitentscheidungsbefugnis eingeräumt werden.[325]

3. Möglichkeit der Einführung von Mehrheitsklauseln im Gesellschaftsvertrag

Dass diesem gesetzlichen Leitbild nicht alle Personengesellschaften entsprechen werden, hat der Gesetzgeber jedoch bedacht und daher in § 119 Abs. 2 HGB sowie § 709 Abs. 2 BGB die Möglichkeit von Mehrheitsbeschlüssen ausdrücklich zugelassen. Die rigorose Einhaltung des Einstimmigkeitsprinzips kann nämlich die Handlungsfähigkeit der Gesellschaft stark einschränken.[326] Dies gilt insbesondere bei einem großen Gesellschafterkreis. Daher ist die grundsätzliche Zulässigkeit von Mehrheitsklauseln unbestritten.[327] Auch in der Rechtsprechung wird das praktische Bedürfnis anerkannt, die Handlungsfähigkeit und Flexibilität der Gesellschaft sicherzustellen. Eine Abweichung vom Einstimmigkeitsprinzip steht den Gesellschaftern daher

---

320 BGH, Urt. v. 21.5.2007 – II ZR 96/06, NZG 2007, 620 Rn. 14.

321 *Armbrüster*, ZGR 2009, 1, 10.

322 *K. Schmidt*, Gesellschaftsrecht, S. 453; Staub/*Schäfer*, § 119 Rn. 30; *Wiedemann*, Gesellschaftsrecht II, S. 300.

323 *Goette*, in: Ebenroth/Boujong/Joost/Strohn, § 119 Rn. 44.

324 Oetker/*Weitemeyer*, § 119 Rn. 28; *Wiedemann*, Gesellschaftsrecht II, S. 300.

325 *Goette*, in: Ebenroth/Boujong/Joost/Strohn, § 119 Rn. 2; *Wertenbruch*, ZIP 2007, 798.

326 *Goette*, in: Ebenroth/Boujong/Joost/Strohn, § 119 Rn. 45; Oetker/*Weitemeyer*, § 119 Rn. 29.

327 *Priester*, DStR 2008, 1386; Staub/*Schäfer*, § 119 Rn. 31 mit Fn. 77.

im Rahmen der Privatautonomie zu.[328] Als unbedenklich werden dabei Mehrheitsklauseln angesehen, die lediglich Fragen der gewöhnlichen Geschäftsführung betreffen, vgl. § 116 Abs. 1 HGB.[329] Umstritten sind jedoch die Anforderungen an Mehrheitsklauseln im Hinblick auf Vertragsänderungen.[330] Da die Erhöhung von Beitragspflichten durch einen Gesellschafterbeschluss regelmäßig mit einer Änderung des Gesellschaftsvertrages einhergeht, sollen zunächst die generellen Anforderungen an Vertragsänderungen durch einen Mehrheitsbeschluss analysiert werden. Sodann wird auf die spezifischen Voraussetzungen bei einer nachträglichen Beitragserhöhung eingegangen.

4. Bestimmtheitsgrundsatz als Mittel zur Eingrenzung der Mehrheitsmacht

Die gesetzlichen Regelungen der § 119 HGB sowie § 709 BGB geben nicht vor, welche inhaltlichen Anforderungen an Mehrheitsklauseln gestellt werden sollen. Es ist mithin der Rechtsprechung und Literatur überlassen worden, entsprechende Kriterien herauszuarbeiten. Bei einer pauschalen Übertragung der Kompetenzen auf die Mehrheit besteht die Gefahr, dass die Reichweite der Mehrheitsmacht nicht voll erfasst werden kann, dies gerade im Hinblick auf die Unvorhersehbarkeit von späteren Entwicklungen.[331] Das RG hat dies bereits früh erkannt und entschieden, dass eine schrankenlose Unterwerfung im Hinblick auf eine Mehrheitsklausel gem. § 138 BGB sittenwidrig sei.[332] Daher könne eine allgemeine Mehrheitsklausel, auch wenn sie für Vertragsänderungen Anwendung finden solle, nicht für sämtliche Beschlussgegenstände gelten. Vielmehr müsse sich bei Fragen der Vertragsänderung aus dem Gesellschaftsvertrag mit hinreichender Deutlichkeit ergeben, dass hierfür ebenfalls ein Mehrheitsbeschluss genüge. Lediglich auf

---

328 BGH, Urt. v. 12.11.1952 – II ZR 260/51, BGHZ 8, 35, 39 = NJW 1953, 102; Urt. v. 15.1.2007 – II ZR 245/05, BGHZ 170, 283, 285 Rn. 6 = NJW 2007, 1685 – *„Otto"*; *Enzinger*, in: MünchKomm-HGB, § 119 Rn. 4, 60.

329 BGH, Urt. v. 15.1.2007 – II ZR 245/05, BGHZ 170, 283, 286 Rn. 9 = NJW 2007, 1685 – *„Otto"*; *Giedinghagen/Fahl*, DStR 2007, 1965; *Priester*, DStR 2008, 1386, 1387; *K. Schmidt*, Gesellschaftsrecht, S. 454; *Wertenbruch*, ZIP 2007, 798 f.

330 *Goette*, in: Ebenroth/Boujong/Joost/Strohn, § 119 Rn. 47 f.; *Priester*, DStR 2008, 1386; *K. Schmidt*, Gesellschaftsrecht, S. 454 ff.; *Ulmer/Schäfer*, in: MünchKomm-BGB, § 709 Rn. 82 ff.

331 BGH, Urt. v. 15.1.2007 – II ZR 245/05, BGHZ 170, 283, 286 f. Rn. 9 = NJW 2007, 1685 – *„Otto"*; *Giedinghagen/Fahl*, DStR 2007, 1965, 1966; *K. Schmidt*, Gesellschaftsrecht, S. 454.

332 RG, Urt. v. 23.11.1917 – II ZR 242/17, RGZ 91, 166, 168; Urt. v. 15.5.1936 – II ZR 291/35, RGZ 151, 321, 327; Urt. v. 13.4.1940 – II ZR 143/39, RGZ 163, 385, 391.

Fragen der allgemeinen Geschäftsführung sei solch eine allgemeine Mehrheitsklausel anwendbar.[333] Anlass für diese Rechtsprechung waren vor allem Beitragserhöhungen auf der Grundlage von Mehrheitsklauseln.[334] Diesbezüglich musste nach Ansicht des RG der Gesellschaftsvertrag gerade zum Ausdruck bringen, dass die Sonderregel des § 707 BGB nicht gelten soll, damit sich die Mehrheitsklausel auch auf diesen Beschlussgegenstand bezieht.[335] Die Anforderungen an entsprechende Vertragsgestaltungen waren also besonders streng. Ohne dies selbst so zu formulieren, hatte das RG damit den sog. „Bestimmtheitsgrundsatz“ entwickelt.[336] Dieser besagt, dass sich mit Bestimmtheit aus der Mehrheitsklausel ergeben muss, welcher Beschlussgegenstand im Hinblick auf eine Vertragsänderung erfasst werden soll.[337] Der BGH hat diese Rechtsprechung aufgegriffen[338] und sukzessive auf andere Beschlussgegenstände – neben der Beitragserhöhung – ausgeweitet[339]. In der Praxis hat dies dazu geführt, dass in Gesellschaftsverträgen umfangreiche Kataloge zu finden sind, die bestimmen, für welche Beschlussgegenstände das Mehrheitsprinzip gelten soll.[340]

Der Bestimmtheitsgrundsatz ist vielfach kritisiert worden, insbesondere aufgrund der soeben dargestellten praktischen Folgen.[341] So führe die katalogmäßige Aufzählung dazu, dass die Warnfunktion des Bestimmtheitsgrundsatzes in der Regel entfalle. Auch hänge es oft vom Zufall ab, ob der fragliche Beschlussgegenstand besonders aufgeführt worden ist.[342] Sollte es hieran einmal fehlen, so bestehe die Gefahr, dass eine von der Mehrheit gewünschte und im Interesse der Gesellschaft liegende Vertragsänderung unter

333 RG, Urt. v. 15.10.1926 – II ZR 119/26, RGZ 114, 393, 395.

334 *Wiedemann*, Gesellschaftsrecht II, S. 300.

335 RG, Urt. v. 23.11.1917 – II ZR 242/17, RGZ 91, 166, 168; Urt. v. 15.5.1936 – II ZR 291/35, RGZ 151, 321, 327; Urt. v. 13.4.1940 – II ZR 143/39, RGZ 163, 385, 391.

336 *Goette*, in: Ebenroth/Boujong/Joost/Strohn, § 119 Rn. 49; *Priester*, DStR 2008, 1386, 1387.

337 *Ulmer/Schäfer*, in: MünchKomm-BGB, § 709 Rn. 84.

338 Urt. v. 12.11.1952 – II ZR 260/51, BGHZ 8, 35, 41 = NJW 1953, 102.

339 *K. Schmidt*, Gesellschaftsrecht, S. 454; *Ulmer/Schäfer*, in: MünchKomm-BGB, § 709 Rn. 85.

340 *Giedinghagen/Fahl*, DStR 2007, 1965, 1966; *Goette*, in: Ebenroth/Boujong/Joost/Strohn, § 119 Rn. 49; Oetker/*Weitemeyer*, § 119 Rn. 32; *Priester*, DStR 2008, 1386, 1387; *Schäfer*, ZGR 2009, 768, 772.

341 Vgl. nur *Enzinger*, in: MünchKomm-HGB, § 119 Rn. 81; Oetker/*Weitemeyer*, § 119 Rn. 32; *Schäfer*, ZGR 2009, 768, 772; eingehend zu dieser Kritik *Heinrichs*, Mehrheitsbeschlüsse, S. 104 ff.; *Leenen*, FS Larenz, 1983, S. 371, 381 ff.; *Ulmer/Schäfer*, in: MünchKomm-BGB, § 709 Rn. 87, 90.

342 *Ulmer/Schäfer*, in: MünchKomm-BGB, § 709 Rn. 87.

Berufung auf den Bestimmtheitsgrundsatz verweigert würde.[343] Dies wiege umso schwerer, da die Rechtsprechung nur in engen Grenzen eine Zustimmungspflicht zu einer Vertragsänderung anerkenne.[344] Unter dem Eindruck dieser Kritik hat der BGH zwischenzeitlich immer wieder Zweifel geäußert, ob er auch in Zukunft weiterhin am Bestimmtheitsgrundsatz in der bisherigen Form festhalten wird.[345] Mit zwei Entscheidungen hat er jedoch klargestellt, dass er nach Maßgabe bestimmter, noch eingehend darzustellender Kriterien weiterhin den Bestimmtheitsgrundsatz anwendet.[346]

5. Kernbereichslehre

Die Kritiker des Bestimmtheitsgrundsatzes wollen diesen durch die sog. „Kernbereichslehre" ersetzen.[347] Danach ist der Eingriff in den Kernbereich der Mitgliedschaft eines Gesellschafters nur dann zulässig, wenn dieser zustimmt und das Mitgliedschaftsrecht disponibel ist.[348] Auch der BGH hat mittlerweile anerkannt, dass neben bzw. außerhalb des Anwendungsbereichs des Bestimmtheitsgrundsatzes einer Mehrheitsentscheidung durch den Kernbereich der Mitgliedschaft Grenzen gesetzt sind.[349] Dabei kann die Beantwortung der Frage, welche Rechte zum Kernbereich der Mitgliedschaft gehören, durchaus Schwierigkeiten bereiten.[350] Mittlerweile sind jedoch bestimmte Rechte als sicherer Bestandteil des Kernbereichs der Mitgliedschaft

---

343 *Leenen*, FS Larenz, 1983, S. 371, 382 f.

344 *Ulmer/Schäfer*, in: MünchKomm-BGB, § 709 Rn. 87.

345 BGH, Urt. v. 13.3.1978 – II ZR 63/77 BGHZ 71, 53, 57 f. = NJW 1978, 1382; Urt. v. 15.11.1982 – II ZR 62/82, BGHZ 85, 350, 356 = NJW 1983, 1056; Urt. v. 10.10.1994 – II ZR 18/94, NJW 1995, 194 f.; Urt. v. 29.3.1996 – II ZR 263/94, BGHZ 132, 263, 268 = NJW 1996, 1678.

346 BGH, Urt. v. 15.1.2007 – II ZR 245/05, BGHZ 170, 283 = NJW 2007, 1685 – *„Otto"*; Urt. v. 24.11.2008 – II ZR 116/08, BGHZ 179, 13 = NJW 2009, 669 – *„Schutzgemeinschaftsvertrag II"* sowie ausführlich unten S. 85 ff.

347 *Ulmer/Schäfer*, in: MünchKomm-BGB, § 709 Rn. 90 ff.

348 *Goette*, FS Sigle, 2000, S. 145, 154; *Hermanns*, ZGR 1996, 103, 113; *Löffler*, NJW 1989, 2656, 2657; *K. Schmidt*, ZHR 158 (1994), 205, 227; *ders.*, ZGR 2008, 1, 17 f.; *Ulmer/Schäfer*, in: MünchKomm-BGB, § 709 Rn. 91, 98.

349 BGH, Urt. v. 5.11.1984 – II ZR 111/84, NJW 1985, 974; Urt. v. 10.10.1994 – II ZR 18/94, NJW 1995, 194, 195; Urt. v. 29.3.1996 – II ZR 263/94, BGHZ 132, 263, 268 = NJW 1996, 1678; *Heinrichs*, Mehrheitsbeschlüsse, S. 152 f.; *Löffler*, NJW 1989, 2656, 2657.

350 *Fastrich*, Funktionales Rechtsdenken, S. 11; *Goette*, FS Sigle, 2000, S. 145, 154; *ders.*, in: Ebenroth/Boujong/Joost/Strohn, § 119 Rn. 53; *Heinrichs*, Mehrheitsbeschlüsse, S. 154; *Hermanns*, ZGR 1996, 103, 110; *Löffler*, NJW 1989, 2656, 2657; *Ulmer/Schäfer*, in: MünchKomm-BGB, § 709 Rn. 93.

allgemein anerkannt (bspw. Teilnahmerechte, Stimmrechte, Informationsrechte, Kapitalbeteiligungsrechte).[351]

Innerhalb des Kernbereichs der Mitgliedschaft wird hinsichtlich der möglichen Disponibilität der Rechte differenziert. Die Unterscheidung erfolgt allgemein zwischen den schlechthin unverzichtbaren und den relativ unentziehbaren Rechten.[352] Bei einem unverzichtbaren Recht führt auch die Zustimmung des Gesellschafters nicht zur Wirksamkeit des Beschlusses; eine entsprechende Mehrheitsklausel ist also wirkungslos.[353] Ein relativ unentziehbares Recht liegt hingegen dann vor, wenn dieses nur mit Zustimmung des betroffenen Gesellschafters entzogen werden kann.[354] Es stellt sich also als mehrheitsfest dar.[355]

Hinsichtlich des hier interessierenden Belastungsverbotes ist allgemein anerkannt, dass dieses in den Kernbereich der Mitgliedschaft fällt und daher die Zustimmung aller Gesellschafter bei einer nachträglichen Erhöhung des vereinbarten Beitrags erforderlich ist.[356] Dieses Ergebnis folgt auch schon unabhängig von der Kernbereichslehre aus dem zwingenden Charakter des § 707 BGB, der stets die Zustimmung des betroffenen Gesellschafters voraussetzt.[357] Bisweilen wird das Belastungsverbot daher auch als eigenes

351 *v. Gerkan/Haas*, in: Röhricht/v. Westphalen, § 119 Rn. 21 ff.; *Goette*, FS Sigle, 2000, S. 145, 154; *ders.*, in: Ebenroth/Boujong/Joost/Strohn, § 119 Rn. 53; Oetker/*Weitemeyer*, § 119 Rn. 40, 43; *K. Schmidt*, ZGR 2008, 1, 18 f.; *Ulmer/Schäfer*, in: MünchKomm-BGB, § 709 Rn. 93; *Wiedemann*, Gesellschaftsrecht II, S. 220 f.; vgl. zur Typisierung des Kernbereichs nach Gesellschaftsstrukturen *Sigle*, FS Hüffer, 2010, S. 973, 979 ff.; *Holler*, ZIP 2010, 1678, 1680.

352 BGH, Urt. v. 5.11.1984 – II ZR 111/84, NJW 1985, 974; Urt. v. 10.10.1994 – II ZR 18/94, NJW 1995, 194, 195; Urt. v. 15.1.2007 – II ZR 245/05, BGHZ 170, 283, 288 Rn. 10 = NJW 2007, 1685 – *„Otto"*; *Enzinger*, in: MünchKomm-HGB, § 119 Rn. 68 ff.; *Heinrichs*, Mehrheitsbeschlüsse, S. 161; *K. Schmidt*, Gesellschaftsrecht, S. 470; *Ulmer/Schäfer*, in: MünchKomm-BGB, § 709 Rn. 91.

353 *Goette*, in: Ebenroth/Boujong/Joost/Strohn, § 119 Rn. 59; Oetker/*Weitemeyer*, § 119 Rn. 40.

354 BGH, Urt. v. 15.1.2007 – II ZR 245/05, BGHZ 170, 283, 288 Rn. 10 = NJW 2007, 1685 – *„Otto"*; *Heinrichs*, Mehrheitsbeschlüsse, S. 161; *Holler*, DB 2008, 2067, 2068; Oetker/*Weitemeyer*, § 119 Rn. 43; Scholz/*Priester/Veil*, § 53 Rn. 46.

355 *Heinrichs*, Mehrheitsbeschlüsse, S. 161; *K. Schmidt*, Gesellschaftsrecht, S. 471; *Ulmer/Schäfer*, in: MünchKomm-BGB, § 709 Rn. 91.

356 BGH, Urt. v. 23.1.2006 – II ZR 306/04, NZG 2006, 306, 307 Rn. 19; *Giedinghagen/Fahl*, DStR 2007, 1965, 1966; *Heinrichs*, Mehrheitsbeschlüsse, S. 163, 199; Staub/*Schäfer*, § 119 Rn. 40; Staudinger/*Habermeier*, § 707 Rn. 4; *Ulmer*, NJW 1990, 73, 80; *Ulmer/Schäfer*, in: MünchKomm-BGB, § 707 Rn. 7, § 709 Rn. 93.

357 Vgl. hierzu oben S. 40 ff. sowie *Heinrichs*, Mehrheitsbeschlüsse, S. 199: Zustimmungserfordernis folgt aus dem Belastungsverbot.

Schutzinstrument neben dem Kernbereich der Mitgliedschaft angesehen.[358] Zwar wird dies wohl eher dem Belastungsverbot als „mitgliedschaftliches Grundrecht" gerecht. Dennoch ist diese Unterscheidung rein begrifflicher Natur, denn am Ergebnis ändert sich hierdurch nichts. Nach beiden Ansichten ist die Zustimmung des betroffenen Gesellschafters zwingend notwendig. Jedenfalls ist auf das identische Bedürfnis nach Individualschutz hinzuweisen, da sich Rechtsverkürzung und Leistungsvermehrung entsprechen.[359]

Zum Teil wird aus dem in § 707 BGB verankerten Belastungsverbot ein zwingendes Zustimmungsrecht abgeleitet.[360] Dies entspricht der Ansicht, die allgemein bei Eingriffen in den unentziehbaren Kernbereich der Mitgliedschaft ein zwingendes Zustimmungsrecht des betroffenen Gesellschafters annimmt.[361] Fraglich ist jedoch, ob es sich bei der erforderlichen Zustimmung nicht um einen Vorbehalt handelt. Um festzustellen, ob dies der Fall ist, ist zunächst die Rechtfertigung eines Kernbereichseingriffes näher zu betrachten. Eine solche liegt dann vor, wenn der betroffene Gesellschafter zustimmt, sollte er nicht ausnahmsweise aufgrund der gesellschaftsrechtlichen Treuepflicht hierzu verpflichtet sein.[362] Somit unterliegt der Eingriff allein der Disposition des Gesellschafters. Eine fehlende Zustimmung wirkt daher als Veto gegenüber den anderen Gesellschaftern.[363] Mithin hat ein betroffener Gesellschafter die alleinige Rechtsmacht die Wirksamkeit des Beschlusses[364] herbeizuführen.[365] Aufgrund dessen handelt es bei der nach

358 *Priester*, DStR 2008, 1386, 1388; *K. Schmidt*, ZGR 2008, 1, 19 ff., *ders.*, ZIP 2009, 737, 740; so wohl auch Oetker/*Weitemeyer*, § 119 Rn. 39.

359 *Schäfer*, Geschäftsanteil, S. 171 f.; *Ulmer/Schäfer*, in: MünchKomm-BGB, § 709 Rn. 94.

360 *Schäfer*, Gesellschaftsrecht i. d. Diskussion, S. 137, 141; Staub/*Schäfer*, § 105 Rn. 240, § 119 Rn. 44; *Ulmer/Schäfer*, in: MünchKomm-BGB, § 707 Rn. 1 f.; vgl. zur Parallelvorschrift § 53 Abs. 3 GmbHG *Schäfer*, Geschäftsanteil, S. 39 f.

361 *Heinrichs*, Mehrheitsbeschlüsse, S. 161, 180; *Wiedemann*, Gesellschaftsrecht I, S. 362; *ders.*, Gesellschaftsrecht II, S. 213, 220.

362 *Hermanns*, ZGR 1996, 103, 113; *K. Schmidt*, Gesellschaftsrecht, S. 472; ausführlich zur Zustimmungspflicht unten S. 115 ff.

363 *K. Schmidt*, Gesellschaftsrecht, S. 472; *Heinrichs*, Mehrheitsbeschlüsse, S. 161 sowie *Wiedemann*, Gesellschaftsrecht II, S. 213 bezeichnen daher das Zustimmungsrecht zutreffend auch als ein „Vetorecht".

364 Vgl. zur evtl. Bindungswirkung der zustimmenden Gesellschafter unten S. 134 ff.

365 *Röttger*, Kernbereichslehre, S. 130; *Schäfer*, Geschäftsanteil, S. 39; *Wiedemann*, Gesellschaftsrecht II, S. 213.

§ 707 BGB stets erforderlichen Zustimmung nicht um ein Recht, sondern um einen Vorbehalt.[366]

Unabhängig von dieser begrifflichen Streitigkeit ist das Belastungsverbot dem unentziehbaren Kernbereich der Mitgliedschaft zuzuordnen, nicht jedoch dem unverzichtbaren.[367] Es herrscht nämlich – wie bereits erwähnt – Einigkeit, dass aufgrund einer Zustimmung sämtlicher Gesellschafter eine Leistungsvermehrung wirksam begründet werden kann.[368] Es ist daher missverständlich und irreführend, einerseits das aus § 707 BGB abzuleitende Zustimmungsrecht als unverzichtbar zu klassifizieren, andererseits aber eine Zustimmung für zulässig zu halten.[369] Die Zustimmung kann im Hinblick auf eine Beitragserhöhung auch schon antizipiert im Gesellschaftsvertrag erklärt werden.[370] Hierzu muss sie jedoch besonderen Anforderungen genügen.[371]

6. Zwei-Stufen System

Die bisherigen Erörterungen haben gezeigt, dass der Bestimmtheitsgrundsatz zu einem Formalismus führen kann, der dem Minderheitenschutz nur bedingt dient. Im Hinblick auf Beitragserhöhungen ist jedoch anzumerken, dass es hierbei – entgegen vereinzelter Ansicht[372] – gar nicht um Minderheitenschutz geht.[373] Vielmehr soll § 707 BGB einen Individualschutz

366 So allgemein bei Kernbereichseingriffen *Göbel*, Mehrheitsbeschlüsse, S. 184; zumindest kritisch *Röttger*, Kernbereichslehre, S. 130 f., jedoch unter Beibehaltung der Bezeichnung „Zustimmungsrecht".

367 *Deutscher*, ZfIR 2008, 41, 46; *K. Schmidt*, Gesellschaftsrecht, S. 473; *K. Wagner*, WM 2006, 1273, 1275.

368 BGH, Hinweisbeschl. v. 3.12.2008 – II ZR 36/07, NZG 2008, 336 Rn. 7; Staudinger/*Habermeier*, § 707 Rn. 2; *K. Wagner*, WM 2006, 1273, 1275.

369 So allerdings bei *Schäfer*, Gesellschaftsrecht i.d. Diskussion, S. 137, 141; *Ulmer/Schäfer*, in: MünchKomm-BGB, § 707 Rn. 7.

370 BGH, Urt. v. 4.7.2005 – II ZR 354/03, NZG 2005, 753, 754; Urt. v. 15.1.2007 – II ZR 245/05, BGHZ 170, 283, 287 Rn. 9 = NJW 2007, 1685 – *„Otto"*; Urt. v. 21.5.2007 – II ZR 96/06, NZG 2007, 620 Rn. 15; *Armbrüster*, ZGR 2009, 1, 11; *Goette*, in: Ebenroth/Boujong/Joost/Strohn, § 119 Rn. 52, 61; *Heinrichs*, Mehrheitsbeschlüsse, S. 171; Oetker/*Weitemeyer*, § 119 Rn. 43; *Schäfer*, Gesellschaftsrecht i.d. Diskussion, S. 137, 144 f.; *K. Schmidt*, Gesellschaftsrecht, S. 474; *Ulmer/Schäfer*, in: MünchKomm-BGB, § 709 Rn. 92; *Wertenbruch*, DStR 2007, 1680, 1681; *Wiedemann*, Gesellschaftsrecht I, S. 393; a.A. *Enzinger*, in: MünchKomm-HGB, § 119 Rn. 66.

371 Eingehend hierzu unten S. 97 ff.

372 *Laule*, WuB II J. § 707 BGB 2.07; *Timm/Schöne*, in: Bamberger/Roth, § 707 Rn. 9.

373 BGH, Urt. v. 23.1.2006 – II ZR 126/04, NZG 2006, 379, 380 Rn. 21; Urt. v. 23.1.2006 – II ZR 306/04, NZG 2006, 306, 308 Rn. 20.

garantieren.[374] Dieser kann jedoch allein durch den Bestimmtheitsgrundsatz nicht erreicht werden. Auch wenn eine Klausel deutlich erkennen lässt, dass die Mehrheit der Gesellschafter über nachträgliche Beitragserhöhungen entscheiden darf, so vermag dies nicht automatisch die notwendige Zustimmung der Gesellschafter ersetzen.[375] Grund hierfür ist, dass für die Annahme einer antizipierten Zustimmung ein höheres Maß an Bestimmtheit vorliegen muss, als dies nach dem Bestimmtheitsgrundsatz der Fall ist.[376] Diese notwendige Differenzierung zeigt auch ein Vergleich mit dem Recht der GmbH und AG.[377] Hier reicht die schon gesetzlich fixierte Mehrheitsermächtigung (vgl. §§ 47 Abs. 1, 53 Abs. 2 GmbHG sowie §§ 133 Abs. 1, 179 Abs. 2 S. 1 AktG) ebenfalls nicht aus, um eine notwendige Zustimmung des betroffenen Gesellschafters anzunehmen.[378] Dies stellt § 53 Abs. 3 GmbHG sowie § 180 Abs. 1 AktG klar. Daher ist das Bedürfnis anzuerkennen, neben dem formalen Schutzinstrument des Bestimmtheitsgrundsatzes auch ein materielles Schutzsystem zugunsten der betroffenen Gesellschafter durch die Kernbereichslehre zu installieren.

Jedoch zeigt sich in der Gegenüberstellung der beiden Schutzmechanismen, dass diese sich nicht ausschließen, sondern vielmehr unterschiedliche Schutzrichtungen haben und daher ergänzen.[379] Der Bestimmtheitsgrundsatz soll den Minderheitenschutz sicherstellen. Die Kernbereichslehre hingegen, und hierbei vor allem das Belastungsverbot, dienen dem Individualschutz.[380] Es wird nämlich die Zustimmung desjenigen Gesellschafters gefordert, in dessen Kernbereich eingegriffen wird. Auch inhaltlich geht es um zwei verschiedene Aspekte. Der Bestimmtheitsgrundsatz befasst sich mit der formalen Frage, inwieweit die Mehrheit legitimiert werden kann Beschlüsse zu fassen.[381] Es geht also um ein Kompetenzproblem innerhalb der Gesellschaft.[382] Die Kernbereichslehre, und insbesondere das Belastungsverbot als wesentlicher Teil des mitgliedschaftlichen Kernbereichs, stellen dagegen

374 Vgl. hierzu oben S. 39 f.

375 *Löffler*, NJW 1989, 2656, 2658.

376 S. hierzu unten S. 101 ff. sowie *Heinrichs*, Mehrheitsbeschlüsse, S. 218; *K. Schmidt*, ZHR 158 (1994), 205, 226 ff.

377 *Heinrichs*, Mehrheitsbeschlüsse, S. 218 f.; Oetker/*Weitemeyer*, § 119 Rn. 47; *K. Schmidt*, ZHR 158 (1994), 205, 226; *ders.*, ZGR 2008, 1, 20.

378 *Schäfer*, Geschäftsanteil, S. 260; *Stein*, in: MünchKomm-AktG, § 180 Rn. 3 a.E.

379 *Heinrichs*, Mehrheitsbeschlüsse, S. 151, 217; *Hermanns*, ZGR 1996, 103, 114; *K. Schmidt*, Gesellschaftsrecht, S. 456; *ders.*, ZGR 2008, 1, 8 f.; *Wiedemann*, Gesellschaftsrecht II, S. 302.

380 *Heinrichs*, Mehrheitsbeschlüsse, S. 151; *K. Schmidt*, ZIP 2009, 737, 740 liSp.

381 *Heinrichs*, Mehrheitsbeschlüsse, S. 103, 216; *Hermanns*, ZGR 1996, 103, 105.

382 *K. Schmidt*, Gesellschaftsrecht, S. 456.

sicher, dass im Hinblick auf jeden betroffenen Gesellschafter eine Zustimmung erforderlich ist. Die beiden Schutzmechanismen sind daher auseinander zu halten.[383]

Aus dieser differenzierten Betrachtung ergibt sich, dass erst aus dem Zusammenspiel beider Mechanismen ein wirksames Schutzniveau zugunsten der Gesellschafter garantiert wird.[384] So begrenzt der Bestimmtheitsgrundsatz die Mehrheitsmacht auf eine absehbare Weise. Die Kernbereichslehre sorgt dagegen für die erforderliche Zustimmung der Gesellschafter. Besondere Ausprägung findet sie hierbei durch das Belastungsverbot. Dass dieses nicht abdingbar ist, sondern aufgrund der zwingenden Wirkung des § 707 BGB die Vermehrung der Leistungspflichten die Zustimmung des betroffenen Gesellschafters stets voraussetzt, wurde bereits eingehend erörtert.[385]

7. „*Otto*"-Entscheidung des BGH

Mit zwei Entscheidungen hat der BGH dieses Zwei-Stufen Schutzkonzept bei Mehrheitsentscheidungen bestätigt.[386] Insbesondere die sog. „*Otto*"-Entscheidung[387] des II. Zivilsenats hat zu dem Problemkreis des Bestimmtheitsgrundsatzes sowie der Kernbereichslehre ausführlich Stellung genommen. Zwar hatte die Entscheidung nicht die nachträgliche Erhöhung von Beitragspflichten zum Gegenstand, sondern die Feststellung des Jahresabschlusses und die Gewinnverwendung. Gleichwohl hat der BGH sich auch hierzu geäußert.[388] Wegen der grundsätzlichen Bedeutung der „*Otto*"-Entscheidung soll sie nachfolgend näher in den Blick genommen werden.

a) Sachverhalt

Der „*Otto*"-Entscheidung lag folgender Sachverhalt zugrunde:[389] Eine Kommanditistin einer GmbH & Co. KG verklagte ihre Mit-Kommanditisten so-

383 *Löffler*, NJW 1989, 2656, 2658; Oetker/*Weitemeyer*, § 119 Rn. 47; *K. Schmidt*, ZHR 158 (1994), 205, 227; *ders.*, Gesellschaftsrecht, S. 456.

384 *Goette*, FS Sigle, 2000, S. 145, 160 f.; *K. Schmidt*, ZHR 158 (1994), 205, 226 f.

385 S. hierzu oben S. 40 ff.

386 BGH, Urt. v. 15.1.2007 – II ZR 245/05, BGHZ 170, 283 = NJW 2007, 1685 – „*Otto*"; bestätigt durch Urt. v. 24.11.2008 – II ZR 116, BGHZ 179, 13 = NJW 2009, 669 – „*Schutzgemeinschaftsvertrag II*"; vgl. auch KG, Urt. v. 12.11.2009 – 19 U 25/09, BeckRS 2010, 00224 = NZG 2010, 223 (nicht rechtskräftig, Az. BGH: II ZR 266/09).

387 BGH, Urt. v. 15.1.2007 – II ZR 245/05, BGHZ 170, 283 = NJW 2007, 1685 – „*Otto*".

388 BGH, Urt. v. 15.1.2007 – II ZR 245/05, BGHZ 170, 283, 287 Rn. 9 = NJW 2007, 1685 – „*Otto*".

389 BGH, Urt. v. 15.1.2007 – II ZR 245/05, BGHZ 170, 283, 284 Rn. 1 f., 286 Rn. 8 = NJW 2007, 1685 – „*Otto*".

wie die Komplementär-GmbH. Die Klägerin hält 25% der Gesellschaftsanteile, die Mit-Kommanditisten 75%. Der Gesellschaftsvertrag enthielt eine Mehrheitsklausel dergestalt, dass Gesellschafterbeschlüsse mit einer einfachen Mehrheit der Stimmen gefasst werden, soweit nicht einzelne Bestimmungen des Vertrages etwas anderes vorschreiben. Für Beschlüsse über die Feststellung des Jahresabschlusses wurde im Vertrag nichts anderes vereinbart. Nur für Änderungen des Vertrages, insbesondere der Einlageverpflichtungen sowie der Auszahlung von Beträgen zu Lasten der Darlehenskonten, sah der Gesellschaftsvertrag eine qualifizierte Mehrheit vor. Sodann kam es in der Gesellschafterversammlung zur Feststellung des Jahresabschlusses sowie zur Verwendung des Bilanzgewinnes. Beide Beschlüsse wurden mit einer Stimmenmehrheit von 75% gegen die Stimmen der Klägerin gefasst. Diese beantragte nunmehr festzustellen, dass die Beschlüsse nichtig seien, da sie als „Grundlagengeschäfte" der Einstimmigkeit nach § 119 Abs. 1 HGB bedurft hätten, zumindest aber einer qualifizierten Mehrheit. Die Klage blieb erfolglos.

b) Rechtliche Erwägungen des BGH

Zunächst stellte der BGH fest, dass es den Gesellschaftern in gewissen Grenzen frei stehe das Einstimmigkeitsprinzip durch das Mehrheitsprinzip zu ersetzen, insbesondere um die Flexibilität und Handlungsfähigkeit der Gesellschaft sicherzustellen.[390] Hingegen sind nach Auffassung des BGH die streitgegenständlichen Beschlüsse nicht schon deswegen nach dem Bestimmtheitsgrundsatz einstimmig zu fassen gewesen, weil deren Gegenstände nicht dezidiert in der bereits oben dargestellten Mehrheitsklausel aufgeführt waren.[391] Unter Bezugnahme auf die bereits oben dargestellte Rechtsprechung[392] stellt der II. Zivilsenat fest, dass allgemeine Mehrheitsklauseln nur auf gewöhnliche Beschlussgegenstände Anwendung finden. Vertragsänderungen und in Rechtspositionen von Gesellschaftern eingreifende Maßnahmen würden hierzu jedoch im Gegensatz stehen. Insbesondere im Hinblick auf nachträgliche Erhöhungen der Beiträge durch Mehrheitsentscheidungen sei wegen des besonderen Charakters einer solchen Lastenvermehrung allgemein anerkannt, dass dies nur mit Zustimmung eines jeden Gesellschafters zulässig sei. Daher sei nach wie vor eine eindeutige Legitimationsgrundlage erforderlich, welche auch Ausmaß und Umfang der möglichen

390 BGH, Urt. v. 15.1.2007 – II ZR 245/05, BGHZ 170, 283, 285 f. Rn. 6 = NJW 2007, 1685 – *„Otto"*.

391 BGH, Urt. v. 15.1.2007 – II ZR 245/05, BGHZ 170, 283, 286 f. Rn. 9 = NJW 2007, 1685 – *„Otto"*.

392 Vgl. hierzu die Nachweise in Fn. 332, 338.

Belastung erkennen lasse. Dies habe jedoch nicht zur Folge, dass die jeweiligen Beschlussgegenstände minutiös aufgelistet werden müssten, denn dies würde den Bestimmtheitsgrundsatz zu einer Förmelei denaturieren. Der BGH verlangt vielmehr nur die Festlegung im Gesellschaftsvertrag dergestalt, dass damit die Mehrheitsmacht verankert ist als Eingangsvoraussetzung für die Zulässigkeit einer Mehrheitsentscheidung. Daher ist es nach der Rechtsprechung des BGH nunmehr ausreichend, wenn aus dem Gesellschaftsvertrag eindeutig hervorgehe, dass der in Streit stehende Beschlussgegenstand einer Mehrheitsentscheidung unterworfen werden soll. Dies kann sich auch erst aus der Auslegung des Gesellschaftsvertrages ergeben. Hiermit hat der BGH ausdrücklich erklärt, nach Maßgabe der vorbezeichneten Kriterien weiterhin am Bestimmtheitsgrundsatz festzuhalten. Er hat dabei Kriterien aufgenommen und bestätigt, die bereits in der Rechtsprechung[393] und Literatur[394] herausgearbeitet worden sind.

Überdies bedarf es nach Ansicht des BGH auf einer zweiten Stufe der Prüfung, ob der Beschluss inhaltlich wirksam ist.[395] Denn nicht in allen Fällen reiche eine vertragliche Regelung aus, um eine Mehrheitsentscheidung zu legitimieren. Es stellt sich also die Frage, ob ein materiell zulässiger Eingriff in Gesellschafterrechte vorliegt. Somit nimmt der BGH, wie er selbst feststellt, eine vergleichbare Prüfung vor wie die Vertreter der Kernbereichslehre.

Im konkreten Fall war der BGH der Ansicht, dass sich die Geltung des Mehrheitsprinzips für die streitgegenständlichen Beschlüsse eindeutig aus dem Gesellschaftsvertrag ergibt.[396] Somit lag also nach dem Bestimmtheitsgrundsatz eine ausreichende Legitimation der Mehrheit vor. Begründet hat der BGH dies damit, dass sich mit den Beschlüssen der Gesellschaftsvertrag nicht ändere. Da noch nicht einmal für Vertragsänderungen das Einstimmigkeitsprinzip nach dem Gesellschaftsvertrag gelte, ergebe sich für die Bilanzfeststellung ohne Zweifel, dass diese von der allgemeinen Mehrheitsklausel erfasst sei. Außerdem beträfen die Beschlüsse eine den Gesellschaftern obliegende Angelegenheit der laufenden Verwaltung.

---

393 BGH, Urt. v. 12.11.1952 – II ZR 260/51, BGHZ 8, 35, 42 = NJW 1953, 102; Urt. v. 15.11.1982 – II ZR 62/82, BGHZ 85, 350, 356 = NJW 1983, 1056.

394 *Goette*, FS Sigle, 2000, S. 145, 156 ff.; *Hermanns*, ZGR 1996, 103, 114 f.; *K. Schmidt*, ZHR 158 (1994), 205, 224 ff.; *ders.*, Gesellschaftsrecht, S. 454 f.

395 BGH, Urt. v. 15.1.2007 – II ZR 245/05, BGHZ 170, 283, 287 f. Rn. 10 = NJW 2007, 1685 – *„Otto“*.

396 BGH, Urt. v. 15.1.2007 – II ZR 245/05, BGHZ 170, 283, 288 Rn. 12 = NJW 2007, 1685 – *„Otto“*.

Hinsichtlich der Kernbereichsrelevanz (hier: Bildung offener Rücklagen) sei lediglich angemerkt, dass der BGH diese hat dahinstehen lassen.[397] Zumindest sei im Vertrag durch Begrenzung des möglichen Eingriffs im Hinblick auf Ausmaß und Umfang eine entsprechende Regelung vorhanden.

In einer nachfolgenden Entscheidung hat der BGH diese Rechtsprechung ausdrücklich bestätigt.[398] Im Zuge dessen hat er noch einmal ausgeführt, dass eine Mehrheitsklausel lediglich die formelle Legitimation für eine Mehrheitsentscheidung darstelle.[399] Auch weist er darauf hin, dass solch eine Klausel sich als wertneutrale Verfahrensregel darstelle. Deren Vor- und Nachteile könnten sämtliche Gesellschafter von Fall zu Fall treffen. Klargestellt hat der BGH für die Wirksamkeitsprüfung auf der zweiten Stufe, dass diese nicht nur dann vollzogen werde, wenn durch die zu beschließende Maßnahme die gesellschaftsrechtlichen Grundlagen der Gesellschaft betroffen sind (sog. „Grundlagengeschäft“[400]) oder in den Kernbereich der Mitgliedschaft eingegriffen wird.[401] Vielmehr gelte dies generell, unabhängig von der Schwere des Eingriffs.

c) Stellungnahme

Die *„Otto“*-Entscheidung des BGH ist überwiegend auf Zustimmung gestoßen.[402] Insbesondere durch die Bestätigung eines Zwei-Stufen Systems[403] besteht nunmehr auch mit den Kritikern des Bestimmtheitsgrundsatzes weitestgehend Einigkeit.[404] Die Zweifel am Bestimmtheitsgrundsatz sind nicht

397 BGH, Urt. v. 15.1.2007 – II ZR 245/05, BGHZ 170, 283, 290 Rn. 15 = NJW 2007, 1685 – *„Otto“*.

398 BGH, Urt. v. 24.11.2008 – II ZR 116/08, BGHZ 179, 13, 20 Rn. 15 ff. = NJW 2009, 669 – *„Schutzgemeinschaftsvertrag II“*; *Wertenbruch*, NZG 2009, 645, 648; vgl. auch BGH, Urt. v. 19.10.2009 – II ZR 240/08, BGHZ 183, 1, 5 Rn. 14 = NJW 2010, 65 – *„Sanieren oder Ausscheiden“*, eingehend zu dieser Entscheidung unten S. 153 ff.

399 BGH, Urt. v. 24.11.2008 – II ZR 116/08, BGHZ 179, 13, 21 Rn. 16 = NJW 2009, 669 – *„Schutzgemeinschaftsvertrag II“*.

400 Vgl. hierzu *Hadding*, FS Lutter, 2000, S. 851, 859 f.; *Ulmer/Schäfer*, in: MünchKomm-BGB, § 709 Rn. 10 f.

401 BGH, Urt. v. 24.11.2008 – II ZR 116/08, BGHZ 179, 13, 21 Rn. 17 = NJW 2009, 669 – *„Schutzgemeinschaftsvertrag II“*.

402 Baumbach/*Hopt*, § 119 Rn. 37; *Giedinghagen/Fahl*, DStR 2007, 1965, 1969; *Goette*, in: Ebenroth/Boujong/Joost/Strohn, § 119 Rn. 59; *Priester*, DStR 2008, 1386, 1388; *K. Schmidt*, ZGR 2008, 1, 9, 16; *Wertenbruch*, ZIP 2007, 798, 799 f.

403 Vgl. zur möglichen Differenzierung der Prüfungsebenen *K. Schmidt*, ZIP 2009, 737, 739 ff.

404 *Giedinghagen/Fahl*, DStR 2007, 1965, 1968; *Goette*, in: Ebenroth/Boujong/Joost/Strohn, § 119 Rn. 60; *Priester*, DStR 2008, 1386, 1387; *Ulmer/Schäfer*, in: MünchKomm-BGB, § 709 Rn. 90.

selten durch sprachliche Ungenauigkeiten[405] oder falsches Verständnis von diesem Grundsatz[406] gesteigert worden. Es wird daher erwogen, zukünftig nicht mehr vom Bestimmtheitsgrundsatz zu sprechen.[407] Ergibt sich die Zulässigkeit einer Mehrheitsentscheidung nämlich erst aus der Auslegung des Vertrages, so erscheint es widersprüchlich, eine Mehrheitsklausel als bestimmt zu bezeichnen.

Dem BGH ist beizupflichten, dass eine katalogmäßige Aufzählung der Beschlussgegenstände nicht (mehr) erforderlich ist.[408] Dies insbesondere aufgrund der durch die Kautelarpraxis entfallenden Warnfunktion des Bestimmtheitsgrundsatzes sowie der Zufälligkeit, ob ein Beschlussgegenstand dezidiert im Gesellschaftsvertrag geregelt ist. Es muss als ausreichend angesehen werden, wenn sich aus dem Gesellschaftsvertrag eindeutig ergibt, für welche Beschlussgegenstände das Mehrheitsprinzip gilt. Dies bedeutet, dass zum Zeitpunkt der Beschlussfassung klar sein muss, ob der Beschluss von der Mehrheitsklausel erfasst ist und welche Mehrheit konkret gilt.[409] Dass hierbei auch die Auslegung des Gesellschaftsvertrages maßgeblich sein soll, ist im Hinblick auf das Schutzanliegen des Bestimmtheitsgrundsatzes unproblematisch. Es soll nämlich lediglich geklärt werden, ob die Mehrheit überhaupt über den entsprechenden Beschlussgegenstand entscheiden kann. Dies muss für jeden Gesellschafter absehbar sein, damit er um die Mehrheitsherrschaft weiß. Ein effektiver Individualschutz der Gesellschafter wird durch die Kernbereichslehre bzw. das Belastungsverbot erreicht. Daher muss es zur Legitimation der Mehrheit genügen, wenn im Gesellschaftsvertrag allgemein formuliert wird, dass stets die Mehrheit der Stimmen entscheidet, soweit nicht etwas anderes vereinbart ist.[410]

---

405 *Goette*, FS Sigle, 2000, S. 145, 149; *ders*., in: Ebenroth/Boujong/Joost/Strohn, § 119 Rn. 48.

406 *K. Schmidt*, Gesellschaftsrecht, S. 454; *ders.*, ZGR 2008, 1, 8.

407 *Giedinghagen/Fahl*, DStR 2007, 1965, 1969; bei Staub/*Schäfer*, § 119 Rn. 36 sowie *Schäfer*, ZGR 2009, 768, 773 wird sogar von einer „Verabschiedung" des Bestimmtheitsgrundsatzes durch BGH, Urt. v. 15.1.2007 – II ZR 245/05, BGHZ 170, 283, 290 Rn. 15 = NJW 2007, 1685 – *„Otto"*; Urt. v. 24.11.2008 – II ZR 116/08, BGHZ 179, 13 = NJW 2009, 669 – *„Schutzgemeinschaftsvertrag II"* gesprochen. Hiergegen spricht jedoch bereits der 1. Leitsatz der *„Otto"*-Entscheidung, vgl. hierzu *Sigle*, FS Hüffer, 2010, S. 973, 974.

408 *Goette*, FS Sigle, 2000, S. 145, 159; *Märtens*, in: Ebenroth/Boujong/Joost/Strohn, § 109 Rn. 19; Oetker/*Weitemeyer*, § 119 Rn. 36; *Priester*, DStR 2008, 1386, 1391 f.; *K. Schmidt*, ZHR 158 (1994), 205, 228; *ders.*, Gesellschaftsrecht, S. 454; *ders.*, ZGR 2008, 1, 9.

409 *K. Schmidt*, ZGR 2008, 1, 10; *ders*., ZIP 2009, 737, 738.

410 *Grunewald*, FS Großfeld, 1999, S. 319, 335; *Priester*, DStR 2008, 1386, 1391.

d) Auswirkungen der *„Otto"*-Entscheidung auf nachträgliche Beitragserhöhungen durch Mehrheitsbeschluss

Im Hinblick auf nachträgliche Beitragserhöhungen wird zum Teil der Bestimmtheitsgrundsatz so ausgelegt, dass insoweit strengere Anforderungen gelten.[411] Anlass für diese Interpretation ist der ausdrückliche Hinweis des BGH, dass wegen des besonderen Charakters einer Lastenvermehrung eine eindeutige Legitimationsgrundlage im Gesellschaftsvertrag erforderlich sei, die auch Ausmaß und Umfang einer möglichen zusätzlichen Belastung erkennen lassen müsse.[412] Jedoch bedarf diese – zunächst beiläufig wirkende – Feststellung des BGH einer differenzierteren Betrachtung. Zunächst erscheint es tatsächlich so, dass der BGH bei nachträglichen Beitragserhöhungen mittels einer Mehrheitsklausel besonders strenge Anforderungen an den Bestimmtheitsgrundsatz stellt. Eine derartige Auslegung liegt deswegen nahe, weil die vom BGH getroffene Feststellung im Rahmen der Auseinandersetzung mit der formalen Legitimation der Mehrheit, also auf der „ersten" Stufe gemacht wird. Auch sonst wird in der Literatur festgestellt, dass die Rechtsprechung gerade bei Beitragserhöhungen besonders streng sei im Hinblick auf den Bestimmtheitsgrundsatz.[413]

Allerdings weist der BGH diesbezüglich ausdrücklich darauf hin, dass eine Lastenvermehrung nur mit – zumindest antizipiert erklärter – Zustimmung sämtlicher Gesellschafter zulässig sei.[414] Aus dieser Formulierung wird wiederum deutlich, dass er insoweit bereits die „zweite" Stufe, nämlich die Frage der inhaltlichen Wirksamkeit des Beschlusses, vorweggenommen hat.[415] Die (zwingend) notwendige Zustimmung ist keine Frage des Bestimmtheitsgrundsatzes, sondern vielmehr eine zusätzliche Voraussetzung.[416] Dass der

---

411 *Giedinghagen/Fahl*, DStR 2007, 1965, 1968; *Holler*, DB 2008, 2067, 2070 f.; *Schubert*, WM 2008, 1197, 1198; *Stupp*, DB 2010, 489, 494; *Westermann*, NZG 2010, 321, 322; generell bei Vertragsänderungen *Wertenbruch*, ZIP 2007, 798, 799; ein höheres Maß an Bestimmtheit bei Grundlagenentscheidungen sowie Beschlüssen, die in Rechtspositionen der einzelnen Gesellschafter eingreifen, fordern ebenfalls *Bohlken/Sprenger*, DB 2010, 263.

412 BGH, Urt. v. 15.1.2007 – II ZR 245/05, BGHZ 170, 283, 287 Rn. 9 = NJW 2007, 1685 – *„Otto"*; vgl. hierzu *Giedinghagen/Fahl*, DStR 2007, 1965, 1968 mit Fn. 42; *Holler*, DB 2008, 2067, 2070 mit Fn. 60 sowie *Schubert*, WM 2008, 1197, 1198 mit Fn. 15.

413 *K. Schmidt*, Gesellschaftsrecht, S. 454.

414 BGH, Urt. v. 15.1.2007 – II ZR 245/05, BGHZ 170, 283, 287 Rn. 9 = NJW 2007, 1685 – *„Otto"*.

415 Dies bezweifelt *Holler*, DB 2008, 2067, 2070.

416 *Löffler*, NJW 1989, 2656, 2658; *Heinrichs*, Mehrheitsbeschlüsse, S. 219; *Ulmer/Schäfer*, in: MünchKomm-BGB, § 709 Rn. 91 a. E.

BGH im Hinblick auf Beitragserhöhungen spezielle Anforderungen an Vertragsgestaltungen stellt, wie die Fixierung von Ausmaß und Umfang der möglichen Belastung, ist Ausfluss zweier verschiedener Bestimmtheitskriterien.[417] Diese sind jedoch streng auseinander zuhalten. Was die Frage der formalen Legitimation der Mehrheit anbelangt, gelten keine besonderen Voraussetzungen bei Beitragserhöhungen durch Mehrheitsklauseln.[418] Es muss sich lediglich aus dem Gesellschaftsvertrag eindeutig, ggf. mittels Auslegung, ergeben, dass für nachträgliche Beitragserhöhungen das Mehrheitsprinzip gilt.[419] Daneben bedarf die nachträgliche Beitragserhöhung der Zustimmung sämtlicher Gesellschafter. Aus diesem Zustimmungserfordernis resultieren besondere Anforderungen aufgrund des Eingriffs in ein relativ unentziehbares Recht.[420] Soll die Zustimmung bereits antizipiert im Gesellschaftsvertrag erklärt werden, so ergeben sich besondere Bestimmtheitsanforderungen an die Mehrheitsklausel im Gesellschaftsvertrag.[421] Mit dem Bestimmtheitsgrundsatz hat dies freilich nichts zu tun.[422] Dass an die Bestimmtheit der Mehrheitsklausel insoweit andere, nämlich strengere Anforderungen gestellt werden, liegt schon am individualschützenden Charakter des Belastungsverbotes.[423]

8. Ausnahme vom Bestimmtheitsgrundsatz bei Publikumspersonengesellschaften

Schon seit geraumer Zeit hat der BGH die Ansicht vertreten, dass bei Publikumspersonengesellschaften der Bestimmtheitsgrundsatz nicht gilt.[424] Die

---

417 *Armbrüster*, ZGR 2009, 1, 13; *K. Schmidt*, ZGR 2008, 1, 16 f.; *ders.*, ZIP 2009, 737, 739 f.

418 *K. Schmidt*, ZGR 2008, 1, 33.

419 So ausdrücklich nunmehr BGH, Urt. v. 25.5.2009 – II ZR 259/07, NZG 2009, 862, 863 Rn. 14.

420 *Ulmer/Schäfer*, in: MünchKomm-BGB, § 707 Rn. 8, § 709 Rn. 92 sowie ausführlich unten S. 97 ff.

421 *Armbrüster*, ZGR 2009, 1, 13 sowie *Holler*, DB 2008, 2067, 2070: „*Materielles Bestimmtheitserfordernis*"; Oetker/*Weitemeyer*, § 119 Rn. 47; *K. Schmidt*, ZGR 2008, 1, 17; *ders.*, ZIP 2009, 737, 739 f.; *Wertenbruch*, NZG 2009, 645, 648: „*Qualifizierte Bestimmtheitsanforderungen*".

422 *Heinrichs*, Mehrheitsbeschlüsse, S. 218; *K. Schmidt*, ZGR 2008, 1, 33; missverständlich daher OLG Celle, Urt. v. 17.8.2005 – 9 U 33/05, NZG 2006, 17; Urt. v. 21.12.2005 – 9 U 96/05, NZG 2006, 225, 226.

423 *K. Schmidt*, ZGR 2008, 1, 16 f.

424 BGH, Urt. v. 24.11.1975 – II ZR 89/74, BGHZ 66, 82, 85 = NJW 1976, 958; Urt. v. 12.5.1977 – II ZR 89/75, BGHZ 69, 160, 165 f. = NJW 1977, 2160; Urt. v. 13.3.1978 – II ZR 63/77, BGHZ 71, 53, 58 = NJW 1978, 1382; Urt. v. 15.11.1982 – II ZR 62/82, BGHZ 85, 350, 356 = NJW 1983, 1056.

herrschende Ansicht in der Literatur stimmt dem unverändert zu.[425] Es ist sogar vom BGH angedeutet worden, dass bei einer fehlenden Regelung im Gesellschaftsvertrag in Bezug auf Vertragsänderungen das Mehrheitsprinzip gelte.[426] Der Minderheitenschutz sei auf andere Art und Weise zu berücksichtigen. Wie dieser jedoch gewährleistet wird, führte der BGH nicht aus.

Gerade für den hier interessierenden Fall der Beitragserhöhung stellt sich das Problem im Besonderen, da bisher vor allem Publikumspersonengesellschaften von nachträglichen Beitragserhöhungen durch Mehrheitsbeschlüsse betroffen waren. Kennzeichnend ist jedoch, dass der BGH in Urteilen zu diesem Problemkreis die Frage der Anwendbarkeit des Bestimmtheitsgrundsatzes nicht erörtert. Auch sonst wird der Bestimmtheitsgrundsatz nicht weiter erwähnt. Grund hierfür ist wohl, dass regelmäßig die erforderliche Zustimmung problematisch war, nicht jedoch die formale Legitimation der Mehrheit.[427] Gleichwohl ist nicht ausgeschlossen, dass auch diese einmal zweifelhaft sein kann. Notwendig ist sie in jedem Falle. Somit ist eine tiefer gehende Untersuchung erforderlich, ob der Bestimmtheitsgrundsatz auch bei Publikumspersonengesellschaften gilt.

In der ersten Entscheidung des BGH hinsichtlich dieser Problematik ging es um die Kapitalerhöhung bei einer KG.[428] Der Gesellschaftsvertrag sah vor, dass im Hinblick auf Kapitalerhöhungen das Mehrheitsprinzip gilt. Eine Obergrenze wurde im Gesellschaftsvertrag nicht genannt. Der BGH entschied, dass dies zulässig sei, da es sich um eine Massengesellschaft handle.[429] Eine mögliche Verschiebung der Beteiligungsverhältnisse entspreche dem Vertragswillen. Außerdem würden die Gesellschafter nicht der Mehrheit schrankenlos unterworfen, da keine unbegrenzte Nachschusspflicht in Rede stehe.[430] In zwei weiteren Entscheidungen stellte der BGH fest, dass vertragsändernde Mehrheitsbeschlüsse auch dann zulässig seien, wenn der

425 Baumbach/*Hopt*, Anhang § 177a Rn. 69a; *Bohlken/Sprenger*, DB 2010, 263, 266; *Giedinghagen/Fahl*, DStR 2007, 1965, 1966 f.; *Grunewald*, in: MünchKomm-HGB, § 161 Rn. 114; *Heinrichs*, Mehrheitsbeschlüsse, S. 137 ff.; *Koller*, in: Koller/Roth/Morck, § 119 Rn. 9, § 161 Rn. 17; Staub/*Schäfer*, § 119 Rn. 48; *Ulmer/Schäfer*, in: MünchKomm-BGB, § 709 Rn. 94.

426 BGH, Urt. v. 13.3.1978 – II ZR 63/77, BGHZ 71, 53, 58 f. = NJW 1978, 1382.

427 Vgl. nur BGH, Urt. v. 4.7.2005 – II ZR 354/03, NZG 2005, 753, 754; Urt. v. 23.1.2006 – II ZR 306/04, NZG 2006, 306, 307 Rn. 19 f.; Urt. v. 21.5.2007 – II ZR 96/06, NZG 2007, 620 Rn. 15.

428 BGH, Urt. v. 24.11.1975 – II ZR 89/74, BGHZ 66, 82 = NJW 1976, 958.

429 BGH, Urt. v. 24.11.1975 – II ZR 89/74, BGHZ 66, 82, 85 = NJW 1976, 958.

430 BGH, Urt. v. 24.11.1975 – II ZR 89/74, BGHZ 66, 82, 86 = NJW 1976, 958.

Gesellschaftsvertrag dies vorsehe, ohne die Beschlussgegenstände näher zu bezeichnen.[431]

Die erste Entscheidung des BGH[432] stellt sich jedoch nicht als Ausnahme vom Bestimmtheitsgrundsatz dar. Der Gesellschaftsvertrag beinhaltete nämlich ausdrücklich die Möglichkeit eines Mehrheitsbeschlusses. An der formalen Legitimation der Mehrheit bestand also kein Zweifel. Was die Notwendigkeit einer Obergrenze anbelangt, so ist dies keine Frage der Kompetenzbegrenzung, sondern des eventuell notwendigen Individualschutzes der Gesellschafter. Dieser ist erst auf einer zweiten Stufe zu prüfen. Der BGH hat also vielmehr die formale Legitimation mit den inhaltlichen Schranken von Mehrheitsbeschlüssen verwechselt.[433]

Die zwei weiteren Entscheidungen des II. Zivilsenats[434] sind im Hinblick auf die früher verstandene Lehre vom Bestimmtheitsgrundsatz tatsächlich als Ausnahme zu verstehen, da der BGH auf die dezidierte Auflistung der Beschlussgegenstände insoweit verzichtet hat. Nach dem nunmehr anerkannten Verständnis des BGH vom Bestimmtheitsgrundsatz als Begrenzung der formalen Mehrheitskompetenz sind derartige Regelungen jedoch unproblematisch, da der Gesellschaftsvertrag zweifelsfrei für Vertragsänderungen einen Mehrheitsbeschluss vorsah.

Daher kann die bisherige Rechtsprechung des BGH zu Publikumspersonengesellschaften nicht mehr als Argument dafür herangezogen werden, dass bei derartigen Gesellschaften der Bestimmtheitsgrundsatz nicht gelte.[435] Schließlich besteht auch bei Publikumspersonengesellschaften das Bedürfnis einer klaren Kompetenzzuweisung, in welchen Fällen Beschlüsse nach dem Mehrheitsprinzip wirksam gefasst werden können.[436] Insbesondere der Schutz der Minderheitsgesellschafter ist im Hinblick auf eine Überrumpelung nicht geringer.[437] Dass eine Auslegung des Gesellschaftsvertrages bei Publikumspersonengesellschaften eher die Zulässigkeit einer Mehrheitsentscheidung nahe legt, ändert nichts am Bedürfnis einer klaren Kompetenz-

---

431 BGH, Urt. v. 13.3.1978 – II ZR 63/77, BGHZ 71, 53 = NJW 1978, 1382; Urt. v. 15.11.1982 – II ZR 62/82, BGHZ 85, 350 = NJW 1983, 1056.

432 Urt. v. 24.11.1975 – II ZR 89/74, BGHZ 66, 82 = NJW 1976, 958.

433 *K. Schmidt*, Gesellschaftsrecht, S. 458 f.

434 BGH, Urt. v. 13.3.1978 – II ZR 63/77, BGHZ 71, 53 = NJW 1978, 1382; Urt. v. 15.11.1982 – II ZR 62/82, BGHZ 85, 350 = NJW 1983, 1056.

435 Oetker/*Weitemeyer*, § 119 Rn. 46; *Priester*, DStR 2008, 1386, 1388; *K. Schmidt*, ZHR 158 (1994), 205, 223; *ders.*, Gesellschaftsrecht, S. 458 f.; *ders.*, ZGR 2008, 1, 14.

436 *K. Schmidt*, ZGR 2008, 1, 14.

437 *K. Schmidt*, ZHR 158 (1994), 205, 223; *ders.*, Gesellschaftsrecht, S. 459.

zuweisung.[438] Es zeigt lediglich, dass im Einzelfall eine Vertragsklausel aufgrund des tatsächlichen Gesellschaftstyps anders ausgelegt werden kann.

Dieses Verständnis scheint nunmehr auch der BGH zugrunde zu legen. Im Rahmen einer Entscheidung, die eine Publikumspersonengesellschaft in Form eines geschlossenen Immobilienfonds betraf[439], hat der BGH das in den vorangegangen Urteilen[440] ausgearbeitete Zwei-Stufen System ohne Einschränkung angewendet.[441] Insoweit hat der II. Zivilsenat auch hinsichtlich einer Publikumspersonengesellschaft noch einmal deutlich gemacht, dass es zum einen der formellen Wirksamkeit des Beschlusses, also einer formellen Legitimation der Mehrheit, bedürfe.[442] Zum anderen hat er klargestellt, dass darüber hinaus bezüglich der materiellen Wirksamkeit des Beschlusses eine Prüfung gegenüber dem einzelnen Gesellschafter auf einer zweiten Stufe erforderlich sei.[443] Im konkreten Fall stellte sich dabei die Frage, ob eine Zustimmung zum Entzug der Gesellschafterstellung durch ein zwangsweises Ausscheiden vorliegt.[444] Aufgrund dieser zweistufigen Prüfung, insbesondere hinsichtlich der formellen Legitimation der Mehrheit, über bestimmte Vertragsänderungen Beschlüsse fassen zu können, hat der BGH die Geltung des Bestimmtheitsgrundsatzes im oben erörterten Sinne auch hinsichtlich von Publikumspersonengesellschaften bejaht.[445] Daher lässt sich weder aus der früheren noch aus der aktuellen Rechtsprechung des BGH schließen, dass der Bestimmtheitsgrundsatz bei Publikumspersonengesellschaften nicht gilt. Auch bei diesen Gesellschaften ist eine formale Legitimation der Mehrheit zu fordern, die sich eindeutig aus dem Gesellschaftsvertrag ergibt.

---

438 *K. Schmidt*, Gesellschaftsrecht, S. 459.

439 BGH, Urt. v. 19.10.2009 – II ZR 240/08, BGHZ 183, 1 = NJW 2010, 65 – *„Sanieren oder Ausscheiden"*, eingehend zu dieser Entscheidung unten S. 153 ff.

440 BGH, Urt. v. 15.1.2007 – II ZR 245/05, BGHZ 170, 283 = NJW 2007, 1685 – *„Otto"*; Urt. v. 24.11.2008 – II ZR 116, BGHZ 179, 13 = NJW 2009, 669 – *„Schutzgemeinschaftsvertrag II"*.

441 BGH, Urt. v. 19.10.2009 – II ZR 240/08, BGHZ 183, 1, 5 f. Rn. 14 f. = NJW 2010, 65 – *„Sanieren oder Ausscheiden"* mit Hinweis auf BGH, Urt. v. 15.1.2007 – II ZR 245/05, BGHZ 170, 283 = NJW 2007, 1685 – *„Otto"*; Urt. v. 24.11.2008 – II ZR 116, BGHZ 179, 13 = NJW 2009, 669 – *„Schutzgemeinschaftsvertrag II"*.

442 BGH, Urt. v. 19.10.2009 – II ZR 240/08, BGHZ 183, 1, 5 Rn. 14 = NJW 2010, 65 – *„Sanieren oder Ausscheiden"*.

443 BGH, Urt. v. 19.10.2009 – II ZR 240/08, BGHZ 183, 1, 5 f. Rn. 15 = NJW 2010, 65 – *„Sanieren oder Ausscheiden"*.

444 BGH, Urt. v. 19.10.2009 – II ZR 240/08, BGHZ 183, 1, 6 ff. Rn. 16 ff. = NJW 2010, 65 – *„Sanieren oder Ausscheiden"*.

445 *Sigle*, FS Hüffer, 2010, S. 973, 974; *K. Wagner*, NZG 2009, 1378, 1380 f.

9. Qualifizierte Anforderungen an eine Mehrheitsklausel hinsichtlich einer Beitragserhöhung

Bisher ist erörtert worden, unter welchen Voraussetzungen die Mehrheit formell legitimiert werden kann, über die Erhöhung des Beitrags zu entscheiden. Nunmehr soll analysiert werden, welche speziellen Anforderungen an eine gesellschaftsvertragliche Bestimmung zu stellen sind, die eine Beitragserhöhung durch einen Mehrheitsbeschluss der Gesellschafter vorsieht. Dabei stellt sich vor allem die Frage, wie durch eine Mehrheitsklausel im Gesellschaftsvertrag antizipiert einer Beitragserhöhung zugestimmt werden kann.

a) Rechtliche Qualifikation einer Mehrheitsklausel

Bevor die konkreten Anforderungen an eine gesellschaftsvertragliche Vereinbarung zur Erhöhung von Beitragspflichten erörtert werden, soll zunächst die Frage aufgeworfen werden, wie eine entsprechende Mehrheitsklausel rechtlich einzuordnen ist. Dabei kommen verschiedene Betrachtungsweisen in Frage.

Zunächst kann die Mehrheitsklausel so gedeutet werden, dass hierin eine Kompetenzübertragung auf die Mehrheit der Gesellschafter liegt.[446] Nach dieser Auslegung überträgt der einzelne Gesellschafter bereits bei Abschluss des Gesellschaftsvertrages die rechtsgeschäftliche Gestaltungsmacht auf die für die Beschlussfassung erforderliche Mehrheit. Diese Ansicht ist jedoch abzulehnen, denn die Zustimmung betrifft nicht die Frage der formalen Legitimation der Mehrheit. Vielmehr geht es hier nach dem oben dargestellten Zwei-Stufen System um die materielle Begrenzung der Mehrheitsmacht. Würde man in der Zustimmung allein eine Kompetenzübertragung sehen, so widerspräche dies dem Individualschutz des Belastungsverbotes. Es wird nämlich nicht allein die Mehrheit der Gesellschafter zu einer wirksamen Beschlussfassung ermächtigt, sondern darüber hinaus ist ja gerade die konkrete Zustimmung zu einer Beitragserhöhung und der damit verbundenen Vertragsänderung erforderlich.

Bisweilen wird daher in der Mehrheitsklausel die antizipierte Zustimmung eines Gesellschafters zu einer späteren, von der Mehrheit der Gesellschafter beschlossenen Beitragserhöhung gesehen.[447] Die im Voraus erteilte Zustim-

446 *Armbrüster*, ZGR 2009, 1, 11.

447 BGH, Urt. v. 5.3.2007 – II ZR 282/05, NZG 2007, 381 Rn. 13; *Wertenbruch*, ZIP 2007, 798, 799 liSp; *ders.*, DStR 2007, 1680, 1681.

mung wird dabei rechtlich als Einwilligung i.S.d. § 183 BGB qualifiziert.[448] Dies stellt sich jedoch als nicht unproblematisch dar. Zwar legt die gesetzliche Fixierung einer vorherigen Zustimmung nahe, dass hinsichtlich ihrer grundsätzlichen Zulässigkeit keine Zweifel bestehen.[449] Jedoch gibt es auch zulässige Generaleinwilligungen. Dies ist zum Beispiel bei der Einwilligung des gesetzlichen Vertreters bei Minderjährigen (vgl. § 107 BGB)[450] sowie bei der Vollmacht (vgl. § 167 BGB)[451] anerkannt. Würde man dieses weite Verständnis von der Einwilligung nach § 183 BGB auf Beitragserhöhungen übertragen, so würde dies jedoch dem Schutzzweck des § 707 BGB zuwider laufen.[452] Daher ist es auch nach dieser Ansicht ausgeschlossen, bereits aus einer allgemeinen Mehrheitsklausel die Zustimmung eines Gesellschafters herzuleiten. Vielmehr muss die Mehrheitsklausel so ausgestaltet sein, dass hierin eine Spezialeinwilligung gesehen werden kann.[453] Unabhängig von der rechtlichen Einordnung liegt mit der antizipierten Zustimmung jedoch nicht bereits die positive Stimmabgabe im Hinblick auf die konkrete Beschlussfassung vor.[454] Sie ist vielmehr dogmatisch von ihr zu trennen.[455]

Fraglich ist jedoch, ob es sich hier grundsätzlich um die Zustimmung zu einem fremden Rechtsgeschäft, hier in Form des Mehrheitsbeschlusses[456], handelt. Diese Sichtweise kann sich jedoch als zu begrenzt erweisen. In der Zustimmung liegt vielmehr eine Willenserklärung mit dem Inhalt, den Ge-

---

448 *Schäfer*, EWiR 2006, 301, 302; *ders.*, Gesellschaftsrecht i.d. Diskussion, S. 137, 144; *Ulmer/Schäfer*, in: MünchKomm-BGB, § 707 Rn. 8.

449 *Schäfer*, Gesellschaftsrecht i.d. Diskussion, S. 137, 144.

450 BGH, Urt. v. 17.4.1967 – II ZR 228/64, BGHZ 47, 352, 359 = NJW 1967, 1800; Urt. v. 12.7.1976 – VI ZR 172/75, NJW 1977, 622 f.; Palandt/*Ellenberger*, § 107 Rn. 9; *Schmitt*, in: MünchKomm-BGB, § 107 Rn. 13 f.; *Wendtland*, in: Bamberger/Roth, § 107 Rn. 15.

451 OLG Zweibrücken, Beschluss v. 12.4.1990 – 3 W 9/90, NJW 1990, 931; *Habermeier*, in: Bamberger/Roth, § 167 Rn. 20; Palandt/*Ellenberger*, § 167 Rn. 7; *Schramm*, in: MünchKomm-BGB, § 167 Rn. 82 f.; Soergel/*Leptien*, § 167 Rn. 41.

452 *Schäfer*, EWiR 2006, 301, 302; *ders.*, Gesellschaftsrecht i.d. Diskussion, S. 137, 144; *Ulmer/Schäfer*, in: MünchKomm-BGB, § 707 Rn. 8.

453 *Schäfer*, Gesellschaftsrecht i.d. Diskussion, S. 137, 144 f.; *Ulmer/Schäfer*, in: MünchKomm-BGB, § 707 Rn. 8.

454 *Armbrüster*, ZGR 2009, 1, 11; *Ulmer/Schäfer*, in: MünchKomm-BGB, § 707 Rn. 7.

455 *Ulmer/Schäfer*, in: MünchKomm-BGB, § 707 Rn. 7.

456 Vgl. zur Qualifizierung eines Mehrheitsbeschlusses als Rechtsgeschäft Baumbach/*Hopt*, § 119 Rn. 25; *Enzinger*, in: MünchKomm-HGB, § 119 Rn. 9 f.; *Larenz/Wolf*, BGB AT, § 10 Rn. 66; *K. Schmidt*, Gesellschaftsrecht, S. 436; *Ulmer/Schäfer*, in: MünchKomm-BGB, § 709 Rn. 51; *Wiedemann*, Gesellschaftsrecht I, S. 178 ff.; *ders.*, Gesellschaftsrecht II, S. 297.

sellschaftsvertrag unter gewissen Voraussetzungen zu ändern.[457] Wie der Gesellschaftsvertrag im Einzelnen bezüglich der Beitragspflichten geändert wird, ist dann wiederum Aufgabe des Mehrheitsbeschlusses. Dieser setzt konkret Art, Umfang und Fälligkeit der Beiträge neu fest. Somit geht die antizipierte Zustimmung weiter als die bloße Einwilligung zu einem konkreten Beitragserhöhungsbeschluss. Es wird mit der Willenserklärung der Mehrheit zugebilligt (formale Legitimation), in gewissen Grenzen (materielle oder inhaltliche Begrenzung) die Beiträge neu zu vereinbaren. Zu dieser Änderung bedarf es jedoch eines Mehrheitsbeschlusses. Somit ist der Mehrheitsbeschluss zwingende Voraussetzung für die Änderung des Gesellschaftsvertrages. Erst dann hat die bereits im Voraus erklärte Willenserklärung pflichtbegründende Wirkung. Zusammen mit den bei der Beschlussfassung abgegeben Stimmen besteht dann ein Konsens im Hinblick auf die Erhöhung des Beitrags, und damit der Vertragsänderung. Die Willenserklärung ist von Anfang an wirksam und steht nicht unter der aufschiebenden Bedingung eines Mehrheitsbeschlusses. Mit dem jeweiligen Gesellschafterbeschluss ist ein zeitlicher oder sachlicher Zusammenhang nicht erforderlich.[458] Dem Individualschutz ist nämlich schon durch die spezifischen Anforderungen an eine antizipierte Zustimmung hinreichend Rechnung getragen. Gerade wegen dieser strengen Voraussetzungen bedarf es nicht einer Wiederholung der notwendigen Zustimmung zu einem späteren Zeitpunkt.[459]

b) Anforderungen an eine Mehrheitsklausel für das Vorliegen einer antizipierten Zustimmung

Nachfolgend sollen die konkreten Voraussetzungen einer gesellschaftsvertraglichen Bestimmung herausgearbeitet werden, deren Einhaltung für eine nachträgliche Erhöhung von Beitragspflichten durch einen Mehrheitsbeschluss erforderlich sind. Dabei sollen insbesondere die Kriterien benannt werden, nach denen eine Mehrheitsklausel bereits die antizipierte Zustimmung zu einer nachträglichen Beitragserhöhung enthält.

Wie bereits angesprochen, betrifft die Zustimmung zu einer nachträglichen Beitragserhöhung kein spezifisches Problem des Belastungsverbotes. Vielmehr geht es allgemein um die Frage, welche Bestimmtheitsanforderungen an den Gesellschaftsvertrag gestellt werden, damit eine Zustimmung der Gesellschafter in ein relativ unentziehbares Recht des Kernbereichs der Mitgliedschaft vorliegt. Der BGH hat entschieden, dass sich aus der gesellschaftsvertraglichen Bestimmung Ausmaß und Umfang des zulässigen Ein-

457 *Armbrüster*, ZGR 2009, 1, 11.
458 *Armbrüster*, ZGR 2009, 1, 11; a.A. *Wiedemann*, Gesellschaftsrecht II, S. 303.
459 So aber *Wiedemann*, Gesellschaftsrecht II, S. 303.

griffs erkennen lassen müsse.[460] Unter Bezugnahme auf diese Rechtsprechung hat der BGH diesen Grundsatz hinsichtlich einer nachträglichen Beitragserhöhung durch einen Mehrheitsbeschluss mehrfach bestätigt und verifiziert. Eine entsprechende gesellschaftsvertragliche Bestimmung sei dann als wirksam anzusehen, wenn sie eindeutig ist und darüber hinaus Ausmaß und Umfang der möglichen zusätzlichen Belastung erkennen lässt.[461] Bei einer Beitragserhöhung sei daher die Angabe einer Obergrenze oder sonstiger Kriterien erforderlich, die das Erhöhungsrisiko eingrenzen.[462]

aa) Eindeutigkeit der gesellschaftsvertraglichen Bestimmung

Zunächst hängt die Wirksamkeit einer Mehrheitsklausel in Bezug auf nachträgliche Beitragserhöhungen davon ab, ob sie eindeutig ist.[463] Diese Voraussetzung fordert der BGH ebenfalls im Hinblick auf die Vereinbarung von aufschiebend bedingten bzw. gespaltenen Beitragspflichten.[464] Klärungsbedürftig ist jedoch, ob der BGH bei Mehrheitsklauseln dieselben Maßstäbe ansetzt. Dabei kann die Voraussetzung der Eindeutigkeit verschieden ausgelegt werden. Zunächst kann das Erfordernis im Sinne des Bestimmtheitsgrundsatzes interpretiert werden.[465] Grund für diese Lesart ist, dass der BGH auch in Bezug auf die formelle Legitimation der Mehrheit eine eindeutige Ermächtigung fordert. Daher muss sich nach einer Ansicht aus dem Gesellschaftsvertrag ausdrücklich ergeben, dass Beschlüsse über nachträgliche Beitragserhöhungen mit in die Mehrheitsklausel einbezogen sind.[466] Bei dieser Betrachtungsweise handelt es sich also nicht um eine zusätzliche Voraussetzung im Hinblick auf die antizipierte Zustimmung, sondern um die

---

460 BGH, Urt. v. 29.3.1996 – II ZR 263/94, BGHZ 132, 263, 268 = NJW 1996, 1678.

461 BGH, Urt. v. 4.7.2005 – II ZR 354/03, NZG 2005, 753, 754; Urt. v. 23.1.2006 – II ZR 126/04, NZG 2006, 379, 380 Rn. 20; Urt. v. 23.1.2006 – II ZR 306/04, NZG 2006, 306, 307 Rn. 19; Urt. v. 15.1.2007 – II ZR 245/05, BGHZ 170, 283, 287 Rn. 9 = NJW 2007, 1685 – *„Otto“*; Urt. v. 5.3.2007 – II ZR 282/05, NZG 2007, 381 Rn. 13; nach *K. Wagner*, WM 2010, 1684, 1687, hat in der Vergangenheit kaum ein Gesellschaftsvertrag die vom BGH geforderten Voraussetzungen erfüllt.

462 BGH, Urt. v. 4.7.2005 – II ZR 354/03, NZG 2005, 753, 754; Urt. v. 23.1.2006 – II ZR 126/04, NZG 2006, 379, 380 Rn. 20; Urt. v. 23.1.2006 – II ZR 306/04, NZG 2006, 306, 307 Rn. 19; Urt. v. 5.3.2007 – II ZR 282/05, NZG 2007, 381 Rn. 13; Urt. v. 21.5.2007 – II ZR 96/06, NZG 2007, 620 Rn. 15; Urt. v. 9.2.2009 – II ZR 231/07, NZG 2009, 501 Rn. 14: *„Regelungen über die Eingrenzbarkeit der Vermehrung von Beitragspflichten erforderlich“*.

463 S. hierzu die Nachweise in Fn. 461.

464 Eingehend hierzu oben S. 51 ff.

465 *Barfuß*, DB 1977, 571 reSp.

466 OLG Stuttgart, Urt. v. 19.4.2000 – 20 U 96/99, NZG 2000, 835, 836; *Barta/Geiseler-Bonse*, BKR 2006, 265, 270; *Ulmer/Schäfer*, in: MünchKomm-BGB, § 709 Rn. 92.

Frage der Kompetenzzuweisung. Dieser Ansicht ist insofern zuzustimmen, als dass die Mehrheit formell legitimiert werden muss. Diese Kompetenzzuweisung muss sich auch erkennbar aus dem Gesellschaftsvertrag ergeben.[467]

Der BGH hat zu dem vorbezeichneten Problemkreis der Eindeutigkeit bei einer nachträglichen Beitragserhöhung lediglich in einer Entscheidung Stellung genommen.[468] Im konkreten Fall ließ er es dahinstehen, ob die Regelung den Eindeutigkeitsanforderungen genüge, da der Gesellschaftsvertrag jedenfalls keine Obergrenze im Hinblick auf eine Beitragserhöhung vorsah. Jedoch hat er in der Entscheidung zum Ausdruck gebracht, dass er nicht (nur) von einer Eindeutigkeit im Hinblick auf die Kompetenzzuweisung ausgeht. Der BGH hat insofern Zweifel an der Eindeutigkeit geäußert, als dass sich die Klausel zur nachträglichen Beitragserhöhung in einem Unterabschnitt über Jahresabrechnungen befand. Dies stehe im Widerspruch zu einer anderen Regelung im Gesellschaftsvertrag, wonach die Gesellschaftereinlagen ziffernmäßig festgelegt sind. Es wird vom BGH in der Entscheidung jedoch ebenfalls darauf hingewiesen, dass auch in anderen Vorschriften des Gesellschaftsvertrages auf Nachschusspflichten hingewiesen wird. Diese Feststellungen des BGH legen also nahe, dass er auch bei der nachträglichen Beitragserhöhung durch einen Mehrheitsbeschluss vergleichbare Maßstäbe ansetzt wie bei aufschiebend bedingten bzw. gespaltenen Beitragspflichten.

Das Verständnis von einer Eindeutigkeit lediglich im Hinblick einer Kompetenzzuweisung erweist sich als zu eng. Es geht vielmehr darum, dass unmissverständlich im Gesellschaftsvertrag zum Ausdruck kommt, wonach grundsätzlich aufgrund eines Gesellschafterbeschlusses die Beiträge der Gesellschafter erhöht werden können. Dies kann dann nicht angenommen werden, wenn sich die Mehrheitsklausel in Widerspruch setzt zu anderen Regelungen im Gesellschaftsvertrag. Auch ist es zweifelhaft auf eine antizipierte Zustimmung der Gesellschafter zu schließen, wenn sich eine entsprechende Klausel bezüglich einer Beitragserhöhung an „verborgener Stelle“ im Gesellschaftsvertrag befindet, wo seitens der Gesellschafter nicht mit ihr gerechnet wird.[469] Es muss sich aus dem Gesellschaftsvertrag in verständlicher Weise ergeben, dass die Beitragspflichten mittels Mehrheitsbeschluss nachträglich erhöht werden können.[470] Eine versteckte Regelung ist daher mangels Eindeutigkeit unzulässig. Es wird deshalb auch die Rege-

467 S. hierzu oben S. 88 ff.

468 BGH, Urt. v. 4.7.2005 – II ZR 354/03, NZG 2005, 753, 754.

469 BGH, Urt. v. 4.7.2005 – II ZR 354/03, NZG 2005, 753, 754; *Klam*, INF 2006, 74, 75.

470 OLG München, Urt. v. 16.6.2004 – 7 U 5669/03, NZG 2004, 807.

lung des § 305c BGB vergleichend herangezogen.[471] Die Notwendigkeit zwischen der Eindeutigkeit der Mehrheitsermächtigung einerseits und der Möglichkeit einer nachträglichen Beitragserhöhung durch einen Gesellschafterbeschluss andererseits zu differenzieren, soll das folgende Beispiel verdeutlichen: Es kann ein Gesellschaftsvertrag vorsehen, dass sämtliche Beschlüsse mit einfacher Mehrheit der Gesellschafter gefasst werden. Dem Bestimmtheitsgrundsatz wird damit, nach hier vertretener Ansicht, Genüge getan. Findet sich jedoch in diesem Gesellschaftsvertrag zugleich eine Beitragsleistung, die ziffernmäßig fixiert ist und kein Hinweis darauf, dass diese nachträglich erhöht werden kann, so liegt keine eindeutige Beitragserhöhungsklausel vor. Vielmehr muss im Gesellschaftsvertrag klar zum Ausdruck kommen, dass die Beitragsleistung aufgrund eines Gesellschafterbeschlusses erhöht werden kann. Ob für diesen Beschluss das Mehrheitsprinzip oder eine qualifizierte Mehrheit gilt, kann sich wiederum aus einer allgemeinen Mehrheitsklausel ergeben. Dies ist aber eine Frage des Bestimmtheitsgrundsatzes.

Fraglich ist jedoch, ob sich die Kriterien im Hinblick auf die Eindeutigkeit, die bereits oben herausgearbeitet wurden, ohne Einschränkung übertragen lassen. Problematisch ist dies etwa hinsichtlich der auf S. 26 dargestellten Vertragsgestaltung, wenn der Gesellschaftsvertrag darüber hinaus eine betragsmäßige Festsetzung des Gesellschaftskapitals vorsieht. Es ist nachfolgend exemplarisch auf sie einzugehen. Dabei soll davon ausgegangen werden, dass die Bezifferung des Gesellschaftskapitals in der Klausel erfolgt, worin auch die Geschäftsführer ermächtigt werden, etwaige wirksam beschlossene Nachschüsse von den Gesellschaftern einzufordern.

Zunächst ist darauf hinzuweisen, dass die Pflicht zur anteiligen Begleichung einer Unterdeckung bei einer derartigen Vertragsgestaltung stets einen Gesellschafterbeschluss voraussetzt.[472] Dies ergibt sich aus dem Wortlaut des Gesellschaftsvertrages, der nämlich von „wirksam beschlossenen Nachschüssen" spricht. Er lässt sich nur so auslegen, dass es eines Gesellschafterbeschlusses bedarf, für den aufgrund der allgemeinen Mehrheitsklausel das Mehrheitsprinzip gilt.

Gegen die Eindeutigkeit der vorbezeichneten Vertragsgestaltung kann angeführt werden, dass die Vereinbarung, der Geschäftsführer könne etwaige beschlossene Nachschüsse einfordern, scheinbar in Widerspruch steht zur ziffernmäßigen Fixierung des Gesamtaufwandes. Bei einer differenzierten

471 *Klam*, INF 2006, 74, 75.

472 BGH, Urt. v. 23.1.2006 – II ZR 306/04, NZG 2006, 306, 307 Rn. 17; Urt. v. 19.3.2007 – II ZR 73/06, NZG 2007, 382, 383 Rn. 18.

Betrachtung stellt sich dies jedoch nicht zwangsläufig als Widerspruch dar. Im Gegensatz zur Vereinbarung einer gespaltenen Beitragspflicht ist die nachträgliche Erhöhung einer Beitragspflicht gerade keine zusätzliche Beitragspflicht. Aufgrund des zwingend notwendigen Gesellschafterbeschlusses wird der Beitrag vielmehr neu vereinbart. Weist also der Gesellschaftsvertrag nach der Bezifferung des Gesellschaftskapitals darauf hin, dass dieses ggf. zur Erreichung des Gesellschaftszwecks nicht ausreichen könnte und der Ausgleich einer Unterdeckung möglich ist, so werden die Gesellschafter hierdurch darauf hingewiesen, wonach sie (nachträglich) mit höheren Beiträgen zu rechnen haben. Allerdings kann nur dann von einer ausreichenden Absehbarkeit in Bezug auf die Möglichkeit einer nachträglichen Beitragserhöhung ausgegangen werden, wenn ein entsprechender Hinweis im unmittelbaren Zusammenhang mit den Beitragsleistungen und des Gesellschaftskapitals steht. Bei der vorbezeichneten Fallgestaltung kann dies bejaht werden. Findet sich dagegen nur versteckt ein Anhaltspunkt im Gesellschaftsvertrag, dass die Beiträge nachträglich erhöht werden können, so kann sich hieraus ein Widerspruch ergeben. Denn durch die klare Vereinbarung eines bezifferten Gesamtaufwandes wird dem Gesellschafter suggeriert, seine Beitragsleistung sei auch zukünftig unveränderbar festgelegt. Allein die ziffernmäßige Benennung eines Gesamtaufwandes spricht jedoch nicht grundsätzlich dafür, dass die nachträgliche Erhöhung der Beiträge hierzu in Widerspruch steht. Insofern besteht also ein Unterschied zur Eindeutigkeit bei der Vereinbarung einer gespaltenen Beitragspflicht. Mithin können die Voraussetzungen im Hinblick auf die Eindeutigkeit einer gespaltenen Beitragspflicht nicht direkt übertragen werden. Dennoch können sie als Anhaltspunkt dienen.

bb) Bestimmtheit der gesellschaftsvertraglichen Bestimmung

Im Folgenden werden nunmehr die qualifizierten Bestimmtheitsanforderungen[473] erörtert, die an entsprechende Mehrheitsklauseln gestellt werden, damit diese eine antizipierte Zustimmung beinhalten. Danach sind bei einer Beitragserhöhung durch einen Mehrheitsbeschluss der Gesellschafter im Gesellschaftsvertrag die Angabe einer Obergrenze oder sonstiger Kriterien, die das Erhöhungsrisiko eingrenzen, erforderlich.[474]

473 S. hierzu die Nachweise in Fn. 421.

474 BGH, Urt. v. 4.7.2005 – II ZR 354/03, NZG 2005, 753, 754; Urt. v. 23.1.2006 – II ZR 126/04, NZG 2006, 379, 380 Rn. 20; Urt. v. 23.1.2006 – II ZR 306/04, NZG 2006, 306, 307 Rn. 19; Urt. v. 5.3.2007 – II ZR 282/05, NZG 2007, 381 Rn. 13; Urt. v. 21.5.2007 – II ZR 96/06, NZG 2007, 620 Rn. 15; Urt. v. 9.2.2009 – II ZR 231/07, NZG 2009, 501 Rn. 14; *Armbrüster*, ZGR 2009, 1, 13; *Ulmer/Schäfer*, in: MünchKomm-BGB, § 707 Rn. 8.

Zunächst ist darauf hinzuweisen, dass der BGH in sämtlichen Entscheidungen seit 2005, die sich eingehend mit der Problematik der nachträglichen Erhöhung von Beitragspflichten durch einen Mehrheitsbeschluss befasst haben, diesbezügliche Klauseln für unwirksam gehalten hat.[475] Dies zeigt die große Praxisrelevanz des Themas und das Bedürfnis Kriterien herauszuarbeiten, unter welchen Voraussetzungen wirksame Mehrheitsklauseln vereinbart werden können. Der BGH hatte bisher vor allem über die auf S. 26 dargestellte Vertragsgestaltung – z.T. in leicht abgewandelter Form – zu entscheiden.[476] Auch über die Einführung der auf S. 22 dargestellten Unterdeckungsklausel aufgrund eines Mehrheitsbeschlusses musste der II. Zivilsenat befinden.[477]

Bereits bei der Erörterung der Bestimmbarkeitsanforderungen im Hinblick auf die Vereinbarung einer gespaltenen Beitragspflicht wurde darauf hingewiesen, dass die vom BGH aufgestellten Kriterien bei der nachträglichen Beitragserhöhung durch Mehrheitsbeschluss – zumindest ihrem Wortlaut nach – strenger sind. Es liegt die Schlussfolgerung nahe, dass wenn eine Unterdeckungsklausel, die eine originäre Beitragspflicht begründen soll, nicht hinreichend bestimmt ist, dies erst recht gelten muss, wenn für die Verpflichtung zur anteiligen Unterdeckung ein Mehrheitsbeschluss erforderlich ist. Gleichwohl ist der BGH dieser Begründung nicht gefolgt. Er hat in einer Entscheidung vielmehr zunächst anhand der Unterdeckungsklausel die Voraussetzungen einer gespaltenen Beitragspflicht untersucht.[478] Sodann prüfte er, mangels einer wirksam vereinbarten gespaltenen Beitragspflicht und dem Erfordernis eines Mehrheitsbeschlusses, die Voraussetzungen einer antizipierten Zustimmung zu einer Beitragserhöhung. Auch bei der nachträglichen Einführung einer Unterdeckungsklausel befasste sich der BGH zusätzlich mit der Problemstellung, ob bei einer unterstellten Zustimmung diese auch den Anforderungen genüge, die das Gericht für gespaltene Beitragspflichten aufgestellt hat.[479] Daher ist es von Interesse, inwieweit der BGH zu den Anforderungen der notwendigen Risikoeingrenzung bei einer nachträglichen Beitragserhöhung Stellung genommen hat. Auf Grundlage dieser Erwägungen sollen dann allgemeine Kriterien herausgearbeitet werden, nach denen die Gesellschafter einer Personengesellschaft mehrheitlich eine Beitrags-

---

475 Vgl. zuletzt BGH, Urt. v. 9.2.2009 – II ZR 231/07, NZG 2009, 501, 502 Rn. 14; *Schäfer*, Gesellschaftsrecht i.d. Diskussion, S. 137, 139.

476 BGH, Urt. v. 23.1.2006 – II ZR 126/04, NZG 2006, 379; Urt. v. 23.1.2006 – II ZR 306/04, NZG 2006, 306.

477 BGH, Urt. v. 21.5.2007 – II ZR 96/06, NZG 2007, 620.

478 BGH, Urt. v. 23.1.2006 – II ZR 126/04, NZG 2006, 379, 380 Rn. 16 ff.

479 BGH, Urt. v. 21.5.2007 – II ZR 96/06, NZG 2007, 620 Rn. 16.

erhöhung wirksam beschließen können. Auch soll festgestellt werden, ob und inwieweit sich Unterschiede zur Vereinbarung einer gespaltenen Beitragspflicht ergeben.

Der BGH hat hinsichtlich der auf S. 26 dargestellten Vertragsgestaltung festgestellt, dass sich aus dieser das Ausmaß des zulässigen Eingriffs nicht entnehmen lasse.[480] Es fehle an der Vereinbarung einer Obergrenze im Hinblick auf Beitragserhöhungen. Allein die Beschränkung der Nachschussverpflichtungen auf den anteiligen Ausgleich der Unterdeckungen stelle kein geeignetes Kriterium zur Eingrenzung des Erhöhungsrisikos dar. Die Höhe künftiger Unterdeckungen sei nicht vorhersehbar. Sie werde erst jedes Jahr nach Erstellung des Wirtschaftsplans erkennbar. Auch sei eine Grenze für eine Beitragserhöhung nicht deswegen entbehrlich, weil das Entstehen und die Höhe der Unterdeckung von Umständen abhängig ist, die auch dem Willen der Mehrheitsgesellschafter entzogen sind. Die Voraussehbarkeit von Beitragserhöhungen sei nicht im Minderheitenschutz begründet. Vielmehr soll jeder Gesellschafter das Maß abschätzen können, welche Belastungen er durch die Mitgliedschaft eingehe. In einer weiteren Entscheidung entschied der BGH, dass auch die Bezifferung eines Gesamtaufwandes nicht automatisch eine Obergrenze festlege.[481] Es müsse sich vielmehr aus dem Gesellschaftsvertrag ergeben, dass auch die Nachschusspflicht auf diesen Gesamtbetrag beschränkt sein soll. Außerdem muss die Obergrenze abschließend festgelegt sein. Dies sei dann nicht der Fall, wenn sie durch Mehrheitsbeschluss abänderbar ist. Es verbleibe dem Minderheitsgesellschafter insoweit keine absolute Eingriffsgrenze.

Das Ergebnis des BGH überrascht nicht nach den Erörterungen zur gespaltenen Beitragspflicht. Es wäre inkonsequent nunmehr aus den Kriterien für die Berechnung der Unterdeckung eine ausreichende Eingrenzung der Beitragserhöhung abzuleiten, zugleich aber die objektive Bestimmbarkeit einer weiteren Beitragspflicht zu verneinen. Dies gilt umso mehr, weil im Gegensatz zur gespaltenen Beitragspflicht die Norm des § 707 BGB bei einer nachträglichen Beitragserhöhung sogar unmittelbare Anwendung findet. Die Bestimmtheitsanforderungen können also nicht geringer sein. Jedoch kann sich die Frage stellen, ob die nach dem Wortlaut unterschiedlichen Anforderungen zu anderen Ergebnissen in der Vertragsgestaltung führen als bei der Vereinbarung einer gespaltenen Beitragspflicht. Hierzu soll die Argumentation des BGH näher betrachtet werden, um hieraus eventuell Schlussfolgerungen ziehen zu können.

480 BGH, Urt. v. 23.1.2006 – II ZR 126/04, NZG 2006, 379, 380 Rn. 21; Urt. v. 23.1.2006 – II ZR 306/04, NZG 2006, 306, 307 f. Rn. 20.

481 BGH, Urt. v. 4.7.2005 – II ZR 354/03, NZG 2005, 753, 754.

der Entscheidung Dritter abänderbar ist.[489] Außerdem darf sich die Obergrenze nicht nur auf die originäre (einmalige) Beitragspflicht beziehen. Vielmehr muss aus dem Gesellschaftsvertrag hervorgehen, dass eine absolute Obergrenze gerade im Hinblick auf die nachträgliche Beitragserhöhung besteht. Allein aus der Festlegung eines ziffernmäßigen Betrages, der die möglichen Gesamtaufwendungen aller Gesellschafter beinhaltet, lässt sich nicht herleiten, dass diese Begrenzung auch für nachträgliche Beitragserhöhungen gilt.[490] Dabei kann sich die Obergrenze nicht nur aus dem Gesellschaftsvertrag selbst ergeben, sondern auch – wie bei der gespaltenen Beitragspflicht – aus der Beitrittserklärung und in Bezug genommenen Anlagen, insbesondere aus einem Prospekt.[491]

Somit lässt sich festhalten, dass der BGH zwar sowohl in der Definition als auch in der Begründung im Hinblick auf die Erhöhung der Beiträge strengere Bestimmtheitsanforderungen anlegt. Im Ergebnis besteht jedoch kein Unterschied zu den Kriterien bezüglich der Vereinbarung einer gespaltenen Beitragspflicht. Stets muss für jeden Gesellschafter klar sein, wie hoch die finanzielle Gesamtbelastung aufgrund der Mitgliedschaft ist. Ob sich die Gesamtbelastung erst aus im Gesellschaftsvertrag benannten Kriterien ergibt macht dabei keinen Unterschied, soweit aus diesen eine (absehbare) absolute Obergrenze resultiert.

(1) § 26 Abs. 3 GmbHG als Begründungsansatz für das Erfordernis einer Obergrenze im Personengesellschaftsrecht

Zum Teil wird im Hinblick auf das Erfordernis einer Obergrenze angeführt, dass insoweit ähnliche Grundsätze wie bei § 26 GmbHG gelten.[492] Dem sei wegen des allgemeinen verbandsrechtlichen Charakters vom Schutz gegen Leistungsvermehrungen (§ 707 BGB) zuzustimmen.[493] So wird darauf hingewiesen, dass im Personengesellschaftsrecht nicht geringere Anforderungen als im GmbH-Recht gelten können.[494] Insofern sei aufschlussreich, dass § 26 Abs. 3 GmbHG einen bestimmten Betrag verlange. Zumindest inzident habe sich der BGH an der Norm orientiert.

489 BGH, Urt. v. 4.7.2005 – II ZR 354/03, NZG 2005, 753, 754; *K. Schmidt*, ZGR 2008, 1, 21.

490 BGH, Urt. v. 4.7.2005 – II ZR 354/03, NZG 2005, 753, 754.

491 BGH, Urt. v. 4.7.2005 – II ZR 354/03, NZG 2005, 753, 754; *Ulmer/Schäfer*, in: MünchKomm-BGB, § 707 Rn. 8.

492 *Schäfer*, EWiR 2006, 301, 302; *ders.*, Gesellschaftsrecht i. d. Diskussion, S. 137, 145; *Ulmer/Schäfer*, in: MünchKomm-BGB, § 707 Rn. 8.

493 *Schäfer*, Gesellschaftsrecht i. d. Diskussion, S. 137, 145; *Ulmer/Schäfer*, in: MünchKomm-BGB, § 707 Rn. 8.

494 *Schäfer*, EWiR 2006, 301, 302.

Zwar ist es richtig, dass § 26 Abs. 3 GmbHG die Begrenzung der Nachschusspflicht eines GmbH-Gesellschafters auf einen bestimmten Betrag vorsieht.[495] Allerdings ist diese Festsetzung, wie sich schon aus dem Wortlaut der Norm ergibt, optional. Mithin wird keine zwingende Voraussetzung des GmbH-Rechts auf das Personengesellschaftsrecht übertragen. Daneben regelt das GmbH-Recht noch die unbeschränkte Nachschusspflicht nach § 27 GmbHG.[496] Diese stellt sogar den Regelfall dar.[497] Somit erweist sich die Behauptung, im Personengesellschaftsrecht können nicht geringere Anforderungen gelten als im GmbH-Recht, als zu undifferenziert. Vielmehr wird eine Ausnahmeregelung des GmbHG zur Nachschusspflicht vergleichend herangezogen. Hieraus aber einen Grundsatz für das Personengesellschaftsrecht abzuleiten, erscheint nicht plausibel. Dies auch aus dem Grunde, weil das System der Nachschusspflichten im GmbHG, im Gegensatz zum Personengesellschaftrecht, eigenständig und differenziert gesetzlich fixiert ist.[498] Bei einer unbeschränkten Nachschusspflicht ist der Gesellschafter einer GmbH nicht der Mehrheit schutzlos ausgeliefert. Vielmehr sieht § 27 Abs. 1 GmbHG ein sog. „Preisgaberecht" (Abandonrecht) vor, welches bis auf die zulässige Beschränkung nach § 27 Abs. 4 GmbHG zwingend ist.[499] Somit ist die Interessenlage mit dem Personengesellschaftsrecht nicht vergleichbar, da im GmbHG durch § 27 Abs. 1 GmbHG schon ein zwingendes gesetzliches Schutzniveau bei einer unbeschränkten Nachschusspflicht besteht. Darüber hinaus ist nicht erkennbar, dass sich der BGH in den bisherigen Entscheidungen zu nachträglichen Beitragserhöhungen im Personengesellschaftsrecht auf den § 26 Abs. 3 GmbHG (in-)direkt bezogen hat.[500] Vielmehr hat er ausdrücklich nur § 53 Abs. 3 GmbHG vergleichend herangezogen. Dies jedoch ausschließlich im Hinblick darauf, dass auch im GmbH-Recht das mitgliedschaftliche Grundrecht spezialgesetzlich verankert sei, nicht ohne Zustimmung mit weiteren Beitragspflichten belastet zu werden.[501] Die alleinige Heranziehung des § 53 Abs. 3 GmbHG ist auch sachgerecht, da es bei Beitragserhöhungen um eine nachträgliche Lastenvermehrung geht. Dies

495 S. hierzu die Nachweise in Fn. 1107.

496 Vgl. zu den einzelnen Varianten der Nachschusspflichten im GmbH-Recht *Schütz*, in: MünchKomm-GmbHG, § 26 Rn. 4 sowie unten S. 240 f.

497 *Hueck/Fastrich*, in: Baumbach/Hueck, § 26 Rn. 4; Michalski/*Zeidler*, § 26 Rn. 13; *Schütz*, in: MünchKomm-GmbHG, § 26 Rn. 4; *Wiedemann*, ZGR 1977, 690, 692.

498 Eingehend hierzu unten S. 240 ff.

499 *Altmeppen*, in: Roth/Altmeppen, § 27 Rn. 2; Michalski/*Zeidler*, § 27 Rn. 6; *Hueck/Fastrich*, in: Baumbach/Hueck, § 27 Rn. 2; *Schütz*, in: MünchKomm-GmbHG, § 27 Rn. 19 f.

500 *Abrams*, MDR 2006, 7, 8 mit Fn. 14.

501 S. hierzu die Nachweise in Fn. 217.

ist jedoch bei § 26 Abs. 3 GmbHG gerade nicht der Fall. Bei einer beschränkten Nachschusspflicht ist von vornherein eine zusätzliche Leistungspflicht im gesellschaftsvertraglich vereinbart. Die nachträgliche Erhöhung der gesellschaftsvertraglichen Leistungspflichten ist jedoch nicht Gegenstand der Norm. Diese fällt allein in den Anwendungsbereich des § 53 Abs. 3 GmbHG.[502] Daher passt auch aus systematischen Gesichtspunkten § 26 Abs. 3 GmbHG nicht für eine wertende Heranziehung im Personengesellschaftsrecht. § 26 Abs. 3 GmbHG kann daher nicht als Argument dafür angeführt werden, dass im Gesellschaftsvertrag einer Personengesellschaft zur wirksamen nachträglichen Beitragserhöhung aufgrund eines Mehrheitsbeschlusses die Benennung einer Obergrenze erforderlich ist.

(2) Gesamtbetrag für bestimmten Abrechnungszeitraum als absolute Obergrenze ausreichend

Bei der ziffernmäßigen Fixierung einer Obergrenze kann die Beantwortung der Frage Schwierigkeiten bereiten, ob bereits die Begrenzung einer möglichen Beitragserhöhung für einen bestimmten Zeitraum, etwa pro Kalenderjahr, ausreichend ist. Zum Teil wird dies für unzulässig gehalten, denn nur durch einen Gesamtbetrag könne eine Höchstgrenze antizipiert ausgedrückt werden.[503] Dies ist zweifelhaft. Wird beispielsweise eine jährliche Erhöhung der Beitragspflichten ziffernmäßig festgelegt, so kann jeder Gesellschafter seine finanziellen Leistungspflichten ausreichend voraussehen. Zudem ist er nicht einer möglichen schrankenlosen Leistungsvermehrung unterworfen, sondern stimmt einer begrenzten und ziffernmäßig bestimmten Beitragserhöhung zu. Zwar ist bei der Bezifferung eines jährlichen Gesamtbetrages insoweit problematisch, dass die Dauer seiner Gesellschafterstellung zum Zeitpunkt des Beitritts in der Regel noch ungewiss ist. Die mögliche Gesamtbelastung steht daher nicht von vornherein fest. Jedoch ist zu beachten, dass die Höhe der möglichen zusätzlichen Leistungspflichten auch vom individuellen Willen des jeweiligen Gesellschafters abhängt. So kann der Gesellschafter regelmäßig durch eine ordentliche Kündigung aus der Gesellschaft ausscheiden und hierdurch eigenverantwortlich die Voraussehbarkeit seiner finanziellen Leistungspflichten beeinflussen sowie selbst bemessen. Zudem weiß der Gesellschafter, dass mit jedem neu angefangenen Abrechnungszeitraum eine zusätzliche Beitragspflicht entstehen kann. Die ausreichende Begrenzung der finanziellen Leistungspflichten durch die Benennung eines Höchstbetrages bezüglich eines festen Zeitraumes wird insbesondere im Gegensatz zu einer ziffernmäßigen Begrenzung einer Bei-

502 S. hierzu den Nachweis in Fn. 212.

503 *Schäfer*, EWiR 2006, 301, 302.

tragserhöhung für jeden Gesellschafterbeschluss deutlich. In letzterem Fall ist es nämlich durchaus möglich, dass innerhalb eines Jahres mehrere Beitragserhöhungen mit dem jeweils maximal zulässigen Betrag beschlossen werden. Mangels zeitlicher Begrenzung ist hierbei eine unbeschränkte Lastenvermehrung möglich und eine Voraussehbarkeit nicht gewährleistet. Dies ist jedoch bei einem Gesamtbetrag für einen klar bestimmten Abrechnungszeitraum gerade nicht der Fall. Daher ist die Fixierung eines Höchstbetrages für einen bestimmten Abrechnungszeitraum zur Bestimmung einer absoluten Obergrenze ausreichend.[504]

cc) Keine eingeschränkte Geltung der Kriterien bei Publikumspersonengesellschaften

Die vorbezeichneten Anforderungen, insbesondere die Fixierung einer Obergrenze, gelten nach der Rechtsprechung[505] und Literatur[506] auch bei Publikumspersonengesellschaften. Aufgrund dieser allgemein vertretenen Ansicht soll daher nicht näher auf die Problematik eingegangen werden, ob und inwieweit die Kernbereichslehre bei Publikumspersonengesellschaften Anwendung findet.[507] Zumindest im Hinblick auf die hier allein interessierende nachträgliche Beitragserhöhung kann die Anwendung insoweit als geklärt gelten. Insbesondere aus der Rechtsprechung lässt sich schlussfolgern, dass die Anforderungen an die Bestimmtheit der Vertragsgestaltung nicht vom tatsächlichen Gesellschaftstypus der Personengesellschaft abhängen. Somit sind die Voraussetzungen bei einer Personengesellschaft mit einem überschaubaren Gesellschafterkreis und einer Publikumspersonengesellschaft identisch. Hierfür kann zum einen der Anlegerschutz angeführt werden. Zum anderen ist auch hier auf die fehlende faktische Einwirkungsmöglichkeit der Gesellschafter auf die Vertragsgestaltung beim Eintritt in die Gesellschaft hinzuweisen.[508] Dies spricht für ein hohes Schutzniveau zugunsten der Gesellschafter einer Publikumspersonengesellschaft durch die Festsetzung strenger Kriterien. Insoweit gilt nicht anderes als bei der Vereinbarung

504 *Wertenbruch*, DStR 2007, 1680, 1681.

505 BGH, Urt. v. 4.7.2005 – II ZR 354/03, NZG 2005, 753, 754; Urt. v. 23.1.2006 – II ZR 126/04, NZG 2006, 379, 380 Rn. 20 a.E.; Urt. v. 23.1.2006 – II ZR 306/04, NZG 2006, 306, 307 Rn. 19 a.E.

506 *Schäfer*, Gesellschaftsrecht i.d. Diskussion, S. 137, 145; *K. Schmidt*, ZGR 2008, 1, 20; *Ulmer/Schäfer*, in: MünchKomm-BGB, § 707 Rn. 8; *Wertenbruch*, DStR 2007, 1680 f.

507 Vgl. hierzu *Löffler*, NJW 1989, 2656, 2662; *Heinrichs*, Mehrheitsbeschlüsse, S. 203 ff.; Staub/*Schäfer*, § 119 Rn. 48; *Ulmer/Schäfer*, in: MünchKomm-BGB, § 709 Rn. 94.

508 Vgl. hierzu die Nachweise in Fn. 307.

einer gespaltenen Beitragspflicht. Bei einer Personengesellschaft mit einem überschaubaren Gesellschafterkreis lässt sich nicht anderes vertreten. Insoweit wird auf die diesbezügliche Erörterung zur gespaltenen Beitragspflicht verwiesen.[509]

dd) Abgrenzung einer nachträglichen Beitragserhöhung zur Kapitalerhöhung

Zur Klarstellung soll abschließend auf eine Entscheidung des BGH eingegangen werden.[510] Sie ist bereits im Rahmen der Erörterung des Bestimmtheitsgrundsatzes angesprochen worden.[511] Diese Entscheidung wird regelmäßig auch im Zusammenhang mit dem Problemkreis der nachträglichen Beitragserhöhung durch einen Mehrheitsbeschluss zitiert. Dabei wird nicht nur im Hinblick auf den Bestimmtheitsgrundsatz von einer (scheinbaren) Ausnahme gesprochen[512], sondern auch was die qualifizierten Bestimmtheitsanforderungen anbetrifft[513]. Diesbezüglich wird behauptet, der BGH habe mittlerweile die Kriterien modifiziert.[514] Es findet sich auch die Anmerkung, dass die Entscheidung damit überholt sei.[515] Eine tiefergehende Erörterung und Klarstellung ist allein schon deswegen erforderlich, weil der BGH in den aktuellen Entscheidungen zu nachträglichen Beitragserhöhungen aufgrund eines Mehrheitsbeschlusses das Urteil regelmäßig zitiert.[516] Bemerkenswert ist dabei, dass er die Entscheidung als Nachweis einer ständigen Rechtsprechung anführt, wonach bei einer Beitragserhöhung die Angabe einer Obergrenze erforderlich sei. Wie bereits erwähnt, hielt es der BGH in der vorbezeichneten Entscheidung[517] jedoch gerade für zulässig, dass der Gesellschaftsvertrag keine Obergrenze bestimmt. Da der BGH jedoch in den aktuellen Urteilen strikt auf die Benennung einer absoluten Obergrenze besteht, erscheint die Inbezugnahme des Urteils zunächst als widersprüchlich.

---

509 Vgl. hierzu oben S. 70 ff.

510 BGH, Urt. v. 24.11.1975 – II ZR 89/74, BGHZ 66, 82 = NJW 1976, 958.

511 S. hierzu oben S. 91 ff.

512 *Armbrüster*, ZGR 2009, 1, 12 sowie oben S. 91 ff.

513 Staudinger/*Habermeier*, § 707 Rn. 4; *Werner*, GmbHR 2007, 536, 537 reSp.

514 *Schäfer*, EWiR 2006, 301, 302.

515 *Schäfer*, Gesellschaftsrecht i.d. Diskussion, S. 137, 145 mit Fn. 26; *Ulmer/Schäfer*, in: MünchKomm-BGB, § 707 Rn. 8 mit Fn. 30.

516 BGH, Urt. v. 4.7.2005 – II ZR 354/03, NZG 2005, 753, 754; Urt. v. 23.1.2006 – II ZR 126/04, NZG 2006, 379, 380 Rn. 20; Urt. v. 23.1.2006 – II ZR 306/04, NZG 2006, 306, 307 Rn. 19.

517 S. hierzu den Nachweis in Fn. 510.

Allerdings ist darauf hinzuweisen, dass der BGH in der Entscheidung nicht über eine nachträgliche Beitragserhöhung durch einen Mehrheitsbeschluss zu befinden hatte. Gegenstand der gerichtlichen Auseinandersetzung war vielmehr eine mehrheitlich beschlossene Kapitalerhöhung[518]. Daher weist der II. Zivilsenat in der Entscheidung darauf hin, dass die Benennung einer Obergrenze nur ausnahmsweise unter engen Voraussetzungen entbehrlich sei.[519] Solch eine Ausnahme sei im konkreten Falle gegeben, da es sich um eine Massengesellschaft handle, der Beschluss lediglich das Recht zur Teilnahme an einer Kapitalerhöhung begründe und dieses Recht auch jedem Gesellschafter entsprechend seiner Beteiligung zustehe. Ausdrücklich weist der BGH sodann darauf hin, dass die Gesellschafter nicht einer unbeschränkten Nachschusspflicht unterworfen werden.[520] Daher liege keine schrankenlose Unterwerfung vor, die regelmäßig gegen die Zulässigkeit solcher Beschlüsse spreche. Diese Ausführungen des BGH zeigen, dass die Inbezugnahme der Entscheidung in der aktuellen Rechtsprechung durchaus gerechtfertigt ist. Besagt sie doch, dass grundsätzlich die Benennung einer Obergrenze notwendig ist. Lediglich für diesen konkreten Einzelfall hat der BGH eine Ausnahme statuiert.[521] Dies völlig zu Recht, da durch den Mehrheitsbeschluss kein Gesellschafter gegen seinen Willen zu einer Mehrbelastung verpflichtet werden konnte. Das Belastungsverbot stand also gar nicht in Rede, so dass auch nicht von ihm abgewichen worden ist.[522] Vielmehr stand jedem Gesellschafter ein Nachschussrecht bzw. die Erhöhung seiner Einlage zu. Am Grundsatz, dass die Benennung einer Obergrenze erforderlich ist, ändert dies nichts.[523] Von einer Abweichung oder Ausnahme der Rechtsprechung in Bezug auf die Benennung einer Obergrenze kann also nicht gesprochen werden. Auch hat der BGH seine Rechtsprechung nicht modifiziert. Daher ist der Ansicht entgegenzutreten, die Entscheidung sei mittlerweile überholt. Vielmehr stellt sie eine Grundlagenentscheidung des BGH zur Nachschusspflicht der Gesellschafter einer Personengesellschaft dar, die bis heute Geltung hat.

518 Eingehend zur Kapitalerhöhung in einer Personengesellschaft unten S. 158 ff.

519 BGH, Urt. v. 24.11.1975 – II ZR 89/74, BGHZ 66, 82, 85 f. = NJW 1976, 958.

520 BGH, Urt. v. 24.11.1975 – II ZR 89/74, BGHZ 66, 82, 86 = NJW 1976, 958.

521 *Barfuß*, DB 1977, 571, 572 reSp.

522 *Wiedemann*, ZGR 1977, 690, 693; vgl. hierzu auch BGH, Urt. v. 5.3.2007 – II ZR 282/05, NZG 2007, 381 Rn. 14 a. E.

523 *Barfuß*, DB 1977, 571, 572 reSp.

10. Weitere Wirksamkeitsvoraussetzungen für einen Mehrheitsbeschluss über Beitragserhöhungen

Auch wenn die vorbezeichneten Voraussetzungen im Gesellschaftsvertrag eingehalten werden, sind dem konkreten Mehrheitsbeschluss Grenzen gesetzt.[524] So bedarf er zu seiner Wirksamkeit der Einhaltung weiterer Voraussetzungen. Diese ergeben sich aus allgemein gesellschaftsrechtlichen Grundsätzen, wie etwa der gesellschaftsrechtlichen Treuepflicht und dem Gleichbehandlungsgrundsatz. Unter Berücksichtigung des gesellschaftsrechtlichen Gleichbehandlungsgrundsatzes ist ein Beschluss wegen Sittenwidrigkeit dann nichtig, wenn er dadurch zustande kommt, dass die Mehrheit ihre Machtstellung zum Nachteil der Minderheit missbraucht.[525] Bei einer mehrheitlich beschlossenen Beitragserhöhung kann dies dann der Fall sein, wenn der Minderheit nicht die gleiche Chance auf Teilnahme an einer Beitragserhöhung gegeben wird. Hierbei kommt es nicht darauf an, ob diese Ungleichbehandlung rechtlich oder faktisch vermittelt wird, etwa durch die Art oder Höhe der Beiträge.[526] Im Hinblick auf die Treuepflicht ist ein Mehrheitsbeschluss beispielsweise unwirksam, wenn die Beitragserhöhung lediglich darauf gerichtet ist, finanzschwache Gesellschafter aus der Gesellschaft zu drängen.[527] Dies soll bereits dann gelten, wenn ein entsprechender Kapitalbedarf der Gesellschaft nicht vorhanden ist.[528] Zwar wird wohl allein ein fehlender Finanzbedarf der Gesellschaft nicht ausreichen. Jedoch wird dadurch der Eindruck verstärkt, der Erhöhungsbeschluss diene allein der Zurückdrängung der finanzschwachen Mitglieder. Des Weiteren muss sich der Mehrheitsbeschluss selbstverständlich im Rahmen der gesellschaftsvertraglichen Vorgaben bewegen. Dies bedeutet, dass die vertraglichen Voraussetzungen, wie etwa die Obergrenze oder die konkrete Berechnung des Erhöhungsbeitrags anhand von festen Parametern, eingehalten werden müssen.

Zudem können Beschlüsse unter einer auflösenden oder aufschiebenden Bedingung gestellt werden (vgl. § 158 BGB), soweit nicht die schutzwürdigen Interessen der Beteiligten oder Dritter berührt sind.[529] Der BGH hat dies für den Fall bejaht, dass die erhöhten Einlagen nur dann eingefordert werden

---

524 Staudinger/*Habermeier*, § 707 Rn. 3; *Timm/Schöne*, in: Bamberger/Roth, § 707 Rn. 9; *Ulmer/Schäfer*, in: MünchKomm-BGB, § 707 Rn. 9.

525 BGH, Urt. v. 30.9.1974 – II ZR 148/72, WM 1974, 1151, 1153.

526 Staudinger/*Habermeier*, § 707 Rn. 4; *Timm/Schöne*, in: Bamberger/Roth, § 707 Rn. 9; *Ulmer/Schäfer*, in: MünchKomm-BGB, § 707 Rn. 9.

527 Staudinger/*Habermeier*, § 707 Rn. 4; *Timm/Schöne*, in: Bamberger/Roth, § 707 Rn. 9; *Ulmer/Schäfer*, in: MünchKomm-BGB, § 707 Rn. 9.

528 Staudinger/*Habermeier*, § 707 Rn. 4.

529 BGH, Urt. v. 25.5.2009 – II ZR 259/07, NZG 2009, 862, 863 Rn. 15.

können, wenn bestimmte Verhandlungsziele mit der kreditgebenden Bank erreicht werden. Die dadurch entstehende Ungewissheit sei der Gesellschaft und den Gesellschaftern zumutbar. Durch die möglicherweise kontrovers zu diskutierende Frage, ob die Bedingung tatsächlich eingetreten ist oder nicht, entstehen keine besonderen Unsicherheitsfaktoren. Schließlich könne auch die Wirksamkeit des Beschlusses selbst rechtlichen Zweifeln unterliegen. Aufgrund der Einordnung eines Gesellschafterbeschlusses als Rechtsgeschäft[530] folgt daraus grundsätzlich auch, dass dieser unter eine Bedingung gestellt werden kann. Nur ausnahmsweise erklärt das Gesetz bestimmte Rechtsgeschäfte für bedingungsfeindlich (z.B. die Auflassung, § 925 Abs. 2 BGB). Daher nimmt das Gesetz grundsätzlich den mit der Vereinbarung einer Bedingung bestehenden Schwebezustand und die dadurch einhergehenden Unsicherheiten in Kauf.[531] Gerade in dem Fall von Beitragserhöhungen eine Bedingung zuzulassen erscheint sachgerecht, denn hierdurch kann berechtigten Interessen der Beteiligten angemessen Rechnung getragen werden. Regelmäßig verlangt eine kreditgebende Bank im Rahmen einer Sanierung eine zusätzliche Eigenkapitalfinanzierung der Gesellschafter.[532] Damit diese jedoch vor allzu schlechten und unwirtschaftlichen Konditionen geschützt werden, ist die Vereinbarung einer Bedingung sinnvoll. Die Ungewissheit, ob die Bedingung auch eintritt, ist im Vergleich zu dem erreichten Schutzzweck zu vernachlässigen. Zudem kann die Gesellschaft durch die zulässige Vereinbarung einer Bedingung im Beschluss angemessen auf die Darlehens- oder Sanierungsvereinbarungen mit der Bank reagieren. In diesen wird nämlich regelmäßig vereinbart, dass ein teilweiser Forderungsverzicht der Bank oder eine Darlehensvergabe an eine Beitragserhöhung der Gesellschafter geknüpft wird. Können die Gesellschafter nunmehr den Beschluss unter eine Bedingung stellen, so kann bereits im Voraus das zulässige Maß einer Vereinbarung mit der kreditgebenden Bank vorgegeben werden. Hierdurch erlangt die Bank oder ein sonstiger Dritter einen klaren Rahmen für die Vertragsverhandlungen. Dennoch erscheint es problematisch die Unsicherheit, ob die Bedingung auch tatsächlich eingetreten ist, dadurch zu entkräften, dass auch die Wirksamkeit des Beschlusses zweifelhaft sein kann. Hierdurch wird nämlich die schon bestehende Unsicherheit, ob ein Beschluss wirksam ist, als Argument dafür angeführt, dass eine weitere unsichere Komponente in den Beschluss eingeführt wird. Mithin recht-

---

530 Baumbach/*Hopt*, § 119 Rn. 25; *Enzinger*, in: MünchKomm-HGB, § 119 Rn. 9 f.; *Larenz/Wolf*, BGB AT, § 10 Rn. 66; *K. Schmidt*, Gesellschaftsrecht, S. 436; *Ulmer/Schäfer*, in: MünchKomm-BGB, § 709 Rn. 51; *Wiedemann*, Gesellschaftsrecht I, S. 178 ff.; *ders.*, Gesellschaftsrecht, II, S. 297.

531 BGH, Urt. v. 24.10.2005 – II ZR 55/04, NZG 2006, 62, 63.

532 Vgl. zu diesem Aspekt im Rahmen einer Kapitalerhöhung die Nachweise in Fn. 836.

fertigt ein Unsicherheitsfaktor einen anderen. Vielmehr ist aus den vorbezeichneten Gründen die Vereinbarung einer Bedingung zulässig, insbesondere weil hierdurch eine im Einzelfall sachgerechte Beschlussfassung der Gesellschafter möglich ist.

11. Kautelarjuristische Formulierungsvorschläge

Abschließend soll aufgrund der nunmehr gewonnenen Erkenntnisse versucht werden eine denkbare Vertragsgestaltung für Gesellschaftsverträge von (Publikums-)Personengesellschaften darzustellen, welche die Möglichkeit einer nachträglichen Beitragserhöhung durch einen Mehrheitsbeschluss beinhaltet. Freilich gilt es zu bedenken, dass eine Vielzahl von Gestaltungsmöglichkeiten bestehen, insbesondere vor dem Hintergrund der unterschiedlichen Ausformung von Personengesellschaften. Das nachfolgende Beispiel kann daher allenfalls exemplarischen Charakter haben.

Um den oben erwähnten räumlichen Zusammenhang zwischen den vertraglich vereinbarten Beiträgen und deren nachträglichen Erhöhung innerhalb des Vertragstextes herzustellen, sollte unmittelbar nach der Verifizierung der Beitragspflichten (Art, Umfang sowie Fälligkeit) ein entsprechender Hinweis auf die grundsätzliche Möglichkeit einer nachträglichen Beitragserhöhung erfolgen. Außerdem ist es ratsam aus Gründen der Transparenz auf die Klauseln im Gesellschaftsvertrag Bezug zu nehmen, die die entsprechende Zuständigkeit sowie Beschlussfassung der Gesellschafterversammlung betreffen.

§ 5 Einlagen

„Die Gesellschafter sind verpflichtet, die in der Beitrittserklärung genannte Einlage bis zum darin angegebenen Termin an die Gesellschaft zu zahlen. Die Einlagen der Gesellschafter können nachträglich durch einen Beschluss der Gesellschafterversammlung erhöht werden (vgl. §§ 8, 9 GV). Betragsmäßig ist die Erhöhung auf insgesamt 10% der vereinbarten Einlage begrenzt. Diese Begrenzung gilt für sämtliche Beitragserhöhungen, also auch bei einer wiederholten Erhöhung der Einlage durch einen entsprechenden Gesellschafterbeschluss. Die vereinbarte Einlage eines Gesellschafters in Höhe von EUR 10.000 kann also nachträglich insgesamt um maximal EUR 1.000 erhöht werden. Die nachträgliche Erhöhung unterliegt keiner zeitlichen Begrenzung (alternativ: Erhöhung pro Kalenderjahr oder innerhalb eines sonstigen Abrechnungszeitraumes) und ist nicht vom Eintritt einer Bedingung abhängig."

Unter den Bestimmungen zur Zuständigkeit der Gesellschafterversammlung sollte im Gesellschaftsvertrag zur Klarstellung ein entsprechender (deklaratorischer) Hinweis erfolgen:

§ 8 Gesellschafterversammlung

„Die Gesellschafterversammlung ist in den folgenden Fällen zuständig:
- *[...]*
- *nachträgliche Erhöhung der Einlagen der Gesellschafter (vgl. § 5 GV).“*

Zur wirksamen Einhaltung des Mehrheitsprinzips kann nach hier vertretener Ansicht auf einen ausführlichen Beschlusskatalog verzichtet werden. Um Auslegungsstreitigkeiten zu vermeiden, sollte eine möglichst klar formulierte Klausel – sofern dies etwa aufgrund der Struktur der Gesellschaft gewünscht ist – das Mehrheitsprinzip als Grundsatz statuieren und auf ggf. vorhandene Ausnahmen im Gesellschaftsvertrag hinweisen.[533]

§ 9 Gesellschafterbeschlüsse

„Sämtliche Beschlüsse der Gesellschafterversammlung werden mit der einfachen (alternativ: einer qualifizierten) Mehrheit der abgegebenen Stimmen gefasst, sofern nicht dieser Gesellschaftsvertrag ausdrücklich etwas anderes bestimmt.“

12. Zwischenergebnis

Eine nachträgliche Beitragserhöhung setzt nach dem Gesetz grundsätzlich einen einstimmigen Gesellschafterbeschluss voraus. Gleichwohl kann der Gesellschaftsvertrag vorsehen, dass für eine vertragsändernde nachträgliche Beitragserhöhung das Mehrheitsprinzip gilt. Damit eine entsprechende Mehrheitsklausel als Grundlage für eine Beitragserhöhung in Betracht kommt, sind sowohl der Bestimmtheitsgrundsatz als auch die Kernbereichslehre zu beachten. Der Bestimmtheitsgrundsatz findet als notwendiges Mittel zur Eingrenzung der Mehrheitsmacht nach wie vor Anwendung im Personengesellschaftsrecht. Aus dem Gesellschaftsvertrag muss sich demnach eindeutig, notfalls mittels Auslegung ergeben, dass für Beitragserhöhungen das Mehrheitsprinzip gilt. Inhaltlich geht es insoweit allein um die Legitimierung der Mehrheit entsprechende Beschlüsse zu fassen. Hinsichtlich des Bestimmtheitsgrundsatzes gelten im Rahmen von Beitragserhöhungen keine

533 Vgl. zum Vorschlag hinsichtlich der erforderlichen Mehrheiten bei einer GmbH & Co. KG auf das Recht der GmbH zu verweisen *K. Schmidt*, ZHR 158 (1994), 205, 207; *ders.*, ZGR 2008, 1, 11 f.; ablehnend hierzu *Heinrichs*, Mehrheitsbeschlüsse, S. 101 f.

strengeren Anforderungen. Auch bei Publikumspersonengesellschaften gilt der Bestimmtheitsgrundsatz in gleichem Maße. Das Belastungsverbot ist Teil des unentziehbaren Kernbereichs des Gesellschafters. Die nachträgliche Beitragserhöhung bedarf daher stets der Zustimmung des betroffenen Gesellschafters. Diese stellt ein zusätzliches Erfordernis neben dem Gesellschafterbeschluss dar. Die Zustimmung kann bereits antizipiert im Gesellschaftsvertrag erklärt werden. Die antizipierte Zustimmung zu einer Beitragserhöhung ist als eine Willenserklärung mit dem Inhalt zu bewerten, den Gesellschaftsvertrag unter gewissen Voraussetzungen zu ändern. Bestimmtheitsgrundsatz und Kernbereichslehre sind aufgrund ihrer unterschiedlichen Schutzzwecke zwei sich ergänzende Schutzinstrumente. Es ist daher mit der Rechtsprechung des BGH von einem „zweistufigen" Schutzkonzept auszugehen. Auf der „ersten Stufe" ist zu untersuchen, ob die Mehrheit ordnungsgemäß zur entsprechenden Beschlussfassung ermächtigt worden ist. Auf der „zweiten Stufe" folgt die Prüfung, ob damit auch ein zulässiger Eingriff in den Kernbereich des Gesellschafters einhergeht. Dies ist nur bei Vorliegen einer (antizipierten) Zustimmung des betroffenen Gesellschafters der Fall. Um eine antizipierte Zustimmung zu einer Beitragserhöhung zu bejahen, muss der Gesellschaftsvertrag besonderen Anforderungen genügen. Die mögliche Beitragserhöhung muss sich dabei nicht nur eindeutig aus dem Gesellschaftsvertrag ergeben. Darüber hinaus ist auch eine absolute Obergrenze zu benennen, bis zu der eine nachträgliche Beitragserhöhung mehrheitlich beschlossen werden kann. Ausreichend ist hierbei auch die Bezifferung einer absoluten Obergrenze für einen bestimmten Abrechnungszeitraum. Für Publikumspersonengesellschaften gelten keine besonderen Anforderungen.

V. Zustimmungspflicht zu einer Beitragserhöhung aufgrund der gesellschaftsrechtlichen Treuepflicht

Bislang ist analysiert worden, unter welchen Voraussetzungen die Gesellschafter nachträglich die Beiträge durch einen Mehrheitsbeschluss erhöhen können. Nachfolgend soll untersucht werden, inwieweit die Gesellschafter verpflichtet sind einem dementsprechenden Mehrheitsbeschluss zuzustimmen. Es stellt sich also die umstrittene Frage einer Nachschusspflicht aus objektivem Recht. Eine Zustimmungspflicht kann dabei als Ausfluss der gesellschaftsrechtlichen Treuepflicht in Betracht kommen.[534] Sie ist regel-

534 BGH, Urt. v. 4.7.2005 – II ZR 354/03, NZG 2005, 753, 754; Urt. v. 23.1.2006 – II ZR 126/04, NZG 2006, 379, 380 Rn. 23; Urt. v. 23.1.2006 – II ZR 306/04, NZG 2006, 306, 308 Rn. 23; Urt. v. 19.3.2007 – II ZR 73/06, NZG 2007, 382, 384 Rn. 28;

mäßig dann von Belang, wenn der Gesellschaftsvertrag nicht den soeben dargestellten qualifizierten Bestimmtheitsanforderungen entspricht und daher keine antizipierte Zustimmung der Gesellschafter vorliegt. Jedoch wird die Frage der Zustimmungspflicht auch dann virulent, wenn die nach dem Gesellschaftsvertrag erforderliche (qualifizierte) Mehrheit nicht zustande kommt.

1. Grundlagen

Die Zustimmungspflicht zu einer Beitragserhöhung betrifft freilich ein allgemeines Problem. Es stellt sich grundsätzlich die Frage, wann ein Gesellschafter aufgrund der gesellschaftsrechtlichen Treuepflicht einer Änderung des Gesellschaftsvertrages zustimmen muss. Diesbezüglich ist von der Rechtsprechung[535] und überwiegenden Literatur[536] anerkannt, dass dies unter bestimmten, engen Voraussetzungen ausnahmsweise der Fall sein kann. Erforderlich ist dabei stets, dass die Vertragsänderung im Gesellschaftsinteresse geboten und dem betroffenen Gesellschafter unter Berücksichtigung seiner eigenen schutzwerten Belange zumutbar ist.[537] Liegen die Voraussetzungen vor, kann sich die gesellschaftsrechtliche Treuepflicht zu einer positiven

---

Hinweisbeschl. v. 26.3.2007 – II ZR 22/06, NZG 2007, 582 Rn. 7; *Armbrüster*, ZGR 2009, 1, 20 f.; *Deutscher*, ZfIR 2008, 41, 44 ff.; Staudinger/*Habermeier*, § 707 Rn. 5; *Ulmer/Schäfer*, in: MünchKomm-BGB, § 707 Rn. 1; *Wertenbruch*, DStR 2007, 1680, 1682 f.

535 BGH, Urt. v. 17.12.1959 – II ZR 81/59, NJW 1960, 434; Urt. v. 26.1.1961 – II ZR 240/59, NJW 1961, 724; Urt. v. 28.4.1975 – II ZR 16/73, BGHZ 64, 253, 257 = NJW 1975, 1410; Urt. v. 5.11.1984 – II ZR 111/84, NJW 1985, 974 f.; Urt. v. 19.11.1984 – II ZR 102/84, NJW 1985, 972, 973; Urt. v. 20.10.1986 – II ZR 86/85, NJW 1987, 952, 953; Urt. v. 10.10.1994 – II ZR 18/94, NJW 1995, 194, 195; Urt. v. 19.10.2009 – II ZR 240/08, BGHZ 183, 1, 8 Rn. 23 = NJW 2010, 65 – *„Sanieren oder Ausscheiden"*.

536 Baumbach/*Hopt*, § 105 Rn. 64, § 109 Rn. 27; *Grunewald*, in: MünchKomm-HGB, § 161 Rn. 26; *Lettl*, AcP 202 (2002), 3, 5 ff.; Scholz/*Priester/Veil*, § 53 Rn. 37; *K. Schmidt*, Gesellschaftsrecht, S. 129; *ders.*, in: MünchKomm-HGB, § 105 Rn. 164; Staub/*Schäfer*, § 105 Rn. 240; *Timm/Schöne*, in: Bamberger/Roth, § 705 Rn. 106; *Ulmer*, in: MünchKomm-BGB, § 705 Rn. 232; *Wertenbruch*, in: Ebenroth/Boujong/Joost/Strohn, § 105 Rn. 69; *Winter*, Treubindungen, S. 31 ff., 178 ff.; *Zöllner*, Anpassung, S. 35 ff.; a. A. *Kollhosser*, FS Westermann, 1974, S. 275 ff.; *ders.*, NJW 1976, 144 f.

537 BGH, Urt. v. 10.10.1994 – II ZR 18/94, NJW 1995, 194, 195; Urt. v. 19.10.2009 – II ZR 240/08, BGHZ 183, 1, 8 Rn. 23 = NJW 2010, 65 – *„Sanieren oder Ausscheiden"*; *K. Schmidt*, in: MünchKomm-HGB, § 105 Rn. 164; Staub/*Schäfer*, § 105 Rn. 241; *Timm/Schöne*, in: Bamberger/Roth, § 705 Rn. 106; *Ulmer*, in: MünchKomm-BGB, § 705 Rn. 232.

Stimmpflicht verdichten.[538] Dabei gelten diese Grundsätze bei einer Vertragsänderung im Hinblick auf die gesellschaftsrechtliche Treuepflicht auch bei Publikumspersonengesellschaften.[539] Zwar hat der BGH darauf hingewiesen, dass grundsätzlich bei einer derartigen Gesellschaft die gesellschaftsrechtliche Treuepflicht einen anderen Inhalt sowie Wirkungen habe.[540] Dies liege an der fehlenden persönlichen Beziehung der Gesellschafter untereinander. Gleichwohl ist nach Ansicht des BGH die Treuepflicht nicht weniger stark ausgeprägt, wenn es um den Erhalt des Gesellschaftsunternehmens geht. Anlass einer nachträglichen Beitragserhöhung durch einen Gesellschafterbeschluss ist regelmäßig eine wirtschaftliche Schieflage der Gesellschaft. Da die Beitragserhöhung häufig dem wirtschaftlichen Überleben der Gesellschaft dient, kann im Hinblick auf die gesellschaftsrechtliche Treuepflicht bei einer Publikumspersonengesellschaft nichts anderes gelten. Diese Ansicht scheint auch der BGH zu vertreten. Bisher hat er in den Entscheidungen, in denen er eine Zustimmungspflicht zu einer Beitragserhöhung diskutierte[541], die Anwendbarkeit der gesellschaftsrechtlichen Treuepflicht nicht in Frage gestellt, obwohl ausschließlich Publikumspersonengesellschaften betroffen waren.

2. Ablehnung einer Zustimmungspflicht bei Beitragserhöhungen, arg. § 707 BGB

Die vom BGH aufgestellten Grundsätze hinsichtlich der Zustimmungspflicht zu einer Vertragsänderung können jedoch nicht uneingeschränkt auf den Fall der nachträglichen Beitragserhöhung übertragen werden. Zu beachten ist nämlich die gesetzgeberische Grundaussage in § 707 BGB, wonach ein Gesellschafter einer Personengesellschaft nicht gegen seinen Willen zur Erhöhung seines Beitrags verpflichtet werden kann. Wie bereits erwähnt, ging schon der Gesetzgeber davon aus, dass bei fehlendem Kapital der Gesellschaft keine Pflicht zur Erhöhung der Beiträge durch die Gesell-

538 *K. Schmidt*, Gesellschaftsrecht, S. 616; *Timm/Schöne*, in: Bamberger/Roth, § 709 Rn. 55; *M. Weber*, Vormitgliedschaftliche Treubindungen, S. 77; eingehend zur gerichtlichen Durchsetzung von Zustimmungspflichten im Personengesellschaftsrecht *Schwab*, Das Prozessrecht gesellschaftsinterner Streitgkeiten, S. 462 ff.

539 BGH, Urt. v. 5.11.1984 – II ZR 111/84, NJW 1985, 974, 975; Urt. v. 19.11.1984 – II ZR 102/84, NJW 1985, 972, 973; Baumbach/*Hopt*, § 109 Rn. 23; *Ulmer*, in: MünchKomm-BGB, § 705 Rn. 225.

540 BGH, Urt. v. 5.11.1984 – II ZR 111/84, NJW 1985, 974, 975; Urt. v. 19.11.1984 – II ZR 102/84, NJW 1985, 972, 973.

541 Vgl. hierzu die Nachweise in Fn. 534.

schafter bestehe, auch wenn wegen der Verluste der Gesellschaftszweck nicht mehr erreicht werden kann.[542] Reichen die Beiträge der Gesellschafter nicht aus, um den Gesellschaftszweck weiter zu verfolgen, so stellt sich die Auflösung der Gesellschaft als gesetzlicher Regelfall dar.[543] Aufgrund der Wertung des § 707 BGB sowie des Vorrangs der Auflösung bei einer mangelnden Kapitalausstattung wird daher von einer Ansicht eine Zustimmungspflicht der Gesellschafter zu einer Beitragserhöhung kategorisch abgelehnt.[544]

Gegen diese Ansicht spricht jedoch insbesondere, dass sie sich als zu unflexibel erweist, und daher zu nicht sachgerechten Ergebnissen führen kann.[545] So ist es bei einer Personengesellschaft nicht generell auszuschließen, dass es für die Gesellschafter zumutbar ist, einen höheren Beitrag als bisher zu leisten.[546] Denkbar ist dies etwa dann, wenn die Auflösung aufgrund der gesetzlichen Nachschusspflicht nach § 735 BGB den Gesellschaftern eine höhere Belastung nach sich ziehen würde als eine Beitragserhöhung.[547] Bei geschlossenen Immobilienfonds beispielsweise kann es sinnvoll und wirtschaftlich betrachtet vernünftig sein, auf eine absehbare Erholung des Vermietungsmarktes zu warten, und dadurch die Gefahr eines Wertverlustes beim Verkauf der Immobilie zu verhindern.[548] Außerdem kann der Verlust einer öffentlichen Förderung die gesetzliche Nachschusspflicht deutlich erhöhen.[549] Des Weiteren ist es nicht ausgeschlossen bei der Frage der Zumutbarkeit die Grundaussage des § 707 BGB mit in die Abwägung einzubeziehen.[550] Hierdurch kann der gesetzgeberischen Wertung hinreichend Rechnung getragen werden. Daher ist grundsätzlich die Zulässigkeit einer Zustimmungspflicht zu einer Beitragserhöhung aufgrund der

---

542 Motive zum BGB, Bd. II, S. 597 (zu § 630).

543 BGH, Urt. v. 7.11.1960 – II ZR 216/59, WM 1961, 32, 34; *Wertenbruch*, DStR 2007, 1680.

544 *Grunewald*, in: MünchKomm-HGB, § 161 Rn. 26; *Lettl*, AcP 202 (2002), 3, 21; *K. J. Müller*, DB 2005, 95; *Nitschke/Rödding*, in: Unternehmensfinanzierung, C Rn. 507 a.E.; *Schäfer*, Gesellschaftsrecht i.d. Diskussion, S. 137, 148; *Walch*, Immobilienfondsgesellschaft, S. 83 f.; ohne Begründung hingegen *Wiedemann*, WM 2009, 1, 4.

545 *Deutscher*, ZfIR 2008, 41, 47.

546 *Armbrüster*, NJW 2009, 2167, 2172.

547 *Armbrüster*, ZGR 2009, 1, 21.

548 OLG Celle, Urt. v. 17.8.2005 – 9 U 33/05, NZG 2006, 17, 18; Urt. v. 21.12.2005 – 9 U 96/05, NZG 2006, 225, 226.

549 *Deutscher*, ZfIR 2008, 41, 47.

550 *Wertenbruch*, DStR 2007, 1680, 1683.

gesellschaftsrechtlichen Treuepflicht anzuerkennen.[551] Dies entspricht auch der Ansicht der Rechtsprechung.[552] Der BGH hat diesbezüglich sogar ausgeführt, dass insoweit die abstrakten Kriterien hinsichtlich einer Zustimmungspflicht aufgrund der gesellschaftsrechtlichen Treuepflicht geklärt seien.[553] Auf diese soll nunmehr näher eingegangen werden.

3. Voraussetzungen für eine Zustimmungspflicht

Auch bei der Zustimmungspflicht zu einer Beitragserhöhung gilt der allgemeine Grundsatz, dass der Gesellschafter nur dann zur Hinnahme von Eingriffen in seine Mitgliedschaftsrechte verpflichtet ist, wenn dies im Gesellschaftsinteresse geboten und ihm unter Berücksichtigung seiner eigenen schutzwürdigen Belange zumutbar ist.[554] Gleichwohl werden an die aus der Treuepflicht abgeleiteten Verpflichtung einer Beitragserhöhung zuzustimmen, besonders hohe Anforderungen gestellt.[555] Grund hierfür ist, dass ein Gesellschafter grundsätzlich nicht zu neuen Vermögensopfern gezwungen

---

551 *Armbrüster*, ZGR 2009, 1, 21; *ders.*, NJW 2009, 2167, 2172; Baumbach/*Hopt*, § 109 Rn. 12; *Deutscher*, ZfIR 2008, 41, 48; *v. Falkenhausen/Schneider*, in: MüHdbGesR-GbR, § 60 Rn. 108; *Koller*, in: Koller/Roth/Morck, § 109 Rn. 5; Oetker/*Weitemeyer*, § 105 Rn. 47; Palandt/*Sprau*, § 707 Rn. 3; *K. Schmidt*, Gesellschaftsrecht, S. 135; *ders.*, in: MünchKomm-HGB, § 105 Rn. 192; Staudinger/*Habermeier*, § 707 Rn. 5; *Stöber*, WuB II E. § 707 BGB 1.06; *Timm/Schöne*, in: Bamberger/Roth, § 707 Rn. 11; *Ulmer/Schäfer*, in: MünchKomm-BGB, § 707 Rn. 1; *K. Wagner*, WM 2006, 1273, 1275; *Wertenbruch*, DStR 2007, 1680, 1682 f.; *Westermann*, in: HdbPersGesR, Rn. I 398.

552 BGH, Urt. v. 4.7.2005 – II ZR 354/03, NZG 2005, 753, 754; Urt. v. 23.1.2006 – II ZR 126/04, NZG 2006, 379, 380 Rn. 23; Urt. v. 23.1.2006 – II ZR 306/04, NZG 2006, 306, 308 Rn. 23; Urt. v. 19.3.2007 – II ZR 73/06, NZG 2007, 382, 384 Rn. 28; OLG Celle, Urt. v. 17.8.2005 – 9 U 33/05, NZG 2006, 17, 18; Urt. v. 21.12.2005 – 9 U 96/05, NZG 2006, 225, 226; KG, Urt. v. 15.12.2008 – 23 U 132/08, WM 2009, 2177, 2179.

553 BGH, Hinweisbeschl. v. 26.3.2007 – II ZR 22/06, NZG 2007, 582 Rn. 6 f.; Hinweisbeschl. v. 2.7.2007 – II ZR 181/06, NZG 2007, 820 Rn. 2; vgl. hierzu auch KG, Urt. v. 15.12.2008 – 23 U 132/08, Rn. 46 (zit. nach juris), das aufgrund der Klärung der abstrakten Kriterien hinsichtlich der Nachschusspflicht, auch unter dem besonderen Aspekt der Zustimmungspflicht, die Revision nicht zugelassen hat.

554 BGH, Urt. v. 4.7.2005 – II ZR 354/03, NZG 2005, 753, 754; Hinweisbeschl. v. 26.3. 2007 – II ZR 22/06, NZG 2007, 582 Rn. 7; Urt. v. 19.3.2007 – II ZR 73/06, NZG 2007, 382, 384 Rn. 29.

555 BGH, Urt. v. 4.7.2005 – II ZR 354/03, NZG 2005, 753, 754; Hinweisbeschl. v. 26.3. 2007 – II ZR 22/06, NZG 2007, 582 Rn. 7; Staudinger/*Habermeier*, § 707 Rn. 5; *Timm/Schöne*, in: Bamberger/Roth, § 707 Rn. 11; *Ulmer/Schäfer*, in: MünchKomm-BGB, § 707 Rn. 1; *Wiedemann*, Gesellschaftsrecht I, S. 395.

werden kann.[556] Insbesondere aufgrund der zwingenden Wirkung § 707 BGB ist diese restriktive Annahme einer Zustimmungspflicht zu bejahen. Würden die Kriterien einer Zustimmungspflicht geringer sein, so hätte dies zur Folge, dass die bereits oben erörterten strengen Voraussetzungen für das Vorliegen einer antizipierten Zustimmung umgangen werden könnten.[557]

In einer Vielzahl von Entscheidungen seit 2005 hat der BGH jeweils eine Zustimmungspflicht zu einer Beitragserhöhung abgelehnt.[558] Dabei hat er aus verschiedenen Gründen eine Zustimmungspflicht im Einzelfall verneint. So genügt es nach Ansicht des BGH nicht, dass die Mehrheit der Gesellschafter die geforderten Nachschüsse leistet.[559] Im Übrigen entstehe keine Selbstbindung eines Gesellschafters, wenn dieser selbst in der Vergangenheit die von der Gesellschaft geforderten Nachschüsse beglichen habe. Auch sei es für sich allein nicht ausreichend, dass die Gesellschaft ohne weitere Beiträge der Gesellschafter aufgelöst werden müsste oder in Insolvenz geraten würde.[560] Darüber hinaus könne eine Zustimmungspflicht nicht deswegen angenommen werden, weil die Unterdeckungen auf einer Unterschreitung der projektierten Einnahmen beruhen.[561] Die persönliche Außenhaftung der Gesellschafter für die Verbindlichkeiten der Gesellschaft reicht nach Überzeugung der Rechtsprechung ebenfalls nicht aus, dass ein Gesellschafter einer Erhöhung der Beiträge zustimmen muss.[562] Dies sei nämlich regelmäßig der Fall und hätte zur Folge, dass die Gesellschafter stets bei einer Unterdeckung gegen ihren Willen zu höheren Beiträgen herangezogen werden könnten. Außerdem scheide eine Treuepflichtverletzung dann aus, wenn der Gesellschaftsvertrag die Möglichkeit einer freiwilligen Kapitalerhöhung vorsieht.[563] Hierdurch bestehe für die Gesellschafter die Möglichkeit der Beseitigung der Existenzgefährdung unter gleichzeitiger Beachtung des § 707 BGB. Somit hat der BGH in den vorbezeichneten Entscheidungen lediglich Kriterien vorgegeben, wann die Voraussetzungen nicht gegeben sind.[564] Zu einer erhöhten Schwierigkeit der Feststellung, wann eine Zustimmungspflicht im konkreten Fall vorliegt, führt ebenfalls die fehlende

556 BGH, Urt. v. 19.3.2007 – II ZR 73/06, NZG 2007, 382, 384 Rn. 29.

557 *Armbrüster*, ZGR 2009, 1, 21.

558 S. hierzu die Nachweise in Fn. 552.

559 BGH, Urt. v. 19.3.2007 – II ZR 73/06, NZG 2007, 382, 384 Rn. 30.

560 BGH, Urt. v. 23.1.2006 – II ZR 126/04, NZG 2006, 379, 381 Rn. 26; Urt. v. 19.3.2007 – II ZR 73/06, NZG 2007, 382, 384 Rn. 30.

561 BGH, Urt. v. 23.1.2006 – II ZR 126/04, NZG 2006, 379, 381 Rn. 26.

562 BGH, Urt. v. 23.1.2006 – II ZR 126/04, NZG 2006, 379, 380 f. Rn. 25; KG, Urt. v. 15.12.2008 – 23 U 132/08, WM 2009, 2177, 2179 f.

563 BGH, Urt. v. 5.3.2007 – II ZR 282/05, NZG 2007, 381 Rn. 14 a. E.

564 *K. Wagner*, ZNotP 2009, 48, 53.

Verallgemeinerungsfähigkeit der Voraussetzungen.[565] Bei der Prüfung der Frage, ob eine Zustimmungspflicht vorliegt, wird nämlich vor allem auf die schutzwürdigen Belange des jeweiligen Gesellschafters abgestellt. Daher kann es im Hinblick auf eine Zustimmungspflicht sogar innerhalb einer Gesellschaft bei mehreren Gesellschaftern zu unterschiedlichen Ergebnissen kommen, aufgrund der Unterschiedlichkeit der jeweils schützenswerten persönlichen Belange.[566] Trotz der recht umfangreichen Rechtsprechung des BGH zur Problematik der Zustimmungspflicht zu Beitragserhöhungen wird ihr vorgeworfen, weitgehend konturenlos geblieben zu sein.[567] Es sei nicht erkennbar, unter welchen Voraussetzungen eine Zustimmungspflicht gegeben sein könnte.[568] Grundlage für diesen Vorwurf ist wohl der regelmäßige Befund, dass die Rechtsprechung bisher eine Verpflichtung zur Zustimmung verneint habe[569]. Dennoch soll nachfolgend versucht werden, den engen Bereich einer möglichen Zustimmungspflicht näher zu bestimmen.

a) Beispiele aus der Rechtsprechung für die Annahme einer Zustimmungspflicht

Zunächst ist der Behauptung nachzugehen, wonach die Rechtsprechung bisher eine Zustimmungspflicht zur Beitragserhöhung stets verneint[570] und somit lediglich „negative" Kriterien entwickelt habe. Hierzu bedarf es der näheren Betrachtung zweier Entscheidungen des BGH.[571]

Der ersten Entscheidung lag folgender Sachverhalt zu Grunde:[572] Eine Publikumsgesellschaft in Form einer GmbH & Co. KG betrieb ein Krankenhaus. Die Kommanditisten waren nach dem Gesellschaftsvertrag verpflichtet, neben der Erbringung einer Kommanditeinlage ein verzinsliches Darlehen in Höhe des vierfachen der Einlage zu gewähren. In der Beitrittserklärung war eine jährliche Verzinsung der Darlehen von 10% angegeben. Schließlich beschloss die Gesellschafterversammlung mit qualifizierter Mehrheit, dass die Kommanditisten auf die Zinsen des Vorjahres verzichten. Die nicht

565 S. hierzu BGH, Hinweisbeschl. v. 26.3.2007 – II ZR 22/06, NZG 2007, 582 f. Rn. 7; Hinweisbeschl. v. 2.7.2007 – II ZR 181/06, NZG 2007, 820 Rn. 2.

566 BGH, Hinweisbeschl. v. 26.3.2007 – II ZR 22/06, NZG 2007, 582, 583 Rn. 7.

567 *Deutscher*, ZfIR 2008, 41, 45.

568 *K. Wagner*, ZNotP 2009, 48, 53.

569 *v. Falkenhause/Schneider*, in: MüHdbGesR-GbR, § 60 Rn. 108; *Werner*, GmbHR 2007, 536, 537.

570 Vgl. hierzu die Nachweise in Fn. 569.

571 BGH, Urt. v. 5.11.1984 – II ZR 111/84, NJW 1985, 974; Urt. v. 13.3.1989 – II ZR 193/88, NJW-RR 1989, 993.

572 BGH, Urt. v. 5.11.1984 – II ZR 111/84, NJW 1985, 974.

zustimmenden Gesellschafter klagten daraufhin auf Zahlung der Zinsen in entsprechender Höhe. Die Klage blieb erfolglos.

In rechtlicher Hinsicht stellte der BGH fest, dass die Gesellschafterversammlung nicht ohne Zustimmung des Gesellschafters befugt sei, den bereits entstandenen Rechtsanspruch auf Zinsen rückwirkend zu beseitigen.[573] Gleichwohl waren nach Auffassung des II. Zivilsenats sämtliche Gesellschafter aufgrund der gesellschaftsrechtlichen Treuepflicht verpflichtet, dem Beschluss zuzustimmen. Der Zinsverzicht habe den Zweck gehabt, dass Unternehmen zu erhalten, und sei den Gesellschaftern auch zuzumuten.[574] Hätte die Gesellschaft die Zinsen gezahlt, wäre die Gesellschaft wirtschaftlich zusammengebrochen mit der Folge, dass Einlagen und Steuervorteile der Gesellschafter verloren wären. Im konkreten Fall sei der Bestand durch den Zinsverzicht gesichert worden, da eine spätere Konkursreife hierdurch abgewendet werden konnte. Die Zumutbarkeit ergebe sich im konkreten Fall daraus, dass der Zinsanspruch ohnehin wertlos gewesen sei. Die Gesellschaft hätte bei Zahlung sämtlicher Zinsen aufgelöst und liquidiert werden müssen. Nach dem wirtschaftlichen Zusammenbruch der Gesellschaft wären die Einlagen verloren, was aber gerade durch den Zinsverzicht vermieden werden sollte. Außerdem hätten die Zinsen deswegen keinen Wert gehabt, weil sie aus dem Vermögen der Gesellschaft aufzubringen und deshalb nach § 172 Abs. 4 HGB den Gläubigern oder nach § 171 Abs. 2 HGB dem Konkursverwalter zu erstatten gewesen wären.

Nach einer Ansicht soll bei wertender Betrachtung die nachträgliche Beitragserhöhung nicht dem Verzicht auf einen Zinsanspruch gleichstehen.[575] Dies ist jedoch fraglich. Nach dem der vorbezeichneten Entscheidung zugrunde liegenden Gesellschaftsvertrag waren die Gesellschafter zu einem einmaligen Beitrag (Kommanditeinlage) sowie zur Gewährung eines verzinslichen Darlehens verpflichtet. Dass sich die Höhe des Darlehens aus der Beitrittserklärung ergibt, ist insoweit unschädlich.[576] Auch diese ist Teil des Gesellschaftsverhältnisses. Wird auf den Zinsanspruch endgültig verzichtet, so erhöht sich die Beitragspflicht des Gesellschafters für das entsprechende Jahr um diesen Betrag. Etwas anderes würde nur dann gelten, wenn der Zinsanspruch gestundet worden wäre. Wirtschaftlich betrachtet besteht der Beitrag der Kommanditisten in der Kommanditeinlage sowie der Bereitstellung des Darlehensbetrages abzüglich des jährlichen Zinsanspruches. Es

573 BGH, Urt. v. 5.11.1984 – II ZR 111/84, NJW 1985, 974.

574 BGH, Urt. v. 5.11.1984 – II ZR 111/84, NJW 1985, 974, 975.

575 *Abrams*, MDR 2006, 7, 10.

576 BGH, Urt. v. 5.11.1984 – II ZR 111/84, NJW 1985, 974; vgl. hierzu ebenfalls die Nachweise in Fn. 94.

macht keinen Unterschied, ob die Gesellschafter zur Zahlung in Höhe des Zinsanspruches aufgefordert werden oder ob sie hierauf endgültig verzichten. Im Hinblick auf die finanzielle Belastung stellt sich dies für die Gesellschafter als identisch dar. Schließlich wird der Gesellschaft ein Betrag in Höhe des jährlichen Zinsanspruches von den Gesellschaftern zugewendet. Selbst wenn man den Zinsverzicht nicht als Leistungsvermehrung versteht, so ist zumindest hervorzuheben, dass sich Rechtsverkürzung und Leistungsvermehrung entsprechen.[577] Daher ist jedenfalls von einer vergleichbaren Interessenlage auszugehen.

Ferner ist zu beachten, dass die Gesellschafter nach Ansicht des BGH aufgrund der gesellschaftsrechtlichen Treuepflicht verpflichtet waren, dem Beschluss hinsichtlich des Zinsverzichts zuzustimmen.[578] Angesichts der Pflicht der Gesellschafter nachträglich die finanziellen Leistungspflichten gegenüber der Gesellschaft zu erhöhen, besteht auch unter diesem Gesichtspunkt zumindest eine vergleichbare, wenn nicht identische Interessenlage mit einer Beitragserhöhungspflicht, die ausdrücklich eine positive Leistungspflicht und keinen Verzicht beinhaltet. Dies gilt insbesondere auch deswegen, weil der BGH hinsichtlich des Zinsverzichts ausdrücklich auf den Eingriff in eine unentziehbares Recht und der damit einhergehenden Zustimmungsbedürftigkeit hingewiesen hat.[579] Diese Erwägungen gelten ebenfalls hinsichtlich des Belastungsverbotes.[580] Daher ist in der vorbezeichneten Entscheidung im Ergebnis von einer Zustimmungspflicht zu einer Beitragserhöhung auszugehen, auch wenn der BGH dies ausdrücklich so nicht formuliert hat.

In einem nachfolgenden Urteil hat der BGH die Möglichkeit einer Zustimmungspflicht ausdrücklich bestätigt.[581] Er hat die Notwendigkeit einer Zustimmung im Hinblick auf den Verzicht bereits entstandener Ansprüche wiederholt. Im konkreten Fall bejahte er ebenfalls eine Zustimmungspflicht zur Rettung der wirtschaftlich Not leidenden Gesellschaft. Allerdings scheiterte die Änderung des Gesellschaftsvertrages an einem wirksamen Mehrheitsbeschluss. Eine etwaige Zustimmungspflicht wäre daher ins Leere gegangen. Diese Rechtsprechung nunmehr als Nachweis dafür anzuführen, dass große Zurückhaltung angebracht sei bei der Annahme einer Zustimmungspflicht, erscheint jedoch verfehlt.[582] Hat doch der BGH in den jünge-

577 *Schäfer*, Geschäftsanteil, S. 171 f.
578 BGH, Urt. v. 5.11.1984 – II ZR 111/84, NJW 1985, 974 f.
579 BGH, Urt. v. 5.11.1984 – II ZR 111/84, NJW 1985, 974.
580 Vgl. zur Einordnung des Belastungsverbotes als unentziehbares Mitgliedschaftsrecht sowie das hieraus resultierende Zustimmungserfordernis oben S. 80 ff.
581 BGH, Urt. v. 13.3.1989 – II ZR 193/88, NJW-RR 1989, 993, 995.
582 So aber *Gehrlein*, BB 2007, 1019.

ren Entscheidungen wiederholt klargestellt, dass die drohende Auflösung bzw. Insolvenz allein kein Grund für die Annahme einer Zustimmungspflicht sei.[583] Gerade dieser Aspekt war jedoch in den vorbezeichneten Entscheidungen des BGH ein Hauptargument für die Annahme einer Zustimmungspflicht.[584]

Bemerkenswert ist, dass der BGH in den aktuellen Entscheidungen nicht auf die soeben dargestellten Urteile Bezug genommen hat. Auch in der Literatur werden sie nur sehr vereinzelt im Zusammenhang mit der Problematik der Zustimmungspflicht zu einer Beitragserhöhung erörtert.[585] Ebenfalls hat der BGH nicht ausdrücklich dargelegt, dass er die bisherige Rechtsprechung aufgegeben hat. Nachfolgend soll daher analysiert werden, inwiefern die Rechtsprechung (noch) eine wirtschaftliche Betrachtungsweise, wie in den soeben zitierten Entscheidungen, anlegt. Außerdem sollen mögliche Konstellationen skizziert werden, in denen eine Zustimmungspflicht denkbar ist.

b) Frage der Zustimmungspflicht beim Unterdeckungsmodell

Die fehlende Konkretisierung der Voraussetzungen einer Zustimmungspflicht durch den BGH liegt auch darin begründet, dass er die Problematik lediglich im Zusammenhang mit Unterdeckungsmodellen[586] erörtert hat. Diesbezüglich hat der BGH ausgeführt, dass die gesetzliche Nachschusspflicht nach § 735 BGB bei einem Scheitern der Sanierung nicht eine Zustimmungspflicht auslöse.[587] Diese führe nämlich nur zu einer anteiligen Zahlungspflicht der zum Auflösungsstichtag bestehenden Verbindlichkeiten. Nach Begleichung derselben können keine weiteren Belastungen auf die Gesellschafter zukommen. Diese seien unter Umständen durch jährlich wiederkehrende Unterdeckungen denkbar, wenn die Gesellschaft fortgesetzt wird. Diese Gefahr der weiteren, unabsehbaren finanziellen Belastungen begründe daher die Unzumutbarkeit weiterer Zahlungen.

Es erscheint zweifelhaft, ob durch jährliche Unterdeckungen die Belastungen der Gesellschafter tatsächlich unabsehbar wären, wie vom BGH behauptet. So lässt sich durchaus die Ansicht vertreten, dass die zukünftigen Belastungen vorhersehbar sind. Im konkret entschiedenen Fall bestanden nämlich keine weiteren Belastungen für die Gesellschafter, da die Unterdeckungsklausel ja gerade für unwirksam erklärt wurde mangels einer ver-

583 S. hierzu die Nachweise in Fn. 560.

584 S. hierzu oben S. 121 ff.

585 *Abrams*, MDR 2006, 7, 10; *Gehrlein*, BB 2007, 1019.

586 Vgl. hierzu oben den Nachweis in Fn. 84.

587 BGH, Hinweisbeschl. v. 26.3.2007 – II ZR 22/06, NZG 2007, 582, 583 Rn. 12.

traglich fixierten Obergrenze.[588] Daher konnten die Gesellschafter nicht zu weiteren Zahlungen herangezogen werden. Die Gefahr einer jährlichen Inanspruchnahme der Gesellschafter, die zu einem sog. „Fass ohne Boden" werden kann[589], bestand also nicht, wie vom BGH behauptet. Gleichwohl kann es für den Gesellschafter unzumutbar sein, zunächst einen höheren Beitrag zu leisten, und nachträglich der gesetzlichen Nachschusspflicht ausgesetzt zu sein. Dies ist nämlich dann der Fall, wenn die zusätzlichen Mittel aufgrund der Beitragserhöhung keine Gewähr für die Abwendung der Liquidation bzw. Insolvenz bieten. Bei einem derartigen Sachverhalt stünde von vornherein fest, dass die finanziellen Mittel verloren gehen. Zusätzlich hätte der Gesellschafter dann noch die gesetzliche Nachschusspflicht zu tragen. Daher ist der Ansicht des BGH zwar im Ergebnis zu folgen, jedoch nicht in der Begründung.[590]

c) Maßgeblichkeit der wirtschaftlichen Betrachtungsweise

Hinsichtlich der Konkretisierung der Voraussetzungen einer Zustimmungspflicht hat das OLG Celle[591] – im Gegensatz zum BGH – als Berufungsgericht ausführlicher Stellung genommen. Zwar hat das Gericht in beiden Fällen eine Zustimmungspflicht abgelehnt, gleichwohl aber Ausführungen dazu gemacht, unter welchen Voraussetzungen eine Zustimmungspflicht denkbar sei. Dies soll dann der Fall sein, wenn der erhöhte Beitrag dem Gesellschafter zumutbar sei und die Liquidation wirtschaftlich sinnlos wäre.[592] Davon sei auszugehen, wenn der Gesellschafter ohne den erhöhten Beitrag aufgrund der gesetzlichen Nachschusspflicht einer gleich hohen Belastung ausgesetzt wäre. Im konkreten Fall, der einen geschlossenen Immobilienfonds betraf, konnte es nach Ansicht des OLG Celle geboten sein, auf die Erhöhung des Vermietungsmarktes zu warten, und die Gefahr eines Wertverlustes abzuwenden. Allerdings müsse für die Annahme einer Zustimmungspflicht hinzutreten, dass die Erhöhung des Beitrags seiner Höhe nach in absoluten Zahlen und in Relation zum Einlagebetrag gesehen für den einzelnen Gesellschafter nicht unzumutbar sei. Sodann wies der Senat darauf hin, dass bei den zu entscheidenden Sachverhalten eine Feststellung nach

588 Vgl. hierzu die Vorinstanz OLG Celle, Urt. v. 21.12.2005 – 9 U 96/05, NZG 2006, 225, 226.

589 OLG Celle, Urt. v. 17.8.2005 – 9 U 33/05, NZG 2006, 17, 18; Urt. v. 21.12.2005 – 9 U 96/05, NZG 2006, 225, 226; *Deutscher*, ZfIR 2008, 41, 46.

590 So aber *Armbrüster*, ZGR 2009, 1, 22.

591 Urt. v. 17.8.2005 – 9 U 33/05, NZG 2006, 17; Urt. v. 21.12.2005 – 9 U 96/05, NZG 2006, 225.

592 OLG Celle, Urt. v. 17.8.2005 – 9 U 33/05, NZG 2006, 17, 18; Urt. v. 21.12.2005 – 9 U 96/05, NZG 2006, 225, 226.

den vorbezeichneten Kriterien nicht möglich sei.[593] Es ließe sich nicht feststellen, ob die Sanierung die einzig vertretbare ökonomische Alternative darstelle und eine einmalige Zahlung beim Fortbestand der Gesellschaft künftige (weitere) Zahlungen vermeiden würde. So konnte nach Ansicht des OLG Celle nicht sicher oder mit hoher Wahrscheinlichkeit ausgeschlossen werden, dass in der Zukunft ein zusätzlicher Finanzierungsbedarf entsteht, der einen erneuten Nachschuss auslösen würde. Es komme dabei nicht allein auf die Sicht der Gesellschaft an, sondern auch oder sogar vorrangig auf die Wahrnehmung legitimer Interessen der Gesellschafter.[594]

Zusammenfassend lässt sich also festhalten, dass das OLG Celle im Ergebnis eine wirtschaftliche Betrachtungsweise vornimmt. In Bezug darauf, ob die Beitragserhöhung im Gesellschaftsinteresse geboten ist, wägt es ab, welche Alternative – Liquidation oder Beitragserhöhung bei Fortbestand der Gesellschaft – wirtschaftlich sinnvoll ist. Entscheidend ist, dass für die Annahme einer Zustimmungspflicht die Sanierung aufgrund einer Beitragserhöhung wirtschaftlich betrachtet die einzig vertretbare Alternative darstellen muss.[595] Hinsichtlich der Zumutbarkeit der Beitragserhöhung für den einzelnen Gesellschafter stellt das Gericht nicht nur auf die absolute Höhe der Lastenmehrung ab. Vielmehr kommt es auch auf die Relation zum Einlagebetrag an.

Der BGH ließ als Revisionsgericht die Ansicht des OLG Celle unbeanstandet.[596] Im Hinblick auf die Zumutbarkeit der Beitragserhöhung für den einzelnen Gesellschafter hat der BGH im Sinne des OLG Celle sogar angedeutet, dass die Erhöhung des Beitrags in Höhe der ursprünglichen Gesellschaftereinlage[597] bzw. von mehr als 60% derselben[598] problematisch sei. Somit hat der BGH im Ergebnis die wirtschaftliche Betrachtungsweise im Rahmen der Abwägung, ob eine Zustimmungspflicht vorliegt, bestätigt. Die Rechtsprechung des OLG Celle weist dabei bestimmte Parallelen zu den oben zitierten Entscheidungen des BGH[599] auf, wo ebenfalls die Alternati-

593 OLG Celle, Urt. v. 17.8.2005 – 9 U 33/05, NZG 2006, 17, 18; Urt. v. 21.12.2005 – 9 U 96/05, NZG 2006, 225, 226.

594 OLG Celle, Urt. v. 21.12.2005 – 9 U 96/05, NZG 2006, 225, 226.

595 OLG Celle, Urt. v. 17.8.2005 – 9 U 33/05, NZG 2006, 17, 18; Urt. v. 21.12.2005 – 9 U 96/05, NZG 2006, 225, 226; vgl. zu alternativen Finanzierungsmöglichkeiten OLG München, Urt. v. 16.6.2004 – 7 U 5669/03, NZG 2004, 807.

596 BGH, Hinweisbeschl. v. 26.3.2007 – II ZR 22/06, NZG 2007, 582, 583 Rn. 11; *Deutscher*, ZfIR 2008, 41, 45.

597 BGH, Urt. v. 4.7.2005 – II ZR 354/03, NZG 2005, 753, 754.

598 BGH, Urt. v. 23.1.2006 – II ZR 126/04, NZG 2006, 379, 381 Rn. 26.

599 Vgl. hierzu die Nachweise in Fn. 571, 581.

ven einer Liquidation der Gesellschaft oder deren Fortbestand nebst Beitragserhöhung der Gesellschafter abwogen worden sind. Wie bereits dargestellt, kam der BGH insbesondere bei der ersten Entscheidung[600] zum Ergebnis, dass der Zinsverzicht die einzig wirtschaftlich sinnvolle Handlungsalternative darstelle. Lediglich im Zusammenhang mit der individuellen Zumutbarkeit des Zinsverzichts hat der BGH nicht auf die persönliche Belange der Gesellschafter abgestellt. Vielmehr hat er die Zumutbarkeit daraus folgert, dass ansonsten sämtliche Einlagen verloren gehen würden. Mithin lässt sich, was die wirtschaftliche Betrachtungsweise der Handlungsalternativen anbelangt, die ältere Rechtsprechung des BGH zu einer Beurteilung heranziehen.

Für solch eine wirtschaftliche Betrachtungsweise spricht, dass hierdurch die finanzielle Belastung der Gesellschafter sachgerecht auf ein Mindestmaß reduziert wird. So wird es regelmäßig dem Willen der Gesellschafter entsprechen, wenn sie einmalig einen höheren Beitrag leisten müssen, jedoch hierdurch einer höheren gesetzlichen Nachschusspflicht nach § 735 BGB entgehen. Der Wertung des § 707 BGB wird darüber hinaus dadurch Rechnung getragen, dass zumindest mit hoher Wahrscheinlichkeit weitere Beitragserhöhungen nicht erforderlich sein dürfen. Hierdurch wird sichergestellt, dass eine Beitragserhöhung wirtschaftlich betrachtet die einzig sinnvolle Handlungsalternative darstellt. Flankiert wird der Schutz der Gesellschafter durch das Erfordernis, wonach die erhöhten Beiträge das wirtschaftliche Überleben der Gesellschaft sicherstellen müssen. Dem Individualschutz der Gesellschafter wird dadurch hinreichend Rechnung getragen, dass die Beitragserhöhung nach zweierlei Maßstab angemessen sein muss. Als Maßstab sowohl die Einlage als auch die absolute Höhe der Beitragserhöhung heranzuziehen ist deswegen sachgerecht, weil hierdurch nicht nur ein genereller Richtwert herangezogen wird, sondern auch die finanzielle Beteiligung des jeweiligen Gesellschafters berücksichtigt wird. Daher ist der Ansicht des OLG Celle zuzustimmen. Für die Beurteilung einer Zustimmungspflicht zu einer Beitragserhöhung ist daher eine wirtschaftliche Betrachtungsweise vorzunehmen.

d) Sanierungskonzept der Gesellschaft

Die bisherigen Erörterungen haben gezeigt, dass für die Annahme einer Zustimmungspflicht zu einer Beitragserhöhung zwei Voraussetzungen gegeben sein müssen: Zum einen muss der Fortbestand der Gesellschaft nebst Beitragserhöhung als wirtschaftlich einzig vernünftige Alternative mit hoher

600 Vgl. hierzu die Nachweise in Fn. 571.

Wahrscheinlichkeit feststehen, zum anderen muss der konkrete Erhöhungsbeitrag dem einzelnen Gesellschafter zumutbar sein. Nachfolgend soll dargelegt werden, welche Kriterien die Annahme dieser Voraussetzungen nahe legen.

aa) Sanierung einzige wirtschaftlich vernünftige Handlungsoption

Damit der Fortbestand der Gesellschaft als wirtschaftlich einzig vernünftige Alternative feststeht, bedarf es eines tragfähigen Sanierungskonzeptes.[601] Aus diesem muss sich die Gegenüberstellung der Folgen einer erfolgreichen Sanierung sowie einer Liquidation bzw. Insolvenz ergeben. Im Ergebnis muss die Liquidation aufgrund der gesetzlichen Nachschusspflicht sowie sonstiger, vor allem wirtschaftlicher Nachteile nach allgemeinen Bewertungsmaßstäben als Handlungsoption ausgeschlossen sein. Im Sanierungskonzept wird also ein wirtschaftlicher Vergleich der Handlungsalternativen dargestellt. Hinsichtlich einer Liquidation ist zu beachten, dass die Auflösung der Gesellschaft die Veräußerung des Gesellschaftsvermögens als Ganzes ermöglicht. Daher lässt sich nicht hiergegen einwenden, es komme zur Zerschlagung von wirtschaftlichen Werteinheiten. Die Veräußerung des Gesellschaftsvermögens als Ganzes lässt nämlich in der Regel den höchsten Erlös erwarten.[602] Gleichwohl kann eine schlechte Marktlage gegen eine zeitnahe Veräußerung des Gesellschaftsvermögens sprechen.[603] Außerdem müssen im Hinblick auf die Liquidationsfolgen nicht nur die bestehenden Verbindlichkeiten zum Auflösungsstichtag berücksichtigt werden, sondern auch die etwaigen Verluste der Gesellschafter durch die Aberkennung von Steuervorteilen.[604] Überdies können auch für die Gesellschaft wirtschaftliche Nachteile aus der vorzeitigen Beendigung der Gesellschaft folgen. So kann etwa bei geschlossenen Immobilienfonds eine umfangreiche öffentliche Förderung im Raume stehen, die mit der Liquidation der Gesellschaft beendet wird.[605] Dies kann die gesetzliche Nachschusspflicht zusätzlich erhöhen. Hinsichtlich des Fortbestandes der Gesellschaft muss dargelegt werden, dass aufgrund der Erhöhung des Beitrags die wirtschaftliche Überlebensfähigkeit

601 *Deutscher*, ZfIR 2008, 41, 47 f.

602 *Sigle*, ZGR 1999, 659, 669; *Wertenbruch*, DStR 2007, 1680, 1683.

603 OLG Celle, Urt. v. 17.8.2005 – 9 U 33/05, NZG 2006, 17, 18; Urt. v. 21.12.2005 – 9 U 96/05, NZG 2006, 225, 226.

604 BGH, Urt. v. 5.11.1984 – II ZR 111/84, NJW 1985, 974, 975; *Deutscher*, ZfIR 2008, 41, 47; zu den steuerrechtlichen Konsequenzen bei einer Liquidation vgl. *K. Wagner*, WM 2006, 1273, 1278 f.; *K. Wagner/Heymann*, WM 2003, 2222, 2230; *Walch*, Immobilienfondsgesellschaft, S. 47 ff.

605 *Deutscher*, ZfIR 2008, 41, 47.

sichergestellt wird.[606] Außerdem muss aus dem Sanierungskonzept hervorgehen, dass weitere Beitragserhöhungen nicht zu befürchten sind, sondern vielmehr die einmalig erhöhte Beitragsleistung für eine erfolgreiche Sanierung ausreicht. Hiermit wird nämlich zugleich dem Argument des BGH widersprochen, wonach weitere Beitragserhöhungen nicht wahrscheinlich sein dürfen.[607] Des Weiteren muss die Beitragshöhe so gewählt werden, dass sie eine (deutlich) geringere finanzielle Belastung darstellt als die Summe aller wirtschaftlichen Nachteile einer Liquidation (gesetzliche Nachschusspflicht gem. § 735 BGB, Steuernachteile). Bezüglich der Steuervorteile der Gesellschafter beim Fortbestand der Gesellschaft ist jedoch zu berücksichtigen, dass es unabhängig von einer frühzeitigen Auflösung der Gesellschaft zu hohen Nachzahlungen an die Finanzverwaltung kommen kann. So kann es grundsätzlich umstritten sein, ob Steuervorteile bei einem geschlossenen Fonds – so etwa bei Medienfonds[608] – gewährt werden.[609] Daher ist im Sanierungskonzept klarzustellen, ob die Gewährung von Steuervorteilen weiterhin gewährleistet ist.

Die Notwendigkeit eines Sanierungskonzeptes ergibt sich aus verschiedenen Gesichtspunkten. Zum einen kann hierdurch den Gesellschaftern bereits vor einer Gesellschafterversammlung, die eine Beitragserhöhung zum Gegenstand hat, vor Augen geführt werden, welche Handlungsalternativen sinnvoll erscheinen. Im besten Fall lässt sich hierdurch das Problem der Zustimmungspflicht vermeiden, da die Gesellschafter aufgrund des Sanierungskonzeptes überzeugt werden der Beitragserhöhung zuzustimmen. Freilich wird dies stark von der Qualität des Sanierungskonzeptes abhängen, denn das Misstrauen ist unter den Gesellschaftern in einer wirtschaftlichen Schieflage der Gesellschaft grundsätzlich hoch. Zum anderen ist das Sanierungskonzept auch in einer möglichen nachfolgenden gerichtlichen Streitigkeit notwendig, bei der es um die Frage der Zustimmungspflicht geht. Hier ist es nämlich erforderlich dem Gericht darzulegen, dass der Fortbestand der Gesellschaft

---

606 Nach *Deutscher*, ZfIR 2008, 41, 47 reicht bereits die Vermeidung einer kurzfristigen Liquidation.

607 *Deutscher*, ZfIR 2008, 41, 47.

608 *Theisen/Lins*; DStR 2010, 1649 ff.; *Weber/Bulach*, BKR 2009, 504, 506; vgl. hierzu auch den sog. „Medienerlass" der Finanzverwaltung, BMF-Schreiben v. 5.8.2003, BStBl. I 2003, S. 416.

609 *Fleischmann/Meyer-Scharenberg*, DStR 2004, 20 ff.; vgl. ebenfalls zur zunehmenden Einschränkung der steuerlichen Vorteile bei Publikumspersonengesellschaften *Gummert/Horbach*, in: MüHdbGesR-KG, § 61 Rn. 5 f.; *Holmer*, Geschlossener Immobilienfonds, S. 7 f., 70 ff.; allgemein zu Steuervorteilen bei geschlossenen Immobilienfonds *Schneider*, Rückabwicklung, S. 52 ff.; *Walch*, Immobilienfondsgesellschaft, S. 33 ff.

verbunden mit einer Beitragserhöhung die wirtschaftlich einzig sinnvolle Alternative ist.[610] Außerdem muss die Notwendigkeit weiterer Zahlungen an die Gesellschaft in der Zukunft mit zumindest hoher Wahrscheinlichkeit ausgeschlossen sein. Die vorangegangen Ausführungen haben deutlich gemacht, dass bereits frühzeitig ein Sanierungskonzept erstellt werden sollte, um zunächst die Gesellschafter zu einer Zustimmung zu überzeugen. Erst während des gerichtlichen Verfahrens ein Sanierungskonzept zu erstellen, kann insbesondere aufgrund einer Fristsetzung durch das Gericht zu aufwändig und langwierig[611] sein.

bb) Zumutbarkeit der Zustimmung für die Gesellschafter

Wie bereits erwähnt, muss die Beitragserhöhung nicht nur im Gesellschaftsinteresse geboten sein. Die Zustimmung zur Beitragserhöhung muss außerdem für den einzelnen Gesellschafter zumutbar sein. Da insoweit vor allem die schutzwürdigen Belange des einzelnen Gesellschafters maßgeblich sind[612], hängt die Beurteilung also stark vom Einzelfall ab. Dennoch sollen nachfolgend Kriterien dargestellt werden, nach denen sich die Frage der Zumutbarkeit einer Zustimmung für den einzelnen Gesellschafter bemisst. Zunächst ist es für die Frage der Zumutbarkeit von Bedeutung, wie wahrscheinlich eine Sanierung der Gesellschaft durch die einmalige Erhöhung des Beitrags Erfolg haben wird. Ist beispielsweise sicher, dass bloß eine kurzzeitige Liquiditätslücke der Gesellschaft überbrückt werden soll, so spricht die Interessenlage der Beteiligten grundsätzlich für eine Zustimmungspflicht. Je wahrscheinlicher die wirtschaftliche Überlebensfähigkeit der Gesellschaft durch die Erhöhung des Beitrags ist, desto eher ist die Übernahme weiterer Leistungspflichten für den einzelnen Gesellschafter zumutbar. Im Hinblick auf die persönlichen Belange des Gesellschafters spielt selbstverständlich die Höhe des (einmalig) zu erhöhenden Beitrags eine maßgebliche Rolle. Dabei kann eine Erhöhung bis zur Hälfte der ursprünglichen Gesellschaftereinlage, also des einmaligen Gesellschafterbeitrags, als zulässig angesehen werden.[613] Überdies ist die finanzielle Leistungsfähigkeit des Gesellschafters mit in die Abwägung einzubeziehen. So

610 An einem entsprechenden Vortrag fehlte es bei OLG München, Urt. v. 16.6.2004 – 7 U 5669/03, NZG 2004, 807; OLG Celle, Urt. v. 17.8.2005 – 9 U 33/05, NZG 2006, 17, 18; Urt. v. 21.12.2005 – 9 U 96/05, NZG 2006, 225, 226.

611 Dabei kann die Erstellung eines entsprechenden Gutachtens bis zu zwei Monate dauern, vgl. *Stupp*, DB 2010, 489, 491.

612 BGH, Hinweisbeschl. v. 26.3.2007 – II ZR 22/06, NZG 2007, 582, 583 Rn. 7.

613 BGH, Urt. v. 23.1.2006 – II ZR 126/04, NZG 2006, 379, 381 Rn. 26 a.E.; KG, Urt. 20.11.2008 – 23 U 60/08, WM 2009, 2174, 2176 verneinte im konkreten Fall eine Erhöhung der ursprünglichen Einlage um ca. 30%; *Deutscher*, ZfIR 2008, 41, 48.

kann etwa nicht von einem Gesellschafter erwartet werden, dass er durch die erhöhte Beitragspflicht nicht mehr seinen Lebensunterhalt bestreiten kann oder zur Aufnahme eines Darlehens gezwungen wird.[614] Mithin sind die konkreten wirtschaftlichen Umstände des jeweiligen Gesellschafters zu beachten. Jedoch ist auch zu berücksichtigen, ob und inwieweit der Gesellschafter bereits durch die Verlustzuweisungen und die daraus resultierenden Steuervorteile seinen einmalig zu erbringenden Beitrag wiedererlangt hat.[615] Insbesondere die vorbezeichneten Kriterien, die auf die schutzwürdigen Belange der Gesellschafter abstellen, zeigen die große Schwierigkeit abzuschätzen, wann im konkreten Einzelfall von einer Zustimmungspflicht zu einer Beitragserhöhung auszugehen ist. Gerade bei Publikumspersonengesellschaften wird es Probleme bereiten nähere Informationen über die finanzielle Leistungsfähigkeit der Gesellschafter zu erlangen. Aufgrund dieser Einzelfallbetrachtung kann es durchaus vorkommen, dass nur hinsichtlich eines Teils der Gesellschafter eine Zustimmungspflicht vorliegt.

4. Zwischenergebnis

Mit der Rechtsprechung und überwiegenden Literatur ist nur in Ausnahmefällen und unter engen Voraussetzungen eine Zustimmungspflicht zu einer Beitragserhöhung anzunehmen. Voraussetzung hierfür ist zunächst, dass die einmalige Erhebung eines höheren Beitrags das wirtschaftliche Überleben der Gesellschaft sicherstellt. Außerdem muss sich die Sanierung wirtschaftlich betrachtet als einzig vernünftige Handlungsoption darstellen. Zur Feststellung, ob dies im Gegensatz zur Liquidation bzw. Insolvenz der Fall ist, bedarf es der Erstellung eines tragfähigen Sanierungskonzeptes. Darüber hinaus muss die Beitragserhöhung für den einzelnen Gesellschafter zumutbar sein. Dies hängt von den Umständen des Einzelfalles ab und kann innerhalb einer Gesellschaft zu unterschiedlichen Ergebnissen führen. Somit verbleibt nur ein sehr enger Anwendungsbereich zur Annahme einer Zustimmungspflicht hinsichtlich eines Beschlusses zur Erhöhung des vereinbarten Beitrags.

VI. Rechtsfolgen einer unwirksamen Mehrheitsklausel

Bei der vorangegangenen Analyse wurde dargestellt, unter welchen Voraussetzungen die Gesellschafter eine Beitragserhöhung durch einen Mehrheitsbeschluss bewirken können. Nunmehr soll untersucht werden welche Rechts-

614 *Wertenbruch*, DStR 2007, 1680, 1683.
615 *Deutscher*, ZfIR 2008, 41, 48.

folgen sich ergeben, wenn ein Mehrheitsbeschluss über eine Beitragserhöhung zustande kommt, obwohl die Mehrheitsklausel nicht den qualifizierten Anforderungen[616] standhält und eine Zustimmungspflicht nach den soeben dargestellten Kriterien[617] nicht in Betracht kommt.

1. Unwirksamkeit des Mehrheitsbeschlusses

Eine unzureichende gesellschaftsvertragliche Bestimmung im Hinblick auf die Beitragserhöhung durch einen Mehrheitsbeschluss führt zu dessen Unwirksamkeit.[618] Der BGH hat klargestellt, dass es sich bei Fehlen der nach § 707 BGB erforderlichen Zustimmung um eine dritte Kategorie von Mängeln handle, die neben die Anfechtbarkeit und Nichtigkeit eines Beschlusses trete.[619] Dies gelte generell bei Beschlüssen, die zu ihrer Wirksamkeit der Zustimmung des betroffenen Gesellschafters bedürfen.[620] Die Parallele zur Anfechtbarkeit liegt deswegen nahe, da Gesellschaftsverträge von Personengesellschaften häufig Anfechtungsfristen wie im Kapitalgesellschaftsrecht (vgl. § 246 Abs. 1 AktG) vorsehen.[621] So kann eine diesbezügliche gesellschaftsvertragliche Klausel folgendermaßen lauten:[622]

> *„Die Anfechtung von Gesellschafterbeschlüssen muss innerhalb eines Monats nach Empfang des Protokolls durch Klageerhebung geltend gemacht werden."*

Es wird allgemein die Ansicht vertreten, dass die Versäumung einer gesellschaftsvertraglichen Anfechtungsfrist nicht den Gesellschafter zur Leistung einer mehrheitlich beschlossenen Beitragserhöhung verpflichtet.[623] Dies ist

616 Ausführlich hierzu oben S. 95 ff.

617 S. hierzu oben S. 115 ff.

618 BGH, Urt. v. 5.3.2007 – II ZR 282/05, NZG 2007, 381, 382 Rn. 15; Hinweisbeschl. v. 26.3.2007 – II ZR 22/06, NZG 2007, 582, 583 Rn. 10; *Armbrüster*, ZGR 2009, 1, 15; *K. Schmidt*, Gesellschaftsrecht, S. 443; *ders.*, ZGR 2008, 1, 23; *ders.*, ZIP 2009, 737, 739; *Ulmer/Schäfer*, in: MünchKomm-BGB, § 709 Rn. 108.

619 BGH, Urt. v. 5.3.2007 – II ZR 282/05, NZG 2007, 381, 382 Rn. 15; Hinweisbeschl. v. 26.3.2007 – II ZR 22/06, NZG 2007, 582, 583 Rn. 10.

620 BGH, Urt. v. 19.10.2009 – II ZR 240/08, BGHZ 183, 1, 5 Rn. 12 = NJW 2010, 65 – *„Sanieren oder Ausscheiden"*, eingehend zu dieser Entscheidung unten S. 153 ff.

621 *Goette*, in: Ebenroth/Boujong/Joost/Strohn, § 119 Rn. 78; *K. Schmidt*, ZGR 2008, 1, 29; *Ulmer/Schäfer*, in: MünchKomm-BGB, § 709 Rn. 114.

622 Nach BGH, Urt. v. 5.3.2007 – II ZR 282/05, NZG 2007, 381; vgl. ebenfalls den Formulierungsvorschlag bei *Plückelmann*, in: AnwHdbPerGesR, § 4 Rn. 93.

623 BGH, Urt. v. 5.3.2007 – II ZR 282/05, NZG 2007, 381, 382 Rn. 15; Hinweisbeschl. v. 26.3.2007 – II ZR 22/06, NZG 2007, 582, 583 Rn. 10; Urt. v. 9.2.2009 – II ZR 231/07, NZG 2009, 501, 502 Rn. 16; *Armbrüster*, ZGR 2009, 1, 15; *Enzinger*, in: MünchKomm-HGB, § 119 Rn. 104; *Goette*, in: Ebenroth/Boujong/Joost/Strohn,

sachgerecht, denn sonst würde allein die nicht rechtzeitige Anfechtung des Mehrheitsbeschlusses durch den Gesellschafter eine erhöhte Beitragspflicht statuieren. Der Gesellschafter müsste mithin selbst tätig werden, um dies zu verhindern. Mit dem Grundgedanken des § 707 BGB ist dies jedoch nicht vereinbar.[624] Außerdem könnten mittels einer Fristenregelung die engen Grenzen einer Zustimmungspflicht weitgehend umgangen werden. Des Weiteren kann man anführen, dass schon gar kein Beschlussmangel vorliegt der angefochten werden kann, sondern ein (besonderes) Wirksamkeitserfordernis neben dem Gesellschafterbeschluss fehlt.[625] Zudem kann auch im Aktienrecht, dem schließlich das Anfechtungsrecht nebst Anfechtungsfristen entnommen wird, der Versäumung der Anfechtungsfrist keine konkludente Zustimmung nach § 180 Abs. 1 AktG beigemessen werden.[626]

Die Nichtigkeit des Mehrheitsbeschlusses bei einer unzureichenden Mehrheitsklausel anzunehmen erscheint verfehlt, denn es liegt keine individuelle Zustimmung zur Beitragserhöhung vor. Zweifel an der Beschlusskompetenz, dass die Mehrheit über diesen konkreten Gegenstand einen Beschluss fassen kann, stellen sich hierdurch nicht.[627]

a) Reichweite der Unwirksamkeit – Bindungswirkung des Mehrheitsbeschlusses

Problematisch ist jedoch, die Reichweite der Unwirksamkeit des Mehrheitsbeschlusses zu bestimmen. Es stellt sich die Frage, inwieweit der Mehrheitsbeschluss Bindungswirkung gegenüber den jeweiligen Gesellschaftern entfaltet. Dabei ist zwischen den zustimmenden und dissentierenden, also ablehnenden, Gesellschaftern zu differenzieren.

aa) Ablehnende Gesellschafter

Hinsichtlich des nicht zustimmenden Gesellschafters hat der BGH festgestellt, dass der Beschluss „jedenfalls" ihm gegenüber relativ unwirksam

---

§ 119 Rn. 78; *Schäfer*, Gesellschaftsrecht i.d. Diskussion, S. 137, 146; *K. Schmidt*, ZGR 2008, 1, 30; Staub/*Schäfer*, § 119 Rn. 44; *Ulmer/Schäfer*, in: MünchKomm-BGB, § 707 Rn. 7.

624 *Armbrüster*, ZGR 2009, 1, 15.

625 BGH, Urt. v. 14.5.1956 – II ZR 229/54, BGHZ 20, 363, 368 = NJW 1956, 1198 (betr. § 53 Abs. 3 GmbHG); *Gehrlein*, BB 2007, 1019, 1020; Scholz/*Priester/Veil*, § 53 Rn. 93 (betr. § 53 Abs. 3 GmbHG); Staub/*Schäfer*, § 119 Rn. 44 a.E.; *Stein*, in: MünchKomm-AktG, § 180 Rn. 29 (betr. § 180 Abs. 1 AktG); *Ulmer/Schäfer*, in: MünchKomm-BGB, § 707 Rn. 7.

626 *Hüffer*, AktG, § 180 Rn. 8; *Stein*, in: MünchKomm-AktG, § 180 Rn. 33 a.E.

627 *Armbrüster*, ZGR 2009, 1, 15.

sei.[628] Dabei hat er ausdrücklich auf die entsprechende Rechtsfolge bei den Parallelvorschriften im Kapitalgesellschaftsrecht (§ 53 Abs. 3 GmbHG und § 180 Abs. 1 AktG) Bezug genommen, soweit eine Zustimmung des Gesellschafters zu einer Lastenvermehrung fehlt.[629] Eine relative Unwirksamkeit gegenüber dem Gesellschafter anzunehmen, der nicht zugestimmt hat, wird dem individualschützenden Charakter des § 707 BGB vollauf gerecht. Der Ansicht des BGH ist daher zuzustimmen.[630]

bb) Zustimmende Gesellschafter

Jedoch stellt sich die entscheidende Frage, ob die zustimmenden Gesellschafter an den Mehrheitsbeschluss gebunden sind. Die Beantwortung der Frage ist deswegen von großer (Praxis-)Relevanz, weil sich aus ihr ergibt, wer gegen den Beschluss gerichtlich vorgehen kann.[631] Entfaltet der Mehrheitsbeschluss „nur" eine relative Unwirksamkeit, so ist ausschließlich der nicht zustimmende Gesellschafter berechtigt mittels einer Feststellungsklage[632] nach § 256 Abs. 1 ZPO dessen Unwirksamkeit gerichtlich klären zu lassen. Nimmt man hingegen die vollumfängliche Unwirksamkeit des Mehrheitsbeschlusses an, so sind sämtliche Gesellschafter berechtigt, diese feststellen zu lassen. Zudem ist es für die zustimmenden Gesellschafter von großem Interesse, ob sie tatsächlich verpflichtet sind, höhere Beiträge zu leisten.

Der BGH bejaht die Bindungswirkung für einen zustimmenden Gesellschafter unter bestimmten Voraussetzungen.[633] Danach könne die erforderliche Zustimmungserklärung in dem Abstimmungsverhalten während der Beschlussfassung liegen, wenn die Auslegung der Erklärung nichts anderes

628 BGH, Urt. v. 5.3.2007 – II ZR 282/05, NZG 2007, 381, 382 Rn. 15; Hinweisbeschl. v. 26.3.2007 – II ZR 22/06, NZG 2007, 582, 583 Rn. 10.

629 BGH, Urt. v. 5.3.2007 – II ZR 282/05, NZG 2007, 381, 382 Rn. 15 a.E. ausschließlich m.w.N. zum Aktien- und GmbH-Recht.

630 *Gehrlein*, BB 2007, 1019, 1020; *Jickeli/Urban*, LMK 2007, 222338; *K. Schmidt*, ZIP 2009, 737, 739; *Ulmer/Schäfer*, in: MünchKomm-BGB, § 709 Rn. 108.

631 *K. Schmidt*, ZGR 2008, 1, 23 f.

632 Vgl. zur deren Statthaftigkeit BGH, Urt. v. 5.3.2007 – II ZR 282/05, NZG 2007, 381, 382 Rn. 16; Hinweisbeschl. v. 26.3.2007 – II ZR 22/06, NZG 2007, 582, 583 Rn. 10; Urt. v. 19.10.2009 – II ZR 240/08, BGHZ 183, 1, 5 Rn. 12 = NJW 2010, 65 – *„Sanieren oder Ausscheiden"*; *v. Gerkan/Haas*, in: Röhricht/v. Westphalen, § 119 Rn. 12; *Goette*, in: Ebenroth/Boujong/Joost/Strohn, § 119 Rn. 75; *K. Schmidt*, ZGR 2008, 1, 28 f.; *Ulmer/Schäfer*, in: MünchKomm-BGB, § 709 Rn. 113 f.

633 BGH, Urt. v. 25.5.2009 – II ZR 259/07, NZG 2009, 862, 863 Rn. 19; vgl. auch BGH, Urt. v. 19.10.2009 – II ZR 240/08, BGHZ 183, 1, 6 f. Rn. 19 f. = NJW 2010, 65 – *„Sanieren oder Ausscheiden"* (betr. Zustimmung zum Ausscheiden).

ergebe.[634] So sei die Zustimmung zu einer Beitragserhöhung nicht nur dann wirksam, wenn sämtliche Gesellschafter zustimmen und an der Erhöhung teilnehmen. Vielmehr stehe es den Gesellschaftern frei, dass nicht alle Gesellschafter ihren Beitrag erhöhen, auch wenn Zustimmung und Beschlussfassung zusammenfallen. Eine entsprechende Auslegung des Abstimmungsverhaltens liege bei Vorliegen bestimmter Voraussetzungen nahe. So müsse bei der Abstimmung bekannt sein, dass nicht sämtliche Gesellschafter höhere Beiträge leisten wollen oder können und hierzu auch nicht verpflichtet werden dürfen. Zudem müsse der mit der Beitragserhöhung verfolgte Zweck nur mit den Beiträgen leistungsbereiter Gesellschafter erreicht werden können (z.B. eine Sanierung). Die tatsächliche Umsetzung des Beschlusses muss nach Ansicht des BGH also auch dann möglich und sinnvoll sein, wenn sie nur gegenüber den zustimmenden Gesellschaftern erfolgt.[635] Aus den sonstigen Umständen dürfe sich schließlich nicht ergeben, dass erhöhte Beiträge nur bei Zustimmung oder bei Teilnahme aller Gesellschafter geleistet werden sollen.[636]

Zum Teil wird angenommen, dass die zustimmenden Gesellschafter stets an den Beschlussinhalt gebunden seien.[637] Für die Annahme einer Bindungswirkung spricht zumindest, dass die Gesellschafter regelmäßig in Kenntnis der Umstände, wie beispielsweise die schwierige wirtschaftliche Situation der Gesellschaft, für die Erhöhung der Beiträge gestimmt haben.[638] Jedoch wollen die Gesellschafter nicht unter allen Umständen eine Beitragserhöhung herbeiführen. Vielmehr gehen sie in der Regel davon aus, dass bereits durch den Mehrheitsbeschluss sämtliche Gesellschafter zu höheren Beiträgen verpflichtet werden.[639] Da dies bei einer fehlenden antizipierten Zustimmung jedoch nicht der Fall ist, kann den zustimmenden Gesellschaftern auch nicht stets der Wille unterstellt werden, dass sie allein die Beitragserhöhung vollziehen.[640] Vielmehr sollen grundsätzlich alle Gesellschafter gleich behandelt werden. So werden die zustimmenden Gesellschafter grundsätzlich auch nicht bereit sein, die Beitragslücke der nicht an den

634 BGH, Urt. v. 25.5.2009 – II ZR 259/07, NZG 2009, 862, 863 Rn. 19; *Schodder*, EWiR 2009, 601, 602.

635 BGH, Urt. v. 19.10.2009 – II ZR 240/08, BGHZ 183, 1, 6 f. Rn. 19 f. = NJW 2010, 65 – *„Sanieren oder Ausscheiden"* (betr. Zustimmung zum Ausscheiden).

636 BGH, Urt. v. 25.5.2009 – II ZR 259/07, NZG 2009, 862, 863 Rn. 19.

637 *Schäfer*, Gesellschaftsrecht i.d. Diskussion, S. 137, 146; *Ulmer/Schäfer*, in: MünchKomm-BGB, § 709 Rn. 114.

638 *Armbrüster*, ZGR 2009, 1, 15 stellt insoweit auf den allgemeinen Grundsatz *„volenti non fit iniuria"* ab; vgl. hierzu auch *Winter*, Treubindungen, S. 30.

639 *Armbrüster*, ZGR 2009, 1, 15 f.; vgl. auch *ders.*, EWiR 2009, 739, 740.

640 *Armbrüster*, ZGR 2009, 1, 16.

Mehrheitsbeschluss gebundenen dissentierenden Gesellschafter auszugleichen.[641] Daher kann tendenziell von einer Unwirksamkeit des Beschlusses gegenüber den zustimmenden Gesellschaftern ausgegangen werden. Dies entspricht auch der Ansicht des BGH, der nur unter den bereits oben genannten Voraussetzungen eine Bindungswirkung annimmt.[642]

Im Zweifel eine absolute Unwirksamkeit des Beschlusses anzunehmen, kann sich ggf. auch aus der analogen Anwendung der Rechtsfolgen zu den Parallelvorschriften im Kapitalgesellschaftsrecht (§ 180 Abs. 1 AktG sowie § 53 Abs. 3 GmbHG) ergeben. Der BGH hat die Rechtsfolgen der Normen bei einer fehlenden Zustimmung schon für die Frage der Bindungswirkung gegenüber den dissentierenden Gesellschaftern herangezogen.[643] Sie nunmehr auch für die Problematik der Bindungswirkung hinsichtlich der zustimmenden Gesellschafter heranzuziehen, ist schon aus Gründen der einheitlichen Betrachtungsweise geboten. Die Heranziehung dieser Vorschriften ist überdies aufgrund der vergleichbaren Interessenlage sachgemäß.[644]

Sofern die Zustimmung eines Aktionärs nach § 180 Abs. 1 AktG fehlt, so ist der Beschluss der Hauptversammlung über die Begründung bzw. Erweiterung von Nebenverpflichtungen insgesamt unwirksam.[645] Im Recht der GmbH führt die mangelnde Zustimmung eines betroffenen Gesellschafters nach § 53 Abs. 3 GmbHG zunächst zur schwebenden Unwirksamkeit des Beschlusses über die Leistungsvermehrung.[646] Sodann ist festzustellen, ob sich ausdrücklich oder durch Auslegung aus dem Mehrheitsbeschluss und/oder den Zustimmungserklärungen ergibt, dass eine Teilwirksamkeit der zustimmenden Gesellschafter gewollt ist.[647] Liegen derartige besondere Umstände jedoch nicht vor, so wird man im Zweifel – entsprechend dem

641 *Armbrüster*, ZGR 2009, 1, 16.

642 BGH, Urt. v. 25.5.2009 – II ZR 259/07, NZG 2009, 862, 863 Rn. 19.

643 S. hierzu den Nachweis in Fn. 629.

644 Vgl. zu diesem Aspekt bereits oben S. 44 ff.

645 BGH, Urt. v. 20.9.2004 – II ZR 288/02, BGHZ 160, 253, 258 f. = NJW 2004, 3561; *Holzborn*, in: Spindler/Stilz, § 180 Rn. 16; *Hüffer*, AktG, § 180 Rn. 9; *Seibt*, in: K. Schmidt/Lutter, § 180 Rn. 15; *Stein*, in: MünchKomm-AktG, § 180 Rn. 35; allgemein zur nachträglichen Erhöhung der Leistungspflichten eines Aktionärs unten S. 238 ff.

646 *Wicke*, GmbHG, § 53 Rn. 14; *Zimmermann*, in: Rowedder/Schmidt-Leithoff, § 53 Rn. 56; *Zöllner*, in: Baumbach/Hueck, Anh § 47 Rn. 20, § 53 Rn. 78; zur Zustimmungsbedürftigkeit gem. § 53 Abs. 3 GmbHG s. unten S. 240 ff.

647 *Roth*, in: Roth/Altmeppen, § 53 Rn. 46; *K. Schmidt*, ZGR 2008, 1, 23; Scholz/*Priester/Veil*, § 53 Rn. 96; *Zimmermann*, in: Rowedder/Schmidt-Leithoff, § 53 Rn. 56; *Zöllner*, in: Baumbach/Hueck, § 53 Rn. 78.

Gleichbehandlungsgrundsatz – eine Teilwirksamkeit des Beschlusses verneinen müssen.[648]

Stets eine umfassende Unwirksamkeit des Beschlusses wie im Aktienrecht anzunehmen, kann im Einzelfall zu interessenwidrigen Ergebnissen führen. Mag der Fall auch selten sein, so ist es dennoch nicht ausgeschlossen, dass die zustimmenden Gesellschafter bei einer Unwirksamkeit des Mehrheitsbeschlusses die Beitragserhöhung ihrerseits vollziehen wollen und eine Teilwirksamkeit des Beschlusses befürworten. Die starre Rechtsfolge des Aktienrechts bei einer fehlenden Zustimmung eines Aktionärs nach § 180 Abs. 1 AktG ist daher nicht im Personengesellschaftsrecht analog anzuwenden. Es sollte daher allein die differenzierte Rechtsfolge des GmbH-Rechts analog im Personengesellschaftsrecht angewandt werden. Diese spricht dafür, auf den Willen der zustimmenden Gesellschafter abzustellen. Auch der BGH stellt im Ergebnis auf den Willen des zustimmenden Gesellschafters ab und nennt bestimmte Voraussetzungen, wann von einer Bindungswirkung auszugehen ist, sollten nicht alle Gesellschafter zugestimmt haben.[649] Dies entspricht der analogen Anwendung der Rechtsfolge zu § 53 Abs. 3 GmbHG, soweit eine notwendige Zustimmung nicht vorliegt. In der Regel wird dies wohl zu einer gesamten Unwirksamkeit des Mehrheitsbeschlusses führen.[650] Gerade wenn der Erhöhungsbeschluss einen Gesamtbetrag ausweist, der nach dem Verhältnis der Beteiligung an der Gesellschaft aufzubringen ist, kann nur von dem Willen der Gesellschafter ausgegangen werden, dass sämtliche Gesellschafter diesen Betrag aufbringen.[651] Zudem wird die Geschäftsführung den erforderlichen Kapitalbedarf auf die einzelnen Gesellschafter verteilen, so dass der häufig vorliegende Sanierungszweck einer Beitragserhöhung nicht durch einige Gesellschafter erreicht werden kann. Überdies besteht aufgrund der sehr geringen Präsenz auf Gesellschafterversammlungen bei geschlossenen Fonds regelmäßig keine Kenntnis darüber, ob und wie viele Gesellschafter eine Beitragserhöhung ablehnen. Dies gilt ebenfalls, wenn eine Abstimmung im schriftlichen Umlaufverfahren gewählt wird. Eine Teilwirksamkeit des Beschlusses scheidet damit typischerweise aus. Gleichwohl besteht die Möglichkeit eine Teilwirksamkeit des Beschlusses anzunehmen. Dies wird jedoch nur dann bejaht werden können, wenn die einzelnen leistungsbereiten Gesellschafter einer Beitragserhöhung zustimmen und um die fehlende Zustimmung der Mitgesellschafter wissen.

648 Hachenburg/*Ulmer*, § 53 Rn. 81; *Zimmermann*, in: Rowedder/Schmidt-Leithoff, § 53 Rn. 56.

649 BGH, Urt. v. 25.5.2009 – II ZR 259/07, NZG 2009, 862, 863 Rn. 19.

650 *K. Schmidt*, ZGR 2008, 1, 23.

651 *Armbrüster*, ZGR 2009, 1, 16; *ders.*, EWiR 2009, 739, 740.

Zudem muss das Ausmaß der Beitragserhöhung einiger Gesellschafter genügen, um den Zweck der Beitragserhöhung zu erreichen. Nur in diesem Fall kann der Wille der zustimmenden Gesellschafter so ausgelegt werden, dass sie eine Teilwirksamkeit befürworten.

Auch aus der allgemein-zivilrechtlichen Vorschrift des § 139 BGB lässt sich kein anderes Ergebnis herleiten.[652] Geht man bezüglich des § 139 BGB davon aus, dass der Mehrheitsbeschluss ein Rechtsgeschäft darstellt[653], so besagt die Regelung, dass im Zweifel die gesamte Unwirksamkeit des Beschlusses anzunehmen ist. Dies entspricht der obigen Analyse.

b) Gesellschaftsvertragliche Ausschlussfrist hinsichtlich der Geltendmachung der Unwirksamkeit

Die oben dargestellte Fristenregelung[654] hat gezeigt, wie dezidiert Gesellschaftsverträge von Personengesellschaften in Bezug auf Rechtsstreitigkeiten ausgestaltet sein können. Es kann daher erwartet werden, dass die Kautelarpraxis vermehrt auf die neue Rechtsprechung des BGH reagieren wird.[655] Vorstellbar ist etwa die Vereinbarung einer gesellschaftsvertraglichen (Ausschluss-)Frist, innerhalb derer eine Feststellungsklage nach § 256 Abs. 1 ZPO erhoben werden muss, wenn ein Gesellschafter von der Unwirksamkeit eines Mehrheitsbeschlusses ihm gegenüber ausgeht.[656] Nachfolgend soll der Frage nachgegangen werden, ob die Beschränkung des Rechtsschutzes bei der Unwirksamkeit des Beschlusses – im Gegensatz zur Anfechtbarkeit oder Nichtigkeit – durch die Vereinbarung einer Ausschlussfrist zulässig ist.

Für die Zulässigkeit der Vereinbarung einer Ausschlussfrist spricht, dass damit Rechtssicherheit und -klarheit innerhalb der Gesellschaft geschaffen wird.[657] Nach Ablauf der Ausschlussfrist zur Erhebung der Feststellungsklage wäre innerhalb der Gesellschaft geklärt, ob der Mehrheitsbeschluss über die Beitragserhöhung Wirksamkeit erlangt hat. Sodann könnte der Ge-

---

652 *Armbrüster*, ZGR 2009, 1, 16; *Beuthien*, BB 1987, 6, 11; *Schäfer*, Geschäftsanteil, S. 251 f. (zur GmbH).

653 Baumbach/*Hopt*, § 119 Rn. 25; *Enzinger*, in: MünchKomm-HGB, § 119 Rn. 9 f.; *Larenz/Wolf*, BGB AT, § 10 Rn. 66; *K. Schmidt*, Gesellschaftsrecht, S. 436; *Ulmer/Schäfer*, in: MünchKomm-BGB, § 709 Rn. 51; *Wiedemann*, Gesellschaftsrecht I, S. 178 ff.; *ders.*, Gesellschaftsrecht II, S. 297.

654 S. hierzu oben S. 132.

655 Vgl. hierzu etwa den Vorschlag bei *Weber*, DStR 2010, 702, 707.

656 So etwa bei BGH, Urt. v. 19.10.2009 – II ZR 240/08, BGHZ 183, 1, 3 Rn. 4 = NJW 2010, 65 – *„Sanieren oder Ausscheiden“*.

657 Vgl. zu diesen Argumenten bei der Vereinbarung von „Anfechtungsfristen“ BGH, Urt. v. 13.2.1995 – II ZR 15/94, NJW 1995, 1218, 1219; *K. Schmidt*, Gesellschaftsrecht, S. 448.

schäftsführer den erhöhten Beitrag gegenüber den Gesellschaftern geltend machen und die finanziellen Mittel für die in der Regel wirtschaftlich angeschlagene Gesellschaft verwenden.

Gegen die Vereinbarung einer Ausschlussfrist im Hinblick auf die Erhebung einer Klage zur Feststellung der Unwirksamkeit eines Beschlusses bestehen jedoch erhebliche Bedenken. Ließe man eine vertragliche Ausschlussfrist zu, so hätte dies zur Folge, dass bei einem Untätigbleiben eines Gesellschafters eine nach § 707 BGB unzulässige Nachschusspflicht begründet wird. Eine Zustimmung des Gesellschafters kann jedoch durch sein Unterlassen nicht fingiert werden. Sowohl die strengen Voraussetzungen an eine Mehrheitsklausel würden hiermit unterlaufen als auch die besonderen Anforderungen an eine Zustimmungspflicht zu einem Mehrheitsbeschluss. Der Schutzzweck des § 707 BGB wäre damit nicht mehr gewährleistet. Außerdem vereitelt eine derartige Frist eine weitere Schutzfunktion des § 707 BGB, nämlich die Absehbarkeit der Beitragspflichten. Aufgrund des kernbereichsrelevanten Eingriffs in die Mitgliedschaft des Gesellschafters durch eine Beitragserhöhung muss von der Unzulässigkeit der Befristung einer Feststellungsklage ausgegangen werden. Jedes andere Ergebnis wird dem Schutzzweck des § 707 BGB und der stets erforderlichen Zustimmung des Gesellschafters nicht gerecht.

Der BGH hat bisher nicht ausdrücklich über die Zulässigkeit diesbezüglicher Regelungen entschieden. Jedoch hat er festgestellt, dass durch eine verfahrensrechtliche Regelung im Gesellschaftsvertrag das mitgliedschaftliche Grundrecht eines Gesellschafters, nicht ohne seine Zustimmung mit weiteren Beitragspflichten beschwert zu werden, nicht ausgehebelt werden dürfe.[658] Zwar ist zu beachten, dass in den konkreten Fällen eine gesellschaftsvertragliche „Anfechtungsfrist“ vorlag. Aus der allgemeinen Formulierung lässt sich jedoch vermuten, dass der BGH insoweit jegliche Befristungen für unzulässig hält. Dieser Befund lässt sich auch aus einer aktuellen Entscheidung des BGH ableiten, die das Problem der Zustimmung zum zwangsweisen Ausscheiden zum Gegenstand hatte.[659] Insoweit hat der II. Zivilsenat festgestellt, dass die Versäumung der gesellschaftsvertraglichen Frist, wonach die Unwirksamkeit von Gesellschafterbeschlüssen innerhalb von acht Wochen nach Zugang des Protokolls der Gesellschafterversamm-

658 BGH, Urt. v. 9.2.2009 – II ZR 231/07, NZG 2009, 501, 502 Rn. 16; Urt. v. 25.5. 2009 – II ZR 259/07, NZG 2009, 862, 863 Rn. 17.

659 BGH, Urt. v. 19.10.2009 – II ZR 240/08, BGHZ 183, 1, 6 ff. Rn. 16 ff. = NJW 2010, 65 – *„Sanieren oder Ausscheiden“*, eingehend zu dieser Entscheidung unten S. 153 ff.; kritisch hingegen *Weber*, DStR 2010, 702, 706 f.

lung durch Klage geltend gemacht werden musste, nicht die erforderliche Zustimmung ersetze.[660]

Eine entsprechende Fristenregelung könnte wegen eines Verstoßes gegen § 707 BGB nach § 134 BGB nichtig sein. Dieses Ergebnis überzeugt jedoch nicht, da nicht ein Gesetzesverstoß vorliegt, sondern eine fehlende Gesetzesanwendung. Die Unwirksamkeit des Mehrheitsbeschlusses beruht nämlich nicht darauf, dass gegen ein Gesetz verstoßen wurde, sondern auf einer Unvollständigkeit, die nach den entsprechenden gesetzlichen Bestimmungen erforderlich ist.[661] Dies ist hier die zwingend erforderliche Zustimmung der Gesellschafter nach § 707 BGB. Vielmehr ist es als treuwidrig gem. § 242 BGB zu bewerten, wenn sich die Gesellschaft auf die Ausschlussfrist berufen sollte.

Dennoch kann eine Feststellungsklage nach § 256 Abs. 1 ZPO nicht zeitlich unbegrenzt erhoben werden. Es kommen auch hier die allgemeinen Verwirkungsgrundsätze in Betracht.[662] Ein Recht ist nach diesen Grundsätzen dann verwirkt, wenn neben einem längeren Zeitablauf (sog. Zeitmoment) ein zurechenbares vertrauensbildendes Vorverhalten tritt (sog. Umstandsmoment).[663] Wann dies der Fall ist, hängt freilich stark von den Umständen des Einzelfalles ab und kann nicht generell beantwortet werden.

Die nicht fristgebundene Feststellungsklage des Gesellschafters kann sowohl gegenüber den Mitgesellschaftern – und zwar jedem Einzelnen gegenüber – als auch gegenüber der Gesellschaft geltend gemacht werden.[664] In beiden Fällen ist das für die Feststellungsklage erforderliche Feststellungsinteresse gegeben. Vor allem in Bezug auf die Gesellschaft ist kein Grund erkennbar, warum der Gesellschafter auf eine Inanspruchnahme durch die Gesellschaft abwarten soll. Vielmehr kann er schon vorher gerichtlich klären lassen, ob er zur Zahlung eines erhöhten Beitrags verpflichtet ist.[665] Dabei verfügt nach hier vertretener Ansicht auch der zustimmende Gesellschafter

660 BGH, Urt. v. 19.10.2009 – II ZR 240/08, BGHZ 183, 1, 6 Rn. 16 a.E. = NJW 2010, 65 – *„Sanieren oder Ausscheiden"*.

661 *Zöllner*, in: Baumbach/Hueck, Anh. zu § 47 Rn. 20.

662 BGH, Urt. v. 7.6.1999 – II ZR 278/99, NJW 1999, 3113, 3114 f.; *Goette*, in: Ebenroth/Boujong/Joost/Strohn, § 119 Rn. 76; *K. Wagner*, DStR 2006, 1044, 1047; *Werner*, GmbHR 2007, 536, 538.

663 BGH, Urt. v. 26.2.1996 – II ZR 77/95, BGHZ 132, 84, 95 = NJW 1996, 1756; Urt. v. 7.6.1999 – II ZR 278/99, NJW 1999, 3113, 3114 f.; *Roth*, in: MünchKomm-BGB, § 242 Rn. 301 ff.; *Werner*, GmbHR 2007, 536, 538.

664 BGH, Urt. v. 5.3.2007 – II ZR 282/05, NZG 2007, 381, 382 Rn. 17; Baumbach/*Hopt*, § 119 Rn. 32; *K. Schmidt*, ZGR 2008, 1, 28 f.

665 BGH, Urt. v. 5.3.2007 – II ZR 282/05, NZG 2007, 381, 382 Rn. 17.

über ein Feststellungsinteresse, soweit er der Auffassung ist, der Mehrheitsbeschluss sei insgesamt unwirksam.

2. Ausschließung des zahlungsunwilligen Gesellschafters

Für die zahlungswilligen Mitgesellschafter stellt sich regelmäßig die Frage, ob ein Gesellschafter, der zu Recht eine erhöhte Beitragsleistung ablehnt, aus der Gesellschaft ausgeschlossen werden kann. Als rechtliche Grundlage für einen Ausschluss des Gesellschafters kommt bei der GbR § 737 BGB in Betracht[666], bei der OHG, KG sowie PartG § 140 Abs. 1 HGB (ggf. i.V.m. § 161 Abs. 2 HGB bzw. § 9 Abs. 1 PartGG). Mithin muss in der der Person des nicht zahlungsbereiten Gesellschafters ein wichtiger Grund vorliegen, vgl. § 723 Abs. 1 S. 2 BGB bzw. § 133 Abs. 1, 2 HGB.

Teilweise wird ein Ausschließungsrecht befürwortet.[667] Begründet wird dies damit, dass der Auszuschließende nicht schlechter gestellt werde als bei einer Liquidation der Gesellschaft.[668] Außerdem wären die sanierungswilligen Gesellschafter sonst verpflichtet, die entsprechenden Beiträge der Nachschussunwilligen aufzubringen, wenn sie die Gesellschaft am Leben erhalten wollen. Andernfalls seien sie gezwungen, die Gesellschaft zu liquidieren bzw. bei einem fehlenden entsprechenden Beschluss bliebe nur das Abwarten auf das Stellen eines Insolvenzantrages durch einen Gläubiger.[669] Überdies bestünde die Gefahr, dass die Nachschusswilligen die Sanierung durchführen, gleichwohl aber die Nachschussunwilligen als „Trittbrettfahrer" an den Sanierungsmaßnahmen partizipieren, ohne das sie hierzu beigetragen haben.[670]

Damit jedoch ein Ausschließungsrecht bejaht werden kann, muss das Verweigern höhere Beiträge zu leisten einen wichtigen Grund i.S.d. § 723 Abs. 1 S. 2 BGB bzw. § 133 Abs. 1, 2 HGB darstellen. Ein wichtiger Grund ist dann zu bejahen, wenn in der Person des zahlungsunwilligen Gesellschafters Umstände vorliegen, die eine Fortsetzung der Gesellschaft mit ihm

---

666 *K. Wagner*, WM 2006, 1273, 1276 f.

667 *Assmann/Schütze*, in: HdbKapAnlR, § 16 Rn. 183; *Scherf*, Nachschußpflicht, S. 62; *K. Wagner*, WM 2006, 1273, 1276 f.; *ders.*, DStR 2006, 1044, 1047 f.; so auch schon die Gesetzesbegründung, vgl. hierzu Motive zum BGB, Bd. II, S. 597 (zu § 630).

668 *K. Wagner*, WM 2006, 1273, 1277; *ders.*, DStR 2006, 1044, 1048.

669 *Assmann/Schütze*, in: HdbKapAnlR, § 16 Rn. 181.

670 *Assmann/Schütze*, in: HdbKapAnlR, § 16 Rn. 183; allgemein zur Trittbrettfahrerproblematik in einer Sanierungssituation *Bitter*, ZGR 2010, 147, 149 f.

für die Mitgesellschafter als unzumutbar erscheinen lassen.[671] Lehnt der Gesellschafter eine unwirksam erhöhte Beitragspflicht ab, so beruft er sich auf sein individualschützendes Recht aus § 707 BGB. Auch wenn die Mitgesellschafter sich freiwillig zu erhöhten Beiträgen bereit erklären, so ändert dies nichts an der Unzulässigkeit der Beitragserhöhung. Würde man dem Gesellschafter die Berufung auf § 707 BGB verweigern und seine Ausschließung bejahen, so besteht die Gefahr eines faktischen[672] bzw. mittelbaren[673] Zwangs zu einer unzulässigen Beitragsleistung – also einer Nachschusspflicht. Dies ist jedoch mit dem Schutzzweck[674] und der Wertung[675] des § 707 BGB nicht vereinbar. Verstärkt wird dieser Nachschussdruck dadurch, dass Gesellschafsverträge häufig eine Abfindungsbeschränkung bei einem vorzeitigen Ausscheiden vorsehen.[676] Daher kann allein die zulässige Verweigerung der erhöhten Beitragsleistung keinen wichtigen Grund i.S.d. § 723 Abs. 1 S. 2 BGB bzw. § 133 Abs. 1, 2 HGB darstellen.[677]

Gegen das Argument der Befürworter eines Ausschließungsrechts, wonach den sanierungswilligen Gesellschaftern nur die Liquidation oder Insolvenz bliebe, wenn sie nicht die Beiträge der Mitgesellschafter übernehmen, lässt sich zudem anführen, dass für den Fall des Kapitalverlustes die Auflösung den gesetzlichen Regelfall darstellt.[678] In Bezug auf die Gefahr, dass die nachschussunwilligen Gesellschafter von einer der Mitgesellschafter vollzogenen Sanierung profitieren würden, ohne hierzu wirtschaftlich beigetragen zu haben, ist es den Erhöhungswilligen unbenommen, die Gesellschaft zu liquidieren und sodann eine Neugründung vorzunehmen.[679] Außerdem stehen den sanierungswilligen Gesellschaftern weitere Handlungsoptionen bezüglich einer Sanierung zur Verfügung, bei denen eine ungerechtfertigte Privilegierung der nicht leistungsbereiten Gesellschafter vermieden wird.[680]

---

671 BGH, Urt. v. 31.3.2003 – II ZR 8/01, NZG 2003, 625, 626; *Lorz*, in: Ebenroth/Boujong/Joost/Strohn, § 140 Rn. 5; *K. Schmidt*, in: MünchKomm-HGB, § 140 Rn. 16; *Ulmer/Schäfer*, in: MünchKomm-BGB, § 737 Rn. 8.

672 *Armbrüster*, ZGR 2009, 1, 23 f.

673 *K. J. Müller*, DB 2005, 95, 96.

674 *Schäfer*, Gesellschaftsrecht i.d. Diskussion, S. 137, 148.

675 *Armbrüster*, ZGR 2009, 1, 23.

676 BGH, Urt. v. 13.3.2006 – II ZR 295/04, NZG 2006, 425 Rn. 12; Urt. v. 19.3.2007 – II 73/06, NZG 2007, 382, 384 Rn. 30; Urt. v. 7.4.2008 – II ZR 181/04, NZG 2008, 623, 626 Rn. 13; *Armbrüster*, ZGR 2009, 1, 24; *Schäfer*, Gesellschaftsrecht i.d. Diskussion, S. 137, 148; *Ulmer/Schäfer*, in: MünchKomm-BGB, § 737 Rn. 9.

677 *Armbrüster*, ZGR 2009, 1, 23; Heymann/*Emmerich*, § 140 Rn. 21; *K. J. Müller*, DB 2005, 95, 96.

678 S. hierzu die Nachweise in Fn. 543.

679 *Armbrüster*, ZGR 2009, 1, 24.

680 Eingehend hierzu unten S. 151 ff.

Somit ist nicht von einem Ausschließungsrecht gegenüber einem Gesellschafter auszugehen, der zu Recht eine erhöhte Beitragsleistung verweigert.[681]

3. Zwischenergebnis

Entspricht eine Mehrheitsklausel in einem Gesellschaftsvertrag einer Personengesellschaft nicht den qualifizierten Bestimmtheitsanforderungen, so ist dieser Beschluss weder anfechtbar noch nichtig, sondern unwirksam. Etwaige gesellschaftsvertragliche „Anfechtungsfristen" finden daher auf diese dritte Beschlussmängelkategorie keine Anwendung. Der unwirksame Mehrheitsbeschluss entfaltet keine Bindungswirkung gegenüber dem dissentierenden Gesellschafter. Ob der Mehrheitsbeschluss auch die zustimmenden Gesellschafter rechtlich bindet, ist eine Frage des Einzelfalles. Eine Teilwirksamkeit des Beschlusses ist dann anzunehmen, wenn dies dem Willen der zustimmenden Gesellschafter entspricht. Gesellschaftsvertragliche Ausschlussfristen, die diese Geltendmachung beschränken, sind mangels Gesetzesverstoßes nicht als unwirksam anzusehen gem. § 134 BGB i.V.m. § 707 BGB. Ein Berufen hierauf ist jedoch gem. § 242 BGB treuwidrig, da der Schutzzweck des § 707 BGB durch derartige Vereinbarungen vereitelt wird. Verweigert ein Gesellschafter zulässigerweise die Leistung eines unwirksam erhöhten Beitrags, so kann er deswegen nicht gem. § 737 BGB bzw. § 140 Abs. 1 HGB aus der Gesellschaft ausgeschlossen werden. Es fehlt an dem Vorliegen eines wichtigen Grundes. Die Anerkennung eines Ausschlussrechtes führt zu einem nach § 707 BGB unzulässigen faktischen Zwang einer Nachschusspflicht.

VII. Delegation der Entscheidungsbefugnis bzgl. einer Beitragserhöhung

Bisher ist allein der in der Praxis gängige Weg analysiert worden, wie die Gesellschafter durch einen Gesellschafterbeschluss eine Beitragserhöhung herbeiführen können. Es ist jedoch denkbar, die Erhöhung des Beitrags nicht allein von der Willensbildung der Gesellschafter abhängig zu machen. So kann die Beitragserhöhung von der Entscheidung eines Beirates abhängen[682], dessen Einrichtung gerade bei Publikumspersonengesellschaften

681 Vgl. jedoch zum automatischen Ausscheiden eines Gesellschafters, soweit dieser im Rahmen einer Kapitalerhöhung keine erhöhte Beitragsleistung übernimmt („Sanieren oder Ausscheiden") unten S. 153 ff.

682 So etwa bei BGH, Urt. v. 21.5.2007 – II ZR 96/06, NZG 2007, 620.

üblich ist[683]. Möglich ist es aber auch, den Geschäftsführer oder einen Dritten über die Beitragserhöhung bestimmen zu lassen, so z. B. ein Kreditinstitut[684].

1. Entscheidungsbefugnis eines ausschließlich mit Gesellschaftern besetzten Beirates

Zunächst ist der Fall zu betrachten, dass einem Beirat die Entscheidung über eine Beitragserhöhung übertragen wird, dem ausschließlich Gesellschafter angehören. Diese Vorgehensweise betrifft eine allgemeine Problemstellung. Es stellt sich grundsätzlich die Frage, ob einem Beirat die Entscheidungsbefugnis über Vertragsänderungen, die auch bei einer Beitragserhöhung vorliegt, übertragen werden kann.[685] Nach dem sog. „Grundsatz der Verbandssouveränität" obliegt es den Gesellschaftern, den Gesellschaftsvertrag zu ändern.[686] Wird einem Beirat nunmehr die Befugnis zur Vertragsänderung überlassen, so kann dieser den Gesellschaftsvertrag grundsätzlich nicht ändern. Der Beirat ist nämlich nicht Partei des Gesellschaftsvertrages. Daher bedarf die Entscheidung des Beirates der Umsetzung durch die Gesellschafter. Allerdings ist der Grundsatz der Verbandssouveränität dann nicht betroffen, wenn dem Beirat ausschließlich Gesellschafter angehören.[687] In diesem Fall hat bereits der Beiratsbeschluss vertragsänderende Wirkung. Mithin kann einem mit Gesellschaftern besetzten Beirat die Entscheidung über die Änderung des Gesellschaftsvertrages übertragen werden.[688]

Gleichwohl sind allgemeine Grenzen der Vertragsgestaltung zu beachten.[689] So kann der Beirat etwa nicht in unverzichtbare Rechte der Gesellschafter

683 Baumbach/*Hopt*, § 163 Rn. 12; *Lüdicke/Arndt*, Geschlossene Fonds, S. 16 ff.; *K. Schmidt*, Gesellschaftsrecht, S. 1650; Staub/*Schäfer*, § 109 Rn. 49; vgl. zu den einzelnen Arten von Beiräten *Grunewald*, in: MünchKomm-HGB, § 161 Rn. 144.

684 Vgl. hierzu BGH, Urt. v. 28.9.1978 – II ZR 218/77, NJW 1979, 419; KG, Urt. v. 23.6.1978 – 5 U 1675/77, DB 1978, 1922.

685 *Grunewald*, in: MünchKomm-HGB, § 161 Rn. 155; Schlegelberger/*Martens*, § 161 Rn. 115.

686 *Enzinger*, in: MünchKomm-HGB, § 109 Rn. 15 f.; *Märtens*, in: Ebenroth/Boujong/Joost/Strohn, § 109 Rn. 16; *K. Schmidt*, Gesellschaftsrecht, S. 84 f.; Staub/*Schäfer*, § 109 Rn. 30 f.

687 *Grunewald*, in: MünchKomm-HGB, § 161 Rn. 155.

688 Schlegelberger/*Martens*, § 161 Rn. 116 (bei Grundlagen- und Strukturentscheidungen); Staub/*Schäfer*, § 109 Rn. 51; so wohl auch *Ulmer*, in: MünchKomm-BGB, § 705 Rn. 259 a. E.

689 *Enzinger*, in: MünchKomm-HGB, § 119 Rn. 57; *Reuter*, FS Steindorff, 1990, S. 229, 237 f.; Staub/*Schäfer*, § 109 Rn. 51.

eingreifen.[690] Soweit ein grundsätzlich zulässiger Eingriff in den Kernbereich der Mitgliedschaft vorgenommen wird, ist die Zustimmung der betroffenen Gesellschafter notwendig.[691] Überdies sind bei der Kompetenzübertragung auf den Beirat die das Innenverhältnis betreffenden zwingenden Normen zu berücksichtigen.[692] Entspricht der Gesellschaftsvertrag den bereits oben ausgearbeiteten Kriterien, die zur wirksamen Beitragserhöhung durch einen Mehrheitsbeschluss der Gesellschafter erforderlich sind[693], so werden diese Grenzen der Vertragsgestaltung hinreichend beachtet. Einerseits liegt kein Eingriff in ein unverzichtbares Mitgliedschaftsrecht vor.[694] Andererseits wird durch die antizipierte Zustimmung der Gesellschafter der zwingenden Norm des § 707 BGB entsprochen. Daher ist auch aus Sicht der Gesellschafter, die nicht dem Beirat angehören, ein angemessen hohes Schutzniveau gewährleistet. Durch die antizipierte Zustimmung wird dem Beirat ein begrenzter Rahmen zur Beitragserhöhung vorgegeben. Dieser ist von den Gesellschaftern absehbar, denn die mögliche Maximalbelastung geht – aufgrund der strengen Voraussetzungen – aus dem Gesellschaftsvertrag hervor.[695]

Nach einer Ansicht soll jedoch auch eine Regelung, die den qualifizierten Anforderungen entspricht, unzulässig sein.[696] So würde die Beitragserhöhung nicht mehr von der Gesamtheit bzw. Mehrheit der Gesellschafter getroffen werden, sondern nur von einer bestimmten Gesellschaftergruppe. Die weitaus überwiegende Mehrheit sähe sich in der Regel nur noch einem kleinen Kreis von Gesellschaftern unterworfen. Außerdem ergebe sich das Erfordernis eines Gesellschafterbeschlusses aus dem allgemeinen gesellschaftsrechtlichen Grundsatz, wonach über Änderungen des Gesellschaftsvertrages nur die Gesellschafter selbst befugt seien, und zwar in ihrer Gesamtheit, wenn auch ggf. durch Mehrheitsentscheidung, zu entscheiden. Dieses Prinzip liege auch dem § 26 Abs. 1 GmbHG zugrunde.[697] Die Norm sei zwar nicht auf das Personengesellschaftsrecht entsprechend anwendbar. Dennoch sei das der Norm zugrunde liegende Prinzip, wonach die Veränderung der finanziellen Beteiligung allein dem Beschluss der Gesellschafter vorbehalten sei, auf die Personengesellschaft übertragbar.

---

690 *Grunewald*, in: MünchKomm-HGB, § 161 Rn. 155; *Weipert*, in: Ebenroth/Boujong/Joost/Strohn, § 163 Rn. 12.

691 Schlegelberger/*Martens*, § 161 Rn. 116.

692 Staub/*Schäfer*, § 109 Rn. 51.

693 S. hierzu oben S. 95 ff.

694 S. hierzu oben S. 80 ff.

695 *Armbrüster*, ZGR 2009, 1, 20.

696 *Barfuß*, DB 1977, 571, 573 f.; *Voormann*, Beirat, S. 89 f.

697 *Barfuß*, DB 1977, 571, 574.

Zunächst ist gegen diese Ansicht anzuführen, dass gerade kein Verstoß gegen den Grundsatz der Verbandssouveränität vorliegt, da ausschließlich Gesellschafter dem Beirat angehören. Außerdem entscheidet nicht ein kleiner Kreis von Gesellschaftern über die Beitragserhöhung allein. Vielmehr haben sämtliche Gesellschafter bereits mit dem Abschluss des Gesellschaftsvertrages bzw. einem späteren Beitritt einer nachträglichen Beitragserhöhung antizipiert zugestimmt. Es liegt daher eine Entscheidung aller Gesellschafter zu einer Beitragserhöhung vor. Lediglich der Zeitpunkt und die genaue Höhe der Beitragserhöhung hängen vom Beirat ab. Von einer Unterwerfung der Mehrheit kann daher keine Rede sein. Vielmehr wird der Individualschutz der Gesellschafter durch die strengen Voraussetzungen, nach denen eine antizipierte Zustimmung bejaht werden kann, garantiert. Des Weiteren ist die entsprechende Heranziehung des § 26 Abs. 1 GmbHG verfehlt, denn es liegt keine vergleichbare Interessenlage vor.[698] Die vorbezeichnete Norm regelt nicht die nachträgliche Erhöhung der finanziellen Leistungen eines GmbH-Gesellschafters, sondern deren Einforderung.[699] Sollen die Leistungen der Gesellschafter einer GmbH vermehrt werden, so gilt hierbei die Parallelvorschrift zu § 707 BGB, nämlich § 53 Abs. 3 GmbHG.[700] Danach bedarf es der Zustimmung aller betroffenen Gesellschafter um beispielsweise nachträglich Nachschusspflichten einzuführen. Dem Erfordernis einer notwendigen Zustimmung aller Gesellschafter wird im Personengesellschaftsrecht jedoch gerade dadurch Genüge getan, dass für die Annahme einer antizipierten Zustimmung die qualifizierten Bestimmtheitsanforderungen an eine Mehrheitsklausel eingehalten werden müssen.

Somit ist die Delegation der Entscheidung über eine Beitragserhöhung allein am Maßstab der Verbandssouveränität zu messen. Die konkrete Vertragsgestaltung hat sich hingegen an der zwingenden Vorschrift des § 707 BGB zu orientieren. Werden beide Maßstäbe hinreichend beachtet, so ist ein Gesellschafterbeschluss nicht erforderlich. Die Entscheidung über eine nachträgliche Beitragserhöhung kann einem Beirat, dem ausschließlich Gesellschafter angehören, übertragen werden.

2. Entscheidungsbefugnis (gesellschaftsexterner) Dritter

Schwieriger stellt sich die rechtliche Beurteilung dar, wenn eine Beitragserhöhung von der Entscheidung gesellschaftsfremder Personen abhängen

698 Vgl. zu diesem Aspekt hinsichtlich des § 26 Abs. 3 GmbHG bereits oben S. 105 ff.

699 Eingehend zu den Nachschusspflichten im GmbH-Recht unten S. 240 ff.

700 KG, Urt. v. 20.12.1999 – 2 U 6691/98, NZG 2000, 688, 689; *Hueck/Fastrich*, in: Baumbach/Hueck, § 26 Rn. 7; *Roth*, in: Roth/Altmeppen, § 53 Rn. 36.

soll. Nach einer Ansicht folgt aus dem Grundsatz der Verbandssouveränität, dass Dritte generell nicht über Vertragsänderungen – und damit Beitragserhöhungen – bestimmen können.[701] Außerdem könne die Ermächtigung eines mit gesellschaftsfremden Personen besetzten Beirates keine weitreichenderen Folgen haben als ein Stimmrechtsausschluss.[702] Daher sei ein Eingriff in den Kernbereich von Gesellschafterrechten, die nur mit Zustimmung des Gesellschafters entziehbar seien, nicht möglich. Gerade im Hinblick auf die Delegation von Entscheidungen über Beitragserhöhungen auf Dritte wird ebenfalls auf den vermeintlich in § 26 Abs. 1 GmbHG verankerten allgemeinen gesellschaftsrechtlichen Grundsatz verwiesen, wonach allein ein Beschluss der Gesellschafter die finanzielle Beteiligung an der Gesellschaft ändern könne.[703] Außerdem stehe eine derartige Regelung nicht im Einklang mit der zwingenden Vorschrift des § 717 S. 1 BGB.[704] Nach dieser Norm sei es insbesondere unzulässig, die dem Gesellschafter zustehenden Verwaltungsrechte zu übertragen.[705] Dies gelte auch für das Recht des Gesellschafters, an der Veränderung des Gesellschaftsvertrages mitzuwirken.

Nach anderer Ansicht ist der Grundsatz der Verbandssouveränität zumindest dann gewahrt, wenn die Berechtigung des mit Dritten besetzten Beirates jederzeit zur Disposition der Gesellschafter steht.[706] Es sei schon aufgrund der Vertragsautonomie der Gesellschafter diesen zwingend vorbehalten, einen mit externen Personen gefassten Beiratsbeschluss durch einen Gesellschafterbeschluss aufzuheben.[707] Verfügt der Gesellschaftsvertrag nicht über eine entsprechende Regelung, so sei er dahingehend auszulegen.[708] Die Mitentscheidungsbefugnis Dritter muss nach dieser Ansicht also stets vom Willen

---

701 Staub/*Schäfer*, § 109 Rn. 32, 52; *Ulmer*, in: MünchKomm-BGB, § 705 Rn. 259, § 707 Rn. 4; *Wiedemann*, Gesellschaftsrecht I, S. 371; vgl. jedoch auch *Voormann*, Beirat, S. 122 f. (mit Hinweis auf die grundsätzliche Unzulässigkeit der Delegationsmöglichkeit von Grundlagenentscheidungen).

702 *Weipert*, in: Ebenroth/Boujong/Joost/Strohn, § 163 Rn. 12.

703 KG, Urt. v. 23.6.1978 – 5 U 1675/77, DB 1978, 1922; *Barfuß*, DB 1977, 571, 574; *Kaligin*, DB 1981, 1172, 1174.

704 KG, Urt. v. 23.6.1978 – 5 U 1675/77, DB 1978, 1922.

705 *Barfuß*, DB 1977, 571, 574.

706 *Beuthien/Gätsch*, ZHR 156 (1992), 459, 479 (zum Körperschaftsrecht); *Grunewald*, in: MünchKomm-HGB, § 161 Rn. 155; Schlegelberger/*Martens*, § 161 Rn. 119; *Thümmel*, DB 1995, 2461, 2463; *Timm/Schöne*, in: Bamberger/Roth, § 707 Rn. 9 a.E.; *C. Weber*, Privatautonomie, S. 330 f.; vgl. ebenfalls *Reuter*, FS Steindorff, 1990, S. 229, 231.

707 Schlegelberger/*Martens*, § 161 Rn. 119; vgl. auch Staub/*Schäfer*, § 109 Rn. 54.

708 *Grunewald*, in: MünchKomm-HGB, § 161 Rn. 155; *C. Weber*, Privatautonomie, S. 331.

der Gesellschafter abhängig sein.[709] Insbesondere aufgrund der Neutralität und Kompetenz eines Dritten könne die Übertragung der Entscheidungsbefugnis bei Beitragserhöhungen durchaus sachgerecht sein.[710]

Der BGH hat bisher nicht abschließend über die Zulässigkeit und Voraussetzungen einer Ermächtigung Dritter zu Vertragsänderungen entschieden. In einer Entscheidung hatte der BGH über eine Klausel zu befinden, wonach ein Kreditinstitut ohne weitere Voraussetzungen, insbesondere eines Gesellschafterbeschlusses, die Erhöhung der Kommanditeinlage verlangen konnte.[711] Zum Zeitpunkt der Anforderung der Geldmittel stand bereits fest, dass diese ausschließlich zur Befriedigung von Gesellschaftsgläubigern verwendet werden sollten und nicht für die Verwirklichung des Gesellschaftszwecks bestimmt waren.[712] Vor diesem Hintergrund diskutierte der BGH nicht die Wirksamkeit der Klausel, sondern verneinte eine Zahlungspflicht aufgrund einer restriktiven Vertragsauslegung. Danach könne die Erhöhung der Kommanditeinlage nur dann gefordert werden, wenn die Erhöhung im Gesellschaftsinteresse und das zusätzliche Kapital für den Betrieb des Unternehmens, den Gesellschaftszweck, bestimmt sei. Zwar können sich die Gesellschafter auch bei Vermögensverfall der Gesellschaft zu Nachschüssen verpflichten. Dies sei jedoch ungewöhnlich und könne nur angenommen werden, wenn dies im Gesellschaftsvertrag deutlich für diesen Fall vorgesehen ist. Das KG, dem ein gleichlautender Vertrag zur Entscheidung vorlag, hat die Wirksamkeit der Klausel verneint.[713] Zur Begründung hat das Gericht vor allem auf das Abspaltungsverbot nach § 717 S. 1 BGB sowie das Erfordernis eines Gesellschafterbeschlusses in Anlehnung an § 26 Abs. 1 GmbHG abgestellt.

In einer weiteren Entscheidung hat es der BGH ausdrücklich offen gelassen, unter welchen Voraussetzungen und mit welchen Wirkungen Beiräte mit gesellschaftsexternen Personen zu Änderungen des Gesellschaftsvertrages ermächtigt werden können, die die Rechtsstellung einzelner oder aller Gesellschafter verkürzen.[714] Im konkreten Fall beschloss der Verwaltungsrat einer Publikums-KG die gesellschaftsvertraglich zugesagte Verzinsung der Kapitaleinlage von 15% p.a. vorübergehend auszusetzen. Hierbei nahm der BGH sowohl die Zulässigkeit der Ermächtigung des Verwaltungsrates als auch die Wirksamkeit des Verwaltungsratsbeschlusses über die Stundung

709 *Beuthien/Gätsch*, ZHR 156 (1992), 459, 474 f.; *C. Weber*, Privatautonomie, S. 331.
710 *Timm/Schöne*, in: Bamberger/Roth, § 707 Rn. 9 a.E.
711 BGH, Urt. v. 28.9.1978 – II ZR 218/77, NJW 1979, 419.
712 BGH, Urt. v. 28.9.1978 – II ZR 218/77, NJW 1979, 419, 420.
713 Vgl. hierzu die Nachweise in Fn. 703.
714 BGH, Urt. v. 19.11.1984 – II ZR 102/84, NJW 1985, 972, 973.

der Zinsen an. Grund hierfür war, dass die Gesellschafter nach Ansicht des BGH wegen der gesellschaftsrechtlichen Treuepflicht gehalten waren, den insoweit notwendigen Maßnahmen zuzustimmen. Bestehe eine solche Zustimmungspflicht, so könne die Ermächtigung und die Maßnahmen des Verwaltungsrates nicht mit der Begründung als unwirksam angesehen werden, sie verkürzten in unzulässiger Weise die rechtliche und vermögensmäßige Position der Gesellschafter. Ergänzend ist darauf hinzuweisen, dass nach Ansicht des BGH die Gesellschafterversammlung nicht „entmachtet" worden ist und ihre Aufgaben nicht uneingeschränkt auf den Beirat übertragen hat.[715] Der Klausel hinsichtlich der Übertragung von Kompetenzen auf den Beirat folgte nämlich die Erklärung: „Die Rechte der Gesellschafterversammlung bleiben unberührt." Somit sei ihre Stellung vielmehr rechtlich und tatsächlich unangetastet geblieben. Daher liege keine Verdrängung der Mitgliedschaftsrechte vor. Die Gesellschafterversammlung konnte die Entscheidungen und Beschlüsse des Beirates außer Kraft setzen. Daher stehe dies auch der Annahme entgegen, dass die notwendig mit dem Gesellschaftsanteil verbundenen Verwaltungsrechte der Gesellschafter in unzulässiger Weise von ihnen gelöst worden seien.

Obwohl der BGH nicht ausdrücklich die Voraussetzungen einer zulässigen Übertragung von Kompetenzen der Gesellschafterversammlung auf einen mit Dritten besetzten Beirat genannt hat, lassen sich gleichwohl allgemeine Schlussfolgerungen aus dem Urteil ziehen. Aufgrund des besonderen Hinweises des BGH zur fehlenden Entmachtung der Gesellschafterversammlung lässt sich schlussfolgern, dass vom Gericht insoweit kein Verstoß gegen den Grundsatz der Verbandssouveränität angenommen wurde. Dies deckt sich mit der Ansicht, die entscheidend auf die Rückholbarkeit der Entscheidungsbefugnis des Beirates oder Dritten abstellt.[716] Für diese Ansicht spricht, dass es den Gesellschaftern unter diesen Voraussetzungen jederzeit möglich ist, Entscheidungen des Beirates bzw. eines sonstigen Dritten zu ändern oder aufzuheben. Mithin liegt keine wesentliche Beschränkung ihrer Kompetenzen vor. Ein Verstoß gegen den Grundsatz Verbandssouveränität ist daher abzulehnen. Es bleibt ihnen unbenommen, eigene Beschlüsse im Hinblick auf vertragliche Änderungen zu treffen oder Entscheidungen des Beirates bzw. Dritten zu revidieren. Dies kann jedoch nur dann angenom-

715 BGH, Urt. v. 19.11.1984 – II ZR 102/84, NJW 1985, 972, 973.

716 *Beuthien/Gätsch*, ZHR 156 (1992), 459, 479 (zum Körperschaftsrecht); *Grunewald*, in: MünchKomm-HGB, § 161 Rn. 155; Schlegelberger/*Martens*, § 161 Rn. 119; *Thümmel*, DB 1995, 2461, 2463; *Timm/Schöne*, in: Bamberger/Roth, § 707 Rn. 9 a.E.; *C. Weber*, Privatautonomie, S. 330 f.; vgl. ebenfalls *Reuter*, FS Steindorff, 1990, S. 229, 231.

men werden, wenn der Beirat oder sonstige Dritte neben die Gesellschafterversammlung treten und bei Vertragsänderungen keine Letztentscheidungsbefugnis besitzen.[717] Der Grundsatz der Verbandssouveränität ist daher bei einer Vertragsgestaltung, wonach die Rechte der Gesellschafterversammlung bzw. der Gesellschafter ausdrücklich unberührt bleiben, gewahrt. In solch einem Fall liegt somit auch kein Verstoß gegen § 717 S. 1 BGB vor, denn es werden keine Verwaltungsrechte vom Gesellschaftsanteil abgespalten. Jedoch muss ein Verstoß dann angenommen werden, wenn ein Dritter eine Beitragserhöhung verlangen kann, ohne dass diese Entscheidung von den Gesellschaftern außer Kraft gesetzt werden kann.

Des Weiteren ist von Interesse, dass der BGH die Zulässigkeit der Stundungsvereinbarung angenommen hat. Nach Ansicht des II. Zivilsenats waren nämlich sämtliche Gesellschafter verpflichtet, dieser Maßnahme aufgrund der gesellschaftsrechtlichen Treuepflicht zuzustimmen. Mithin lag nach Auffassung des BGH eine zulässige Verkürzung der rechtlichen und vermögensmäßigen Position der Gesellschafter vor.[718] Der Anspruch der Gesellschafter auf 15% Zinsen p.a. auf die eingezahlte Kommanditeinlage ist rechtlich als gewinnunabhängiges Entnahmerecht zu bewerten. Wird dieses Recht nunmehr aufgrund einer Stundungsvereinbarung verkürzt, so ist dies als ein Eingriff in den unentziehbaren Kernbereich der Gesellschafter zu werten, welcher der Zustimmung aller betroffenen Gesellschafter bedarf.[719] Im Ergebnis hat der BGH also einen zulässigen Kernbereichseingriff aufgrund einer Zustimmungspflicht bejaht, obwohl ein mit Dritten besetzter Beirat über diesen entschieden hat. Im Hinblick auf die rechtliche Beurteilung kann nichts anderes gelten, wenn die Gesellschafter die erforderliche Zustimmung antizipiert ausüben. In diesem Fall ist der Eingriff in den Kernbereich ebenfalls gerechtfertigt. Bezogen auf eine Beitragserhöhung wird dem Schutzbedürfnis der Gesellschafter dadurch Rechnung getragen, dass die Benennung einer Obergrenze erforderlich ist, damit eine antizipierte Zustimmung zu einer nachträglichen Beitragserhöhung vorliegt. Hierdurch wird dem drittbesetzten Beirat oder sonstigen Dritten ein bestimmter Rahmen zur Beitragserhöhung vorgegeben, der für die Gesellschafter auch absehbar ist. Es kann für die antizipierte Zustimmung und deren Wirksamkeit keinen

---

717 *Thümmel*, DB 1995, 2461, 2463 spricht daher insoweit von einer konkurrierenden Zuständigkeit, im Gegensatz zur verdrängenden; vgl. auch *C. Weber*, Privatautonomie, S. 330 f. (zum Zustimmungsvorbehalt eines drittbeeinflussten Beirates).

718 BGH, Urt. v. 19.11.1984 – II ZR 102/84, NJW 1985, 972, 973.

719 *Ehricke*, in: Ebenroth/Boujong/Joost/Strohn, § 122 Rn. 53; *Mutter*, in: MüHdbGesR-KG, § 8 Rn. 32; *Priester*, in: MünchKomm-HGB, § 122 Rn. 57.

Unterschied machen, ob sie von einem Mehrheitsbeschluss oder der Entscheidung eines drittbesetzten Beirats oder sonstigen Dritten abhängt.[720] Zudem ändert sich hierdurch nichts am Schutzniveau der Gesellschafter. Demnach kann nichts anderes gelten, als bei einer nachträglichen Beitragserhöhung durch einen ausschließlich mit Gesellschaftern besetzten Beirat.

Zusammenfassend wird also die Ermächtigung eines mit gesellschaftsexternen Personen besetzten Beirates oder sonstigen Dritten über eine Beitragserhöhung zu entscheiden, durch zwei Faktoren begrenzt. Zum einen ist der Grundsatz der Verbandssouveränität zu beachten. Dieser ist dann gewahrt, wenn die Entscheidungsmöglichkeit des Dritten neben die der Gesellschafter tritt. Überdies muss die Entscheidung des Dritten über die Beitragserhöhung durch die Gesellschafter abänderbar bzw. aufhebbar sein. Zum anderen muss jeder Gesellschafter der Beitragserhöhung zustimmen. Durch Einhaltung der qualifizierten Bestimmtheitsvoraussetzungen[721] kann dies bereits antizipiert im Gesellschaftsvertrag geschehen. Hierdurch werden die Gesellschafter hinreichend geschützt, da nur im Rahmen der Zustimmung eine Beitragserhöhung vollzogen werden kann. Zudem hat die Verpflichtung zur Beitragserhöhung aufgrund der Entscheidung eines Dritten keine Auswirkung auf die Anforderungen der antizipierten Zustimmung. Das Erfordernis eines zwingend erforderlichen Gesellschafterbeschlusses wegen der vergleichenden Heranziehung des § 26 Abs. 1 GmbHG ist auch bei der Entscheidungsbefugnis Dritter abzulehnen.

VIII. Handlungsoptionen leistungsbereiter Gesellschafter im Sanierungsfall

1. Problemstellung

Liegt ein Sanierungsfall der Gesellschaft vor, so ist denkbar, dass ein Mehrheitsbeschluss über eine Beitragserhöhung aus mehreren Gründen nicht zustande kommt oder unwirksam ist. Zum einen kann es – etwa mangels wirksamer Mehrheitsklausel – an der notwendigen Zustimmung sämtlicher Gesellschafter fehlen. Zum anderen ist es aber auch möglich, dass schon ein gesellschaftsvertraglich notwendiges (qualifiziertes) Mehrheitsquorum nicht erreicht wird. Außerdem wird man eine Zustimmungspflicht zur Beitragserhöhung aufgrund der strengen Voraussetzungen nur selten annehmen kön-

720 *Armbrüster*, ZGR 2009, 1, 20.

721 S. hierzu oben S. 95 ff.

nen.[722] In diesem Fall stellt sich die Frage, wie leistungsbereite Gesellschafter vorgehen können, um die Gesellschaft dennoch zu sanieren.[723]

2. Freiwillige Erhöhung der Beiträge

Zunächst kommt in Betracht, dass die sanierungswilligen und leistungsbereiten Gesellschafter freiwillig höhere Beiträge an die Gesellschaft leisten. Hierzu werden diese in der Regel aber nur dann bereit sein, wenn sich eine freiwillige Beitragserhöhung positiv auf ihre Beteiligungsverhältnisse auswirkt.[724] Ansonsten würden nämlich die nicht leistungsbereiten Gesellschafter, die keinerlei finanzielles Risiko eingehen, im Falle einer erfolgreichen Sanierung ungerechtfertigt bevorzugt.[725] Jedoch hat allein die einseitige freiwillige Beitragserhöhung eines Gesellschafters keinen Einfluss auf seine Beteiligungsverhältnisse, denn hierzu bedarf es stets der Zustimmung aller Gesellschafter.[726] Schon der Gesetzgeber ging davon aus, dass selbst bei einem gleich bleibenden Gewinnanteil ein Gesellschafter eine freiwillige Beitragserhöhung von Mitgesellschaftern nicht dulden müsse, da dies gegen den Gesellschaftsvertrag verstoße.[727] Mithin ist die freiwillige Leistung erhöhter Beiträge für leistungsbereite Gesellschaft grundsätzlich kein adäquates Mittel zur Sanierung der Gesellschaft.

3. Ausschließung nicht leistungsbereiter Gesellschafter

Bereits dargelegt worden ist, dass ein Ausschluss der nicht leistungsbereiten Gesellschafter keinen gangbaren Weg darstellt, um anschließend mit einem verkleinerten, sanierungswilligen Gesellschafterkreis die Gesellschaft fortzuführen.[728] Die zulässige Verweigerung erhöhte Beiträge zu leisten stellt nämlich keinen wichtigen Grund dar, der einen Gesellschafterausschluss rechtfertigen kann.

---

722 Eingehend hierzu oben S. 115 ff.

723 *Schäfer*, Gesellschaftsrecht i. d. Diskussion, S. 137, 147 weist insoweit auf die spärliche Erörterung des Themas in der Literatur hin.

724 *Armbrüster*, ZGR 2009, 1, 17.

725 *Schäfer*, Gesellschaftsrecht i. d. Diskussion, S. 137, 148 f.

726 *Armbrüster*, ZGR 2009, 1, 17; Baumbach/*Hopt*, § 109 Rn. 13; Erman/*Westermann*, § 707 Rn. 4; Soergel/*Hadding*, § 707 Rn. 4; *Timm/Schöne*, in: Bamberger/Roth, § 707 Rn. 10; *Ulmer/Schäfer*, in: MünchKomm-BGB, § 707 Rn. 10.

727 Motive zum BGB, Bd. II, S. 597 (zu § 630); zustimmend *Armbrüster*, ZGR 2009, 1, 17.

728 S. hierzu oben S. 141 ff.

4. „Sanieren oder Ausscheiden"

Eine Fallgruppe, welche die Grundgedanken der beiden soeben genannten Vorgehensweisen kombiniert, lässt sich als „Sanieren oder Ausscheiden" bezeichnen. Hierbei wird zum einen eine Kapitalerhöhung[729] beschlossen. Zum anderen wird im Gesellschafterbeschluss festgelegt, dass bei fehlender Übernahme der neuen Anteile bis zu einem bestimmten Zeitpunkt nicht leistungsbereite Gesellschafter automatisch aus der Gesellschaft ausscheiden. Fraglich ist, inwieweit eine solche Vorgehensweise für die leistungsbereiten Gesellschafter geeignet ist, um eine Personengesellschaft zu sanieren. In einer aktuellen Entscheidung hat der BGH zu diesem Problemkreis ausführlich Stellung genommen.[730]

a) Sachverhalt des BGH-Urteils v. 19.10.2009 – II ZR 240/08 („Sanieren oder Ausscheiden")

Der Entscheidung lag folgender Sachverhalt zu Grunde:[731] Die Klägerin, ein geschlossener Immobilienfonds in der Rechtsform einer GmbH & Co. OHG, kam aufgrund von Kürzungen der Fördermittel und der Nichtdurchsetzbarkeit kostendeckender Mieten in eine schwere finanzielle Schieflage. Nach der Ausarbeitung eines Sanierungskonzeptes, in der die Sanierungsbedürftigkeit, aber auch die Sanierungsfähigkeit der Klägerin festgestellt wurde, fasste die Gesellschafterversammlung im Oktober 2002 mehrere Beschlüsse. So wurde das Nominalkapital herabgesetzt und dieses sodann mit Neukapital (effektiv) erhöht. Zudem fasste die Gesellschafterversammlung den Beschluss, dass die Übernahme des Neukapitals auf freiwilliger Basis erfolgt und bei fehlender rechtsverbindlicher Übernahme der betroffene Gesellschafter zum 31. Dezember 2003 ausscheidet. Die vier Beklagten waren Gesellschafter der Klägerin. Zwei der Beklagten stimmten den vorbezeichneten Beschlüssen zu, zwei jedoch dagegen.[732] Im Februar 2003 schloss die Klägerin mit den Gläubigerbanken eine Sanierungsvereinbarung, die im Gegenzug zu den Gesellschafterbeiträgen einen Erlass der Gläubigerbanken zum Gegenstand hatte. Die vier Beklagten übernahmen nicht bis zum 31. Dezember 2003 entsprechend ihrer bisherigen Beteiligungshöhe einen Anteil an der

729 Eingehend zum Ablauf einer Kapitalerhöhung in einer Personengesellschaft unten S. 158 ff.

730 BGH, Urt. v. 19.10.2009 – II ZR 240/08, BGHZ 183, 1 = NJW 2010, 65 – *„Sanieren oder Ausscheiden"*.

731 BGH, Urt. v. 19.10.2009 – II ZR 240/08, BGHZ 183, 1 ff. Rn. 1 ff. = NJW 2010, 65 – *„Sanieren oder Ausscheiden"*.

732 BGH, Urt. v. 19.10.2009 – II ZR 240/08, BGHZ 183, 1, 3 Rn. 3 = NJW 2010, 65 – *„Sanieren oder Ausscheiden"*.

beschlossenen Kapitalerhöhung. Schließlich erstellte die Klägerin eine Auseinandersetzungsrechnung und errechnete einen Auseinandersetzungsfehlbetrag hinsichtlich der vier Beklagten. Die sich hieraus ergebenden Beträge sind Gegenstand der Klage.

b) Rechtliche Erwägungen des BGH

Nach Ansicht des BGH sind sämtliche Beklagten zum 31. Dezember 2003 aus der Gesellschaft ausgeschieden, da sie nicht die Kapitalerhöhung gezeichnet hatten.[733] Der Beschluss hinsichtlich der Erweiterung der Gründe zum Ausscheiden aus der Gesellschaft sei gegenüber den Beklagten wirksam. Daher seien sie grundsätzlich gem. § 739 BGB i.V.m. § 105 Abs. 3 HGB zur Erstattung des Auseinandersetzungsfehlbetrages verpflichtet. Der Beschluss der Gesellschafter sei formell wirksam gefasst worden, denn die nach dem Gesellschaftsvertrag erforderliche qualifizierte Mehrheit von drei Vierteln der abgegebenen Stimmen für Änderungen des Gesellschaftsvertrages sei erreicht worden. Zudem sei der Entzug der Gesellschafterstellung durch ein zwangsweises Ausscheiden nur mit Zustimmung des betroffenen Gesellschafters möglich. Zwei der Beklagten erklärten ihre Zustimmung, so dass ihnen gegenüber der Beschluss wirksam sei. Dies gelte insbesondere auch dann, wenn nicht sämtliche Gesellschafter dem Beschluss zugestimmt haben. Denn es sei nicht ersichtlich, dass die zustimmenden Beklagten ihre Zustimmung von einer Zustimmung sämtlicher Gesellschafter abhängig gemacht hätten.[734] Hinsichtlich der nicht zustimmenden Gesellschafter müssen diese sich nach Ansicht des BGH so behandeln lassen, als hätten sie zugestimmt.[735] Grund hierfür sei, dass sie aufgrund der gesellschaftsrechtlichen Treuepflicht zur Zustimmung verpflichtet gewesen seien. Der Beschluss sei ihnen gegenüber wirksam, denn ein treupflichtwidriges Verhalten liege darin, nicht an den Sanierungspflichten teilzunehmen, gleichwohl aber in der Gesellschaft verbleiben zu wollen.[736] Unter Bezugnahme der ständigen Rechtsprechung des II. Zivilsenats geht dieser im konkreten Fall davon aus, dass gemessen hieran eine Zustimmungspflicht bestand. So sei die Sanierung der

733 BGH, Urt. v. 19.10.2009 – II ZR 240/08, BGHZ 183, 1, 4 ff. Rn. 10 ff. = NJW 2010, 65 – *„Sanieren oder Ausscheiden"*.

734 BGH, Urt. v. 19.10.2009 – II ZR 240/08, BGHZ 183, 1, 6 f. Rn. 19 f. = NJW 2010, 65 – *„Sanieren oder Ausscheiden"*; ausführlich zur Bindungswirkung eines Mehrheitsbeschlusses oben S. 133 ff.

735 BGH, Urt. v. 19.10.2009 – II ZR 240/08, BGHZ 183, 1, 6 Rn. 17 = NJW 2010, 65 – *„Sanieren oder Ausscheiden"*.

736 BGH, Urt. v. 19.10.2009 – II ZR 240/08, BGHZ 183, 1, 8 ff. Rn. 22 ff. = NJW 2010, 65 – *„Sanieren oder Ausscheiden"*; vgl. ebenfalls zu den Kriterien einer Zustimmungspflicht oben S. 115 ff.

Gesellschaft im Vergleich zur sonst unvermeidlichen Zerschlagung wirtschaftlich sinnvoll gewesen. Im Falle der Liquidation hätten die Beklagten gem. § 735 BGB i.V.m. § 105 Abs. 3 HGB einen Fehlbetrag zu leisten gehabt, der ca. 130% des ursprünglich aufgebrachten Beitrags betragen hätte.[737] Hingegen sei aus Sicht eines wirtschaftlich denkenden Gesellschafters die Fortführung der Gesellschaft nicht von vornherein sinnlos gewesen. Den risikobereiten Gesellschaftern sei es nicht zumutbar gewesen, mit den nicht leistungsbereiten Gesellschaftern die Gesellschaft fortzusetzen.[738] So wären bei einer erfolgreichen Sanierung die nicht leistungsbereiten Gesellschafter nicht nur am Gewinn beteiligt.[739] Vor allem wären die nicht zahlungsbereiten Gesellschafter ohne jeden eigenen finanziellen Beitrag und nur aufgrund der Tatsache, dass die Mitgesellschafter das Sanierungsrisiko übernommen haben, von den auf sie entfallenden Gesellschaftsschulden, vgl. § 735 BGB i.V.m. § 105 Abs. 3 HGB, frei geworden. Den zahlenden Gesellschaftern sei es jedoch im Verhältnis zu den nicht leistenden Gesellschaftern nicht zumutbar, sowohl die Schuldenfreiheit als auch die Gewinnbeteiligung zu finanzieren. Dieser nicht anderweitig zu rechtfertigende wirtschaftliche Vorteil der nicht zahlungsbereiten Gesellschafter sei hier nur durch das Ausscheiden zu verhindern. Diesem Befund stünden auch nicht schützenswerte Belange der zahlungsunwilligen Gesellschafter entgegen. Diese würden durch ein Ausscheiden finanziell sogar besser gestellt, als wenn es zur Liquidation der Gesellschaft gekommen wäre.[740] Zudem entspreche das Ausscheiden der persönlichen Finanzentscheidung der nicht zustimmenden Gesellschafter.[741] Die Entscheidung gegen die Aufbringung weiteren Kapitals bedeute zugleich, dass sich die nicht zustimmenden Gesellschafter gegen die Fortführung der Gesellschaft entschieden haben und aufgrund der wirtschaftlichen Schieflage der Gesellschaft zwangsläufig auch für deren Auflösung. Daher müssten sie die finanziellen Folgen der Auflösung tragen. Hinsichtlich einer Liquidation der Gesellschaft, gefolgt von

737 BGH, Urt. v. 19.10.2009 – II ZR 240/08, BGHZ 183, 1, 8 f. Rn. 26 f. = NJW 2010, 65 – *„Sanieren oder Ausscheiden"* mit ziffernmäßiger Benennung der jeweiligen (Fehl)-Beträge der vier Beklagten.

738 BGH, Urt. v. 19.10.2009 – II ZR 240/08, BGHZ 183, 1, 10 Rn. 29 = NJW 2010, 65 – *„Sanieren oder Ausscheiden"*.

739 BGH, Urt. v. 19.10.2009 – II ZR 240/08, BGHZ 183, 1, 10 ff. Rn. 31 f. = NJW 2010, 65 – *„Sanieren oder Ausscheiden"*.

740 Im konkreten Fall betrug der Unterschied ca. 13% bezogen auf den ursprünglich von den Gesellschaftern erbrachten Beitrag, vgl. hierzu BGH, Urt. v. 19.10.2009 – II ZR 240/08, BGHZ 183, 1, 11 Rn. 32 = NJW 2010, 65 – *„Sanieren oder Ausscheiden"*.

741 BGH, Urt. v. 19.10.2009 – II ZR 240/08, BGHZ 183, 1, 11 Rn. 32 = NJW 2010, 65 – *„Sanieren oder Ausscheiden"*.

einer Fortführung der Gesellschaft in einer anderen personellen Zusammensetzung, sei ein schützenswerter Grund nicht erkennbar. So sei dieser Weg nicht nur mit höheren finanziellen Belastungen der zahlungsbereiten Gesellschafter verbunden, sondern es bestünde auch die Gefahr die Unterstützung der Banken zu verlieren.

c) Stellungnahme

Mit dem vorbezeichneten Urteil hat der BGH erstmals im Personengesellschaftsrecht zur Frage der Zustimmungspflicht im Rahmen einer Sanierung mittels eines Kapitalschnitts, verbunden mit einem automatischen Ausscheiden bei fehlender Übernahme neuer Anteile, Stellung genommen. Fraglich ist jedoch, ob sich aus der Entscheidung allgemeine Kriterien bezüglich der Sanierung einer Personengesellschaft ableiten lassen und inwieweit die Entscheidung auf vergleichbare Sachverhalte anwendbar ist.

Die Relevanz der Entscheidung bezüglich der Sanierung von Personengesellschaften zeigt sich darin, dass sie einen typischen Sanierungssachverhalt aufzeigt, der sich auch in anderen Personengesellschaften stets wiederholen kann. Dies gilt insbesondere für Publikumspersonengesellschaften. Außerdem hat der BGH Kriterien benannt, nach denen ein Gesellschafter zum Ausscheiden aus der Gesellschaft verpflichtet ist, soweit er nicht zur Leistung weiterer Beiträge bereit ist. Hierdurch kann eine ungerechtfertige Bevorzugung der nicht leistungsbereiten Gesellschafter verhindert werden. Zudem kann die Gesellschaft ohne Verstoß gegen das Belastungsverbot saniert werden.[742] Mithin stellt die soeben dargestellte Vorgehensweise nach dem Prinzip „Sanieren oder Ausscheiden" grundsätzlich eine geeignete Sanierungsmöglichkeit für die leistungsbereiten Gesellschafter dar.

Gleichwohl bestehen aus mehreren Gesichtspunkten Bedenken, ob das Urteil über den entschiedenen Sachverhalt hinaus als Maßstab für die Sanierung einer Personengesellschaft herangezogen werden kann.[743] Es ist zu beachten, dass der vom BGH entschiedene Sachverhalt Besonderheiten aufweist. So wird es bei der Sanierung einer (Publikums-)Personengesellschaft nicht selbstverständlich sein, dass die Gesellschafter bei fehlender Zeichnung im Rahmen einer Kapitalerhöhung aus der Gesellschaft ausscheiden müssen. Problematisch ist insoweit vor allem, dass die Zustimmung sämtlicher betroffener Gesellschafter erforderlich ist, um eine entsprechende vertragsändernde Klausel einzufügen. Zwar kann in Ausnahmefällen – wie im

742 Vgl. hierzu oben S. 33 f.

743 Skeptisch insoweit auch *Haas*, NJW 2010, 984, 985; *Paul/Richter*, DB 2010, 2153, 2157 (betr. Schiffsfonds); *Weber*, DStR 2010, 702, 705.

vom BGH entschiedenen Fall – eine Zustimmungspflicht gegeben sein. Jedoch sollte nicht verkannt werden, dass eine solche vom BGH aufgrund einer im Einzelfall getroffenen Abwägung bejaht worden ist.[744] Daher kann zwar nach dem Prinzip „Sanieren oder Ausscheiden" eine leistungsbereite Mehrheit der Gesellschafter eine Sanierung vollziehen. Gleichwohl muss die erforderliche Zustimmung der vom Ausscheiden betroffenen Gesellschafter beachtet werden. Vorbehaltlich gesellschaftsvertraglicher Regelungen ist daher hinsichtlich des vertragsänderenden Gesellschafterbeschlusses Einstimmigkeit erforderlich. Entsprechende wirksame Mehrheitsklauseln werden aufgrund der Aktualität der BGH-Entscheidung in den Gesellschaftsverträgen derzeit wohl nicht vorhanden sein. Daher wird bei fehlender Einstimmigkeit grundsätzlich ein Verbleib der nicht leistungsbereiten Gesellschafter in Betracht kommen, die eine Verringerung ihrer quotalen Beteiligung hinnehmen müssen. Selbst wenn entsprechende Klauseln im Gesellschaftsvertrag vereinbart werden oder bereits vorhanden sind, kann das zwangsweise Ausscheiden bei einer fehlenden Übernahme eines Anteils im Rahmen der Kapitalerhöhung im Hinblick auf die Sanierung der Gesellschaft durchaus zweckwidrig sein. Es ist nicht kategorisch ausgeschlossen, dass ein Ausscheiden eines Gesellschafters gegenüber einer Liquidation der Gesellschaft vorteilhafter ist.[745] In diesem Fall könnte es eine Vielzahl der Gesellschafter vorziehen sich nicht an der Kapitalerhöhung zu beteiligen, sondern ein Ausscheiden zu präferieren. Dies gilt insbesondere dann, wenn Zweifel am Sanierungskonzept bestehen. Hierdurch besteht die Gefahr, dass sich nicht ausreichend Gesellschafter an der Kapitalerhöhung beteiligen und aufgrund dessen eine erfolgreiche Sanierung ausgeschlossen wird. Hiergegen kann insbesondere nicht eingewendet werden, dass sich bereits durch das Zustandekommen eines entsprechenden Gesellschafterbeschlusses eine Gesellschaftermehrheit für eine Kapitalerhöhung ausgesprochen hat. Die Zeichnung des Kapitals ist nämlich gerade freiwillig.[746] Mithin besteht allein wegen des Abstimmungsverhaltens noch keine Sicherheit darüber, ob die Mehrheit der Gesellschafter sich auch tatsächlich zu einer Erhöhung des Beitrags entscheidet. Zudem kann es für die verbliebenen, grundsätzlich leistungsbereiten Gesellschafter durchaus nachteilig sein, die Folgen der Liquidation der Gesellschaft alleine tragen zu müssen. Diese Gefahr wird dadurch verhindert, dass im Rahmen einer Kapitalerhöhung keine Möglich-

744 Insoweit weist *Goette* darauf hin, dass die Frage der Treuwidrigkeit bei einer anderen Fallgestaltung freilich auch anders beantwortet werden kann, vgl. GWR 2010, 1, 3; *Priester*, ZIP 2010, 497, 501 mit Fn. 50; *Westermann*, NZG 2010, 321, 322.

745 Vgl. zum relativ geringen Unterschiedsbetrag oben Fn. 740; vgl. hierzu auch *Westermann*, NZG 2010, 321, 324.

746 Vgl. zu diesem Aspekt unten S. 164.

keit des automatischen Ausscheidens geschaffen wird. Sollte in solch einem Fall nicht das erforderliche Kapital gezeichnet werden, so haben sämtliche Gesellschafter die Folgen der Liquidation zu tragen.

Abschließend lässt sich festhalten, dass das Prinzip „Sanieren oder Ausscheiden" grundsätzlich eine geeignete Handlungsoption für eine leistungsbereite Mehrheit der Gesellschafter zur Sanierung einer Personengesellschaft darstellt. Insbesondere wird hierdurch eine ungerechtfertigte Bevorzugung der nicht leistungsbereiten Gesellschafter verhindert. Gleichwohl bestehen auch gewisse Nachteile hinsichtlich dieser Vorgehensweise. So besteht die Gefahr, dass viele Gesellschafter die Möglichkeit des Ausscheidens nutzen und aufgrund dessen nicht das erforderliche Kapital gezeichnet wird. Zudem haben bei einem Scheitern der Sanierung die leistungsbereiten Gesellschafter die Folgen der Liquidation zu tragen. Außerdem bedarf ein entsprechender Beschluss – vorbehaltlich gesellschaftsvertraglicher Regelungen – der Einstimmigkeit. Eine Zustimmungspflicht kann hingegen nur in Ausnahmefällen angenommen werden.

5. Kapitalerhöhung

Aufgrund der vorstehenden Bedenken hinsichtlich des Prinzips „Sanieren oder Ausscheiden" soll noch eine weitere Handlungsoption für leistungsbereite Gesellschafter näher in den Blick genommen werden. Dabei kommt im Rahmen einer Sanierung eine Kapitalerhöhung – ggf. in Form eines Kapitalschnitts[747] – ohne automatisches Ausscheiden nicht leistungsbereiter Gesellschafter in Betracht. Dabei ist insbesondere von Interesse, inwieweit sich die nicht leistungsbereiten Gesellschafter im Falle einer wirtschaftlichen Krise der Gesellschaft einer Erhöhung der Beiträge durch ihre Mitgesellschafter widersetzen können. Diesbezüglich wird diskutiert, dass die Gesellschafter aufgrund der gesellschaftsrechtlichen Treuepflicht gehalten sein können den Sanierungsversuchen der Mitgesellschafter, und damit einer Anteilsverschiebung, zuzustimmen.[748] Die Sanierung kann dabei durch eine Erhöhung der Beiträge einiger leistungsbereiter Gesellschafter durchgeführt werden. Dieses Vorgehen entspricht einer Kapitalerhöhung in der AG bzw. GmbH, vgl. hierzu §§ 182 ff. AktG sowie §§ 55 ff. GmbHG. Sie stellt grundsätzlich

747 Vgl. hierzu unten S. 162.

748 *Armbrüster*, ZGR 2009, 1, 17 f.; Baumbach/*Hopt*, § 109 Rn. 13; Erman/*Westermann*, § 707 Rn. 4; *Grunewald*, FS Großfeld, 1999, S. 319, 333 f.; *K. J. Müller*, DB 2005, 95, 96; *K. Schmidt*, Gesellschaftsrecht, S. 134; Soergel/*Hadding*, § 707 Rn. 4; *Timm/Schöne*, in: Bamberger/Roth, § 707 Rn. 10; *Ulmer/Schäfer*, in: MünchKomm-BGB, § 707 Rn. 10.

durch die Zuführung von Haftkapital ein wirksames Sanierungsmittel zur Abwendung einer wirtschaftlichen Krise der Gesellschaft dar.[749] Die Kapitalerhöhung ist jedoch im Personengesellschaftsrecht gesetzlich nicht geregelt. Daher soll zunächst skizziert werden, wie eine Kapitalerhöhung im Personengesellschaftsrecht durchgeführt wird.

a) Durchführung einer Kapitalerhöhung im Personengesellschaftsrecht

Hinsichtlich der vorbezeichneten Sanierungsmaßnahme im Wege einer Kapitalerhöhung sind zwei Aspekte für den Gesellschafter von besonderer Bedeutung: Zum einen die Auswirkungen auf seinen Gewinnanteil, zum anderen die mögliche Verringerung seiner Stimmkraft. Im Recht der Personengesellschaften sieht das Gesetz für Mehrheitsentscheidungen vor, dass im Zweifel jedem Gesellschafter eine Stimme zusteht, § 709 Abs. 2 BGB; § 119 Abs. 2 HGB, ggf. i. V. m. § 161 Abs. 2 HGB bzw. § 6 Abs. 3 S. 2 PartGG. Der in diesen Vorschriften zum Ausdruck kommende gesellschaftsrechtliche Gleichbehandlungsgrundsatz[750] durch eine Verteilung nach Köpfen setzt sich bei der Gewinnverteilung im Recht der GbR und PartG, § 722 Abs. 1 BGB, ggf. i. V. m. § 1 Abs. 4 PartGG[751], sowie der OHG fort, § 121 HGB.[752] Im Recht der KG gilt dies nach § 168 Abs. 1 HGB grundsätzlich auch, findet jedoch in § 168 Abs. 2 HGB eine gewisse Einschränkung. Aufgrund der unterschiedlich hohen Beiträge und Mitarbeit der Gesellschafter wird jedoch in der Regel eine Gleichbehandlung der Gesellschafter nicht in deren Interesse liegen. Die gesetzlichen Regelungen werden daher den tatsächlichen Verhältnissen der Gesellschaft oft nicht gerecht. Außerdem ist darauf hinzuweisen, dass eine Koppelung der Gewinnbeteiligung sowie der Stimmrechte an den variablen Kapitalanteil, vgl. § 120 Abs. 2 HGB, aufgrund dessen ständiger Änderung nicht sachgerecht ist.[753] So entstehen hierdurch jährlich neue Mehrheitsverhältnisse in der Gesellschaft.[754] Zudem

749 So etwa bei BGH, Urt. v. 19.10.2009 – II ZR 240/08, BGHZ 183, 1, 9 Rn. 27 = NJW 2010, 65 – *„Sanieren oder Ausscheiden"*; *K. Schmidt*, ZIP 1980, 328, 334.

750 Allgemein hierzu *K. Schmidt*, Gesellschaftsrecht, S. 462 ff.; Staub/*Schäfer*, § 105 Rn. 247 ff.; *Ulmer*, in: MünchKomm-BGB, § 705 Rn. 244 ff.; *Wiedemann*, Gesellschaftsrecht I, S. 427 ff.

751 *Ulmer*, in: MünchKomm-BGB, § 6 PartGG Rn. 44 a. E.

752 *Priester*, in: MünchKomm-HGB, § 121 Rn. 15; *Ulmer/Schäfer*, in: MünchKomm-BGB, § 722 Rn. 1.

753 *Ehricke*, in: Ebenroth/Boujong/Joost/Strohn, § 120 Rn. 75; *Kübler/Assmann*, Gesellschaftsrecht, S. 79 a. E.; *Priester*, in: MünchKomm-HGB, § 120 Rn. 100; beachte jedoch zur KG § 167 Abs. 2 HGB.

754 *Huber*, ZGR 1982, 1, 43; *Oppenländer*, DStR 1999, 939, 940.

besteht die Schwierigkeit festzustellen, ob die auf dem Kapitalkonto[755] gebuchten Gewinngutschriften auch entnahmefähig sind.[756] Aus diesem Grunde werden in der Praxis – nach § 109 HGB sowie §§ 709 Abs. 2, 722 Abs. 2 BGB grundsätzlich zulässige[757] – abweichende Regelungen im Gesellschaftsvertrag getroffen.[758] Hierbei wird häufig eine Verknüpfung des Stimmrechts sowie der Gewinnverteilung mit dem sog. „festen" Kapitalanteil vorgenommen.[759]

aa) Begriff des sog. „festen" Kapitalanteils

Der Begriff des Kapitalanteils wird im HGB in den §§ 120 Abs. 2, 121, 122, 155 Abs. 1, 167 bis 169 HGB verwendet und damit vorausgesetzt, jedoch nicht definiert. Im BGB wird der Begriff nicht gebraucht. Unter dem Kapitalanteil ist eine Rechnungsziffer zu verstehen, die den Wert der wirtschaftlichen Beteiligung des jeweiligen Gesellschafters am Gesellschaftsvermögen widerspiegeln soll.[760] Er dient als rechnerische Grundlage, um bestimmte Rechte und Pflichten des Gesellschafters zu ermitteln.[761] Liegen keine gesellschaftsvertraglichen Regelungen vor, gilt er in der OHG und KG als Maßstab für die Rechte aus §§ 121 f., 155, 167 bis 169 HGB.[762] Werden die Rechte und Pflichten – wie etwa das Stimm- und Gewinnrecht – gesellschaftsvertraglich an den Kapitalanteil gekoppelt, so ist dieser hierfür maßgeblich.

---

755 Vgl. zum Kapitalkonto die Nachweise in Fn. 766.

756 *Ehricke*, in: Ebenroth/Boujong/Joost/Strohn, § 120 Rn. 75; *Oppenländer*, DStR 1999, 939, 940; *Priester*, in: MünchKomm-HGB, § 121 Rn. 15; Staub/*Schäfer*, § 120 Rn. 60.

757 *Priester*, in: MünchKomm-HGB, § 121 Rn. 28; *Ulmer/Schäfer*, in: MünchKomm-BGB, § 709 Rn. 48, § 722 Rn. 5.

758 *Kübler/Assmann*, Gesellschaftsrecht, S. 79; Staub/*Schäfer*, § 120 Rn. 64 f.

759 *Kübler/Assmann*, Gesellschaftsrecht, S. 79 f.; *Priester*, in: MünchKomm-HGB, § 120 Rn. 103; *Schäfer*, Gesellschaftsrecht i.d. Diskussion, S. 137, 149; *K. Schmidt*, Gesellschaftsrecht, S. 1383; *Ulmer/Schäfer*, in: MünchKomm-BGB, § 709 Rn. 48, § 722 Rn. 5.

760 RG, Urt. v. 14.6.1927 – II 394/26, RGZ 117, 238, 242; BGH, Urt. v. 3.5.1999 – II ZR 32/98, NJW 1999, 2438; Baumbach/*Hopt*, § 120 Rn. 13; *Hueck*, OHG, S. 229 f.; *Kübler/Assmann*, Gesellschaftsrecht, S. 78; *Priester*, in: MünchKomm-HGB, § 120 Rn. 84; Staub/*Schäfer*, § 120 Rn. 50 f.; *Wiedemann*, Gesellschaftsrecht II, S. 374.

761 *Barta/Geiseler-Bonse*, BKR 2006, 265, 268; *Koller*, in: Koller/Roth/Morck, § 120, Rn. 4; *Wiedemann*, Gesellschaftsrecht II, S. 374.

762 *Koller*, in: Koller/Roth/Morck, § 120 Rn. 4; *K. Schmidt*, Gesellschaftsrecht, S. 1383.

Ein sog. „fester" Kapitalanteil liegt dann vor, wenn dieser auf einen bestimmten Betrag im Gesellschaftsvertrag festgesetzt wird.[763] Dabei orientiert sich die Höhe des Betrages herkömmlich an der vertraglich vereinbarten Einlage des Gesellschafters.[764] Der feste Kapitalanteil wird auf einem sog. „Kapitalkonto I" gebucht.[765] Daneben wird noch ein „Kapitalkonto II" geführt, wo Gewinne, Verluste, Entnahmen sowie offene Einlagen verbucht werden.[766] Die Summe der einzelnen Kapitalanteile ist dabei vergleichbar mit dem Stamm- oder Grundkapital einer Kapitalgesellschaft.[767] Gleichwohl sind diese Begrifflichkeiten dem Personengesellschaftsrecht fremd. Daher sollte in Anlehnung an die Vereinbarung fester Kapitalanteile von einem sog. „Festkapital" gesprochen werden.[768] Dennoch ähnelt der feste Kapitalanteil der Stammeinlage bzw. dem Nennwert der Aktie, etwa wenn das Stimmrecht sowie die Gewinnverteilung an diesen gekoppelt werden.[769]

bb) Änderung des festen Kapitalanteils

Wird dieser feste Kapitalanteil mit Koppelung an die Gewinnverteilung und das Stimmrecht geändert, so bedarf es aufgrund der damit einhergehenden Vertragsänderung der Zustimmung sämtlicher Gesellschafter.[770] Der Gesell-

---

763 Baumbach/*Hopt*, § 120 Rn. 15; *Ehricke*, in: Ebenroth/Boujong/Joost/Strohn, § 120 Rn. 75; *Koller*, in: Koller/Roth/Morck, § 120 Rn. 6; die Bildung von Quoten ist unüblich, vgl. hierzu Baumbach/*Hopt*, § 120 Rn. 16; *Priester*, in: MünchKomm-HGB, § 120 Rn. 103 a. E.

764 Baumbach/*Hopt*, § 120 Rn. 15; *Priester*, in: MünchKomm-HGB, § 120 Rn. 101; Schlegelberger/*Martens*, § 120 Rn. 31; Staub/*Schäfer*, § 120 Rn. 68.

765 *Ehricke*, in: Ebenroth/Boujong/Joost/Strohn, § 120 Rn. 75; *Priester*, in: MünchKomm-HGB, § 120 Rn. 101.

766 BGH, Urt. v. 20.4.1972 – II ZR 143/69, BGHZ 51, 316 = NJW 1972, 1755; *Ehricke*, in: Ebenroth/Boujong/Joost/Strohn, § 120 Rn. 76 ff.; *Kübler/Assmann*, Gesellschaftsrecht, S. 78; *K. Schmidt*, Gesellschaftsrecht, S. 1385; eingehend zu gesellschaftsvertraglichen Kapitalkonten vgl. *Huber*, Kapitalanteil, S. 236 ff.; *ders*., ZGR 1988, 1, 47 ff.; *Ley*, DStR 2003, 957 ff.; *dies*., DStR 2009, 613 ff.; *Oppenländer*, DStR 1999, 939, 940 ff.; *Wiedemann*, Gesellschaftsrecht II, S. 366 ff.

767 *K. Schmidt*, Gesellschaftsrecht, S. 1383.

768 So auch OLG Köln, Urt. v. 12.1.1994 – 13 U 121/93, NJW-RR 1994, 491, 492; *Schäfer*, Gesellschaftsrecht i. d. Diskussion, S. 137, 149 f.; *K. Schmidt*, Gesellschaftsrecht, S. 1385; *Ulmer/Schäfer*, in: MünchKomm-BGB, § 707 Rn. 10; vgl. auch BGH, Urt. v. 19.10.2009 – II ZR 240/08, BGHZ 183, 1, 2 Rn. 2 = NJW 2010, 65 – *„Sanieren oder Ausscheiden"*: „Nominalkapital".

769 *Kübler/Assmann*, Gesellschaftsrecht, S. 80; *Priester*, in: MünchKomm-HGB, § 120 Rn. 103; Schlegelberger/*Martens*, § 120 Rn. 31; *Wiedemann*, Gesellschaftsrecht II, S. 367 f.

770 *Huber*, ZGR 1988, 1, 84; *Priester*, in: MünchKomm-HGB, § 120 Rn. 102; Schlegelberger/*Martens*, § 120 Rn. 31; *Wiedemann*, Gesellschaftsrecht II, S. 220, 368.

schaftsvertrag kann diesbezüglich eine Mehrheitsklausel vorsehen.[771] Zu beachten ist jedoch, dass mit der Änderung des festen Kapitalanteils lediglich zugunsten einiger Gesellschafter eine verringerte Einflussnahme sowie Gewinnbeteiligung der übrigen Gesellschafter einhergeht. Insbesondere aufgrund des damit verbundenen Eingriffs in die Gewinnbeteiligung sowie den Stimmrechtsverhältnissen ist von einer kernbereichsrelevanten Vertragsänderung auszugehen[772], so dass stets die Zustimmung aller betroffenen Gesellschafter erforderlich ist.[773] Bei einer nur allgemein gehaltenen Mehrheitsklausel kann diese nicht angenommen werden.[774] Der Gesellschaftsvertrag muss daher speziellen Anforderungen genügen.[775]

cc) Möglichkeit des sog. „Kapitalschnitts"

Entspricht das Vermögen der Gesellschaft zum Zeitpunkt der Kapitalerhöhung mindestens dem Festkapital, so können die festen Kapitalanteile entsprechend zu der geänderten Einlage erhöht werden.[776] Die Stimmrechtsverhältnisse und Gewinnverteilung ändern sich automatisch durch die Koppelung an den festen Kapitalanteil. Ist das Vermögen der Gesellschaft jedoch geringer als das Festkapital, so besteht für die Gesellschafter ebenfalls die Möglichkeit eines sog. „Kapitalschnitts".[777] Hierunter wird eine vereinfachte Kapitalherabsetzung verbunden mit einer effektiven Kapitalerhöhung ver-

771 Vgl. hierzu etwa BGH, Urt. v. 24.11.1975 – II ZR 89/74, BGHZ 66, 82, 83 = NJW 1976, 958; Urt. v. 5.3.2007 – II ZR 282/05, NZG 2007, 381; *Schäfer*, Gesellschaftsrecht i. d. Diskussion, S. 137, 150.

772 *Priester*, in: MünchKomm-HGB, § 120 Rn. 102; a. A. *Weber*, DStR 2010, 702, 707 (betr. Kapitalschnitt); vgl. zur Kernbereichsrelevanz der Gewinnbeteiligung BGH, Urt. v. 29.9.1986 – II ZR 285/85, NJW-RR 1987, 285, 286; *Enzinger*, in: MünchKomm-HGB, § 119 Rn. 72; *Heinrichs*, Mehrheitsbeschlüsse, S. 195.

773 OLG Stuttgart, Urt. v. 31.3.2010 – 14 U 20/09, DB 2010, 1058, 1060 (n. rk.); Staub/*Schäfer*, § 120 Rn. 68; vgl. speziell zur Erhöhung der Gewinnbeteiligungsquote *Löffler*, NJW 1989, 2656, 2659 sowie zur Änderung der Stimmverhältnisse *ders.*, NJW 1989, 2656, 2661.

774 BGH, Urt. v. 29.9.1986 – II ZR 285/85, NJW-RR 1987, 285, 286.

775 Eingehend hierzu oben S. 76 ff. sowie BGH, Urt. v. 24.11.1975 – II ZR 89/74, BGHZ 66, 82, 85 f. = NJW 1976, 958; *Ulmer/Schäfer*, in: MünchKomm-BGB, § 709 Rn. 92; *Weber*, DStR 2010, 702, 707; *Wiedemann*, ZGR 1977, 690, 693 ff.

776 *Schäfer*, Gesellschaftsrecht i. d. Diskussion, S. 137, 149.

777 BGH, Urt. v. 19.10.2009 – II ZR 240/08, BGHZ 183, 1, 9 rn. 28 = NJW 2010, 65 – *„Sanieren oder Ausscheiden"*; *Schäfer*, Gesellschaftsrecht i. d. Diskussion, S. 137, 149; *Ulmer/Schäfer*, in: MünchKomm-BGB, § 707 Rn. 10; *Walch*, Immobilienfondsgesellschaft, S. 115.

standen.[778] Erforderlich ist hierzu, die festen Kapitalanteile dem tatsächlichen Gesellschaftsvermögen anzupassen, um sodann diese um den erhöhten Betrag der sanierenden Gesellschafter heraufzusetzen.[779] Hierdurch wird eine ungerechtfertigte Aufwertung der bisherigen festen Kapitalanteile verhindert und das Engagement der sanierungswilligen Gesellschafter gefördert.[780] Mithin kann wie beim Prinzip „Sanieren oder Ausscheiden" eine grundlose Privilegierung nicht leistungsbereiter Gesellschafter ausgeschlossen werden.

b) Zustimmungspflicht zu einer Kapitalerhöhung in einer Sanierungssituation

aa) Erfordernis der Zustimmung sanierungsunwilliger Gesellschafter

In einer Sanierungssituation kann es entscheidend auf die Zustimmung sanierungsunwilliger Gesellschafter ankommen. Dies ist zum einen denkbar, soweit eine mehrheitlich zu beschließende Kapitalerhöhung gesellschaftsvertraglich vorgesehen ist, um die entsprechende – ggf. qualifizierte – Mehrheit zu erreichen. Zum anderen kommt dies in Betracht, wenn eine diesbezügliche vertragliche Regelung fehlt, um die erforderliche Zustimmung sämtlicher Gesellschafter sicherzustellen.[781] Wie eingangs schon erwähnt, stellt sich insoweit die Frage, unter welchen Voraussetzungen die Gesellschafter aufgrund der gesellschaftsrechtlichen Treuepflicht einem entsprechenden Kapitalerhöhungsbeschluss zustimmen müssen. Dieses Problem wird vor allem bei einer vertraglich vorgesehenen Kapitalerhöhung virulent. Insoweit ist wegen der Möglichkeit, die wirtschaftliche Krise der Gesellschaft ohne Beeinträchtigung des § 707 BGB zu beseitigen, von vornherein eine Zustimmungspflicht zu einer mehrheitlich beschlossenen Beitragserhöhung ausgeschlossen.[782]

---

778 *Oechsler*, in: MünchKomm-AktG, § 229 Rn. 5; *Reger/Stenzel*, NZG 2009, 1210; *K. Schmidt*, Gesellschaftsrecht, S. 898; *ders.*, JZ 2010, 125, 126; *v. Schorlemer/ Stupp*, NZI 2003, 345, 354.

779 *Schäfer*, Gesellschaftsrecht i.d. Diskussion, S. 137, 149 f.; *K. Schmidt*, JZ 2010, 125, 127; *Ulmer/Schäfer*, in: MünchKomm-BGB, § 707 Rn. 10; *Walch*, Immobilienfondsgesellschaft, S. 116 ff.

780 *Schäfer*, Gesellschaftsrecht i.d. Diskussion, S. 137, 149; *Ulmer/Schäfer*, in: MünchKomm-BGB, § 707 Rn. 10.

781 *K. Schmidt*, ZIP 1980, 328, 335.

782 BGH, Urt. v. 5.3.2007 – II ZR 282/05, NZG 2007, 381 Rn. 14 a.E.

bb) Differenzierung zwischen Zustimmung und tatsächlicher Übernahme weiterer Leistungspflichten

Ähnlich wie im Kapitalgesellschaftsrecht[783], vgl. §§ 182, 185 AktG, ist zwischen der Zustimmung zur Anteilsverschiebung und der tatsächlichen Übernahme der höheren Beitragspflichten zu differenzieren.[784] Dies bedeutet, dass die Gesellschafter entsprechend ihrem Kapitalanteil ein Bezugsrecht bezüglich der Erhöhung ihres Kapitalanteils haben, jedoch keine Pflicht, dieses auch wahrzunehmen.[785] Dennoch müssen sie eine Schmälerung ihres Kapitalanteils hinnehmen, wenn sie von ihrem Bezugsrecht keinen Gebrauch machen. Aufgrund des Rechts und nicht der Pflicht, weitere Beiträge zu leisten, ist der Anwendungsbereich des § 707 BGB nicht berührt.[786] Aus diesem Grunde lassen sich die Grundsätze zur Zustimmungspflicht zu einer Beitragserhöhung nicht ohne weiteres übertragen, denn das Belastungsverbot ist nicht tangiert.

cc) Voraussetzungen einer Zustimmungspflicht zu einem Kapitalerhöhungsbeschluss

(1) Vergleichende Heranziehung des BGH-Urteils v. 19.10.2009 – II ZR 240/08 („Sanieren oder Ausscheiden")

Um die Voraussetzungen einer Zustimmungspflicht zu einem Kapitalerhöhungsbeschluss näher zu bestimmen, könnte zunächst auf die Rechtsprechung des BGH hinsichtlich des Prinzips „Sanieren oder Ausscheiden" abgestellt werden.[787] Es ist jedoch zu beachten, dass der II. Zivilsenat nicht etwa die Zustimmung oder ein sonstiges Abstimmungsverhalten hinsichtlich des Kapitalschnitts selbst problematisierte. Entscheidungserheblich war insoweit, ob die Beklagten der geänderten gesellschaftsvertraglichen Regelung hinsichtlich des zwangsweisen Ausscheidens zugestimmt haben.[788] Soweit dies nicht der Fall war, stellte sich die Frage der Zustimmungspflicht. Zwar waren im Rahmen der Prüfung, ob eine diesbezügliche Zustimmungspflicht besteht, die Folgen und Umsetzung der Sanierungsmaßnahmen erheblich.

---

783 Vgl. hierzu *Hüffer*, AktG, § 182 Rn. 4.

784 *Armbrüster*, ZGR 2009, 1, 19; *K. Schmidt*, ZGR 1982, 519, 536.

785 *K. Schmidt*, Gesellschaftsrecht, S. 134; *Ulmer/Schäfer*, in: MünchKomm-BGB, § 707 Rn. 10.

786 *K. J. Müller*, DB 2005, 95, 96; allgemein zum Anwendungsbereich des § 707 BGB s. oben S. 36 f.

787 BGH, Urt. v. 19.10.2009 – II ZR 240/08, BGHZ 183, 1 = NJW 2010, 65 – *„Sanieren oder Ausscheiden"*; eingehend zu dieser Entscheidung oben S. 153 ff.

788 BGH, Urt. v. 19.10.2009 – II ZR 240/08, BGHZ 183, 1, 6 ff. Rn. 16 ff. = NJW 2010, 65 – *„Sanieren oder Ausscheiden"*.

Das Gericht musste aber nicht dazu Stellung nehmen, ob die Beklagten treuwidrig eine Sanierungsmaßnahme verhindert haben. Die für den Kapitalschnitt erforderliche Mehrheit wurde nämlich erreicht. Deswegen ist auch das erforderliche Kapital trotz des Abstimmungsverhaltens der Beklagten aufgebracht worden. Vielmehr kam es darauf an, ob im konkreten Fall das Verbleiben der Beklagten in der Gesellschaft, ohne weitere finanzielle Leistungspflichten zu übernehmen, treuwidrig war.[789] Daher hat der BGH beispielsweise auch nicht erörtert, wie dringlich der Kapitalbedarf der Gesellschaft und wie hoch die Erfolgswahrscheinlichkeit einer Sanierung sein muss für die Annahme einer Zustimmungspflicht im Rahmen einer Kapitalerhöhung. Auch sonst hat der II. Zivilsenat keinerlei zusätzliche abstrakte Kriterien herausgearbeitet, nach denen im Fall einer Kapitalerhöhung von einer Zustimmungspflicht ausgegangen werden kann. Vielmehr hat er hinsichtlich des konkret zu entscheidenden Sachverhalts festgestellt, dass der weitere Verbleib in der Gesellschaft ohne die Übernahme weiterer Leistungspflichten treuwidrig sei.[790] Dies war im konkreten Fall insofern nachvollziehbar, da ein Ausscheiden der nicht leistungsbereiten Gesellschafter gegenüber einer Liquidation – wirtschaftlich betrachtet – vorteilhafter für sie war. Somit bestanden zu Recht keine schützenswerten Belange der sanierungsunwilligen Gesellschafter entgegen.[791] Mithin kann die vorbezeichnete Entscheidung des BGH nicht als Maßstab dafür herangezogen werden, unter welchen Umständen ein Gesellschafter verpflichtet ist, einer Kapitalerhöhung zuzustimmen.

(2) Ansicht der Literatur

Unter welchen Voraussetzungen eine Zustimmungspflicht zu einer Beitragserhöhung von einzelnen sanierungsbereiten Mitgesellschaftern angenommen werden kann, wird in der Literatur unterschiedlich beurteilt. Es wird nach einer Ansicht darauf abgestellt, ob die Gesellschaft einen dringenden[792], nicht anders abdeckbaren Kapitalbedarf hat.[793] Nach anderer Ansicht ist eine

789 BGH, Urt. v. 19.10.2009 – II ZR 240/08, BGHZ 183, 1, 8 ff. Rn. 22 ff. = NJW 2010, 65 – *„Sanieren oder Ausscheiden"*.

790 Vgl. insoweit den Hinweis von *Goette*, dass die Frage der Treuwidrigkeit bei einer anderen Fallgestaltung auch anders beantwortet werden kann, vgl. GWR 2010, 1, 3; *Priester*, ZIP 2010, 497, 501 mit Fn. 50; *Westermann*, NZG 2010, 321, 322.

791 *Armbrüster*, EWiR 2009, 739, 740; kritisch hingegen *Römermann*, NZI 2009, 910, 911.

792 *Ulmer/Schäfer*, in: MünchKomm-BGB, § 707 Rn. 10.

793 Baumbach/*Hopt*, § 109 Rn. 13; *Schäfer*, Gesellschaftsrecht i.d. Diskussion, S. 137, 146: „[…] *wenn die Gesellschaft, um zu überleben, dringend auf neues (Eigen-) Kapital angewiesen* […] *ist"*.

Zustimmungspflicht nur in Ausnahmefällen denkbar, so etwa bei einer wirtschaftlichen Krise der Gesellschaft.[794] Nach einer weiteren Meinung ist diese in dem Ausmaße erforderlich, dass ohne die Beitragserhöhung der Mitgesellschafter nur die Liquidation als Alternative in Frage kommt.[795] Bei einem derartigen Sachverhalt sei kein schutzwürdiges Interesse des Gesellschafters erkennbar die Liquidierung der Gesellschaft herbeizuführen, wenn er durch Kündigung seinerseits aus dieser ausscheiden kann.[796] Zudem wird eine Pflicht zur Zustimmung unter den Voraussetzungen bejaht, die für den Nichtabzug von bereits zur Verfügung gestelltem Kapital gelten.[797] Dabei bestehe eine Pflicht von der Geltendmachung einer Forderung gegenüber der Gesellschaft abzusehen, wenn hierdurch deren Liquidation langfristig verhindert werden kann und die Forderung wertlos ist.[798] Bisweilen wird auf die Erfolgsaussicht und Verhältnismäßigkeit der Sanierungsmaßnahme abgestellt und die Situation des einzelnen Gesellschafters bei Zusammenbruch der Gesellschaft bzw. Austritt des Gesellschafters verglichen.[799]

Diese Kriterien bieten einen gewissen Anhaltspunkt, unter welchen Voraussetzungen eine Zustimmungspflicht aufgrund der gesellschaftsrechtlichen Treuepflicht angenommen werden kann. Jedoch soll nachfolgend versucht werden, die Kriterien noch präziser zu bestimmen. So wird zu untersuchen sein, ob allein ein dringender Kapitalbedarf ausreichend ist oder ob – vergleichbar mit der Zustimmungspflicht zu einer Beitragserhöhung sämtlicher Gesellschafter – die zusätzlichen Mittel auch mit einer hinreichenden Wahrscheinlichkeit zu einer erfolgreichen Sanierung führen müssen. Ebenfalls ist von Interesse, ob die Anforderungen an eine Zustimmungspflicht zu einer Kapitalerhöhung geringer sind als bei einer Beitragserhöhung sämtlicher Gesellschafter, etwa weil § 707 BGB nicht einschlägig ist.

dd) Vergleichende Heranziehung der „*Girmes*"-Entscheidung

Mangels einschlägiger Rechtsprechung zum Problemkreis der Zustimmungspflicht zu einer Kapitalerhöhung im Personengesellschaftsrecht kann insoweit auf diese insoweit nicht abgestellt werden.[800] Jedoch ist bei der bisherigen Untersuchung aufgefallen, dass Parallelen zum Kapitalgesellschafts-

794 Erman/*Westermann*, § 707 Rn. 4; *Timm/Schöne*, in: Bamberger/Roth, § 707 Rn. 10.

795 *Armbrüster*, ZGR 2009, 1, 17 mit Hinweis auf § 32a Abs. 1 GmbHG a. F. zum Vorliegen einer Krise.

796 *Armbrüster*, ZGR 2009, 1, 17 f.

797 *Grunewald*, FS Großfeld, 1999, S. 319, 333 (zur KG).

798 *Grunewald*, FS Großfeld, 1999, S. 319, 320 f. (zur KG).

799 *K. Schmidt*, ZIP 1980, 328, 336; *ders.*, Gesellschaftsrecht, S. 134.

800 S. hierzu oben S. 164 f.

recht bestehen. So wurde bereits auf die Vergleichbarkeit der festen Kapitalanteile mit der Stammeinlage und dem Nennbetrag der Aktie hingewiesen.[801] Auch die Unterscheidung zwischen Bezugsrecht und tatsächlicher Übernahme einer erhöhten Beitragspflicht ist mit dem Kapitalgesellschaftsrecht verwandt.[802] Insbesondere wegen der Vergleichbarkeit der Situation mit einem sanierenden Kapitalschnitt im Kapitalgesellschaftsrecht ist das zu lösende Sachproblem identisch, lediglich die rechtliche Umsetzung der Anteilsverschiebung gestaltet sich mangels gesetzlicher Regelung im Personengesellschaftsrecht anders.[803] Daher erscheint es aufgrund der vergleichbaren Interessenlage sachgerecht, die diesbezügliche Rechtsprechung zum Kapitalgesellschaftsrecht näher in den Blick zu nehmen.[804]

(1) „Girmes"-Entscheidung des BGH

Hinsichtlich der Zustimmungspflicht zu einem sanierenden Kapitalschnitt ist die das Aktienrecht betreffende *„Girmes"*-Entscheidung des BGH[805] von maßgeblicher Bedeutung. Es ist nachfolgend zu prüfen, ob sich aus dieser Entscheidung allgemeine Kriterien einer Zustimmungspflicht herausarbeiten lassen und inwieweit diese auf das Personengesellschaftsrecht übertragbar sind. Auf dieser Grundlage sollen die Voraussetzungen einer Zustimmungspflicht näher skizziert werden.

(a) Sachverhalt

Der *„Girmes"*-Entscheidung lag folgender Sachverhalt zu Grunde:[806] Die Girmes AG war durch Umsatzverluste und Pensionszusagen in wirtschaftliche Schwierigkeiten gekommen. Seit mehreren Jahren schüttete sie keine Dividenden aus und erwirtschaftete in den Jahren 1987 und 1988 Verluste in Höhe von jeweils DM 14,3 bzw. 13 Mio. Für das Jahr 1993 zeichneten sich Pensionsverpflichtungen in Höhe von DM 75 Mio. ab. Daraufhin zeigte der Vorstand auf einer Hauptversammlung im Jahre 1989 an, dass nach der vorläufigen Jahresbilanz das Grundkapital der Gesellschaft von ca. DM 49 Mio. um mehr als die Hälfte unterschritten war. Gleichzeitig legte er ein mit den Gesellschaftsgläubigern abgesprochenes Sanierungskonzept vor.[807] Nach

801 S. hierzu die Nachweise in Fn. 769.

802 Vgl. hierzu die Nachweise in Fn. 784.

803 *Schäfer*, Gesellschaftsrecht i. d. Diskussion, S. 137, 149.

804 *Grunewald*, FS Großfeld, 1999, S. 319, 334 mit Fn. 34; *Priester*, DStR 2008, 1386, 1389.

805 Urt. v. 20.3.1995 – II ZR 205/94, BGHZ 129, 136 = NJW 1995, 1739 – *„Girmes"*.

806 BGH, Urt. v. 20.3.1995 – II ZR 205/94, BGHZ 129, 136, 139 ff. = NJW 1995, 1739 – *„Girmes"*.

807 Vgl. hierzu *Marsch-Barner*, ZIP 1996, 853, 854 f.

diesem sollten die Gesellschaftsgläubiger auf Forderungen in Höhe von DM 78 Mio. verzichten. Das Grundkapital sollte zum Ausgleich der Bilanz im Verhältnis von 5 : 2 herabgesetzt und ein genehmigtes Kapital von ca. DM 9 Mio. geschaffen werden. Die Kapitalherabsetzung scheiterte an den gesetzlichen Mehrheitserfordernissen, das genehmigte Kapital fand jedoch die erforderliche Mehrheit.[808] Einen Tag nach der Hauptversammlung beantragte der Vorstand die Eröffnung des Vergleichsverfahrens. Wenig später wurde über das Vermögen der Gesellschaft der Anschlusskonkurs eröffnet.[809] Die Aktien sind anschließend wertlos geworden. Der Beklagte, der maßgeblich an der Gesellschaft beteiligt war, vertrat die Ansicht, dass das Sanierungskonzept die Kleinaktionäre einseitig benachteilige. Eine Kapitalherabsetzung reiche im Verhältnis von 10 : 9 aus, wenn die Gläubigerbanken weitergehend auf Forderungen verzichten. Der Beklagte hatte in der Hauptversammlung gegen den Vorschlag der Kapitalherabsetzung gestimmt. Er vertrat hierbei ca. 40% der an der Abstimmung beteiligten Aktionäre. Der Kläger forderte nunmehr vom Beklagten Schadensersatz. Er habe wegen des Scheiterns der Sanierung seinen Aktienbesitz entwertet und der Konkurs sei allein auf das Abstimmungsverhalten des Beklagten zurückzuführen.[810] Eine Herabsetzung, wie vom Beklagten vorgeschlagen, sei von den Gläubigern nicht akzeptiert worden.[811] Eine Verhandlungssituation des Vorstands habe nicht mehr bestanden. Die Ablehnung des Sanierungskonzeptes habe die Überschuldung der Gesellschaft offenbar gemacht und den Vorstand gezwungen, die Eröffnung des Vergleichsverfahrens zu beantragen.

(b) Rechtliche Erwägungen des BGH

Der BGH stellte zunächst fest, dass nicht nur der Mehrheitsaktionär, sondern auch der Minderheitsaktionär der gesellschaftsrechtlichen Treuepflicht unterliege.[812] Hierbei bestätigte und ergänzte er seine bisherige Rechtsprechung, wonach auch die Beziehungen zwischen den Aktionären von der ge-

808 BGH, Urt. v. 20.3.1995 – II ZR 205/94, BGHZ 129, 136, 139 f. = NJW 1995, 1739 – *„Girmes"*.

809 BGH, Urt. v. 20.3.1995 – II ZR 205/94, BGHZ 129, 136, 140 = NJW 1995, 1739 – *„Girmes"*.

810 BGH, Urt. v. 20.3.1995 – II ZR 205/94, BGHZ 129, 136, 140 f. = NJW 1995, 1739 – *„Girmes"*.

811 BGH, Urt. v. 20.3.1995 – II ZR 205/94, BGHZ 129, 136, 141 = NJW 1995, 1739 – *„Girmes"*.

812 BGH, Urt. v. 20.3.1995 – II ZR 205/94, BGHZ 129, 136, 142 ff. = NJW 1995, 1739 – *„Girmes"*.

sellschaftsrechtlichen Treuepflicht bestimmt sein können.[813] Zumindest wenn der Minderheitsaktionär eine Beteiligung erreiche, um die Fassung wirksamer Beschlüsse zu verhindern, habe er seine aus dieser Position folgenden Rechte unter Einhaltung der gesellschaftsrechtlichen Treuepflicht auszuüben.[814]

Bezogen auf die Sanierung der Gesellschaft stellte der BGH klar, dass den Aktionären keine Pflicht gegenüber der Gesellschaft zukomme, wonach sie einen etwaigen Konkurs abwenden müssen.[815] Vielmehr genieße die Gesellschaft keinen allgemeinen Bestandsschutz gegenüber den Gesellschaftern. Diesen stehe es jederzeit frei – ohne dass es auf einen sachlichen Grund ankäme – die Gesellschaft aufzulösen. Gesetzlich sei die Förderpflicht auf die Einlageleistung beschränkt. Dennoch könne die Minderheit eine Auflösung nicht erzwingen, sondern hat unter Berücksichtigung des Gesellschaftszwecks auf die Belange der Mehrheitsaktionäre angemessen Rücksicht zu nehmen.[816] Diese Rücksichtnahme stehe unter dem Vorbehalt der Verhältnismäßigkeit und Erforderlichkeit. Aus diesem Grundsatz werde daher zu Recht gefolgert, dass es dem einzelnen Gesellschafter bei einer sanierungsbedürftigen Gesellschaft untersagt sei, eine sinnvolle und mehrheitlich angestrebte Sanierung aus eigennützigen Gründen zu verhindern. Sodann wies der II. Zivilsenat darauf hin, dass dieses Ergebnis mit der Rechtsprechung des Senats[817] in Übereinstimmung stehe, wonach es die Treuepflicht im Personengesellschaftsrecht und bei der personalistischen GmbH in besonderes gelagerten Ausnahmefällen gebiete, einer Änderung des Gesellschaftsvertrages zuzustimmen. Zudem stehe der vorliegende Fall der Entscheidung sehr nahe, die den Zinsverzicht von Kommanditisten in einer Publikums-KG zum Gegenstand hatte.[818] Einer Zustimmung bedurfte es nach Ansicht des

813 BGH, Urt. v. 1.2.1988 – II ZR 75/87, BGHZ 103, 184, 194 f. – *„Linotype"*; Urt. v. 20.3.1995 – II ZR 205/94, BGHZ 129, 136 1. Leitsatz = NJW 1995, 1739 – *„Girmes"*.

814 BGH, Urt. v. 20.3.1995 – II ZR 205/94, BGHZ 129, 136, 145 = NJW 1995, 1739 – *„Girmes"*; weiter allerdings etwa *Fleischer*, in: K. Schmidt/Lutter, § 53a Rn. 50.

815 BGH, Urt. v. 20.3.1995 – II ZR 205/94, BGHZ 129, 136, 151 = NJW 1995, 1739 – *„Girmes"*.

816 BGH, Urt. v. 20.3.1995 – II ZR 205/94, BGHZ 129, 136, 152 = NJW 1995, 1739 – *„Girmes"*.

817 S. hierzu die Nachweise Fn. 535 sowie BGH, Urt. v. 10.6.1965 – II ZR 6/63, BGHZ 44, 40, 41 = NJW 1965, 1960; Urt. v. 25.9.1986 – II ZR 262/85, BGHZ 98, 276, 279 f. = NJW 1987, 189 (jeweils zur GmbH).

818 BGH, Urt. v. 20.3.1995 – II ZR 205/94, BGHZ 129, 136, 152 f. = NJW 1995, 1739 – *„Girmes"* mit Hinweis auf BGH, Urt. v. 5.11.1984 – II ZR 111/84, NJW 1985, 974, s. hierzu oben S. 121 ff.

BGH im vorliegenden Fall jedoch nicht, da eine Stimmenthaltung ausgereicht hätte, um die erforderliche Mehrheit zu erreichen.[819]

Das Verbot, eine sinnvolle und mehrheitlich gewollte Sanierung aus eigennützigen Gründen zu verhindern, macht der BGH davon abhängig, ob beim Scheitern der Sanierungsmaßnahme der Zusammenbruch der Gesellschaft unabwendbar und in diesem Falle die Stellung des einzelnen Gesellschafters ungünstiger ist, als bei einem Austritt aus der Gesellschaft bei deren Fortbestand.[820] Außerdem müsse die Sanierung die Verfolgung des Gesellschaftszwecks nach objektiver Einschätzung nachhaltig sicherstellen und kein schonenderes Sanierungsmittel zur Verfügung stehen. Im konkreten Fall bejahte der BGH die Treuwidrigkeit der Ablehnung des Sanierungskonzeptes.[821] Dennoch wies er darauf hin, dass aufgrund unzureichender Feststellungen des Berufungsgerichtes eine andere Entscheidung möglich ist.[822] Sofern die Minderheitsaktionäre die Sanierung treuwidrig vereitelt haben, komme eine Haftung des Beklagten aus der entsprechenden Anwendung von § 179 Abs. 1 BGB in Betracht.[823] Da der Beklagte als Stimmrechtsvertreter gehandelt habe, treffe ihn selbst keine Haftung wegen einer Treuepflichtverletzung.[824]

(c) Stellungnahme

Die *„Girmes"*-Entscheidung führte unter Zustimmung der Literatur zur endgültigen Anerkennung der gesellschaftsrechtlichen Treuepflicht auch zwischen den Aktionären unter Einschluss der Minderheitsaktionäre.[825] Die ursprünglich zum Personengesellschaftsrecht entwickelte Treuepflicht ist somit auf das Kapitalgesellschaftsrecht weitgehend übertragen worden und

---

819 BGH, Urt. v. 20.3.1995 – II ZR 205/94, BGHZ 129, 136, 153 = NJW 1995, 1739 – *„Girmes"*.

820 BGH, Urt. v. 20.3.1995 – II ZR 205/94, BGHZ 129, 136, 153 = NJW 1995, 1739 – *„Girmes"*.

821 BGH, Urt. v. 20.3.1995 – II ZR 205/94, BGHZ 129, 136, 151 = NJW 1995, 1739 – *„Girmes"*.

822 BGH, Urt. v. 20.3.1995 – II ZR 205/94, BGHZ 129, 136, 156 = NJW 1995, 1739 – *„Girmes"*.

823 BGH, Urt. v. 20.3.1995 – II ZR 205/94, BGHZ 129, 136, 149 ff. und 158 ff. = NJW 1995, 1739 – *„Girmes"*.

824 BGH, Urt. v. 20.3.1995 – II ZR 205/94, BGHZ 129, 136, 148 f. = NJW 1995, 1739 – *„Girmes"*.

825 *Bungeroth*, in: MünchKomm-AktG, vor § 53a Rn. 26; *Cahn/v. Spannenberg*, in: Spindler/Stilz, § 53a Rn. 37; *Fleischer*, in: K. Schmidt/Lutter, § 53a Rn. 49 a. E.; *Hüffer*, AktG, § 53a Rn. 14; *Marsch-Barner*, ZIP 1996, 853, 854; *Raiser/Veil*, Kapitalgesellschaftsrecht, § 11 Rn. 59 ff.; *K. Schmidt*, Gesellschaftsrecht, S. 591 a. E.; *v. Schorlemer/Stupp*, NZI 2003, 345, 347 f.

hat sich hierdurch zu einem allgemeinen Grundsatz des Verbandsrechts etabliert.[826] Folglich besteht ein gewisser Gleichlauf hinsichtlich der Ausformung der gesellschaftsrechtlichen Treuepflicht mit dem Personengesellschaftsrecht.[827] Dies wird umso deutlicher, da der BGH ausdrücklich auf die Übereinstimmung der Entscheidung mit seiner bisherigen Rechtsprechung hinsichtlich der Zustimmungspflicht zu einer Satzungsänderung in der Personengesellschaft hinweist.[828] Diesbezüglich wird daher zutreffend festgestellt, dass sich Umfang und Schutzrichtung der gesellschaftsrechtlichen Treuepflicht gerade nicht an der Rechtsform des Verbandes orientieren, sondern an seiner Realstruktur.[829] Ansonsten könnten die Gesellschafter durch einen Formwechsel über Art und Umfang der gesellschaftsrechtlichen Treuepflicht selbst entscheiden.[830]

Der BGH hat in der *„Girmes"*-Entscheidung anhand eines Kapitalschnitts ausführlich dazu Stellung genommen, wann das Verhindern einer Sanierung treuwidrig ist. Insbesondere hat er die konkreten Voraussetzungen benannt, bei dessen Vorliegen eine Treuwidrigkeit bejaht werden kann. Zusammenfassend muss danach das Scheitern der Sanierungsmaßnahme zum unvermeidlichen Zusammenbruch der Gesellschaft führen.[831] Außerdem ist es erforderlich, dass der Zusammenbruch der Gesellschaft für die Stellung des einzelnen Gesellschafters ungünstiger ist als sein Austritt aus der fortbestehenden Gesellschaft. Ferner hat die Sanierungsmaßnahme die Verfolgung des Gesellschaftszwecks nach objektiver Einschätzung nachhaltig sicherzustellen und es darf keine schonendere Sanierung möglich sein. Des Weiteren ergeben sich aus der Entscheidung die Anforderungen an die Darlegungen bezüglich der Unvermeidbarkeit eines Zusammenbruches bei fehlender Durchführung einer Sanierung.[832] Aufgrund dieser ausführlichen Auseinan-

---

826 *Cahn/v. Spannenberg*, in: Spindler/Stilz, § 53a Rn. 37; *K. Schmidt*, Gesellschaftsrecht, S. 592 f.

827 *Raiser/Veil*, Kapitalgesellschaftsrecht, § 11 Rn. 59 a. E.; *Timm*, WM 1991, 481, 484.

828 BGH, Urt. v. 20.3.1995 – II ZR 205/94, BGHZ 129, 136, 152 f. = NJW 1995, 1739 – *„Girmes"*; vgl. auch BGH, Urt. v. 19.10.2009 – II ZR 240/08, BGHZ 183, 1, 8 Rn. 22 a. E. = NJW 2010, 65 – *„Sanieren oder Ausscheiden"*; *Winter*, Treubindungen, S. 175.

829 *K. Schmidt*, Gesellschaftsrecht, S. 592; vgl. auch *Raiser/Veil*, Kapitalgesellschaftsrecht, § 11 Rn. 62.

830 Vgl. zur fehlenden Disposition der Treuepflicht durch die Gesellschafter *Lutter*, GmbHR 1997, 1134, 1135.

831 BGH, Urt. v. 20.3.1995 – II ZR 205/94, BGHZ 129, 136, 153 = NJW 1995, 1739 – *„Girmes"*.

832 BGH, Urt. v. 20.3.1995 – II ZR 205/94, BGHZ 129, 136, 153 ff. = NJW 1995, 1739 – *„Girmes"*.

dersetzung mit der Frage, unter welchen Voraussetzungen ein Gesellschafter eine Sanierung verhindern darf, kann sie grundsätzlich als geeigneter Maßstab für vergleichbare Sachverhalte dienen.

(2) Grundsätzliche Möglichkeit der vergleichenden Heranziehung

Fraglich ist jedoch, inwieweit die Entscheidung für das Personengesellschaftsrecht vergleichend herangezogen werden kann. Hierfür spricht zunächst die bemerkenswerte Feststellung des BGH, dass er seine Rechtsprechung zur Zustimmungspflicht bezüglich eines Zinsverzichtes in einer Publikums-KG als ähnlich gelagerten Fall ansieht. Außerdem kann für eine vergleichende Heranziehung der weitere Hinweis des Gerichts angeführt werden, wonach das *„Girmes"*-Urteil mit der Rechtsprechung des BGH in Übereinstimmung stehe, die (auch) im Personengesellschaftsrecht in Ausnahmefällen eine Zustimmungspflicht zu einer Änderung des Gesellschaftsvertrages anerkennt.[833] Zudem zeigt sich die grundsätzliche Möglichkeit der Übertragung der *„Girmes"*-Entscheidung trotz ihrer Besonderheiten darin, dass sich die Grundsituation, nämlich die Sperrung gegen eine Sanierung, jederzeit wiederholen kann.[834] Eine entsprechende Sanierungssituation ist zudem nicht auf eine AG beschränkt. Insbesondere bei der Sanierung von Publikumspersonengesellschaften, die über ein hohes Maß an Fremdfinanzierung verfügen[835], werden die Gläubiger (vor allem die kreditgebenden Banken) einen eigenen Beitrag der Gesellschafter zur Sanierung der Gesellschaft fordern. Dabei werden Zinsverzichte und ähnliche Sanierungsbeiträge Dritter regelmäßig von einem Kapitalschnitt abhängig gemacht.[836] Überdies wendet der BGH auch im Aktienrecht Grundsätze an, die sich nahezu identisch im Personengesellschaftsrecht wieder finden. Dies gilt sowohl in Bezug auf den fehlenden allgemeinen Bestandsschutz der Gesellschaft gegenüber den Gesellschaftern als auch im Hinblick auf die grundsätzliche Begrenzung der Leistungspflicht auf die gesellschaftsvertraglich vereinbarte Einlage. Außerdem gilt auch im Aktienrecht der Grundsatz, dass die Gesellschafter eine drohende Insolvenz nicht abwenden müssen. Diese vorbezeichneten Aspekte sprechen grundsätzlich für eine vergleichende Heranziehung der *„Girmes"*-Entscheidung hinsichtlich der Frage, inwieweit sich die Gesellschafter einer Personengesellschaft gegen einen sanierenden

---

833 Vgl. hierzu auch BGH, Urt. v. 19.10.2009 – II ZR 240/08, BGHZ 183, 1, 8 Rn. 23 a. E. = NJW 2010, 65 – *„Sanieren oder Ausscheiden"*.

834 *Marsch-Barner*, ZIP 1996, 853, 854 reSp.

835 Vgl. hierzu insbesondere das sog. „Darlehensmodell", oben S. 21; speziell zur Finanzierungsstruktur von Schiffsfonds vgl. *Stupp*, DB 2010, 489 f.

836 BGH, Urt. v. 19.10.2009 – II ZR 240/08, BGHZ 183, 1, 9 Rn. 27 = NJW 2010, 65 – *„Sanieren oder Ausscheiden"*; *Marsch-Barner*, ZIP 1996, 853, 855 reSp.

Kapitalschnitt bzw. eine Kapitalerhöhung sperren können. Aufgrund dieser generellen Vergleichbarkeit der Entscheidung wird aus ihr bisweilen sogar die Pflicht des GmbH-Minderheitsgesellschafters zur positiven Stimmabgabe bei einer Kapitalerhöhung im Sanierungsfall abgeleitet.[837] Bejaht man im Grundsatz die vergleichende Heranziehung der Entscheidung, so stellt sich nunmehr die Frage, ob dies auch für die konkreten Voraussetzungen gilt, die eine treuwidrige Sperrung gegen eine Sanierung nahe legen. Bevor jedoch dieser Frage nachgegangen wird, ist zunächst zu klären, worin die Unterschiede zu den oben ausgeführten Kriterien hinsichtlich einer Zustimmungspflicht zu einer Beitragserhöhung sämtlicher Gesellschafter[838] liegen.

(3) Unterschiede zu den Kriterien bzgl. der Zustimmungspflicht zu einer Beitragserhöhung sämtlicher Gesellschafter

Im Hinblick auf die Unterschiede zu den Kriterien einer Zustimmungspflicht zu einer Beitragserhöhung sämtlicher Gesellschaft ist vorab festzuhalten, dass der BGH im Falle einer Sanierung mittels eines Kapitalschnitts für die Abwägung des einzelnen Gesellschafters darauf abstellt, ob seine Stellung im Falle eines Zusammenbruches der Gesellschaft ungünstiger wäre, als wenn er aus der weiterhin bestehenden Gesellschaft austreten würde.[839] Speziell für die AG weist das Gericht darauf hin, dass insoweit lediglich die Veräußerung der Aktien in Betracht komme. Dies ist bei Personengesellschaften mangels Handelbarkeit der Gesellschaftsanteile grundsätzlich nicht möglich, mit einer gewissen Ausnahme[840] für Anteile an Publikumspersonengesellschaften.[841] Im Recht der Personengesellschaften bedeutet dies, dass auf das Abfindungsguthaben des Gesellschafters abzustellen ist, welches er beim Austritt aus der Gesellschaft erhalten würde (vgl. § 738 Abs. 1 S. 2 BGB, ggf. i.V.m. §§ 105 Abs. 3, 161 Abs. 2 HGB oder § 1 Abs. 4 PartGG).[842] Fraglich ist jedoch, ob dies auch für den Fall bejaht werden kann, wenn die Anteile an einem funktionierenden Markt handelbar sein sollten. Insoweit könnte auf den am Zweitmarkt erzielbaren Wert zum Zeitpunkt des Ausscheidens abgestellt werden. Dies ist jedoch problematisch, da der Zweitmarkt für Anteile an Personengesellschaften, aufgrund seines deutlich

---

837 *Rowedder/Pentz*, in: Rowedder/Schmidt-Leithoff, § 13 Rn. 51.

838 Ausführlich hierzu oben S. 115 ff.

839 BGH, Urt. v. 20.3.1995 – II ZR 205/94, BGHZ 129, 136, 153 = NJW 1995, 1739 – *„Girmes"*; so auch *K. Schmidt*, ZIP 1980, 328, 336; *ders.*, Gesellschaftsrecht, S. 134.

840 Dies gilt vor allem für Schiffsbeteiligungen und Immobilienfondsanteile, vgl. hierzu die Handelsplattformen „Fondsbörse Deutschland" (http://www.fondsboerse.de) oder „Deutsche Zweitmarkt AG" (http://www.deutsche-zweitmarkt.de).

841 *Ulmer/Schäfer*, in: MünchKomm-BGB, § 738 Rn. 33.

842 *Ulmer/Schäfer*, in: MünchKomm-BGB, § 738 Rn. 33.

geringeren Organisationsgrades im Gegensatz zu Aktienbörsen, häufig nicht den wahren Wert der Beteiligung widerspiegelt. Der geringere Organisationsgrad zeigt sich im Gegensatz zu Handelsplattformen von Aktien darin, dass bei letzteren auf die Einhaltung einer Vielzahl spezieller Vorschriften[843] geachtet wird, deren Verletzung sogar strafbar oder ordnungswidrig sein kann[844]. Vor allem die Nichterfüllung der Meldepflichten nach §§ 21 ff. WpHG führt nach § 28 S. 1 WpHG zu sehr nachteiligen Rechtsfolgen. Bei Handelsplattformen von Personengesellschaftsanteilen existiert nicht solch eine Vielzahl von Verhaltenspflichten. So bestehen beispielsweise keine Meldepflichten nach dem WpHG. Insbesondere die Zulassung an einem Zweitmarkt unterliegt einer deutlich geringeren Regulierung.[845] Auch im Übrigen bestehen weniger strenge Vorschriften. Hierdurch wird zumindest formal im Hinblick auf Informationen über die Marktteilnehmer keine Chancengleichheit hergestellt. Somit besteht keine vergleichbare Transparenz wie bei Aktienbörsen. Zudem verfügen die Zweitmärkte i.d.R. nicht über eine mit Aktienbörsen vergleichbare Handelsliquidität[846], so dass die Schwierigkeit besteht, den tatsächlich am Markt erzielbaren Preis zu ermitteln. Demzufolge ist auch bei Anteilen von Personengesellschaften, die an einem grundsätzlich funktionierenden Markt handelbar sind, auf den tatsächlichen Wert der Beteiligung nach § 738 Abs. 1 S. 3 BGB abzustellen. Für dieses Ergebnis spricht auch der Wortlaut sowie Sinn und Zweck des § 738 Abs. 1 S. 2 BGB.[847] Der Gesellschafter soll nämlich als Ausgleich für den Verlust seiner Mitgliedschaft den Vermögenswert erhalten, der bei einer Auseinandersetzung anfallen würde. Daher kann nicht der Verkehrswert des Anteils, sondern nur der Anteil am Wert der fortgeführten Gesellschaft maßgeblich sein.[848]

843 Vgl. hierzu etwa § 14 WpHG; § 32 Abs. 3, 4 BörsG sowie §§ 63 ff. BörsO der Frankfurter Wertpapierbörse.

844 Vgl. hierzu etwa §§ 38 f. WpHG.

845 Vgl. hierzu bspw. § 9 Marktordnung Geschlossene Fonds von der „Fondsbörse Deutschland“ (Fn. 840).

846 *Schneider*, Rückabwicklung, S. 49 (betr. Immobilienfondsanteile); *Voß*, BKR 2007, 45, 48 f. mit Fn. 31.

847 *Ulmer/Schäfer*, in: MünchKomm-BGB, § 738 Rn. 33.

848 BGH, Urt. v. 21.4.1955 – II ZR 227/53, BGHZ 17, 130, 136 = NJW 1955, 1025; Urt. v. 24.9.1984 – II ZR 256/83, NJW 1985, 192, 193; Urt. v. 16.12.1991 – II ZR 58/91, BGHZ 116, 359, 370 f. = NJW 1992, 892 (zur GmbH); OLG Naumburg, Urt. v. 9.3.2001 – 7 U (Hs) 21/00, NZG 2001, 658; *Hüttemann*, ZHR 162 (1998), 563, 577; *Timm/Schöne*, in: Bamberger/Roth, § 738 Rn. 22; *Ulmer/Schäfer*, in: MünchKomm-BGB, § 738 Rn. 33; kritisch hingegen *Sigle*, ZGR 1999, 659, 669 f.

Es ist jedoch darauf hinzuweisen, dass beim Austritt aus der Gesellschaft nicht nur ein Abfindungsanspruch des Gesellschafters in Betracht kommt, sondern auch eine Fehlbetragshaftung nach § 739 BGB, ggf. i.V.m. §§ 105 Abs. 3, 161 Abs. 2 HGB oder § 1 Abs. 4 PartGG.[849] Eine solche kommt dann in Betracht, wenn der auf den Gesellschafter entfallende Fehlbetrag[850] inklusive sonstiger der Gesellschaft noch zu leistender Beträge nach dem Schlussabrechnungsergebnis höher ist als die zurückzugewährende Einlage nebst etwaiger ihm noch zustehender Ansprüche gegen die Gesellschaft aus dem Gesellschaftsverhältnis.[851]

Im Ergebnis ergibt sich daraus grundsätzlich eine unterschiedliche Betrachtungsweise der zwei alternativen Handlungsabläufe (Austritt bzw. Liquidation/Insolvenz). Grund hierfür ist, dass sich der Abfindungsanspruch nach § 738 Abs. 1 S. 2 BGB nicht auf den Zerschlagungswert im Falle einer Liquidation bezieht, sondern auf den Ertragswert der werbenden Gesellschaft[852]. Dies gilt ebenfalls, soweit eine Fehlbetragshaftung in Betracht kommt.[853] Dennoch ist zu beachten, dass Gesellschaftsverträge von Personengesellschaften regelmäßig den Abfindungsanspruch durch Abfindungsklauseln beschränken. Wird der Abfindungsanspruch nunmehr in zulässiger Form beschränkt, so verringert sich hierdurch ebenfalls die Diskrepanz beider Beurteilungsmaßstäbe. Ebenfalls können in beiden Fällen aufgrund einer vorzeitigen Beendigung der Beteiligung für den Gesellschafter steuerliche Vorteile verloren gehen.[854]

Ein weiterer wichtiger Unterschied zu den Kriterien einer Zustimmungspflicht zu einer Beitragserhöhung sämtlicher Gesellschafter liegt darin, dass hinsichtlich der alternativen Geschehensabläufe bei der Zustimmung zu einem Kapitalschnitt allein eine generelle Betrachtungsweise maßgeblich ist. Dies bedeutet, dass grundsätzlich individuelle Belange der einzelnen Gesellschafter, außer Betracht bleiben. Zudem kommt es nicht auf die persönlichen finanziellen Verhältnisse der Gesellschafter an. Daraus ergibt sich auch, dass

---

849 So etwa bei BGH, Urt. v. 19.10.2009 – II ZR 240/08, BGHZ 183, 1, 4 Rn. 10 = NJW 2010, 65 – *„Sanieren oder Ausscheiden"*.

850 Ein Fehlbetrag liegt dann vor, wenn das Gesellschaftsvermögen weder die Gesellschaftsverbindlichkeiten gegenüber Dritten noch die Einlagen der Gesellschafter deckt; *Timm/Schöne*, in: Bamberger/Roth, § 739 Rn. 2.

851 OLG Hamm, Urt. v. 11.5.2004 – 27 U 224/03, NZG 2005, 175; *Ulmer/Schäfer*, in: MünchKomm-BGB, § 739 Rn. 1.

852 BGH, Urt. v. 21.4.1955 – II ZR 227/53, BGHZ 17, 130, 136 = NJW 1955, 1025; Urt. v. 24.9.1984 – II ZR 256/93, NJW 1985, 192, 193; *Timm/Schöne*, in: Bamberger/Roth, § 738 Rn. 22; *Ulmer/Schäfer*, in: MünchKomm-BGB, § 738 Rn. 32.

853 *Ulmer/Schäfer*, in: MünchKomm-BGB, § 739 Rn. 1.

854 *Holmer*, Geschlossener Immobilienfonds, S. 113 f.

es grundsätzlich keine Beschränkung gibt, in welcher Höhe eine Kapitalerhöhung durchgeführt wird. Dies lässt sich aus dem rechtlichen Gesichtspunkt herleiten, dass § 707 BGB gerade nicht einschlägig ist. Den Gesellschaftern steht es frei, von ihrem Bezugsrecht Gebrauch zu machen, jedoch besteht hierzu keine Pflicht. Somit lässt sich festhalten, dass allein durch die Kapitalerhöhung bzw. einen Kapitalschnitt regelmäßig eine geringere finanzielle Belastung einhergeht, als wenn höhere Beiträge geleistet werden müssen. Allerdings kann sich dies mittel- bis langfristig anders darstellen. Denkbar ist dies, wenn bei einer erfolgreichen Sanierung durch einen Kapitalschnitt die Beteiligungsquote verringert wird und damit eine Reduzierung der Gewinnbeteiligung einhergeht. Hier kann es auf längere Sicht – freilich unter dem Vorbehalt einer erfolgreichen und nachhaltigen Sanierung – für den Gesellschafter wirtschaftlich betrachtet vorteilhafter sein, einmalig einen höheren Betrag zu leisten, jedoch in Zukunft (anteilig) höhere Gewinne zu erzielen. So kann die Verschiebung der Beteiligungsquote langfristig zu einem Vermögensopfer führen, welches einer einmaligen Beitragserhöhung entsprechen kann oder sogar darüber hinausgehen. Die faktische finanzielle Belastung des Gesellschafters ist also unter Umständen bei einem Kapitalschnitt durch die damit korrespondierende Verringerung des Gewinns größer. Jedoch ist anzuerkennen, dass dies aufgrund der regelmäßig schwierigen Prognose, ob eine Sanierung zu einem nachhaltigen wirtschaftlichen Erfolg der Gesellschaft führt, nur sehr schwer abschätzbar ist. Gesteigert wird die Schwierigkeit einer solchen Prognose, wenn der Gesellschaftszweck stark marktabhängig ist, so etwa bei geschlossenen Schiffs-, Immobilien- oder Flugzeugfonds. Auch besteht keine Sicherheit darüber, zu welchem Zeitpunkt ein Gesellschafter aus der Gesellschaft ausscheiden wird. Dies verstärkt die Ungewissheit, in welcher Höhe der Gesellschafter Gewinne erwirtschaften wird. Außerdem ist zu beachten, dass eine Sanierung bei einer Publikumspersonengesellschaft zu einer relativ geringen Verschiebung der Beteiligungsquoten führen wird, im Gegensatz zu einer personalistisch geprägten Gesellschaft. Der mögliche Gewinn- und Stimmkraftverlust wird daher eher gering sein. Gerade bei Publikumspersonengesellschaften stellt sich also die Belastung für den nicht leistungsbereiten Gesellschafter regelmäßig als geringer dar.

(4) Übertragbarkeit der konkreten Voraussetzungen hinsichtlich der Annahme einer Zustimmungspflicht

Nunmehr ist der Frage nachzugehen, ob die konkreten Voraussetzungen, die nach Ansicht des BGH das Verhindern einer Sanierungsmaßnahme in einer AG treuwidrig erscheinen lässt, vollumfänglich auf das Personengesellschaftsrecht übertragbar sind.

(a) Maßstab für mögliche Geschehensabläufe

Dies ist zunächst insofern problematisch, als dass der BGH hinsichtlich der möglichen Geschehensabläufe auf den Austritt des Gesellschafters aus der Gesellschaft abstellt. Diesbezüglich könnte es im Rahmen einer Sanierungssituation im Personengesellschaftsrecht sachgerechter sein auf den Verbleib des Gesellschafters in der Gesellschaft bei einer erfolgreichen Sanierung abzustellen. Hierfür spricht zum einen das bereits oben angesprochene Argument, dass bei einem Austritt eines Gesellschafters aus der Gesellschaft der Abfindungsanspruch des Gesellschafters regelmäßig aufgrund von Abfindungsklauseln beschränkt sein wird. Hierdurch wird der tatsächliche Wert seiner Beteiligung nicht angemessen wiedergegeben. Mithin könnte ein Gesellschafter eine durchaus Erfolg versprechende Sanierung verhindern, obwohl die Folgen seines Austritts nicht den tatsächlichen wirtschaftlichen Zustand der Gesellschaft widerspiegeln. Eine solche Vorgehensweise erscheint gegenüber den leistungsbereiten Gesellschaftern unangemessen. Freilich gilt dieses Argument nur, soweit dem Gesellschafter auch ein Abfindungsanspruch zusteht und eine Fehlbetragshaftung nicht in Betracht kommt. Trotz der wirtschaftlichen Schieflage der Gesellschaft in einer Sanierungssituation kommt nicht stets eine Fehlbetragshaftung des Gesellschafters gem. § 739 BGB in Betracht. Schließlich ist es nicht kategorisch auszuschließen, dass die Gesellschaft lediglich unter einem Liquiditätsengpass leidet, die Sachwerte der Gesellschaft zu Fortführungswerten jedoch die Gesellschaftsverbindlichkeiten nach wie vor übersteigen. Somit kann auch in einer Sanierungssituation ein Abfindungsanspruch des Gesellschafters in Betracht kommen.

Des Weiteren ist zu beachten, dass insbesondere bei AGs, deren Anteile auf dem Regulierten Markt[855], vgl. § 16 Abs. 1 Nr. 3 BörsG i.V.m. §§ 60 ff. BörsO, oder im Freiverkehr[856], vgl. § 48 Abs. 1 BörsG i.V.m. § 175 BörsO, handelbar sind, der tatsächliche Wert der Beteiligung leicht ermittelt werden kann. Dies ermöglicht eine einfache und sachgerechte Gegenüberstellung der Geschehensabläufe. Zumindest bis zur Ablehnung des Sanierungskonzeptes wird eine Bewertung der Aktie möglich sein. Erst mit der Ablehnung der Sanierung kommt es regelmäßig zur Wertlosigkeit der Aktie.[857] Zudem kann

855 Beispiele hierfür sind der sog. „General Standard“ oder „Prime Standard“ an der Frankfurter Wertpapierbörse.

856 Beispiele für den Freiverkehr sind der sog. „Open Market“ an der Frankfurter Wertpapierbörse oder der sog. „M:access“ an der Börse München, vgl. hierzu *Harrer/ Müller*, WM 2006, 653 ff.

857 So auch bei BGH, Urt. v. 20.3.1995 – II ZR 205/94, BGHZ 129, 136, 140 = NJW 1995, 1739 – *„Girmes“*.

der Aktionär aufgrund des allgemeinen Grundsatzes der freien Verfügbarkeit der Aktie[858] jederzeit über diese verfügen.[859] Der Austritt des Aktionärs aus der AG stellt also eine einfache, tatsächlich durchführbare Handlungsalternative dar. Ein Gesellschafter einer Personengesellschaft kann jedoch nicht ohne weiteres über seinen Gesellschaftsanteil verfügen[860] oder durch Kündigung jederzeit aus der Gesellschaft ausscheiden. Zudem ist nicht sichergestellt, dass die Mitgesellschafter einer Übertragung stets zustimmen werden. Auf die fehlende tatsächliche Handelbarkeit und damit einhergehende mangelnde Bewertung eines Personengesellschaftsanteils, auch wenn dieser an einem Zweitmarkt handelbar sein sollte, wurde bereits hingewiesen.[861] Mithin stellt sich die Übertragung des Gesellschaftsanteils an einen Dritten, auch wenn sie im Einzelfall ohne weiteres zulässig sein sollte, nicht als wirtschaftlich vernünftige und vollziehbare Handlungsalternative dar. Ein Ausscheiden des Gesellschafters aufgrund einer Kündigung (§ 736 BGB; § 131 Abs. 3 S. 1 Nr. 3 HGB, ggf. i. V. m. § 161 Abs. 2 HGB bzw. § 9 Abs. 1 PartGG) kommt ebenfalls nur unter bestimmten Voraussetzungen in Betracht. Grundsätzlich ist der Gesellschafter an vereinbarte Kündigungsfristen gebunden.[862] Eine außerordentliche Kündigung der Mitgliedschaft aufgrund des fehlenden Willens, im Rahmen einer Kapitalerhöhung vom Bezugsrecht Gebrauch zu machen, kommt nach hier vertretener Ansicht nicht in Betracht.[863] Zwar kann der Beschluss über eine Kapitalerhöhung damit verbunden werden, dass bei fehlender Ausübung des Bezugsrechts der betroffene Gesellschafter ausscheidet.[864] Die Regel stellt solch eine Vereinbarung jedoch nicht dar und wird aufgrund der erforderlichen Zustimmung des betroffenen Gesellschafters selten wirksam zustande kommen.[865] Zudem

---

858 Vgl. jedoch die Ausnahme in § 68 Abs. 2 AktG zur Vinkulierung (ausschließlich) von Namensaktien.

859 BGH, Urt. v. 20.9.2004 – II ZR 288/02, BGHZ 160, 253, 256 = NJW 2004, 3561; *Bayer*, in: MünchKomm-AktG, § 68 Rn. 34; *Hüffer*, AktG, § 68 Rn. 10.

860 Vgl. zu den Voraussetzungen im Einzelnen BGH, Urt. v. 8.11.1965 – II ZR 223/64, BGHZ 44, 229, 231 = NJW 1966, 499; Urt. v. 29.6.1981 – II ZR 142/80, BGHZ 81, 82, 84 = NJW 1981, 2747; *Michalski*, NZG 1998, 95 ff.; *Reiff/Nannt*, DStR 2009, 2376 ff.; *Timm/Schöne*, in: Bamberger/Roth, § 719 Rn. 8 ff.; *Ulmer/Schäfer*, in: MünchKomm-BGB, § 719 Rn. 27 ff.

861 Vgl. hierzu oben S. 173 f.

862 Vgl. hierzu unten S. 182 f.

863 Vgl. hierzu unten S. 182 ff.

864 BGH, Urt. v. 19.10.2009 – II ZR 240/08, BGHZ 183, 1, 2 Rn. 2 = NJW 2010, 65 – *„Sanieren oder Ausscheiden"* sowie eingehend oben S. 153 ff.

865 Vgl. jedoch zur (ausnahmsweisen) Annahme einer Zustimmungspflicht BGH, Urt. v. 19.10.2009 – II ZR 240/08, BGHZ 183, 1, 8 ff. Rn. 22 ff. = NJW 2010, 65 – *„Sanieren oder Ausscheiden"*.

zeigt auch die Vereinbarung über das zwangsweise Ausscheiden bei fehlender Ausübung des Bezugsrechts, dass ein Ausscheiden aus der Gesellschaft regelmäßig erst zu einem späteren Zeitpunkt möglich ist.[866] Somit kann zusammenfassend festgehalten werden, dass ein nicht leistungsbereiter oder leistungsunfähiger Gesellschafter nicht sofort aus der Gesellschaft ausscheiden kann, sondern oftmals erst zu dem Zeitpunkt einer ordentlichen Kündigung oder einem gesellschaftsvertraglich vereinbarten Termin hinsichtlich des zwangsweisen Ausscheidens. Wie hoch jedoch der Abfindungsanspruch zum maßgeblichen Zeitpunkt des Ausscheidens (vorbehaltlich gesellschaftsvertraglicher Regelungen)[867] sein wird, kann zum Zeitpunkt der Beschlussfassung hinsichtlich der Kapitalerhöhung nicht beurteilt werden. Mithin würde bei einer Übertragung der möglichen Geschehensabläufe auf das Personengesellschaftsrecht auf eine Handlungsalternative abgestellt werden, die dem betroffenen Gesellschafter regelmäßig aus rechtlichen und/oder tatsächlichen Gründen nicht zur Verfügung steht, und auch nicht zu prognostizieren wäre. Somit ist wie bei der Zustimmungspflicht zu einer Beitragserhöhung sämtlicher Gesellschafter die Situation des Gesellschafters im Rahmen einer Liquidation bzw. Insolvenz mit einem Verbleib in der Gesellschaft bei einer Sanierung zu vergleichen.

(b) Sanierungsmaßnahme als „ultima ratio"

Des Weiteren ist fraglich, ob auch die Sanierungsmaßnahme – als „ultima ratio" – den Zusammenbruch der Gesellschaft verhindern und nach objektiver Betrachtung das wirtschaftliche Überleben der Gesellschaft nachhaltig sicherstellen muss, wie vom BGH gefordert. Im Gegensatz zu den bereits oben dargestellten Ansichten[868] ist nach Meinung des Gerichts allein ein dringender Kapitalbedarf bzw. eine wirtschaftliche Krise nicht ausreichend. Vielmehr muss die Sanierung eine Insolvenz bzw. Liquidation der Gesellschaft abwenden.

Gegen diese restriktive Ansicht spricht, dass im Fall einer vorbezeichneten Sanierungsmaßnahme der Anwendungsbereich des § 707 BGB gerade nicht eröffnet ist. Daraus könnte man folgern, dass aufgrund der fehlenden un-

866 Bei BGH, Urt. v. 19.10.2009 – II ZR 240/08, BGHZ 183, 1, 2 Rn. 2 = NJW 2010, 65 – *„Sanieren oder Ausscheiden"* erst ca. 14 Monate nach dem Kapitalerhöhungsbeschluss.

867 BGH, Urt. v. 25.3.1965 – II ZR 148/62, BB 1965, 844, 845; Urt. v. 20.10.2003 – II ZR 7/01, DStR 2004, 97, 98; Staudinger/*Habermeier*, § 738 Rn. 9; *Ulmer/Schäfer*, in: MünchKomm-BGB, § 738 Rn. 19.

868 Vgl. hierzu die Nachweise in Fn. 792, 794.

mittelbaren wirtschaftlichen Beeinträchtigung der Gesellschafter bereits ein (dringender) Finanzbedarf der Gesellschaft ausreichend ist.

Dennoch ist zu beachten, dass auch mit der Verschiebung der Beteiligungsverhältnisse eine nicht unerhebliche Beeinträchtigung der Gesellschafterrechte einhergeht.[869] Gerade in einer Personengesellschaft mit einem kleinen und überschaubaren Gesellschafterkreis kann die anteilige Verringerung der Gewinnbeteiligung und Stimmkraft beträchtlich sein. Zudem besteht mit der Anknüpfung an einen dringenden Finanzbedarf der Gesellschaft die Schwierigkeit festzustellen, unter welchen Voraussetzungen ein solcher vorliegt. So könnte es wohl nach dieser Ansicht bereits ausreichen, wenn innerhalb des Gesellschaftszwecks eine Ausdehnung der wirtschaftlichen Aktivitäten für erforderlich gehalten wird, um etwa entsprechende Marktanteile der Gesellschaft zu festigen. Neben der Schwierigkeit der Definition besteht insoweit auch das Problem, dass wegen der (weiten) Auslegungsmöglichkeiten finanzschwache Gesellschafter unangemessen benachteiligt werden könnten. Somit muss trotz der fehlenden Geltung des § 707 BGB ein enger Anwendungsbereich verbleiben, in dem eine Zustimmungspflicht zu einer Kapitalerhöhung bejaht werden kann. Dies kann gerade im Hinblick auf den Schutz finanzschwacher Gesellschafter nur dann gewährleistet werden, wenn die beabsichtigten Sanierungsmaßnahmen den unmittelbar bevorstehenden wirtschaftlichen Zusammenbruch der Gesellschaft verhindern.[870]

(c) Nachhaltigkeit der Sanierungsmaßnahme

Die Nachhaltigkeit der Sanierungsmaßnahme zu fordern erscheint schon deswegen erforderlich, weil ansonsten für die Gesellschafter die Gefahr bestünde, dass in Zukunft von ihnen weiteres Kapital beschafft werden müsste. Dies hätte – sofern nicht sogar eine Beitragserhöhung sämtlicher Gesellschafter erforderlich wird – eine weitere Schmälerung ihrer Vermögens- und Mitverwaltungsrechte zur Folge.

(d) Erfolgswahrscheinlichkeit einer Sanierung

Fraglich ist jedoch, mit welcher Wahrscheinlichkeit die angestrebte Sanierung Erfolg haben muss. Der BGH fordert insoweit, dass die Sanierungsmaßnahme nach objektiver Einschätzung die weitere Verfolgung des Ge-

---

869 Vgl. hierzu die Nachweise in Fn. 772, 773.

870 So im Erg. auch *Armbrüster*, ZGR 2009, 1, 17; *Schäfer*, Gesellschaftsrecht i.d. Diskussion, S. 137, 146.

sellschaftszwecks nachhaltig sicherstellt.[871] Aufgrund des übereinstimmenden Parteienvortrages kam es im konkreten Fall hierauf nicht an.[872] Der II. Zivilsenat hat hinsichtlich dieser Voraussetzung also keine weitere Konkretisierung vorgenommen. Insoweit könnte man auf die Kriterien bezüglich der Zustimmungspflicht zu einer Beitragserhöhung sämtlicher Gesellschafter abstellen. Demnach wäre eine hohe Erfolgswahrscheinlichkeit der Sanierung zu fordern und weitere Kapitalbeschaffungsmaßnahmen müssten zunächst nicht mehr erforderlich sein.[873] Allerdings ist zu beachten, dass bei den vorbezeichneten Kriterien eine hohe Wahrscheinlichkeit vor dem Hintergrund des § 707 BGB zu fordern ist. Nur hierdurch wird der Ausnahmecharakter einer entsprechenden Zustimmungspflicht gewahrt. Bei einer Sanierung mittels eines Kapitalschnitts ist hingegen der Anwendungsbereich des § 707 BGB nicht berührt. Eine Kapitalerhöhung betrifft daher eine schonendere Möglichkeit, die Existenz der Gesellschaft zu erhalten.[874] Aus diesem Grunde wird es ausreichen, wenn aufgrund von objektiven Kriterien – wie etwa wirksam zugesagte Forderungsverzichte von Gläubigern – eine erfolgreiche Sanierung möglich ist und schlüssig dargelegt werden kann. Diesbezüglich wird es eines Sanierungskonzeptes bedürfen, aus dem sich die Erfolgsgeeignetheit der Sanierungsmaßnahme ergibt.[875] Allein die subjektive Erwartung, beispielsweise der Geschäftsführung, kann daher nicht ausreichen.[876]

(e) Zusammenfassung

Somit lassen sich mit entsprechender Modifikation die konkreten Voraussetzungen des BGH, bei deren Vorliegen das Verhindern einer notwendigen Sanierungsmaßnahme treuwidrig ist, auf entsprechende Sachverhalte im Personengesellschaftsrecht übertragen. Insbesondere aufgrund der ausführlichen und dezidierten Ausführungen bietet die *„Girmes“*-Entscheidung einen sachgerechten und konkreten Ausgangspunkt, um vergleichbare Sachverhalte diesbezüglich rechtlich zu beurteilen. Trotz des engen Anwendungsbereiches einer Zustimmungspflicht im Rahmen einer Sanierung der Gesellschaft mittels einer Kapitalerhöhung, ist dieser gleichwohl größer als bei der

871 BGH, Urt. v. 20.3.1995 – II ZR 205/94, BGHZ 129, 136, 153 = NJW 1995, 1739 – *„Girmes“*.

872 BGH, Urt. v. 20.3.1995 – II ZR 205/94, BGHZ 129, 136, 156 = NJW 1995, 1739 – *„Girmes“*.

873 S. zu diesem Aspekt oben S. 128 ff.

874 So ausdrücklich BGH, Urt. v. 5.3.2007 – II ZR 282/05, NZG 2007, 381 Rn. 14 a. E.

875 Vgl. hierzu *Marsch-Barner*, ZIP 1996, 853, 854 f.

876 *K. Schmidt*, Gesellschaftsrecht, S. 134.

Pflicht einer Beitragserhöhung sämtlicher Gesellschafter zuzustimmen. Dies liegt zum einen an der generellen Betrachtungsweise der möglichen Geschehensabläufe, unabhängig von der finanziellen Leistungsfähigkeit der einzelnen Gesellschafter. Zum anderen bedarf es bei einer Beitragserhöhung sämtlicher Gesellschafter einer hohen Wahrscheinlichkeit, dass die erhöhten Beiträge das wirtschaftliche Überleben der Gesellschaft sicherstellen und keine weiteren Beiträge erforderlich sein werden. Daher wird regelmäßig eine Zustimmungspflicht nicht leistungsbereiter Gesellschafter zu einer Erhöhung der Beiträge der Mitgesellschafter leichter zu begründen und anzunehmen sein, als dies bei einer Beitragserhöhung sämtlicher Gesellschafter der Fall ist. Dies zeigt, dass eine Kapitalerhöhung bzw. ein Kapitalschnitt im Sanierungsfall eine sachgerechte Vorgehensweise für leistungsbereite Gesellschafter darstellt.

Abschließend ist darauf hinzuweisen, dass die vorbezeichnete *„Girmes"*-Entscheidung die Sperrung einer von der Mehrheit angestrebten Sanierungsmaßnahme durch eine Gesellschafterminderheit zum Gegenstand hatte. Insofern kann problematisch sein, wenn insbesondere bei Personengesellschaften mit einem überschaubaren Gesellschafterkreis lediglich eine Minderheit von Gesellschaftern bereit ist, einen höheren Beitrag zu leisten, und die Mehrheit eine Sanierung verhindern will. In diesem Fall steht es zunächst einmal der Mehrheit frei, die Auflösung der Gesellschaft zu beschließen, sofern diesbezüglich eine wirksame Mehrheitsklausel im Gesellschaftsvertrag vereinbart worden ist.[877] Sollte der Gesellschaftsvertrag keine entsprechende Mehrheitsentscheidung vorsehen oder die Mehrheit von einer Auflösung absehen, so ist kein Grund erkennbar, warum die Gesellschaftermehrheit eine sinnvolle und den obigen Anforderungen entsprechende Sanierungsmaßnahme verhindern darf. Freilich wird bei einem nur geringen Anteil leistungsbereiter Gesellschafter zweifelhaft sein, ob hierdurch eine nachhaltige Sanierung der Gesellschaft bewirkt werden kann. In der Regel wird sich das Problem der Treuwidrigkeit daher nur hinsichtlich einer nicht zustimmungsbereiten Minderheit von Gesellschaftern stellen.

c) Außerordentliches Kündigungsrecht des nicht erhöhungswilligen Gesellschafters

Besteht eine Zustimmungspflicht zu einer entsprechenden Sanierungsmaßnahme nach den obigen Kriterien, so kann der nicht leistungsbereite Gesell-

877 OLG Hamm, Urt. v. 26.10.1988 – 8 U 22/81, DB 1989, 815 f.; *K. Schmidt*, in: MünchKomm-HGB, 131 Rn. 15; *Ulmer/Schäfer*, in: MünchKomm-BGB, Vor § 723 Rn. 18.

schafter (der nicht von seinem Bezugsrecht Gebrauch macht) aufgrund der „Verwässerung" seiner mitgliedschaftlichen Rechte den sofortigen Austritt aus der Gesellschaft anstreben. Eine ordentliche Kündigung kommt aufgrund der damit regelmäßig verbundenen Kündigungsfrist insoweit nicht in Betracht. Für die Personenhandelsgesellschaften sowie die PartG ergibt sich die Einhaltung einer Kündigungsfrist aus § 132 HGB, ggf. i.V.m. § 161 Abs. 2 HGB oder § 9 Abs. 1 PartGG[878], im Recht der GbR aus den häufig vereinbarten Kündigungsfristen[879].

Im Recht der Personenhandelsgesellschaften ist ein außerordentliches Kündigungsrecht des Gesellschafters gesetzlich nicht geregelt. Vielmehr sieht § 133 HGB bei Vorliegen eines wichtigen Grundes die Auflösungsklage vor. Dennoch wird dem Gesellschafter einer Personenhandelsgesellschaft allgemein ein entsprechendes Kündigungsrecht zugestanden.[880] Die Rechtsprechung bejaht dies zumindest für Publikumspersonengesellschaften.[881] Hinsichtlich der GbR ergibt sich die Möglichkeit einer außerordentlichen Kündigung aus § 723 Abs. 1 S. 2 und 3 BGB. Damit ein Gesellschafter seine Mitgliedschaft außerordentlich kündigen kann, bedarf es des Vorliegens eines wichtigen Grundes. Ein solcher liegt dann vor, wenn dem Gesellschafter ein Verbleib in der Gesellschaft bis zum nächsten ordentlichen Beendigungszeitpunkt unzumutbar ist.[882]

Nach einer Ansicht wird im Hinblick auf die Beeinträchtigung der mitgliedschaftlichen Rechte des nicht leistungsbereiten Gesellschafters im Falle einer Zustimmungspflicht zu einer Kapitalerhöhung ein außerordentliches Kündigungsrecht des betroffenen Gesellschafters bejaht.[883] Fraglich ist jedoch, ob die Verkürzung der mitgliedschaftlichen Rechte ein Abwarten auf eine ordentliche Kündigung unzumutbar macht. Hierfür spricht zunächst die Gefahr, dass der betroffene Gesellschafter wegen der Anteilsverschiebung

878 Vgl. zur Zulässigkeit die gesetzliche Frist sogar zu verlängern Baumbach/*Hopt*, § 132 Rn. 9; *K. Schmidt*, in: MünchKomm-HGB, § 132 Rn. 27.

879 Vgl. zu deren Zulässigkeit § 723 Abs. 1 S. 6 BGB sowie *Holmer*, Geschlossener Immobilienfonds, S. 90; *Ulmer/Schäfer*, in: MünchKomm-BGB, § 723 Rn. 71.

880 Baumbach/*Hopt*, § 133 Rn. 1; *Grunewald*, in: MünchKomm-HGB, § 161 Rn. 37; *K. Schmidt*, Gesellschaftsrecht, S. 1457; *ders.*, in: MünchKomm-HGB, § 132 Rn. 37.

881 BGH, Urt. v. 19.12.1974 – II ZR, 27/73, BGHZ 63, 338, 345 = NJW 1975, 1022; Urt. v. 12.5.1977 – II ZR 89/75, BGHZ 69, 160, 162 ff. = NJW 1977, 2160.

882 BGH, Urt. v. 12.7.1982 – II ZR 157/81, BGHZ 84, 379, 382 f. = NJW 1982, 2821; *K. Schmidt*, in: MünchKomm-HGB, § 132 Rn. 41; *Timm/Schöne*, in: Bamberger/Roth, § 723 Rn. 17; *Ulmer/Schäfer*, in: MünchKomm-BGB, § 723 Rn. 28; *Wiedemann*, Gesellschaftsrecht II, S. 277.

883 *Armbrüster*, ZGR 2009, 1, 23; *Wiedemann*, Gesellschaftsrecht II, S. 277.

auf Grundlagenentscheidungen der Gesellschaft zukünftig weniger Einfluss nehmen kann. Auch wird sein anteiliger Gewinn verringert.

Dennoch ist zu beachten, dass der Gesellschafter freiwillig auf eine Erhöhung des Beitrags, und damit seiner Beteiligungsquote, verzichtet hat. Zwar kann ein Gesellschafter im Einzelfall aufgrund seiner persönlichen finanziellen Verhältnisse außerstande sein, freiwillig einen erhöhten Beitrag zu leisten. Infolgedessen aber den Verbleib als unzumutbar zu begründen, erscheint deswegen verfehlt, weil die Verringerung seiner mitgliedschaftlichen Rechte lediglich für einen i.d.R. kurzen Zeitraum bis zum Ausscheiden aufgrund einer ordentlichen Kündigung (vgl. hierzu § 132 HGB) besteht. Außerdem wird eine Zustimmungspflicht zu einer Sanierungsmaßnahme nur im Falle einer wirtschaftlichen Schieflage der Gesellschaft diskutiert. Es ist daher nicht zu erwarten, dass nach der Sanierung zeitnah Gewinne ausgeschüttet werden. Mithin wird eine Beeinträchtigung der Gewinnbeteiligung zunächst faktisch ausgeschlossen sein. Zudem wird gerade in einer Publikumspersonengesellschaft die „Verwässerung" seiner Beteiligung aufgrund der Vielzahl der Gesellschafter relativ gering sein. Des Weiteren werden bei der Frage der Zustimmungspflicht zu einer Sanierungsmaßnahme die Interessen der Gesellschafter hinreichend berücksichtigt. So ist stets erforderlich, dass ein Verbleib in der Gesellschaft bei Durchführung der Sanierungsmaßnahme wirtschaftlich betrachtet am vorteilhaftesten ist. Dies bedeutet, dass ein Ausscheiden aus der Gesellschaft aufgrund der regelmäßig eingetretenen Entwertung der Gesellschaftsanteile und der häufig vereinbarten Abfindungsbeschränkungen nachteilig sein wird. Zudem kann eine Fehlbetragshaftung nach § 739 BGB in Betracht kommen. Ein Verbleib in der Gesellschaft ist daher, auch wenn die mitgliedschaftlichen Rechte beschränkt werden, wirtschaftlich günstiger als ein Austritt aus der Gesellschaft. Einem nicht leistungsbereiten Gesellschafter ist daher regelmäßig ein Verbleib in der Gesellschaft zuzumuten, bis er seine Mitgliedschaft ordentlich kündigen kann. Dies gilt auch bei der Möglichkeit einer ordentlichen Kündigung, die an eine längere Frist gebunden ist.

5. Zwischenergebnis

Die Kapitalerhöhung bzw. ein Kapitalschnitt stellt eine adäquate Handlungsalternative der Gesellschaftermehrheit zur Sanierung der Gesellschaft dar, wenn eine Beitragserhöhung sämtlicher Gesellschafter nicht in Betracht kommt. Aufgrund der Kernbereichsrelevanz einer derartigen Sanierungsmaßnahme ist die Zustimmung sämtlicher Gesellschafter erforderlich. Gleichwohl kann der Gesellschaftsvertrag eine entsprechende Mehrheitsklausel vorsehen. Unter welchen Voraussetzungen das Verhindern einer Kapitalerhöhung bzw. eines Kapitalschnitts im Sanierungsfall der Gesellschaft eine Verletzung der gesellschaftsrechtlichen Treuepflicht darstellt, richtet sich auch im Personengesellschaftsrecht grundsätzlich nach den vom BGH in der „*Girmes*"-Entscheidung aufgestellten Grundsätzen. Unter Berücksichtigung personengesellschaftsrechtlicher Besonderheiten sind die Voraussetzungen jedoch teilweise entsprechend zu modifizieren. Einem Gesellschafter, der bei Annahme einer Zustimmungspflicht eine freiwillige Erhöhung seines Beitrags nicht vornimmt, steht trotz der Beeinträchtigung seiner mitgliedschaftlichen Rechte kein außerordentliches Kündigungsrecht zu.

C. Nachschusspflichten im Körperschaftsrecht

Bei der bisherigen Untersuchung des hier zu behandelnden Themas ist im Personengesellschaftsrecht bereits regelmäßig ein rechtsformübergreifender Blick in das Körperschaftsrecht geworfen worden. Hinsichtlich der zwingenden Wirkung von § 707 BGB wurden etwa die Parallelnormen im Körperschaftsrecht analysiert. Für die Frage der Vereinbarung einer absoluten Obergrenze sowie der Notwendigkeit eines Gesellschafterbeschlusses ist auf § 26 GmbHG näher eingegangen worden. Zudem wurde auf das Recht der GmbH abgestellt, soweit es um die Bindungswirkung eines unwirksamen Beschlusses zu Lasten eines dissentierenden Gesellschafters ging. Zudem ist untersucht worden, ob die Grundsätze des vom Aktienrecht dominierten *„Girmes“*-Urteil des BGH[884] als Maßstab für Zustimmungspflichten im Personengesellschaftsrecht dienen können. Dabei soll es jedoch nicht bei diesen punktuellen Untersuchungen im Körperschaftsrecht bleiben. Nachfolgend soll ausführlicher auf das Problem der Nachschusspflichten im Recht der Körperschaften, namentlich beim nichtwirtschaftlichen rechtsfähigen Verein, bei der GmbH, AG sowie Genossenschaft eingegangen werden. Hierbei ist insbesondere von Interesse, welche Unterschiede zum Personengesellschaftsrecht bestehen und ob etwaige Gemeinsamkeiten herausgearbeitet werden können.

I. Begriff des „Nachschusses“

Wie im Personengesellschaftsrecht stellt sich ebenfalls im Körperschaftsrecht die Frage, was unter einem sog. Nachschuss zu verstehen ist. Hierbei kann grundsätzlich auf die Abgrenzungskriterien des Personengesellschaftsrechts zurückgegriffen werden.[885] Dies bedeutet, dass ein Nachschuss bei einer Leistungspflicht in Rede steht, die über die satzungsmäßig vereinbarten finanziellen Leistungspflichten hinausgeht. Werden hingegen die finanziellen Leistungspflichten aufgrund einer Satzungsänderung neu vereinbart, so liegt kein Nachschuss vor, sondern die finanziellen Leistungspflichten selbst werden neu geregelt. Allerdings ist ergänzend hierzu auf die Besonderheiten des GmbH-Rechts einzugehen. Bereits einleitend wurde darauf hingewiesen, dass dem GmbH-Recht Nachschusspflichten bekannt sind und der Begriff des Nachschusses auch definiert wird, § 26 Abs. 1 GmbHG. Gleich-

---

884 Urt. v. 20.3.1995 – II ZR 205/94, BGHZ 129, 136 = NJW 1995, 1739 – *„Girmes“*.

885 Vgl. hierzu oben S. 13 ff.

wohl ist unter Berücksichtigung der Definition eines Nachschusses in § 26 Abs. 1 GmbHG nicht ausgeschlossen, dass die übrigen Leistungspflichten eines GmbH-Gesellschafters erhöht werden. Dies zeigt gerade auch § 53 Abs. 3 GmbHG, wonach mit der Zustimmung sämtlicher beteiligter Gesellschafter eine nachträgliche Leistungsvermehrung möglich ist. Mithin ist im GmbH-Recht der Nachschussbegriff dahingehend zu erweitern, dass nicht nur in den gesetzlichen definierten Fällen einer Nachschusspflicht gem. §§ 26 ff. GmbHG ein Nachschuss vorliegt, sondern regelmäßig auch dann, wenn die satzungsmäßigen Leistungspflichten eines Gesellschafter nachträglich erhöht werden.

Für die Konkretisierung eines Nachschusses im Körperschaftsrecht wird nachfolgend auf die zulässigen Beitragsgestaltungen eingegangen, um sodann die Möglichkeit der nachträglichen Beitragserhöhung zu erörtern. Auf Grundlage der hieraus gewonnenen Erkenntnisse kann abschließend ein rechtsformübergreifender Vergleich zwischen den Verbandsformen vorgenommen werden.

II. Vereinsrecht

Der eingetragene, rechtsfähige Verein stellt die Grundform der privatrechtlichen Körperschaften dar.[886] Daher soll zunächst auf diese Rechtsform eingegangen werden. Die Rechtsform des rechtsfähigen Vereins spielt in der Praxis eine große Rolle.[887] Dies gilt insbesondere für den nichtwirtschaftlichen Vereins nach § 21 BGB[888], der untechnisch auch als „Idealverein" bezeichnet wird[889]. Die nachfolgende Erörterung wird dementsprechend auf den nichtwirtschaftlichen Verein beschränkt.

886 BGH, Urt. v. 21.1.1991 – II ZR 144/09, BGHZ 113, 237, 245 = NJW 1991, 1727; *Heider*, in: MünchKomm-AktG, § 1 Rn. 14; *Reichert*, Vereinsrecht, Rn. 30; *Schwarz/Schöpflin*, in: Bamberger/Roth, § 21 Rn. 6; vgl. ebenfalls *Wiedemann*, Gesellschaftsrecht I, S. 93.

887 *K. Schmidt*, Gesellschaftsrecht, S. 676 sowie S. 660 f. mit zahlreichen Beispielen aus der Praxis; in Deutschland existieren ca. 550.000 eingetragene Vereine (Stand: 2008), vgl. hierzu http://www.bdvv.de/ („Bundesverband deutscher Vereine & Verbände e.V.").

888 *K. Schmidt*, Gesellschaftsrecht, S. 676; zur geringen praktischen Bedeutung des wirtschaftlichen Vereins gem. § 22 BGB vgl. Palandt/*Ellenberger*, § 22 Rn. 1; *K. Schmidt*, Gesellschaftsrecht, S. 679.

889 BGH, Urt. v. 29.9.1982 – I ZR 88/80, BGHZ 85, 84, 89 = NJW 1983, 569; Jauernig/*Jauernig*, § 21 Rn. 4; *Schwarz/Schöpflin*, in: Bamberger/Roth, § 21 Rn. 78.

1. Gesetzliche Vorgaben zur Nachschusspflicht; Erforderlichkeit einer Satzungsbestimmung über Beiträge

Das Vereinsrecht enthält keine mit § 707 BGB vergleichbare Vorschrift. Lediglich in § 58 Nr. 2 BGB ist geregelt, dass die Satzung eines Vereins eine Bestimmung darüber enthalten soll, ob und welche Beiträge von den Mitgliedern zu leisten sind. Gleichwohl handelt es sich bei der Norm um eine sog. „Ordnungsvorschrift“.[890] Dies bedeutet, dass sie sich allein auf das registergerichtliche Verfahren bezieht und bei einer Nichteinhaltung der Norm das Registergericht berechtigt ist, den Eintragungsantrag zurückzuweisen, § 60 BGB.[891] Mithin regelt die Norm nicht, was materiell-rechtlich in die Satzung des Vereins aufzunehmen ist.[892] Das Erfordernis einer satzungsmäßigen Regelung darüber, ob und welche Beiträge von den Mitgliedern zu leisten sind, ergibt sich jedoch nach überwiegender Ansicht daraus, dass die Satzung als Vereinsverfassung, vgl. § 25 BGB, alle für das Vereinsleben wesentlichen Grundentscheidungen beinhalten muss.[893] Selbst Kritiker dieser Ansicht halten eine Regelung über den Beitrag für zwingend erforderlich.[894]

Dieses Erfordernis steht demzufolge in Einklang mit der Feststellung, dass von den Mitgliedern Beiträge grundsätzlich nur aufgrund einer entsprechenden Satzungsbestimmung erhoben werden können, auch wenn früher Beiträge geleistet worden sind.[895] Nach einer Ansicht soll sich jedoch die Beitragspflicht der Mitglieder ausnahmsweise auch schon aus dem Vereinszweck ergeben können.[896] Dies sei etwa bei einem karitativen Zweck der Fall, der notwendigerweise die Sammlung von Geld erfordere.[897] Gegen diese

---

890 *Beuthien*, BB 1987, 6, 10; *Reuter*, in: MünchKomm-BGB, § 58 Rn. 1; *Schwarz/Schöpflin*, in: Bamberger/Roth, § 58 Rn. 1.

891 *Reuter*, in: MünchKomm-BGB, § 58 Rn. 1; *K. Schmidt*, Gesellschaftsrecht, S. 686 mit Fn. 47; *Schwarz/Schöpflin*, in: Bamberger/Roth, § 58 Rn. 1.

892 *Reuter*, in: MünchKomm-BGB, § 58 Rn. 1.

893 BGH, Urt. v. 6.3.1967 – II ZR 231/64, BGHZ 47, 172, 177 = NJW 1967, 1268; Urt. v. 24.10.1988 – II ZR 311/87, BGHZ 105, 306, 313 ff. = NJW 1989, 1724; Urt. v. 10.7.1995 – II ZR 102/94, BGHZ 130, 243, 246 = NJW 1995, 2981; Erman/*Westermann*, § 25 Rn. 3; *Schubert*, WM 2008, 1197, 1198; *Schwarz/Schöpflin*, in: Bamberger/Roth, § 25 Rn. 2; Staudinger/*Weick*, § 25 Rn. 3.

894 *Grunewald*, ZHR 152 (1988), 242, 250; *Reuter*, ZHR 148 (1984), 523, 554.

895 OLG Hamm, Urt. v. 22.10.1975 – 8 U 120/75, DB 1976, 93; *Beuthien*, BB 1987, 6, 10; *Schwarz/Schöpflin*, in: Bamberger/Roth, § 58 Rn. 4; Soergel/*Hadding*, § 58 Rn. 3.

896 Erman/*Westermann*, § 58 Rn. 2; Palandt/*Ellenberger*, § 58 Rn. 2; *Schwarz/Schöpflin*, in: Bamberger/Roth, § 58 Rn. 4; Soergel/*Hadding*, § 58 Rn. 3.

897 *Schöpflin*, in: MüHdbGesR-Verein, § 35 Rn. 2.

Ansicht spricht jedoch, dass der Vereinszweck sehr weit gefasst sein kann und nur ein abstraktes Ziel festsetzt.[898] Er ist damit als Anspruchsgrundlage für eine Beitragspflicht zu unbestimmt. Außerdem ist nur schwer aus dem Vereinszweck zu folgern, ob überhaupt eine Geldleistung zu erbringen ist und wenn ja, in welcher Höhe und in welchen zeitlichen Abständen. Hinsichtlich des vorbezeichneten Beispiels eines karitativen Vereins ist schließlich durchaus denkbar, dass die Beitragspflicht in Form einer Dienstleistung[899] bestehen kann, etwa in der Organisation und Durchführung von Spendenveranstaltungen. Daher wird auch die einschränkende Ansicht vertreten, dass in einem solchen Fall die Beitragspflicht noch durch die Mitgliederversammlung oder den Vorstand konkretisiert werden muss.[900] Gleichwohl ist allgemein davon auszugehen, dass die Mitglieder keine Beiträge leisten müssen, sofern eine diesbezügliche Satzungsbestimmung fehlt.[901]

2. Regelmäßige Beitragspflicht

Nachdem festgestellt wurde, dass es zur Erhebung von Mitgliedsbeiträgen einer entsprechenden Bestimmung in der Satzung bedarf, ist nunmehr der Frage nachzugehen, wie diese wirksam vereinbart werden können. Häufig beinhalten Satzungen von nichtwirtschaftlichen Vereinen regelmäßig wiederkehrende Beitragspflichten, oft in Form von Geldleistungen.[902] Diese gewährleisten die Deckung der laufenden Kosten des Vereins.[903] Zulässig sind aber auch (zusätzliche) Beitragspflichten, die eine persönliche Dienst- oder Werkleistung der Vereinsmitglieder beinhalten.[904] Gemeinsam ist diesen periodisch wiederkehrenden Leistungen, dass sie die laufende Förderung des Vereinzwecks sicherstellen. Sie können daher als ordentliche Beiträge

898 *Heidel/Lochner*, in: AnwKBGB, § 58 Rn. 4.

899 Zur Zulässigkeit von Dienstleistungen als Mitgliedsbeitrag vgl. die Nachweise in Fn. 904.

900 *Schöpflin*, in: MüHdbGesR-Verein, § 35 Rn. 2.

901 *Heidel/Lochner*, in: AnwKBGB, § 58 Rn. 4; *Reichert*, Vereinsrecht, Rn. 895; Staudinger/*Habermann*, § 58 Rn. 3; vgl. auch BGH, Urt. v. 11.11.1985 – II ZR 37/85, BGHZ 96, 253, 255 = NJW 1986, 1604 (betr. Beitragspflicht im Konkursfalle).

902 *Schöpflin*, in: MüHdbGesR-Verein, § 35 Rn. 2.

903 BGH, Urt. v. 24.10.1988 – II ZR 311/87, BGHZ 105, 306, 316 = NJW 1989, 1724; *A. Müller*, MDR 1992, 924; *Reichert*, Vereinsrecht, Rn. 932; *Schubert*, WM 2008, 1197.

904 BAG, Beschluss v. 26.9.2002 – 5 AZB 19/01, BAGE 103, 20, 26 f. = NJW 2003, 161; AG Grevenbroich, Urt. v. 25.6.1990 – 11 C 79/90, NJW 1991, 2646, 2647; *Dütz*, FS Hilger und Stumpf, 1983, S. 95, 103; *Reichert*, Vereinsrecht, Rn. 893; *Schwarz/Schöpflin*, in: Bamberger/Roth, § 58 Rn. 4a; Staudinger/*Habermann*, § 58 Rn. 4.

bezeichnet werden.[905] Diese Beiträge müssen dem Grunde nach in der Satzung festgelegt werden. Die Satzung muss also bestimmen, welche Art von Beitrag zu erbringen ist.[906] Wird dies nicht geregelt, ist im Zweifel von einer Geldleistungspflicht auszugehen.[907] Nach allgemeiner Ansicht muss jedoch die Höhe einer Geldleistung grundsätzlich nicht ziffernmäßig fixiert werden.[908] Es genügt vielmehr, wenn die Satzung für die Festsetzung der Beitragshöhe das zuständige Organ, welches nicht zwingend die Mitgliederversammlung sein muss, benennt.[909] Durch diese Delegationsmöglichkeit wird auf ein praktisches Bedürfnis von nichtwirtschaftlichen Vereinen Rücksicht genommen.[910] Wie bereits erörtert, werden die laufenden Kosten eines nichtwirtschaftlichen Vereins durch die ordentlichen Beiträge der Mitglieder gedeckt, denn die Mitglieder leisten in der Regel keine Kapitaleinlage. Zudem verfügt ein nichtwirtschaftlicher Verein nicht über laufende Unternehmenseinkünfte. Zwar ist es einem nichtwirtschaftlichen Verein im Rahmen des sog. „Nebenzweckprivilegs" erlaubt einer wirtschaftlichen Tätigkeit nachzugehen und Einkünfte zu erzielen.[911] Gleichwohl wird wegen des engen Anwendungsbereichs dieser zulässigen geschäftlichen Nebentätigkeit[912] eine

905 BGH, Urt. v. 24.9.2007 – II ZR 91/06, NZG 2008, 38, 39 Rn. 11 sowie BGH, Urt. v. 2.6.2008 – II ZR 289/07, NZG 2008, 675, 676 Rn. 21: *„Reguläre Beitragsschuld"*; OLG München, Urt. v. 18.2.1998 – 3 U 4897/97, NJW-RR 1998, 966: *„Allgemeine Beitragspflicht"*.

906 *Beuthien*, BB 1987, 6, 12; *Reichert*, Vereinsrecht, Rn. 896; *Reuter*, ZHR 148 (1984), 523, 554; *ders.*, in: MünchKomm-BGB, § 58 Rn. 3; *J. Wagner*, in: MüHdbGesR-Verein, § 20 Rn. 24.

907 *Beuthien*, BB 1987, 6, 12; *J. Wagner*, in: MüHdbGesR-Verein, § 20 Rn. 24.

908 BGH, Urt. v. 24.10.1988 – II ZR 311/87, BGHZ 105, 306, 315 f. = NJW 1989, 1724; Urt. v. 10.7.1995 – II ZR 102/94, BGHZ 130, 243, 246 = NJW 1995, 2981; Urt. v. 24.9.2007 – II ZR 91/06, NZG 2008, 38, 39 Rn. 12; Urt. v. 19.7.2010 – II ZR 23/09, NZG 2010, 1112, 1113 Rn. 14; *Reuter*, in: MünchKomm-BGB, § 58 Rn. 3; Staudinger/*Habermann*, § 58 Rn. 3; *Wiedemann*, Gesellschaftsrecht I, S. 395.

909 BGH, Urt. v. 10.7.1995 – II ZR 102/94, BGHZ 130, 243, 246 = NJW 1995, 2981; Urt. v. 19.7.2010 – II ZR 23/09, NZG 2010, 1112 Rn. 12; *Beuthien*, BB 1987, 6, 10; *Reichert*, Vereinsrecht, Rn. 404; *Reuter*, in: MünchKomm-BGB, § 58 Rn. 3; *Schwarz/Schöpflin*, in: Bamberger/Roth, § 58 Rn. 5.

910 BGH, Urt. v. 24.10.1988 – II ZR 311/87, BGHZ 105, 306, 316 = NJW 1989, 1724; Urt. v. 24.9.2007 – II ZR 91/06, NZG 2008, 38, 39 Rn. 12; Urt. v. 19.7.2010 – II ZR 23/09, NZG 2010, 1112 Rn. 12; *Beuthien*, BB 1987, 6, 10.

911 BGH, Urt. v. 29.9.1982 – I ZR 88/80, BGHZ 85, 84, 93 f. = NJW 1983, 569; OLG Hamm, Beschluss v. 6.9.2007 – 15 W 129/07, NZG 2008, 472, 473; Erman/*Westermann*, § 21 Rn. 3 ff. (insbesondere zur Abgrenzung zum wirtschaftlichen Verein); *Reuter*, in: MünchKomm-BGB, § 21 Rn. 19; *K. Schmidt*, NJW 1983, 543, 546; *ders.*, Gesellschaftsrecht, S. 670, 674 f.

912 Vgl. hierzu die Beispiele bei *Schwarz/Schöpflin*, in: Bamberger/Roth, § 21 Rn. 106.

Deckung der laufenden Kosten nicht möglich sein. Aufgrund der ständigen Preis- und Mitgliederentwicklung müssen die Mitgliedsbeiträge regelmäßig angepasst werden.[913] Würde man nunmehr eine satzungsmäßige Bezifferung des regelmäßigen Mitgliedbeitrags fordern, so hätte dies i. d. R. eine jährliche Satzungsänderung zur Folge. Dies kann sich jedoch als unnötig und unzumutbar herausstellen, da sich Mitglieder eines Vereins häufig über die Höhe des Beitrags streiten. Außerdem ist zu beachten, dass jede Satzungsänderung Registereintragungskosten verursacht, vgl. § 71 Abs. 1 BGB. Diese können durch die vorbezeichnete Vorgehensweise vermieden werden, was wiederum positive Auswirkungen auf die Höhe des Beitrags hat. Daher ist grundsätzlich der regelmäßige Mitgliedsbeitrag in Form einer Geldleistung nicht in der Satzung zu beziffern.[914]

a) Zulässige Erhöhung des regelmäßigen Beitrags

Problematisch ist jedoch, in welchem Rahmen der regelmäßige Beitrag in Form einer Geldleistung innerhalb der satzungsmäßigen Periode (typischerweise jährlich) erhöht werden kann. Schließlich fehlt dem Vereinsrecht eine mit § 707 BGB vergleichbare Vorschrift. Dessen ungeachtet hat der BGH im Rahmen einer vereinsrechtlichen Entscheidung festgestellt, dass es einem verbandsrechtlichen Grundsatz entspreche, wonach sich die mit der Mitgliedschaft verbundenen finanziellen Lasten in überschaubaren, im Voraus wenigstens ungefähr abschätzbaren Grenzen halten müssen.[915] Die Anwendung dieses Grundsatzes auf Vereinsmitglieder hat er nunmehr ausdrücklich bestätigt.[916] Nach Ansicht des BGH ist dieser Grundsatz bei einem jährlich wechselnden Mitgliedsbeitrag eingehalten, da jedes Mitglied mit solch einer Anpassung an die allgemeine Preisentwicklung rechnen muss und sich hierauf im Voraus einstellen kann.[917] Solange der Beitrag lediglich im Rahmen der allgemeinen Preisentwicklung erhöht wird, wird man dieser Ansicht sicherlich folgen können. Um jedoch stets eine Vorhersehbarkeit für jedes Vereinsmitglied gewährleisten zu können muss, die Beitragserhöhung, bezogen auf die Bedürfnisse des Vereins, sachlich vertretbar und für die Mit-

---

913 BGH, Urt. v. 24.10.1988 – II ZR 311/87, BGHZ 105, 306, 316 = NJW 1989, 1724; *Beuthien*, BB 1987, 6, 11; *J. Wagner*, in: MüHdbGesR-Verein, § 20 Rn. 24.

914 Vgl. hierzu § 6 der Mustersatzung des Sächsischen Staatsministeriums der Justiz (Hrsg.), „Alles zum Verein“, Stand: November 2008, abrufbar unter http://www.justiz.sachsen.de.

915 BGH, Urt. v. 10.7.1995 – II ZR 102/94, BGHZ 130, 243, 247 = NJW 1995, 2981.

916 BGH, Urt. v. 24.9.2007 – II ZR 91/06, NZG 2008, 38, 39 Rn. 11; Urt. v. 2.6.2008 – II ZR 289/07, NZG 2008, 675, 676 Rn. 21; Urt. v. 19.7.2010 – II ZR 23/09, NZG 2010, 1112 f. Rn. 13.

917 BGH, Urt. v. 24.9.2007 – II ZR 91/06, NZG 2008, 38, 39 Rn. 12.

glieder zumutbar sein.[918] Dabei kann als Anhaltspunkt für die Zumutbarkeit der Erhöhung auf die Vorhersehbarkeit abgestellt werden. Je schwieriger die Beitragserhöhung vorherzusehen ist, desto eher wird man sie als unzumutbar klassifizieren.[919] Hinsichtlich der sachlichen Vertretbarkeit der Erhöhung kann auf die Beitragssätze vergleichbarer Vereine abgestellt werden.[920] Schließlich spielt auch der Vereinszweck eine große Rolle.[921] Sofern eine gewisse Infrastruktur in Stand gehalten werden muss (bspw. Golfplatz, Reitplatz nebst Ställen), kann es gerade im Hinblick auf die Preisentwicklung größere Auswirkungen auf die Beiträge geben. Hiermit hat jedoch ein Mitglied durch den Beitritt in einen entsprechenden nichtwirtschaftlichen Verein zu rechnen und kann sich somit darauf einstellen. Durch diese Begrenzung wird dem verbandsrechtlichen Grundsatz der Vorhersehbarkeit der finanziellen Lasten angemessen Rechnung getragen.

b) Eingeschränkte Geltung des Belastungsverbotes im Vereinsrecht

Bisweilen wird aus der Zulässigkeit, die Höhe der regulären Mitgliedsbeiträge durch ein anderes Organ festsetzen zu lassen, dahingehend ausgelegt, dass beim eingetragenen Verein das Belastungsverbot nur eingeschränkt gelte.[922] So sei lediglich bei einer wesentlichen Pflichtenmehrung die Zustimmung des betroffenen Vereinsmitgliedes erforderlich.[923] Zwar spricht für diese Ansicht, dass die Bestimmung der Höhe des ordentlichen Mitgliedbeitrags nicht unmittelbar vom Willen des einzelnen Mitgliedes abhängt. Wird die Höhe des Beitrags etwa von der Mitgliederversammlung bestimmt, so ist hierfür nach § 32 Abs. 1 S. 3 BGB grundsätzlich die Mehrheitsentscheidung der erschienenen Vereinsmitglieder ausreichend. Dennoch ist auf vergleichbare vertragliche Vereinbarungen im Personengesellschaftsrecht hinzuweisen. So ist es beispielsweise zulässig offene Beitragspflichten zu vereinbaren, bei denen es ebenfalls an der Fixierung einer ziffernmäßigen Begrenzung fehlt.[924] Auch hier ist die Festsetzung der Beitragshöhe nicht vom Willen der Gesellschafter abhängig. Gleichwohl ist in diesem Fall nach allgemeiner Ansicht das Belastungsverbot von § 707 BGB nicht tangiert, denn

918 *Beuthien*, BB 1987, 6, 11; *Schöpflin*, in: MüHdbGesR-Verein, § 35 Rn. 5; *Wiedemann*, Gesellschaftsrecht I, S. 395; vgl. auch *Reichert*, Vereinsrecht, Rn. 913.

919 *Beuthien*, BB 1987, 6, 11.

920 *Beuthien*, BB 1987, 6, 11; *Wiedemann*, Gesellschaftsrecht I, S. 395.

921 *Wiedemann*, Gesellschaftsrecht I, S. 395.

922 *Beuthien*, BB 1987, 6, 10; ebenfalls für einen eingeschränkten Anwendungsbereich des Belastungsverbotes im Vereinsrecht Erman/*Westermann*, § 33 Rn. 3; *Schöpflin*, WuB II N. § 58 BGB 1.08.

923 *Schöpflin*, in: MüHdbGesR-Verein, § 35 Rn. 5 f.

924 S. hierzu oben S. 17 ff.

es handelt sich um den ursprünglich vereinbarten Beitrag und nicht um dessen nachträgliche Erhöhung. Insoweit kann nichts anderes gelten für eine vergleichbare Regelung im Vereinsrecht. In beiden Fällen ist nämlich die Höhe der Beitragspflicht absehbar für das Vereinsmitglied bzw. den Gesellschafter. Zudem besteht durch die Koppelung der Beitragsfestsetzung an die allgemeine Preisentwicklung nicht die Gefahr einer schrankenlosen Pflichtenmehrung. Die jeweilige Festsetzung des ordentlichen Mitgliedbeitrags stellt sich genau genommen also nicht als nachträgliche Pflichtenmehrung dar, sondern als Konkretisierung der ursprünglich vereinbarten Beitragspflicht. Ein Nachschuss liegt nach der hier vertretenen Ansicht demnach nicht vor. Mithin ist das Belastungsverbot nicht berührt und kann dementsprechend auch nicht eingeschränkt gelten. Auch der BGH geht offenbar von einer vollumfänglichen Geltung des Belastungsverbotes im Vereinsrecht aus. So hat dieser festgestellt, dass die Begründung und Vermehrung von Leistungspflichten der Zustimmung des Vereinsmitgliedes bedarf.[925] Eine weitergehende Einschränkung von diesem Grundsatz hat er nicht vorgenommen. Somit ist davon auszugehen, dass auch im Vereinsrecht das Belastungsverbot uneingeschränkt gilt.[926]

c) Erforderlichkeit der Bezifferung eines Höchstbetrages

Ausnahmsweise wird jedoch nicht nur die Festsetzung des regelmäßigen Beitrags dem Grunde nach gefordert, sondern auch hinsichtlich eines Höchstbetrages.[927] Angenommen wurde dies bisher bei einem Sicherungssystem von Kreditgenossenschaften in Form eines nichtwirtschaftlichen Vereins.[928] Die Sicherung der Banken sollte dabei unter anderem durch die jährlichen Beiträge der Mitgliedsbanken sichergestellt werden, die nach Bedarf von einem Verbandsrat geändert werden konnten.[929] Nach Ansicht des BGH werden hierdurch die schutzwürdigen Belange der Mitgliedsbanken unangemessen und unbillig beeinträchtigt.[930] Außerdem bringe die auf regionaler Grundlage organisierte Institutssicherung mit erheblicher Ermessensfreiheit

925 BGH, Urt. v. 10.7.1995 – II ZR 102/94, BGHZ 130, 243, 250 = NJW 1995, 2981; Urt. v. 24.9.2007 – II ZR 91/06, NZG 2008, 38, 39 Rn. 11.

926 So im Erg. auch *Schubert*, WM 2008, 1197, 1200.

927 BGH, Urt. v. 24.10.1988 – II ZR 311/87, BGHZ 105, 306, 315 f. = NJW 1989, 1724; Urt. v. 10.7.1995 – II ZR 102/94, BGHZ 130, 243, 246 f. = NJW 1995, 2981; Urt. v. 19.7.2010 – II ZR 23/09, NZG 2010, 1112 f. Rn. 13; *Reichert*, Vereinsrecht, Rn. 898; *Schöpflin*, in: MüHdbGesR-Verein, § 35 Rn. 2; *Schwarz/Schöpflin*, in: Bamberger/Roth, § 58 Rn. 5.

928 BGH, Urt. v. 24.10.1988 – II ZR 311/87, BGHZ 105, 306, 315 f. = NJW 1989, 1724.

929 BGH, Urt. v. 24.10.1988 – II ZR 311/87, BGHZ 105, 306, 307 f. = NJW 1989, 1724.

930 BGH, Urt. v. 24.10.1988 – II ZR 311/87, BGHZ 105, 306, 320 = NJW 1989, 1724.

der zuständigen Organe in Bezug auf die zur Sanierung eines wirtschaftlich gefährdeten Mitgliedes zu ergreifenden Maßnahmen die Gefahr mit sich, dass allein ein einziger größerer Sanierungsfall zu unüberschaubaren zusätzlichen Beitragsleistungen führen könnte.[931] Daher sei es erforderlich, dass die schützwürdigen Interessen der Mitglieder durch verbindliche Höchstgrenzen berücksichtigt werden.

Im vorbezeichneten Fall eines Sicherungssystems unter Banken eine satzungsmäßige Bezifferung der regelmäßigen Beitragspflicht zu fordern erscheint sachgerecht, weil nur hierdurch eine Voraussehbarkeit der finanziellen Belastung gewährleistet wird.[932] Zudem ist der Finanzbedarf des Sicherungssystems aufgrund der regelmäßig schwierigen Prognose hinsichtlich des wirtschaftlichen Erfolgs der Mitgliedsbanken nicht abschätzbar. Verstärkt wird die Schwierigkeit einer Prognose dadurch, dass ein etwaiger Finanzbedarf der Banken gerade auch von Umständen abhängen kann, die nicht im Einflussbereich der Vereinsmitglieder liegen. Darüber hinaus besteht kein eingrenzendes Kriterium, wie etwa eine Koppelung an die allgemeine Preisentwicklung. Mithin hat der BGH diesbezüglich auch festgestellt, dass die vorbezeichneten Praktikabilitätserwägungen bei einer Beitragsregelung in einem Bankensicherungssystem insofern nicht zum Tragen kommen.[933] Dies verdient aus den soeben genannten Gründen Zustimmung. Allgemein lässt sich also festhalten, dass die Festsetzung einer Höchstgrenze immer dann notwendig ist, wenn sich die ordentlichen Mitgliedsbeiträge nicht an der allgemeinen Preisentwicklung oder einem ähnlich eingrenzenden Kriterium orientieren und aufgrund dessen eine Absehbarkeit der Mitgliedsbeiträge nicht gewährleistet ist. Insbesondere bei einem Sicherungssystem von Banken ist eine mangelnde Voraussehbarkeit gegeben, denn es soll ein regelmäßig nicht kalkulierbares sowie nicht vorhersehbares Risiko abgesichert werden. Die Praxisrelevanz entsprechender Vereinbarungen zeigt sich darin, dass eine Vielzahl von Banken ihre Einlagensicherungssysteme rechtlich in Form von nichtwirtschaftlichen Vereinen organisieren.[934]

931 BGH, Urt. v. 10.7.1995 – II ZR 102/94, BGHZ 130, 243, 247 = NJW 1995, 2981.

932 BGH, Urt. v. 10.7.1995 – II ZR 102/94, BGHZ 130, 243, 247 = NJW 1995, 2981; Urt. v. 19.7.2010 – II ZR 23/09, NZG 2010, 1112 f. Rn. 13.

933 BGH, Urt. v. 24.10.1988 – II ZR 311/87, BGHZ 105, 306, 316 = NJW 1989, 1724.

934 Vgl. hierzu etwa den Bausparkassen-Einlagensicherungsfonds e.V. und die Einlagensicherungsfonds von dem Bundesverband deutscher Banken e.V., dem Bundesverband Öffentlicher Banken Deutschlands e.V. sowie dem Bundesverband der Deutschen Volksbanken und Raiffeisenbanken e.V; zu den Bemühungen vom Bundesverband deutscher Banken e.V. den Einlagensicherungsfonds zu reformieren vgl. FAZ v. 24.11.2009, Nr. 273, S. 9.

d) Zwischenergebnis

Zur Erhebung von Mitgliedsbeiträgen bedarf es einer Satzungsbestimmung. Die Höhe der ordentlichen Mitgliedsbeiträge in Form einer Geldleistung muss grundsätzlich nicht in der Satzung ziffernmäßig vereinbart sein, sondern kann durch die Mitgliederversammlung oder ein anderes Organ des Vereins festgesetzt werden. Damit jedoch eine Voraussehbarkeit der finanziellen Leistungspflichten eines Vereinsmitgliedes besteht, muss sich die Festsetzung der ordentlichen Beiträge im Rahmen der allgemeinen Preisentwicklung bewegen. Zudem muss eine etwaige Erhöhung des ordentlichen Beitrags, bezogen auf die Bedürfnisse des Vereins, sachlich vertretbar und für die Mitglieder zumutbar sein. Eine Festsetzung in der Satzung der Höhe nach ist jedoch dann erforderlich, wenn eine entsprechende Voraussehbarkeit nicht gegeben ist. Dies ist der Fall, wenn kein eingrenzendes Kriterium, wie etwa die allgemeine Preisentwicklung, besteht, wodurch die Voraussehbarkeit der ordentlichen Beitragspflichten gewährleistet wird.

3. Gespaltene Beitragspflicht

Wie im Personengesellschaftsrecht kann die Satzung eines nichtwirtschaftlichen Vereins auch eine gespaltene Beitragspflicht[935] vorsehen. Fraglich sind jedoch die Wirksamkeitsanforderungen zur Vereinbarung entsprechender Leistungspflichten in der Satzung. In einem aktuellen Urteil hatte der BGH[936] Gelegenheit, zu diesem Problemkreis im Vereinsrecht Stellung zu nehmen.

a) Sachverhalt des BGH-Urteils v. 2.6.2008 – II ZR 289/07

Der Entscheidung lag folgender Sachverhalt zugrunde:[937] Im Jahre 1993 beantragte die Klägerin die Aufnahme in den beklagten Golfverein. Durch die Unterzeichnung des Aufnahmeantrages verpflichtete sich die Klägerin nicht nur zur Zahlung einer Aufnahmegebühr und eines Jahresbeitrags, sondern auch zum Abschluss eines Darlehensvertrages. Durch diesen sollte dem Beklagten ein zinsloses Darlehen in Höhe von DM 8.000 gewährt werden, welches frühestens nach zehn Jahren und dem Ausscheiden der Klägerin zurückgezahlt werden sollte. Zudem stand die Rückzahlung unter der Bedingung, dass der Beklagte zu diesem Zeitpunkt mindestens zwanzig Interessenten auf der Warteliste führt und der Aufnahmeausschuss an der Stelle der Klägerin ein neues Mitglied aufgenommen hat. Das Darlehen sollte bei der

935 Zur Definition dieses Begriffs s. oben S. 23 ff.
936 Urt. v. 2.6.2008 – II ZR 289/07, NZG 2008, 675.
937 BGH, Urt. v. 2.6.2008 – II ZR 289/07, NZG 2008, 675.

Auftragserteilung zum Platzausbau um weitere neun Spielbahnen fällig sein. Diese Verpflichtung, einen entsprechenden Darlehensvertrag abzuschließen, hatte keine satzungsrechtliche Grundlage, sondern lag einem Vorstandsbeschluss desselben Jahres zugrunde. Im darauf folgenden Jahr schlossen die Parteien den Darlehensvertrag und die Klägerin zahlte die Darlehenssumme. Nach einer gerichtlichen Überprüfung der Darlehensverträge und hiergegen gerichtete Bedenken fasste die Mitgliederversammlung im Jahre 1996 einen Beschluss. Dieser verpflichtete alle Mitglieder des beklagten Vereins zur Gewährung eines zinslosen Darlehens in Höhe von DM 5.000. Die bereits bestehenden Darlehensverträge sollten bis zu einer verbleibenden Höhe von DM 5.000 angerechnet werden. Daraufhin schlossen die Parteien 1996 einen weiteren Darlehensvertrag, der auf den vorbezeichneten Beschluss Bezug nahm. Des Weiteren verzichtete der Beklagte auf die Erfüllung des ersten Darlehensvertrages hinsichtlich der Zahlung bis zu einer Höhe von DM 5.000. Im Übrigen sah der zweite Darlehensvertrag dieselben Bedingungen zur Rückzahlung vor, wie im Aufnahmeantrag formuliert. Schließlich kündigte die Klägerin ihre Mitgliedschaft im Jahre 2001 und bat um Rückzahlung des Darlehens. Der beklagte Verein verweigerte die Rückzahlung des Darlehens. Zur Begründung führte er an, dass die Rückzahlungsvoraussetzungen nicht erfüllt seien und das Darlehen für den Neubau eines Clubhauses benötigt werde. Die Revision hatte Erfolg und führte zur Verurteilung des Beklagten zur Rückzahlung des Darlehens i. H. v. DM 8.000.

b) Rechtliche Erwägungen des BGH

Der BGH bejahte einen Anspruch der Klägerin auf Rückerstattung nach § 812 Abs. 1 BGB.[938] Sie habe den Darlehensbetrag zur Erfüllung einer korporationsrechtlichen Pflicht ohne Rechtsgrund gezahlt. Der Beschluss der Mitgliederversammlung habe keine ausreichende Grundlage in der Satzung. Der BGH stellte fest, dass es sich bei dem gewährten Darlehen um eine korporationsrechtliche Pflicht handle.[939] Voraussetzung hierfür sei, dass sie unmittelbar auf der Satzung beruhe, dazu diene den Verbandszweck zu verwirklichen und mitgliedschaftlicher Natur sei. Dies sei hier der Fall, da der Darlehensbetrag dem vom Verein verfolgten Zweck diene. Außerdem beruhe die Verpflichtung auf einem angeblich in Ausführung der Satzung gefassten Beschluss. Zudem sei die Darlehensverpflichtung mit der Mitgliedschaft der Klägerin verbunden gewesen. Sie habe das Darlehen nämlich neben der Aufnahmegebühr und dem Jahresbeitrag in der Form einer gespaltenen Beitragspflicht geschuldet. Der Abschluss eines zusätzlichen Dar-

938 BGH, Urt. v. 2.6.2008 – II ZR 289/07, NZG 2008, 675, 676 Rn. 12.
939 BGH, Urt. v. 2.6.2008 – II ZR 289/07, NZG 2008, 675, 676 Rn. 13 ff.

lehensvertrags ändere hieran nichts, denn die Bedingungen des Vertrages seien bereits in dem Aufnahmeantrag in seinen wesentlichen Einzelheiten verbindlich geregelt worden. Dies gelte auch für den Umstand, dass die Gewährung des zinslosen Darlehens aufgrund der Zehnjahresfrist nicht mit einem vorzeitigen Austritt aus dem Verein ende. Kennzeichen einer korporationsrechtlichen Pflicht sei regelmäßig, dass diese mit der Mitgliedschaft steht und fällt. Im vorliegenden Fall sei dies gegeben, da nur Mitglieder des beklagten Vereins die Darlehensverpflichtung eingehen müssten. Dass die Verpflichtung über den Zeitpunkt des Austritts hinaus bestehe, sei aus Ausdruck der fortbestehenden Treuepflicht. Gleichwohl sei diese korporationsrechtliche Pflicht nicht wirksam begründet worden, denn es fehlte nach Ansicht des BGH für den Beschluss der Mitgliederversammlung an einer ausreichenden Grundlage in der Vereinssatzung.[940] Danach müsse eine über die reguläre Beitragsschuld hinausgehende finanzielle Belastung des Mitgliedes bei einem Idealverein nicht nur eindeutig aus der Vereinssatzung hervorgehen.[941] Vielmehr müsse auch ihre Obergrenze der Höhe nach bestimmt oder objektiv bestimmbar sein. Die Begründung sowie Vermehrung von Leistungspflichten gegenüber dem Verein setze die Zustimmung des betroffenen Mitgliedes voraus, die auch antizipiert in der Satzung erteilt werden könne. Zum Schutz des einzelnen Mitgliedes vor einer schrankenlosen Pflichtenmehrung durch die Mehrheit müsse der maximale Umfang der Pflicht aus der Satzung zu entnehmen sein. Die mit der Mitgliedschaft verbundenen finanziellen Lasten müssten sich zumindest in überschaubaren, im Voraus wenigstens ungefähr abschätzbaren Grenzen halten. Das Mitglied müsse erkennen können, in welchen Umfang es über die reguläre Beitragspflicht hinaus zu außerplanmäßigen Geldzahlungen verpflichtet werden könne, damit es die mit dem Beitritt verbundenen Lasten bewerten kann. Im konkreten Fall genügte nach Ansicht des BGH die Satzung des Beklagten diesen Anforderungen nicht.[942] Schon nach dem Wortlaut der entsprechenden Satzungsklausel stelle diese keine ausreichende Grundlage für die Erhebung eines Sonderbeitrags in Form eines Darlehens dar. Selbst wenn man die Pflicht zur Darlehensgewährung noch als Umlage auslegen wollte, fehle es jedenfalls an der Festlegung einer Obergrenze. Die wirksame Begründung der Pflicht zur Gewährung eines zinslosen Darlehens hätte daher eines einstimmigen Beschlusses der Mitgliederversammlung bedurft, der jedoch nicht vorlag.

940 BGH, Urt. v. 2.6.2008 – II ZR 289/07, NZG 2008, 675, 676 Rn. 18.
941 BGH, Urt. v. 2.6.2008 – II ZR 289/07, NZG 2008, 675, 676 Rn. 21 mit Hinweis auf BGH, Urt. v. 24.9.2007 – II ZR 91/06, NZG 2008, 38, 39 Rn. 11.
942 BGH, Urt. v. 2.6.2008 – II ZR 289/07, NZG 2008, 675, 676 Rn. 22.

c) Stellungnahme

aa) Übertragung der Voraussetzungen aus dem Personengesellschaftsrecht

Die vorbezeichnete Entscheidung weist viele Parallelen zu der entsprechenden Rechtsprechung des II. Zivilsenats bezüglich der Vereinbarung gespaltener Beitragspflichten im Personengesellschaftsrecht auf. Dies gilt zum einen hinsichtlich der Voraussetzung, dass die über die reguläre Beitragspflicht hinausgehende Leistungspflicht eindeutig und ihre Obergrenze zumindest objektiv bestimmbar ausgestaltet sein muss. Insoweit hat der II. Zivilsenat des BGH nahezu wortgleich die Anforderungen aus dem Personengesellschaftsrecht übernommen[943], ohne jedoch auf die vergleichbare Rechtsprechung zum Personengesellschaftsrecht Bezug zu nehmen.[944] Zum anderen hat er auf die Notwendigkeit hingewiesen, dass die Begründung sowie Vermehrung von Leistungspflichten der Zustimmung des betroffenen Mitgliedes bedarf. Dieses Erfordernis hat der II. Zivilsenat im Personengesellschaftsrecht bereits als mitgliedschaftliches Grundrecht bezeichnet.[945]

Die Übertragung dieser Anforderungen aus dem Personengesellschaftsrecht ist schon deswegen angemessen und sachgerecht, weil nur hierdurch dem verbandsrechtlichen Grundsatz entsprochen wird, wonach die mit der Mitgliedschaft verbundenen finanziellen Lasten für das Mitglied absehbar sein müssen. Außer bei ordentlichen Mitgliedsbeiträgen kann diese Absehbarkeit nur durch die Fixierung einer Obergrenze gewährleistet werden. Bestimmt die Satzung beispielsweise, dass jedes Mitglied ein zinsloses Darlehen bestellen muss, so könnte nicht abschätzt werden, in welcher Höhe dies geschehen soll. Die finanzielle Belastung aufgrund der Vereinsmitgliedschaft wäre also nicht vorhersehbar. Schließlich hat das beitretende Mitglied i.d.R. keine Kenntnis darüber, welche aktuellen oder zukünftigen Finanzbedürfnisse der Verein hat. Die Interessenlage ist insoweit vergleichbar mit dem bereits oben dargestellten Sicherungssystem unter Banken. Aufgrund der identischen Voraussetzungen zur wirksamen Vereinbarung einer gespaltenen Beitragspflicht wie im Personengesellschaftsrecht wird insoweit, unter Berück-

---

943 Vgl. hierzu nur BGH, Urt. v. 19.3.2007 – II ZR 73/06, NZG 2007, 382, 383 Rn. 17; Urt. v. 5.11.2007 – II ZR 230/06, NZG 2008, 65, 66 Rn. 17.

944 Lediglich der nicht für das Gesellschaftsrecht zuständige III. Zivilsenat hat rechtsformübergreifend auf die im Personengesellschafts- und Vereinsrecht aufgestellten Grundsätze des II. Zivilsenats hingewiesen, wobei jedoch die Differenzierung zwischen einer nachträglichen Beitragserhöhung und gespaltenen Beitragspflicht nicht deutlich wird, vgl. BGH, Urt. v. 2.7.2009 – III ZR 333/08, NZG 2009, 1143 Rn. 11.

945 BGH, Urt. v. 5.11.2007 – II ZR 230/06, NZG 2008, 65, 66 Rn. 17.

sichtigung der nachfolgenden Erörterungen, auf die ausführliche Darstellung im Personengesellschaftsrecht verwiesen.[946]

bb) Konkrete Anwendung der vom BGH aufgestellten Kriterien

Die zwingende Fixierung einer gespaltenen Beitragspflicht in der Satzung, zumindest dem Grunde nach, ergibt sich aus dem Erfordernis, dass Grundlagenentscheidungen wie die Beitragspflicht in der Satzung geregelt sein müssen.[947] Fraglich ist jedoch, ob dieser Voraussetzung in der vorbezeichneten Entscheidung des BGH tatsächlich nicht entsprochen worden ist. Hierbei ist die Begründung der Entscheidung aus zweierlei Sicht zu hinterfragen. Dies gilt zum einen hinsichtlich der Absehbarkeit der finanziellen Belastung für die Klägerin, zum anderen in Bezug auf das Zustimmungserfordernis zur Begründung von (zusätzlichen) Leistungspflichten. Wie bereits dargestellt, ergab sich aus der Satzung des Golfvereins weder die Pflicht zur Bestellung eines zinslosen Darlehens noch wurde in ihr ein entsprechender Beschluss der Mitgliederversammlung vorgesehen. Insoweit konnte also eine Verpflichtung der Klägerin nicht wirksam begründet werden.

(1) Absehbarkeit der finanziellen Leistungspflicht

Bezogen auf die Absehbarkeit der zusätzlichen Leistungspflicht in Form eines Darlehens ist auf Folgendes hinzuweisen: Zum Zeitpunkt des Beitritts war der Klägerin durch den vom Golfverein angenommenen Aufnahmeantrag bekannt, dass sie sich zur Unterzeichnung eines zinslosen Darlehensvertrages i.H.v. DM 8.000 verpflichtet hatte. Mithin wurde hinsichtlich der zusätzlichen finanziellen Belastung neben der Aufnahmegebühr und dem Jahresbeitrag eine absolute Obergrenze genannt. Es bestand also für die Klägerin eine Absehbarkeit hinsichtlich ihrer finanziellen Lasten aufgrund der Mitgliedschaft im Golfverein. Zudem hat der BGH festgestellt, dass die Darlehensbedingungen bereits im Aufnahmeantrag in ihren wesentlichen Einzelheiten festgelegt und vor allen Dingen verbindlich geregelt worden seien.[948] Insoweit konnte also in den für den Darlehensvertrag wesentlichen Punkten nicht von dieser Vereinbarung abgewichen werden und insbesondere die Darlehenshöhe zu Lasten des Mitgliedes verändert werden. Die Absehbarkeit der finanziellen Leistungspflicht anzunehmen ergibt sich auch aus dem Vergleich mit einer ähnlich gelagerten Entscheidung des BGH zur gespaltenen Beitragspflicht im Personengesellschaftsrecht.[949] In dieser be-

946 Vgl. hierzu oben S. 50 ff.
947 *v. Look*, LMK 2009, 273641 sowie oben S. 189 ff.
948 BGH, Urt. v. 2.6.2008 – II ZR 289/07, NZG 2008, 675, 676 Rn. 16.
949 BGH, Urt. v. 5.11.2007 – II ZR 230/06, NZG 2008, 65.

reits ausführlich diskutierten Entscheidung[950] bejahte der BGH die objektive Bestimmbarkeit einer laufenden Beitragspflicht aufgrund der Gesamtschau aus Beitrittserklärung und Gesellschaftsvertrag. Insbesondere aus der Beitrittserklärung ergab sich der finanzielle Gesamtaufwand des beitretenden Gesellschafters.[951] Dies entspricht insoweit dem vorliegenden Fall, denn die Darlehenshöhe ist genau beziffert worden. Somit ist festzuhalten, dass für das beitretende Mitglied eine zusätzliche finanzielle Belastung i. H. v. DM 8.000 konkret absehbar war.

(2) Zustimmungserfordernis

Bezüglich der Voraussetzung des BGH, die Begründung und Vermehrung von Leistungspflichten bedürfe der Zustimmung des betroffenen Mitgliedes, soll nachfolgend untersucht werden, ob diese nicht in der Unterzeichnung des Aufnahmeantrages gesehen werden kann. Schließlich hat sich das beitretende Mitglied hierdurch verbindlich dazu bereit erklärt, ein zinsloses Darlehen in entsprechender Höhe zu gewähren. Problematisch ist jedoch, dass die Satzung keine entsprechende Regelung hinsichtlich einer gespaltenen Beitragspflicht enthielt. In dieser wurde nur geregelt, dass die Mitglieder vorbehaltlich eines Beschlusses der Mitgliederversammlung zur Zahlung von „Umlagen“ verpflichtet sind. Was hierunter zu verstehen ist, ließ die Satzung jedoch offen. Zumindest fehlte es in der Satzung an der Benennung einer Obergrenze für die Erhebung einer Umlage. Grundsätzlich spricht dies dafür, dass ein entsprechender Beitrag nicht vom Mitglied erhoben werden konnte.

Ein anderes Ergebnis ist aber dann vertretbar, wenn der Aufnahmeantrag Inhalt des Rechtsverhältnisses zwischen Mitglied und Verein wäre. In diesem Fall kann er zur Bestimmung sowie Auslegung der Beitragspflichten einbezogen werden. Es ist nämlich zu beachten, dass im Aufnahmeantrag nicht nur die Beitragspflichten des Mitgliedes dezidiert aufgelistet worden sind. Vielmehr wurde in diesem auch hinsichtlich der Darlehensgewährung eine absolute Obergrenze vereinbart. In der vergleichbaren Entscheidung des BGH zum Personengesellschaftsrecht stellte der II. Zivilsenat fest, dass sich dem später beitretenden Gesellschafter der objektive Sinn des Gesellschaftsvertrages aus dem Inhalt der von ihm unterzeichneten Beitrittserklärung ergebe.[952] Aus der Gesamtschau von Beitrittserklärung und Gesellschaftsvertrag sei daher die Vereinbarung einer gespaltenen Beitragspflicht und deren

950 BGH, Urt. v. 5.11.2007 – II ZR 230/06, NZG 2008, 65; s. hierzu oben S. 59 ff.
951 BGH, Urt. v. 5.11.2007 – II ZR 230/06, NZG 2008, 65, 66 Rn. 22.
952 BGH, Urt. v. 5.11.2007 – II ZR 230/06, NZG 2008, 65, 66 Rn. 19.

objektive Bestimmbarkeit zu bejahen.[953] Insbesondere hat der BGH dargelegt, dass die gebotene objektive Auslegung des Gesellschaftsvertrages – aufgrund des Vorliegens einer Publikumspersonengesellschaft – diesem Ergebnis nicht entgegenstehe.[954] Somit ist der BGH trotz der objektiven Auslegung des Gesellschaftsvertrages zu dem Ergebnis gekommen, die Beitrittserklärung mit in die Auslegung mit einzubeziehen ist.

Fraglich ist nunmehr, ob diese Auslegungsgrundsätze auch im Vereinsrecht anwendbar sind. Zunächst ist festzuhalten, dass die Satzung eines Vereins als körperschaftliche Vereinbarung objektiv auszulegen ist.[955] Nach Ansicht des BGH ist jedoch die objektive Auslegung des Gesellschaftsvertrages gerade kein Argument dafür, die Beitrittserklärung nicht mit heranzuziehen. Es ist daher kein Grund ersichtlich, warum nicht auch im Vereinsrecht der Aufnahmeantrag mit in die Auslegung und Bestimmung der gespaltenen Beitragspflicht einzubeziehen ist. Wie bereits erwähnt, ergab sich im vorliegenden Fall hieraus eindeutig und mittels Angabe einer Obergrenze hinreichend bestimmt die Vereinbarung einer gespaltenen Beitragspflicht. Daher lässt sich die satzungsmäßige Vereinbarung der „Umlage“[956] aufgrund des Aufnahmeantrages auch als zinslose Darlehensgewährung der Mitglieder auslegen. Gleichwohl ist für die Erhebung dieser Umlage noch ein Beschluss der Mitgliederversammlung erforderlich gewesen. Dieser ist jedoch im vorbezeichneten Fall gefasst worden. Zwar beinhaltete der Beschluss vor allem die Verpflichtung, dass alle Mitglieder dem Verein ein neues Darlehen i.H.v. DM 5.000 zu gewähren haben. Jedoch ist durch die Regelung der Anrechnungsmodalitäten im Hinblick auf die bereits abgeschlossenen Darlehensverträge von einer Genehmigung dieser Verträge auszugehen. Hierdurch hat die Mitgliederversammlung ihren Willen dahingehend zum Ausdruck gebracht, dass die alten Darlehensverträge wirksam bleiben sollten.[957]

953 BGH, Urt. v. 5.11.2007 – II ZR 230/06, NZG 2008, 65, 66 Rn. 22.

954 BGH, Urt. v. 5.11.2007 – II ZR 230/06, NZG 2008, 65, 66 Rn. 19.

955 BGH, Urt. v. 6.3.1967 – II ZR 2314, BGHZ 47, 172, 179 f. = NJW 1967, 1268; Urt. v. 28.11.1988 – II ZR 96/88, BGHZ 106, 67, 71 = NJW 1989, 1212; OLG München, Beschluss v. 29.1.2008 – 31 Wx 78, 81/07, NZG 2008, 351, 352; *Keilbach*, DNotZ 1998, 597, 598 f.; *Sauter/Schweyer/Waldner*, Der eingetragene Verein, Rn. 36; *Schwarz/Schöpflin*, in: Bamberger/Roth, § 25 Rn. 14; *Wiedemann*, Gesellschaftsrecht I, S. 168.

956 Eingehend zur Erhebung einer Umlage unten S. 203 ff.

957 Vgl. hierzu die Vorinstanz LG Mönchengladbach, Urt. v. 5.4.2007 – 2 S 104/06, BeckRS 2008, 00005.

cc) Zwischenergebnis

Mithin lässt sich durchaus die Ansicht vertreten, dass im konkreten Fall eine gespaltene Beitragspflicht wirksam vereinbart worden ist. Insbesondere im Hinblick auf den Schutzzweck der zwingenden Benennung einer Obergrenze, nämlich die Absehbarkeit der finanziellen Belastung eines Mitgliedes sicherzustellen, kann ein Verstoß nicht angenommen werden. Grundsätzlich ist daher im vorliegenden Fall von einer wirksam vereinbarten Darlehensverpflichtung auszugehen. Abschließend ist allerdings darauf hinzuweisen, dass auch bei Annahme einer wirksam vereinbarten gespaltenen Beitragspflicht ein Anspruch der Klägerin auf Rückzahlung des Darlehens in Betracht kam.[958] Dies gilt zum einen im Hinblick auf den gesellschaftsrechtlichen Gleichbehandlungsgrundsatz, da zwei anderen Mitgliedern das von diesen gewährte Darlehen zurückgezahlt worden war, ohne dass der Verein auf die Erfüllung der Voraussetzungen des Darlehensvertrages bestand. Zum anderen sollte das Darlehen für einen anderen Zweck, nämlich zur Errichtung eines neuen Clubhauses verwendet werden. Daher wies der BGH darauf hin, dass eine Rückzahlungsverpflichtung des Vereins wegen Zweckverfehlung (§ 812 Abs. 1 S. 2 Fall 2 BGB) in Betracht komme. Somit ist der Ansicht des BGH bezüglich der allgemeinen Voraussetzungen zur wirksamen Vereinbarung einer gespaltenen Beitragspflicht im Vereinsrecht zuzustimmen. Im Hinblick auf die Anwendung dieser Voraussetzungen in der vorbezeichneten Entscheidung ist allerdings sowohl die Begründung als auch das Ergebnis des BGH abzulehnen.[959]

4. „Umlage“

a) Definition

Der Begriff der sog. „Umlage“ oder „Sonderumlage“ ist gesetzlich nicht definiert. Gleichwohl werden beide Begriffe in der Rechtsprechung[960] und Literatur[961] allgemein verwendet. Hierunter versteht man gemeinhin eine Beitragspflicht, die über den regulären Beitrag hinausgeht und einen außer-

958 BGH, Urt. v. 2.6.2008 – II ZR 289/07, NZG 2008, 675, 677 Rn. 24.

959 A. A. *v. Look*, LMK 2009, 273641.

960 BGH, Urt. v. 24.9.2007 – II ZR 91/06, NZG 2008, 38, 39 Rn. 13 ff., 40 Rn. 23 f.; OLG München, Urt. v. 18.2.1998 – 3 U 4897/97, NJW-RR 1998, 966.

961 *Armbrüster*, ZGR 2009, 1, 26; *v. Look*, LMK 2009, 273641; *A. Müller*, MDR 1992, 924; *Reichert*, Vereinsrecht, Rn. 932 ff.; *Schöpflin*, in: MüHdbGesR-Verein, § 35 Rn. 8; *Schubert*, WM 2008, 1197, 1198; *Schwarz/Schöpflin*, in: Bamberger/Roth, § 58 Rn. 4; Staudinger/*Habermann*, § 58 Rn. 3.

gewöhnlichen Finanzierungsbedarf des Vereins abdecken soll.[962] Eine Umlage soll also einen grundsätzlich nicht vorhersehbaren oder kalkulierbaren Finanzbedarf des Vereins sicherstellen.[963] Daher wird die Erhebung einer Umlage auch als außerordentlicher Beitrag bezeichnet.[964] Eine Differenzierung zwischen den Begriffen „Umlage“ bzw. „Sonderumlage“ wird nicht vorgenommen, sondern diese werden sogar inhaltsgleich nebeneinander verwendet.[965] Der Unterschied einer Umlage kann im Hinblick auf eine reguläre Beitragsschuld darin gesehen werden, dass die Umlage nicht die laufenden Kosten des Vereins decken soll. Im Gegensatz zur gespaltenen Beitragspflicht soll die Umlage unvorhersehbare oder zunächst nicht überschaubare Ausgaben des Vereins sicherstellen soll. Besonderes deutlich wird dieser Unterschied anhand des obigen Beispiels[966], bei dem ein zinsloses Darlehen der Mitglieder ein schon bei dessen Vereinbarung konkret geplantes sowie (finanziell) absehbares Projekt finanziert sollte.

b) Wirksamkeitsvoraussetzungen zur Vereinbarung einer Umlage

aa) Sachverhalt des BGH-Urteils v. 24.9.2007 – II ZR 91/06

Die Voraussetzungen zur wirksamen Vereinbarung einer Umlage in der Satzung eines Vereins hat der BGH auf Grundlage folgenden Sachverhalts herausgearbeitet:[967] Der Beklagte war Mitglied des klägerischen Segelvereins. Dieser verfügt über etwa 200 Mitglieder. Das von Vereinsmitgliedern genutzte Grundstück hat der Kläger seit 1951 gepachtet. Der Verpächter des Grundstücks wollte den Pachtvertrag über das Jahr 2003 hinaus nicht verlängern und das Grundstück verkaufen. Der Abschluss eines neuen Pachtvertrages mit einem deutlich höheren Pachtzins war nur unter der Bedingung möglich, dass der Kläger das Grundstück nicht erwarb und sich nach einer öffentlichen Ausschreibung kein anderer Käufer fand. Die Konditionen des neuen Pachtvertrages überstiegen die finanziellen Möglichkeiten des Klägers. Der Vorstand des Klägers scheiterte mit dem Versuch, andere geeignete Grundstücke anzupachten. Daraufhin übersandte der Verpächter auf Bitte des Vorstandes im Jahre 2002 ein Kaufvertragsentwurf und stellte auf

962 BGH, Urt. v. 24.9.2007 – II ZR 91/06, NZG 2008, 38, 39 Rn. 11 f.; OLG München, Urt. v. 18.2.1998 – 3 U 4897/97, NJW-RR 1998, 966; *v. Look*, LMK 2009, 273641; *A. Müller*, MDR 1992, 924; *Reichert*, Vereinsrecht, Rn. 932; *Schubert*, WM 2008, 1197, 1198; *Schwarz/Schöpflin*, in: Bamberger/Roth, § 58 Rn. 4.

963 *Reichert*, Vereinsrecht, Rn. 888, 932; *Schubert*, WM 2008, 1197, 1198.

964 *Schwarz/Schöpflin*, in: Bamberger/Roth, § 58 Rn. 4.

965 So etwa bei BGH, Urt. v. 24.9.2007 – II ZR 91/06, NZG 2008, 38, 40 Rn. 20.

966 S. hierzu oben S. 196 ff.

967 BGH, Urt. v. 24.9.2007 – II ZR 91/06, NZG 2008, 38 f.

der Mitgliederversammlung im November 2002 ein entsprechendes Finanzierungsmodell zur Diskussion. Danach sollte zur Aufbringung des erforderlichen Eigenkapitals jedes voll zahlende Mitglied EUR 1.500 leisten. Dies entspricht etwa dem sechsfachen eines Jahresbeitrags. Im März 2003 fasste die Mitgliederversammlung den Beschluss, das Vereinsgrundstück durch den Kläger zu erwerben. Dabei sollte der Erwerb durch ein Bankdarlehen sowie mit EUR 170.000 Eigenkapital der Mitglieder finanziert werden. Diesbezüglich beschloss die Mitgliederversammlung, dass zur Finanzierung des Eigenkapitals von allen voll zahlenden ordentlichen Mitgliedern eine Umlage von EUR 1.500 erhoben wird. Die Mitgliederversammlung ermächtigte zudem den Vorstand, verbindliche Verhandlungen zum Erwerb des Grundstücks sowie mit Kreditinstituten in Bezug auf Darlehensverträge zu führen. Dennoch sollte es für den Abschluss dieser Verträge einer gesonderten Zustimmung der Mitgliederversammlung bedürfen. Ende Juni 2004 beschloss die Mitgliederversammlung gegen die Stimme des Beklagten, dass das Grundstück zu den Bedingungen im Kaufvertragsentwurf erworben wird und alle voll zahlende Mitglieder eine einmalige Sonderzahlung i.H.v. EUR 1.500 bis zum 15. August 2004 entrichten müssen. Nach der klägerischen Satzung sind die Mitglieder zur Entrichtung von Beiträgen und Umlagen verpflichtet. Deren Höhe wird durch die Mitgliederversammlung festgesetzt. Am 20. September 2004 erklärte der Beklagte zum Ende des Jahres 2004 seinen Austritt. Diesen begründete er damit, dass er nicht in der Lage sei, den geforderten Sonderbeitrag zu leisten. In der Satzung des Klägers ist geregelt, dass auch nach Beendigung der Mitgliedschaft die Zahlungspflicht der bis zu diesem Zeitpunkt fälligen Beiträge bestehen bleiben. Die Klage hatte Erfolg.

bb) Rechtliche Erwägungen des BGH

Der BGH entschied, dass eine über die reguläre Beitragsschuld hinausgehende Umlagepflicht bei einem Idealverein nicht nur eindeutig aus der Satzung hervorgehen müsse, sondern es müsse auch ihre Obergrenze der Höhe nach bestimmt oder objektiv bestimmbar sein.[968] Zur Begründung und Vermehrung von Leistungspflichten sei die Zustimmung des betroffenen Mitgliedes erforderlich, die jedoch auch antizipiert in der Satzung erteilt werden könne. Das Mitglied müsse erkennen können, inwieweit es über die reguläre Beitragspflicht hinaus zu außerplanmäßigen finanziellen Leistungen verpflichtet werden kann. Die Praktikabilitätserwägungen hinsichtlich der regelmäßigen Beiträge träfen insoweit nicht zu, da eine einmalige Umlage nicht voraussehbar sei und, soweit ihre Grenzen nicht festgelegt sind, zu

968 BGH, Urt. v. 24.9.2007 – II ZR 91/06, NZG 2008, 38, 39 Rn. 11.

einer unvorhersehbaren Belastung führen könne.[969] Mangels Bestimmung einer Obergrenze hielt der BGH die Satzung daher für unzureichend.[970] Der Beschluss der Mitgliederversammlung habe daher keine ausreichende Grundlage in der Satzung.

cc) Stellungnahme

Mit dieser Entscheidung hat der BGH grundlegend zu der Frage Stellung genommen, unter welchen Voraussetzungen eine über die reguläre Beitragspflicht hinausgehende Leistungspflicht wirksam in der Satzung eines nichtwirtschaftlichen Vereins geregelt werden kann. Zugleich hat er damit einen Meinungsstreit in der Literatur zugunsten der – auch in der Rechtsprechung[971] – vertretenen Ansicht entschieden, die ebenfalls die Benennung einer satzungsmäßigen Obergrenze fordert.[972] Die Bedeutung der Entscheidung zeigt sich auch darin, dass der BGH die maßgeblichen Erwägungen nahezu wortgleich im Hinblick auf die wirksame Vereinbarung von gespaltenen Beitragspflichten verwendet.[973]

Zwar spricht für die Ansicht, die eine Vereinbarung einer Umlage lediglich dem Grunde nach fordert[974], dass dies die eingeschränkte finanzielle Flexibilität eines nichtwirtschaftlichen Vereins wesentlich steigert. Schließlich wurde bereits dargelegt, dass die reguläre Beitragspflicht nur in engen Grenzen und in den einzuhaltenden zeitlichen Abständen erhöht werden kann.[975] Zudem verfügt ein nichtwirtschaftlicher Verein über keine sonstigen nennenswerten Einnahmen. Die Erhebung einer Umlage von Mitgliedern ist daher häufig die einzige Möglichkeit, einen größeren, unvorhersehbaren Finanzbedarf zu decken.

Jedoch spricht für das Erfordernis der satzungsmäßigen Fixierung einer Obergrenze, dass nur hierdurch eine Absehbarkeit der finanziellen Lasten eines jeden Mitgliedes gewährleistet wird. Insoweit gilt auch hinsichtlich der

---

969 BGH, Urt. v. 24.9.2007 – II ZR 91/06, NZG 2008, 38, 39 Rn. 12.

970 BGH, Urt. v. 24.9.2007 – II ZR 91/06, NZG 2008, 38, 39 Rn. 10.

971 OLG München, Urt. v. 18.2.1998 – 3 U 4897/97, NJW-RR 1998, 966.

972 So etwa Palandt/*Ellenberger*, § 58 Rn. 2; *Reichert*, Vereinsrecht, Rn. 933; *Schubert*, WM 2008, 1197 mit Fn. 3; *Schwarz/Schöpflin*, in: Bamberger/Roth, § 58 Rn. 4, a. A. *Heidel/Lochner*, in: AnwKBGB, § 58 Rn. 4; *A. Müller*, MDR 1992, 924 f.; Staudinger/*Habermann*, § 58 Rn. 3.

973 Vgl. hierzu BGH, Urt. v. 24.9.2007 – II ZR 91/06, NZG 2008, 38, 39 Rn. 11 sowie BGH, Urt. v. 2.6.2008 – II ZR 289/07, NZG 2008, 675, 676 Rn. 21.

974 *Heidel/Lochner*, in: AnwKBGB, § 58 Rn. 4; *A. Müller*, MDR 1992, 924 f.; Staudinger/*Habermann*, § 58 Rn. 3.

975 S. hierzu oben S. 192 f.

Praktikabilitätserwägungen nichts anderes als bei der gespaltenen Beitragspflicht. Gerade der vom BGH entschiedene Fall zeigt, wie unvorhersehbar und schnell ein außerordentlicher Finanzbedarf eines nichtwirtschaftlichen Vereins entstehen kann. Insbesondere wird durch dieses Beispiel deutlich, dass ein entsprechender Finanzbedarf auch durch die (willkürliche) Entscheidung Dritter entstehen kann. Dies kann die Gefahr der Unvorhersehbarkeit finanzieller Leistungspflichten deutlich steigern, denn die Höhe der Umlage hängt noch nicht einmal vom Willen der Mitgliederversammlung ab. Denkbar ist insoweit auch, dass aufgrund öffentlich-rechtlicher Pflichten eine Inanspruchnahme des nichtwirtschaftlichen Vereins als Verantwortlicher mit den entsprechenden hieraus resultierenden finanziellen Leistungspflichten in Frage kommt.[976] Mithin ist zur wirksamen Erhebung einer Umlage gegenüber einem Vereinsmitglied nicht nur eine satzungsmäßige Fixierung dem Grunde nach erforderlich. Vielmehr bedarf es auch einer eindeutigen Regelung, die ebenfalls eine zumindest objektiv bestimmbare Obergrenze enthält. Hinsichtlich dieser (inhaltsgleichen) Voraussetzungen kann auf die ausführlichen Erörterungen zum Personengesellschaftsrecht verwiesen werden.[977]

Fraglich ist jedoch, ob bei der wirksamen Vereinbarung einer Umlage begrifflich ein Nachschuss vorliegt. Dies wäre dann der Fall, wenn es sich um eine nachträgliche Erhöhung des ursprünglich vereinbarten Beitrags handelt. Bei einer Umlage wird jedoch schon dem Grunde nach in der Satzung eine weitere Leistungspflicht vereinbart, deren konkrete Höhe und Fälligkeit von einem ungewissen Ereignis abhängt, nämlich dem Finanzbedarf des Vereins. Die Festsetzung erfolgt dabei durch die Mitgliederversammlung. Trotz einer solchen Entscheidung liegt jedoch keine Satzungsänderung vor, wie dies bei der vergleichbaren nachträglichen Beitragserhöhung durch einen Mehrheitsbeschluss in der Personengesellschaft der Fall ist. Es wird nämlich nicht eine weitere Beitragspflicht nachträglich in die Satzung eingeführt, sondern vielmehr eine bestehende konkretisiert. Mithin ist die Umlage als ein ursprünglich in der Satzung vereinbarter Beitrag anzusehen, der nicht als Nachschuss zu bezeichnen ist.

c) Kautelarjuristischer Formulierungsvorschlag

Aufgrund der gewonnenen Erkenntnisse soll wie im Personengesellschaftsrecht beispielhaft ein Formulierungsvorschlag für eine Vereinssatzung ge-

976 Z.B. wegen Altlasten, s. hierzu oben S. 64 mit Fn. 287.
977 Vgl. hierzu oben S. 50 ff.

nannt werden, die eine mögliche Sonderumlage zu Lasten der Vereinsmitglieder beinhaltet:

§ 7 Aufnahmegebühr, Mitgliedsbeiträge, Sonderumlage

„Bei Aufnahme in den Verein ist eine Aufnahmegebühr zu entrichten. Zudem hat jedes Mitglied einen jährlichen Beitrag zu zahlen. Soweit besondere Vorhaben des Vereins (ggf. beispielhaft vereinsbezogene Vorhaben nennen, etwa Erweiterung der Plätze o.ä., oder auf einen bestimmten Vereinszweck beschränken) aus den jährlichen Beiträgen sowie Rücklagen des Vereins nicht finanziert werden können, ist die Erhebung einer Umlage zu Lasten aller voll zahlenden (alternativ: sämtlicher) Mitglieder zulässig. Innerhalb von drei Kalenderjahren (alternativ: einmalig oder anderer Abrechnungszeitraum) kann insgesamt eine Umlage in Höhe von 300% des jeweiligen Jahresbeitrags erhoben werden. Für die Berechnung der Umlage ist für die Höhe des jeweiligen Jahresbeitrags der Zeitpunkt des Beschlusses der Mitgliederversammlung über die Festsetzung der Umlage maßgeblich. Die Mitgliederversammlung setzt die Höhe sowie Fälligkeit der Aufnahmegebühr, der jährlichen Mitgliedsbeiträge sowie einer Umlage fest."

5. Zustimmungspflicht zu einer Beitragserhöhung aufgrund der gesellschaftsrechtlichen Treuepflicht

a) Einleitung

Wie im Personengesellschaftsrecht kann sich auch im Vereinsrecht die Frage stellen, unter welchen Bedingungen ein Vereinsmitglied einer zusätzlichen Leistungspflicht zustimmen muss. Dieses Problem kommt insbesondere dann zum Tragen, wenn die Satzung im Hinblick auf Leistungspflichten, die über die reguläre Beitragspflicht hinausgehen, keine Obergrenze vorsieht. In diesem Fall fehlt es an einer antizipierten Zustimmung des betroffenen Vereinsmitgliedes durch die Satzung. Stimmt ein Vereinsmitglied nunmehr in der Mitgliederversammlung gegen eine zusätzliche Leistungspflicht, etwa in Form einer gespaltenen Beitragspflicht oder Umlage, ist fraglich, ob und unter welchen Voraussetzungen für das einzelne Vereinsmitglied eine Zustimmungspflicht besteht.

b) Ablehnung einer Zustimmungspflicht bei Beitragserhöhungen im Vereinsrecht

Als Grundlage für eine Zustimmungspflicht zu einer Leistungsvermehrung eines Vereinsmitgliedes kommt die gesellschaftsrechtliche Treuepflicht in

Betracht.[978] Nach einer Ansicht kann jedoch auch die gesellschaftsrechtliche Treuepflicht ein Vereinsmitglied nicht zu höheren Beiträgen verpflichten.[979] So sei dies nur denkbar, wenn die Mitglieder eines Vereins eine Finanzierungspflicht gegenüber dem Verein hätten.[980] Das Vereinsrecht mache jedoch keine entsprechenden Vorgaben und überlasse es den Mitgliedern, inwieweit sie den Verein mit Kapital ausstatten. Zudem kenne das Gesellschaftsrecht keine allgemeine Pflicht, die Gesellschaft mit einem angemessenen Kapitalbedarf auszustatten. Überdies sei der Verein ein freiwilliger Zusammenschluss, bei dem die Mitglieder den Umfang der Zweckverfolgung sowie deren Einstellung bestimmen könnten. Daher könne sie keine Finanzierungspflicht treffen. Dies gelte selbst dann, wenn die Fortführung des Vereins gefährdet sei oder das Vereinsleben zum Erliegen komme. Die Vereinsmitglieder könnten schließlich den Verein später wieder aufleben lassen. Zudem stehe eine Leistungspflicht in Form einer Umlage dem Belastungsverbot entgegen. Soweit der BGH eine Ausnahme vom Belastungsverbot im Vereinsrecht zulasse, so stehe dies nicht im Einklang mit der bestehenden Rechtsprechung.[981] Danach sei bisher nur im Personengesellschaftsrecht eine Zustimmungspflicht angenommen worden. Jedoch stehe der Verein den Kapitalgesellschaften näher. Ein sachlicher Grund für eine ungleiche Behandlung sei nicht ersichtlich, da das Belastungsverbot auch im Vereinsrecht uneingeschränkt gelte. Die Einschränkung des Belastungsverbotes sei auch nicht durch das Austrittsrecht nach § 39 Abs. 1 BGB gerechtfertigt. So könne sich das Mitglied durch die Vereinbarung von Fristen nicht immer effektiv einer Umlage entziehen.[982] Selbst wenn dem Mitglied ein sofortiges Austrittsrecht zugebilligt werden sollte, so verliere es auch alle Vorteile der Mitgliedschaft.[983] Die Selbstbestimmung des Mitgliedes werde dadurch jedoch nicht hergestellt.

Gegen diese Ansicht spricht zunächst, dass die kategorische Ablehnung einer Zustimmungspflicht – wie im Personengesellschaftsrecht[984] – im Einzelfall zu interessenwidrigen Ergebnissen führen kann. Zwar ist die Interessenlage bei einem nichtwirtschaftlichen Verein insoweit eine andere als im Personen-

978 BGH, Urt. v. 24.9.2007 – II ZR 91/06, NZG 2008, 38, 39 Rn. 14; *Armbrüster*, ZGR 2009, 1, 26; *Schöpflin*, in: MüHdbGesR-Verein, § 35 Rn. 9; *Schwarz/Schöpflin*, in: Bamberger/Roth, § 58 Rn. 4; allgemein zur Treuepflicht im Vereinsrecht *Reichert*, Vereinsrecht, Rn. 961 ff.

979 *Kreißig*, Sportverein, S. 58; *Schubert*, WM 2008, 1197, 1198 ff.

980 *Schubert*, WM 2008, 1197, 1199.

981 *Schubert*, WM 2008, 1197, 1200.

982 *Schubert*, WM 2008, 1197, 1200 f.

983 *Schubert*, WM 2008, 1197, 1201.

984 Vgl. hierzu oben S. 117 ff.

gesellschaftsrecht, wo es regelmäßig um den Erhalt einer wirtschaftlichen Beteiligung geht. Ein Mitglied eines nichtwirtschaftlichen Vereins verfolgt hingegen gerade keine unmittelbaren wirtschaftlichen Interessen, sondern rein ideelle. Gleichwohl kann es auch bei einem nichtwirtschaftlichen Verein für das einzelne Mitglied im Einzelfall interessengerechter sein einmalig einen zusätzlichen Beitrag zu leisten, als die Auflösung des Vereins herbeizuführen. Dies ist dem Fall möglich, wenn eine Neugründung eines Vereins für das Mitglied mit entsprechend höheren Kosten verbunden wäre. Denkbar ist dies auch, wenn nach der Auflösung des Vereins zur weiteren ideellen Zweckverfolgung lediglich ein Vereinswechsel in Betracht kommt und dieser mit einer (ggf. hohen) Aufnahmegebühr verbunden ist. Die finanzielle Belastung des Vereinsmitgliedes wird in diesem Fall dadurch verstärkt, dass grundsätzlich bei einem Austritt kein Rückzahlungsanspruch hinsichtlich des Aufnahmebeitrags besteht.[985] Insoweit kann es sich also aus wirtschaftlicher Sicht für das Vereinsmitglied als zweckmäßiger darstellen einmalig einen höheren Beitrag zu leisten, um so die finanziellen Folgebelastungen zur weiteren ideellen Zweckverfolgung möglichst gering zu halten. Zudem ist nicht immer sichergestellt, ob auch in der näheren örtlichen Umgebung der Vereinsmitglieder eine entsprechende ideelle Zweckverfolgung in einem vergleichbaren nichtwirtschaftlichen Verein überhaupt möglich ist. Soweit die vorbezeichnete Ansicht auf die fehlende Finanzierungspflicht des Vereinsmitgliedes gegenüber seinem Verein abstellt, ist diesbezüglich festzuhalten, dass durch die Annahme einer Zustimmungspflicht eine solche grundsätzlich nicht begründet wird. Vielmehr stellt sich die Verpflichtung zu einer Leistungspflicht als eine Ausnahme von diesem Grundsatz dar, die dementsprechend restriktiv anzuwenden ist. Sie ist jedoch zur Vermeidung von interessenwidrigen Ergebnissen im Einzelfall angemessen und geboten.

Zudem ist fraglich, ob sich die Annahme einer Zustimmungspflicht zu einer Beitragserhöhung im Vereinsrecht tatsächlich nicht konsistent in die Rechtsprechung des BGH einfügt. Zunächst geht die vorbezeichnete Ansicht davon aus, dass nur aufgrund der besonderen persönlichen Nähe der Gesellschafter so weitgehende Pflichten wie die Annahme einer Zustimmungspflicht zu einer Beitragserhöhung begründet werden können.[986] Bei Publikumspersonengesellschaften sei der BGH daher zurückhaltender gewesen. Diesbezüglich ist jedoch dargelegt worden, dass die Rechtsprechung bisher nur bei Publikumspersonengesellschaften entsprechende Zustimmungspflichten angenommen hat.[987] Überdies hat der BGH in den nachfolgenden Ent-

985 OLG Brandenburg, Urt. v. 7.12.2004 – 6 U 72/04, MDR 2005, 640, 641.
986 *Schubert*, WM 2008, 1197, 1199.
987 Vgl. hierzu die Beispiele oben S. 121 ff.

scheidungen ausschließlich am Beispiel von Publikumspersonengesellschaften klargestellt, dass er die Annahme von Zustimmungspflichten zu einer Beitragserhöhung grundsätzlich für möglich hält.[988] Weitergehende Einschränkungen im Hinblick auf die tatsächliche Gestalt der Personengesellschaft hat er insoweit nicht vorgenommen. Außerdem ist zu berücksichtigen, dass Personengesellschaften in Gestalt einer Publikumsgesellschaft aufgrund ihrer Kapitalsammelfunktion und korporationsrechtlichen Organisationsstruktur einer Körperschaft, insbesondere in Form einer AG, näher stehen als einer (handelsrechtlichen) Personengesellschaft.[989] Letztere besteht gerade nach der Vorstellung des Gesetzgebers nur aus einem kleinen Gesellschafterkreis.[990] Aus diesem Grunde kommen in Bezug auf Publikumspersonengesellschaften im Einzelfall körperschaftsrechtliche Grundsätze, etwa auch aus dem Aktienrecht, zur Anwendung.[991] Infolgedessen ist die Übertragung der personengesellschaftsrechtlichen Grundsätze des BGH bezüglich der Zustimmungspflicht zu einer Beitragserhöhung ins Vereinsrecht unter dem Gesichtspunkt der Verbandsform durchaus stringent. Schließlich wurde eine solche bisher vor allem bei körperschaftsähnlichen Personengesellschaften angenommen bzw. für möglich gehalten. Schon aus diesem Grunde ist das Argument zurückzuweisen, dass sich die Annahme einer Zustimmungspflicht nicht konsistent in die Rechtsprechung des BGH einfüge.

Soweit auf die *„Girmes"*-Entscheidung des BGH[992] abgestellt wird um die restriktive Annahme einer Zustimmungspflicht im Kapitalgesellschaftsrecht zu belegen[993], ist diesbezüglich auf die Besonderheiten des Aktienrechts hinzuweisen. Danach ist es nämlich unzulässig in der Satzung einer AG eine Geldleistung der Aktionäre vorzusehen, die über die Einlagepflicht hinausgeht.[994] Grund hierfür ist, dass die Einlagepflicht nach § 54 Abs. 1 AktG auf

988 Vgl. hierzu die Nachweise in Fn. 552.

989 Baumbach/*Hopt*, § 177a Rn. 52 f.; *v. Gerkan/Haas*, in: Röhricht/v. Westphalen, § 161 Rn. 89; *Gummert/Jaletzke*, in: MüHdbGesR-KG, § 65 Rn. 1; *Henze*, in: Ebenroth/Boujong/Joost/Strohn, Anh. § 177a Rn. 3; *Kellermann*, FS Stimpel, 1985, S. 295, 305; *Wiedemann*, FS Priester, 2007, S. 857, 863.

990 S. hierzu die Nachweise in Fn. 324.

991 BGH, Urt. v. 4.7.1977 – II ZR 150/75, BGHZ 69, 207, 220 = NJW 1977, 2311; OLG Rostock, Beschluss v. 30.7.2008 – 1 U 33/08, NZG 2009, 705, 706; *v. Gerkan/Haas*, in: Röhricht/v. Westphalen, § 161 Rn. 91; *Gummert/Jaletzke*, in: MüHdbGesR-KG, § 65 Rn. 1; *Kellermann*, FS Stimpel, 1985, S. 295, 305 f.; *Wiedemann*, FS Priester, 2007, S. 857, 863.

992 Urt. v. 20.3.1995 – II ZR 205/94, BGHZ 129, 136 = NJW 1995, 1739 – *„Girmes"*; ausführlich zu dieser Entscheidung oben S. 166 ff.

993 *Schubert*, WM 2008, 1197, 1200.

994 Eingehend hierzu unten S. 236 ff.

den Ausgabebetrag begrenzt und die Regelung nach § 23 Abs. 5 AktG zwingend ist. Entsprechende Regelungen sind daher nach § 241 Nr. 3 AktG nichtig.[995] Außerdem untersagt § 55 Abs. 1 S. 1 AktG eine Nebenverpflichtung des Aktionärs, die in Geld besteht. Allein nach § 55 Abs. 1 S. 1 AktG zulässige Nebenverpflichtungen können mit Zustimmung des Aktionärs begründet oder vermehrt werden, § 180 Abs. 1 AktG. Dementsprechend kann eine Zustimmungspflicht zu einer – schon gesetzlich unzulässigen – Geldleistung, die über die Einlagepflicht hinausgeht, nicht angenommen werden. Infolgedessen kann das Urteil nicht als Beschränkung zur Annahme der Zustimmungspflicht im Aktienrecht gewertet werden. Zudem wurde hierdurch nicht ein angeblich bestehender Konflikt mit dem Belastungsverbot vermieden.[996] Der BGH konnte schon aufgrund der vorbezeichneten Vorschriften aus dem AktG eine Geldleistungspflicht sämtlicher Gesellschafter nicht annehmen. Mithin kam ein Konflikt mit dem Belastungsverbot erst gar nicht in Betracht. Daher stellt sich das *„Girmes“*-Urteil für einen Aktionär schon als weitestgehende Möglichkeit zur Annahme einer Zustimmungspflicht dar.

Darüber hinaus ist die vorbezeichnete Ansicht insoweit widersprüchlich, als dass sie zum einen behauptet, es sei bisher lediglich im Personengesellschaftsrecht ausnahmsweise eine Zustimmungspflicht angenommen worden, im Kapitalgesellschaftsrecht hingegen nicht, und sodann entgegen dieses Postulats beispielhaft eine Entscheidung zum Recht der GmbH angeführt, in der ein Gesellschafter angeblich zu einer Beitragserhöhung verpflichtet worden sei.[997] Gleichwohl beinhaltet die Entscheidung nicht die Pflicht zur Zustimmung zu einer Pflichtenmehrung nach § 53 Abs. 3 GmbHG, denn der betroffene Gesellschafter erklärte sich gerade freiwillig bereit, die erforderlichen Mittel im Rahmen einer Kapitalerhöhung aufzubringen.[998] Zum Personengesellschaftsrecht wird hingegen keine Entscheidung benannt, in der konkret eine Zustimmungspflicht bejaht worden ist.

Somit ist grundsätzlich die Möglichkeit einer Zustimmungspflicht eines Vereinsmitgliedes zu einer Leistungsvermehrung auf Grundlage der gesellschaftsrechtlichen Treuepflicht zu bejahen.

---

995 Vgl. hierzu die Nachweise in Fn. 1077.

996 So aber *Schubert*, WM 2008, 1197, 1200.

997 *Schubert*, WM 2008, 1197, 1200 mit Fn. 37 unter Hinweis auf BGH, Urt. v. 25.9. 1986 – II ZR 262/85, BGHZ 98, 276, 279 = NJW 1987, 189.

998 BGH, Urt. v. 25.9.1986 – II ZR 262/85, BGHZ 98, 276, 280 = NJW 1987, 189; *Winter*, Treubindungen, S. 176; i. Erg. offengelassen bei BGH, Urt. v. 23.3.1987 – II ZR 244/86, NJW 1987, 3192, 3193.

c) Voraussetzungen für eine Zustimmungspflicht

Nach Ansicht des BGH kann in Ausnahmefällen eine Umlage auch ohne Angabe einer Obergrenze in der Satzung wirksam beschlossen werden.[999] Die Mitglieder eines Vereins seien verpflichtet, die gemeinsamen Interessen und den Vereinszweck zu fördern und dazu mit den übrigen Mitgliedern zusammenzuarbeiten. Die vereinsrechtliche Treuepflicht erlaube daher auch ausnahmsweise die Belastung mit einer Pflicht, die in der Satzung nicht vorgesehen ist. Wegen des damit verbundenen Eingriffs in das Mitgliedschaftsrecht seien hieran jedoch hohe Anforderungen zu stellen. Die Annahme einer Leistungspflicht sei dann begründet, wenn sie für den Fortbestand des Vereins unabweisbar notwendig ist und dem einzelnen Mitglied unter Berücksichtigung seiner eigenen schutzwürdigen Belange zumutbar. Sollte sich hinsichtlich der Handlungsalternativen der Vereinsauflösung oder Vereinsfortführung, verbunden mit einer einmaligen Umlage, die Mehrheit der Mitglieder für den Fortbestand entscheiden, kann auch dem einzelnen Vereinsmitglied ausnahmsweise eine in der Satzung nicht fixierte Leistungspflicht zugemutet werden. Eine Umlagepflicht scheidet jedoch nach Ansicht des BGH dann aus, wenn das durch die Umlage zu finanzierende Vorhaben bereits durchgeführt worden ist.[1000]

Im Gegensatz zum Personengesellschaftsrecht hat der BGH im Vereinsrecht „positive" Kriterien herausgearbeitet, bei deren Vorliegen eine Leistungspflicht auch gegen den Willen eines einzelnen Vereinsmitgliedes angenommen werden kann. Dies ist auch dem Umstand geschuldet, dass der II. Zivilsenat in der bereits oben dargestellten Entscheidung[1001] bezüglich einer Umlage in einem Segelverein eine Pflicht zur Zahlung des beklagten Vereinsmitgliedes bejahte. Um die Voraussetzungen des BGH zur Annahme einer Zustimmungspflicht zu analysieren, ist auf die entsprechende Begründung in dieser Entscheidung näher einzugehen.

aa) Zwingende Erforderlichkeit der Umlage für den Fortbestand des Vereins

Nach Ansicht des BGH war die beschlossene Umlage für den Fortbestand des Segelvereins zwingend erforderlich.[1002] Ohne die Nutzungsmöglichkeit eines dem Segelverein entsprechenden Grundstücks könne dieser zwar weiterhin bestehen, jedoch käme sein Vereinsleben zum Erliegen. Daher

999 BGH, Urt. v. 24.9.2007 – II ZR 91/06, NZG 2008, 38, 39 Rn. 14.
1000 BGH, Urt. v. 2.6.2008 – II ZR 289/07, NZG 2008, 675, 677 Rn. 23.
1001 S. hierzu oben S. 204 ff.
1002 BGH, Urt. v. 24.9.2007 – II ZR 91/06, NZG 2008, 38, 39 f. Rn. 15.

war der Verein auf das Grundstück angewiesen. Zudem gab es keinerlei zumutbare Alternativen, als das Grundstück zu erwerben. Der Verein konnte durch den beabsichtigten Verkauf des Grundstücks an einen Dritten nicht mit einem Pachtvertrag zu bezahlbaren Bedingungen rechnen. Ein anderes geeignetes Grundstück konnte nach den erfolglosen Bemühungen des Vorstandes nicht angepachtet werden.

bb) Umlage einzige Finanzierungsmöglichkeit

Des Weiteren konnte das Grundstück nach Auffassung des BGH allein durch die Umlage finanziert werden.[1003] Ein Kauf durch eine von den zur Umlagezahlung bereiten Mitgliedern gegründeten Gesellschaft und anschließende Verpachtung an den Verein sei weder praktikabel noch zumutbar gewesen. Die Übertragung der Vereinsrücklagen, mit denen der Kauf auch mitfinanziert werden sollte, wäre nicht ohne weiteres möglich gewesen. Außerdem wäre dieses zusätzliche Engagement der Vereinsmitglieder mit einem Zeit- und Kostenaufwand verbunden. Zudem scheiterte eine Finanzierung durch Spenden. Zwar erklärten einige Vereinsmitglieder ihre Spendenbereitschaft. Dennoch konnten hiernach keine wesentlichen Spenden verzeichnet werden.

cc) Zumutbarkeit der Umlage

Die von der Mitgliederversammlung beschlossene Umlage sei für die Mitglieder zumutbar gewesen, insbesondere stehe sie mit dem sechsfachen des Jahresbeitrags in einem angemessenen Verhältnis zu den regelmäßigen Beiträgen.[1004] Die Umlage sei nicht so hoch, dass sie zu einem Hinausdrängen einer hohen Anzahl von Vereinsmitgliedern führe. Schließlich sei die alleinige Heranziehung der voll zahlenden Mitglieder sowie der das Vereinsgelände nutzenden Ehrenmitglieder kein Verstoß gegen den Gleichbehandlungsgrundsatz. Die weniger intensive Nutzung der Vereinseinrichtung sowie die ermäßigte reguläre Beitragspflicht sei ein hinreichender Grund für eine Ungleichbehandlung.

d) Stellungnahme

Zunächst beschränkt der BGH den Zweck der Umlage allein auf die Sicherung des Fortbestandes des Vereins. Bemerkenswert ist insoweit, dass er im Hinblick auf den Fortbestand des Vereins nicht auf einen unmittelbar bevorstehenden wirtschaftlichen Zusammenbruch abstellt. Es genügt bereits, dass die Umlage das Vereinsleben, und damit die Zweckverfolgung, weiterhin sicherstellt. Eine klassische Sanierungssituation im wirtschaftlichen Sinne

1003 BGH, Urt. v. 24.9.2007 – II ZR 91/06, NZG 2008, 38, 40 Rn. 16.
1004 BGH, Urt. v. 24.9.2007 – II ZR 91/06, NZG 2008, 38, 40 Rn. 17.

ist daher nicht erforderlich. Dieser Maßstab ist durchaus sachgerecht, da die Vereinsmitglieder lediglich ideelle Interessen verfolgen. Es kann für sie keinen Unterschied machen, ob das Vereinsleben wegen einer Auflösung bzw. Insolvenz oder beispielsweise aufgrund einer fehlenden, jedoch zwingend erforderlichen Infrastruktur zum Erliegen kommt. Mithin hat der BGH die Belange eines nichtwirtschaftlichen Vereins insoweit hinreichend berücksichtigt. Dass die Umlage zwingend erforderlich sein muss, also keinerlei Alternativen zur Sicherstellung der Zweckverfolgung ohne Erhebung einer Umlage zur Verfügung stehen dürfen, stellt den Ausnahmecharakter einer Leistungspflicht gegen den Willen eines Vereinsmitgliedes sicher.

Ergänzend zum BGH ist darüber hinaus zu fordern, dass die Umlage den Fortbestand des Vereins nachhaltig sicherstellt.[1005] Weitere Umlagen hinsichtlich des konkreten Vorhabens müssen in der Zukunft mit hoher Wahrscheinlichkeit ausgeschlossen sein. Zwar beinhaltet dieses Kriterium ein gewisses Maß an Auslegungsschwierigkeiten. Dies ist jedoch in Kauf zu nehmen, denn ansonsten könnte eine Umlageverpflichtung ohne satzungsmäßige Grundlage ihren Ausnahmecharakter verlieren und unzumutbare finanzielle Folgen einer Vereinsmitgliedschaft nach sich ziehen. Dies bedeutet für den Vorstand, dass im Voraus der genaue Finanzierungsbedarf errechnet werden muss, um spätere Umlagen zu vermeiden. Im konkreten Fall spielte dieser Aspekt keine Rolle, da durch die Umlage die Finanzierung des Grundstücks sichergestellt wurde.

Durch die erforderliche Ausschöpfung alternativer Finanzierungsmöglichkeiten hat der BGH eine weitere Einschränkung vorgenommen. Die Treuepflicht kommt also erst in Betracht, wenn die Umlageerhebung als „ultima ratio" zur Finanzierung in Frage kommt. Im konkreten Fall hatte der Verein durch Rücklagen, Darlehen sowie Spenden alle zur Finanzierung beizutreibenden Mittel aufgebracht. Dies wird aufgrund des mit der Umlageerhebung verbundenen starken Eingriffs in die Mitgliedschaft stets zu fordern sein.

e) Zumutbarkeitsmaßstab

Problematisch ist jedoch, unter welchen Voraussetzungen die von der Mitgliederversammlung beschlossene Umlage im konkreten Fall auch als zumutbar bewertet werden kann. Nahezu wortgleich mit der Definition im Personengesellschaftsrecht[1006] stellt der BGH in der Entscheidung diesbezüglich darauf ab, ob die Umlage dem einzelnen Mitglied unter Berücksichtigung

---

1005 *Schubert*, WM 2008, 1197, 1201; *Schwarz/Schöpflin*, in: Bamberger/Roth, § 58 Rn. 4 a. E.

1006 S. hierzu die Nachweise in Fn. 554.

seiner eigenen schutzwürdigen Belange zumutbar ist.[1007] Im Rahmen der konkreten Zumutbarkeitsprüfung machte der BGH die Frage der Zumutbarkeit jedoch allein von der Höhe der Umlage in Korrelation zum regulären Jahresbeitrag abhängig.[1008] Hieraus leitet der II. Zivilsenat auch die Feststellung ab, dass die Höhe der Umlage nicht zu einem Herausdrängen von einer Vielzahl der Mitglieder führen würde. Zwar ist dem BGH darin beizupflichten, dass die Höhe der Umlage ein maßgebliches Kriterium für die Frage der Zumutbarkeit ist.[1009] Dennoch hat er im Gegensatz zum Personengesellschaftsrecht allein auf eine generelle Zumutbarkeit der Umlage für die Mitglieder abgestellt. Besonders deutlich wird ein solches Verständnis daraus, dass nicht das einzelne beklagte Vereinsmitglied Maßstab der Zumutbarkeitsprüfung ist. Verstärkt wird dieser Eindruck dadurch, dass nach Ansicht des BGH die Höhe der Umlage nicht zu einer Vielzahl von Austritten führen werde. Insoweit kommt es also auf die Leistungsfähigkeit der Mitgliedermehrheit an. Dies überrascht durchaus, denn nach der eigenen Definition des BGH muss auch im Vereinsrecht die Umlage für das einzelne Mitglied jeweils zumutbar sein. Diesbezüglich sei auf die Feststellung des BGH zur identischen Zumutbarkeitsdefinition im Personengesellschaftsrecht hingewiesen, wonach es sogar innerhalb einer Gesellschaft bei mehreren Gesellschaftern zu unterschiedlichen Ergebnissen hinsichtlich der Zumutbarkeit einer Zustimmungspflicht zu einer Beitragserhöhung kommen kann aufgrund der Unterschiedlichkeit der jeweils schützenswerten persönlichen Belange.[1010] Auf die konkreten persönlichen Belange ist der BGH jedoch in der vereinsrechtlichen Entscheidung nicht eingegangen, obwohl das beklagte Vereinsmitglied bereits gegenüber dem Verein erklärt hatte, dass es nicht in der Lage sei, die geforderte Umlage zu leisten[1011]. Die vom Gericht selbst aufgestellten Voraussetzungen hinsichtlich der Zumutbarkeit einer Umlage werden also im konkreten Fall nicht in der erforderlichen Art und Weise geprüft. Zudem wird auch nicht begründet, warum vom individuellen Zumutbarkeitsmaßstab abgewichen wird. Zwar könnte für eine generalisierende Betrachtungsweise sprechen, dass der Verein allein die voll zahlenden Mitglieder in Anspruch genommen hat. Somit wurden schon anhand dieser Auswahl diejenigen Vereinsmitglieder hinreichend berücksichtigt, die wohl i.d.R. finanzschwächer sind (so z.B. Familienmitglieder, Jugendliche oder Studenten). Außerdem ist auf das praktische Problem eines nichtwirtschaft-

1007 BGH, Urt. v. 24.9.2007 – II ZR 91/06, NZG 2008, 38, 39 Rn. 14.
1008 BGH, Urt. v. 24.9.2007 – II ZR 91/06, NZG 2008, 38, 40 Rn. 17.
1009 *Schubert*, WM 2008, 1197, 1202.
1010 BGH, Hinweisbeschl. v. 26.3.2007 – II ZR 22/06, NZG 2007, 582, 583 Rn. 7.
1011 BGH, Urt. v. 24.9.2007 – II ZR 91/06, NZG 2008, 38, 39.

lichen Vereins hinzuweisen, wonach es regelmäßig schwierig sein wird im Voraus festzustellen, für welches ablehnend stimmende Mitglied die Umlage individuell zumutbar ist. Die Ermittlung sowie Beurteilung entsprechender persönlicher Umstände ist insbesondere bei einem großen Mitgliederkreis aufgrund des damit verbundenen Zeitaufwandes schwierig, zumal die Vorstandsmitglieder regelmäßig ehrenamtlich tätig sind. Dennoch ist zu beachten, dass die vorbezeichnete Inanspruchnahme der Mitglieder, die nach der Art der Mitgliedschaft differenziert, nicht für jeden Verein zwingend ist. So kann beispielsweise auch eine (volle) Inanspruchnahme sämtlicher Mitglieder in Betracht kommen. In diesem Fall wäre die Unzumutbarkeit individuell zu bestimmen, weil sonst auf die persönlichen Belange der einzelnen Mitglieder nicht hinreichend Rücksicht genommen wird. Zudem ist auch bei einer Differenzierung der Umlagepflicht nach voll zahlenden und „privilegierten" Mitgliedern nicht gewährleistet, dass jedes ordentliche Mitglied die Umlage finanzieren kann. Dies ist vielmehr in jedem Einzelfall konkret festzustellen. Als weiteres Argument für eine individuelle Prüfung der Zumutbarkeit lässt sich der Schutzzweck der auch nach Ansicht des BGH stets erforderlichen Zustimmung bei einer Pflichtenmehrung anführen. Grundlage für eine Zustimmung zu einer Lastenmehrung ist das ebenfalls im Vereinsrecht geltende Belastungsverbot.[1012] Das Belastungsverbot dient dem Individualschutz.[1013] Gerade bei der Pflicht, höhere Beiträge als vereinbart zu leisten, muss dieser Wertungsgesichtspunkt erhalten bleiben. Ansonsten würde bei einem Verstoß gegen das Belastungsverbot der Individualschutz als Wertungsgesichtspunkt in keiner Weise berücksichtigt werden. Vielmehr hätte eine fehlende individuelle Betrachtungsweise zur Folge, dass diese ausschließlich der finanzstarken Mitgliedermehrheit dient. Mit dem individualschützenden Charakter des Belastungsverbotes lässt sich dies nicht vereinbaren, zumal ohnehin gegen dieses Prinzip bei Annahme einer Umlagepflicht verstoßen wird. Aufgrund des starken Eingriffs in die Mitgliedschaft ist daher die Frage der Zumutbarkeit einer Umlagepflicht für jedes einzelne Mitglied zu beantworten.

f) Rechtfertigung eines generellen Zumutbarkeitsmaßstabes aufgrund der Zubilligung eines außerordentlichen Kündigungsrechts

Hintergrund einer generellen Betrachtungsweise hinsichtlich der Zumutbarkeit ist offenbar die Tatsache, dass der BGH dem Vereinsmitglied unter bestimmten Voraussetzungen ein noch näher zu erörterndes außerordentliches

1012 S. zur uneingeschränkten Geltung des Belastungsverbotes oben S. 193 f.
1013 Vgl. hierzu oben S. 39 f.

Kündigungsrecht zubilligt, um der Umlagepflicht zu entgehen.[1014] Dieser Umstand ist freilich erheblich für die Frage der Zumutbarkeit, denn hierdurch wird dem Vereinsmitglied die Wahl ermöglicht, ob es der Leistungspflicht durch einen sofortigen Austritt entgeht.[1015] Vor diesem Hintergrund wird auch die Feststellung des BGH im Rahmen der Zumutbarkeitsabwägung nachvollziehbar, wonach die Höhe der Umlage nicht zu einem Hinausdrängen einer Vielzahl von Vereinsmitgliedern führe.[1016] Vereinsmitglieder werden einen Austritt nur dann in Betracht ziehen, wenn er zum Entfallen der Umlagepflicht führt. Dies ist bei einer ordentlichen Kündigung aufgrund der regelmäßig vereinbarten Fristen grundsätzlich nicht der Fall.[1017] Zudem bleibt eine Beitragspflicht auch nach dem Ausscheiden bestehen, wenn sie vor diesem Zeitpunkt fällig war.[1018] Daher kann ein Austritt einer Vielzahl von Vereinsmitgliedern nur bei einem Sonderkündigungsrecht ernsthaft in Betracht kommen.

Durch die Anerkennung eines außerordentlichen Kündigungsrechts wird die Umlagepflicht – vergleichbar mit der Situation bei einer Zustimmungspflicht zu einer Kapitalerhöhung – also zu einem „Umlagerecht". Dem Vereinsmitglied steht ein Wahlrecht zwischen einem Verbleib nebst erhöhter Beitragspflicht und einem sofortigen Ausscheiden ohne erhöhte finanzielle Belastung zu. Gleichwohl ist im Ergebnis die Beeinträchtigung austrittswilliger Vereinsmitglieder größer als bei zahlungsunwilligen Gesellschaftern im Rahmen einer Kapitalerhöhung. Das Vereinsmitglied muss nämlich nicht „nur" eine verhältnismäßige Beeinträchtigung seiner mitgliedschaftlichen Rechte hinnehmen. Soweit sich ein Vereinsmitglied aufgrund einer fehlender Leistungsbereitschaft oder einem mangelndem Leistungsvermögen für den sofortigen Austritt entscheidet, muss es den vollständigen Verlust seiner Mitgliedschaft und der damit verbundenen Rechte in Kauf nehmen.

Fraglich ist jedoch, ob allein die Zubilligung eines außerordentlichen Kündigungsrechts eine generelle Zumutbarkeitsprüfung lediglich am Maßstab der Umlagenhöhe und der Mitgliedermehrheit rechtfertigt. Hiergegen spricht,

---

1014 BGH, Urt. v. 24.9.2007 – II ZR 91/06, NZG 2008, 38, 40 Rn. 19; ausführlich zum außerordentlichen Kündigungsrecht des Vereinsmitgliedes bei Bestehen einer Umlagepflicht unten S. 220 ff.

1015 *Schubert*, WM 2008, 1197, 1202.

1016 BGH, Urt. v. 24.9.2007 – II ZR 91/06, NZG 2008, 38, 40 Rn. 17.

1017 *Schubert*, WM 2008, 1197, 1202.

1018 BGH, Urt. v. 13.7.1967 – II 215/65, BGHZ 48, 207, 209 = NJW 1967, 2303; Urt. v. 24.9.2007 – II ZR 91/06, NZG 2008, 38, 40 Rn. 24; OLG Schleswig, Urt. v. 6.2.2003 – 11 U 83/01, NJW-RR 2003, 609 f.; *Schubert*, WM 2008, 1197, 1202; *Schwarz/Schöpflin*, in: Bamberger/Roth, § 39 Rn. 6; Staudinger/*Weick*, § 39 Rn. 11.

dass selbst bei der Heranziehung nur bestimmter Vereinsmitglieder, deren eingeschränkte finanzielle Leistungsfähigkeit nicht von vornherein erkennbar ist, nicht immer zahlungsfähig sind. Dies gilt freilich umso mehr, wenn sämtliche Mitglieder ausnahmslos zu einer Umlage herangezogen werden. Billigt man den Mitgliedern nunmehr ein außerordentliches Kündigungsrecht zu, so hätte dies bei einer individuellen Unzumutbarkeit im Hinblick auf die Leistung der Umlage zur Folge, dass gerade leistungsschwache Vereinsmitglieder zu einem Austritt gezwungen werden. Von einem wirklichen Wahlrecht des einzelnen Mitgliedes zwischen Verbleib und Austritt kann insoweit nicht gesprochen werden. Die Zumutbarkeitsprüfung würde hierdurch jedoch weitgehend ihren Zweck verfehlen, nämlich festzustellen, ob die Umlage von jedem einzelnen Vereinsmitglied auch tatsächlich geleistet werden kann. Schließlich kann eine generelle Betrachtungsweise der Zumutbarkeit eine Festsetzung der Umlagenhöhe durch eine finanzstarke Mitgliedermehrheit zur Folge haben, dass eine Vielzahl der Mitglieder sie leisten kann, eine Minderheit jedoch nicht. Auch in diesem Fall kann man insoweit mit dem BGH argumentieren, dass ein Massenaustritt wegen der Höhe der Umlage nicht in Betracht kommt. Ein Fortbestand des Vereins wird dann zu Lasten finanzschwacher Mitglieder sichergestellt. Dieser Bewertungsmaßstab der Zumutbarkeit, der mittelbar finanzschwache Mitglieder aus dem Verein drängt, stellt sich jedoch als treuwidrig dar und wird vor allem dem Minderheitenschutz keinesfalls gerecht. Er hätte nämlich zur Folge, dass die Zumutbarkeit der Umlage allein von der Leistungsfähigkeit der Mitgliedermehrheit abhängt. Auch kann insoweit der Minderheitenschutz durch die Zubilligung eines außerordentlichen Kündigungsrechts nur beschränkte Geltung erfahren, da schließlich mit dem Austritt ein vollständiger Verlust der Mitgliedschaft und der damit verbundenen Rechte einhergeht. Zudem kann durch das Bestehen eines außerordentlichen Kündigungsrechts die Zumutbarkeit einer Umlagepflicht eher angenommen werden kann, als wenn dies den Mitgliedern nicht zustehen würde. Hierdurch besteht jedoch die Gefahr, dass allein durch eine generelle Zumutbarkeitsprüfung eine Umlagepflicht häufiger angenommen werden kann, als dies etwa im Personengesellschaftsrecht der Fall ist. Dies hätte jedoch eine Aufweichung des Ausnahmecharakters einer Zustimmungspflicht zu Lasten der finanzschwachen Mitglieder zur Folge. Auch besteht kein sachlicher Grund im Vereinsrecht eine Leistungspflicht eher als im Personengesellschaftsrecht anzunehmen. Somit kann die Zubilligung eines außerordentlichen Kündigungsrechts eine generelle Zumutbarkeitsprüfung nicht rechtfertigen. Aus diesem Grunde ist der Zumutbarkeitsprüfung ein anderes Verständnis zugrunde zu legen, nämlich ein strikt individuelles.

g) Zwischenergebnis

Auch im Vereinsrecht ist ausnahmsweise aufgrund der gesellschaftsrechtlichen Treuepflicht eine Pflicht zur Leistung zusätzlicher Beiträge anzunehmen. Dies kann im Einzelfall interessenwidrige Ergebnisse für die Vereinsmitglieder vermeiden. Voraussetzung für eine entsprechende Pflicht ist die zwingende Erforderlichkeit der Leistung für den Fortbestand des Vereins. Zudem muss dieser durch die zusätzlichen Beiträge nachhaltig sichergestellt werden. Eine Leistungspflicht der Mitglieder kommt als „ultima ratio" nur dann in Betracht, wenn alternative Finanzierungsmöglichkeiten ausgeschöpft sind. Die Zumutbarkeit der Leistungspflicht ist nicht generell für eine Vielzahl von Vereinsmitgliedern, sondern individuell für jedes Vereinsmitglied zu bestimmen. Die Zubilligung eines außerordentlichen Kündigungsrechts ändert nichts an diesem Befund.

6. Außerordentliches Kündigungsrecht bei Bestehen einer Umlagepflicht

a) Grundlagen

Ist das Vereinsmitglied nach den soeben dargestellten Grundsätzen zur Leistung einer Umlage verpflichtet, obwohl die Satzung eine entsprechende Pflicht nicht vorsieht, wird ihm nach allgemeiner Ansicht ein außerordentliches Kündigungsrecht zugebilligt.[1019] Durch Ausübung dieses außerordentlichen Kündigungsrechts entfällt die Pflicht zur Zahlung der Umlage.

Nach Ansicht des BGH verändert sich mit der Erhebung der Umlage das Verhältnis von Aufwand und Ertrag der Mitgliedschaft sowie deren Grundlagen.[1020] So werde das Mitglied mit einer nicht vorhersehbaren finanziellen Belastung konfrontiert, die es entweder nicht tragen will oder kann und welcher es nicht schon durch den Beitritt zugestimmt hat. Die unvorhergesehene Pflichtenmehrung könne ihm daher die weitere Mitgliedschaft unzumutbar machen, so dass das Vereinsmitglied ihr mit dem Austritt begegnen müsse. Aufgrund dieser Entscheidungsmöglichkeit des Vereinsmitgliedes, ob er den finanziellen Aufwand wegen des Vereinsangebots für angemessen hält oder aber auf Vereinsleistungen verzichten will und etwa bei

1019 BGH, Urt. v. 24.9.2007 – II ZR 91/06, NZG 2008, 38, 40 Rn. 19; *Reichert*, Vereinsrecht, Rn. 935; *Reuter*, in: MünchKomm-BGB, § 38 Rn. 40; *Schöpflin*, in: MüHdbGesR-Verein, § 35 Rn. 9; *Schubert*, WM 2008, 1197, 1203; *Schwarz/ Schöpflin*, in: Bamberger/Roth, § 39 Rn. 7, § 58 Rn. 4; *K. Stöber*, Vereinsrecht, Rn. 196 mit Fn. 106; i. Erg. ebenso LG Hamburg, Urt. v. 29.4.1999 – 302 S 128/98, NJW-RR 1999, 1708, 1709 (betr. rückwirkende Beitragserhöhung).

1020 BGH, Urt. v. 24.9.2007 – II ZR 91/06, NZG 2008, 38, 40 Rn. 19.

einem anderen Verein eintreten möchte, sei die Wahl zwischen Zahlung der Umlage oder Austritt ökonomisch sachgerecht.[1021] Zudem werde hierdurch der Wettbewerb der Vereine untereinander gefördert. Die Ansicht des BGH sei insbesondere der Alternative vorzuziehen, den durch die Satzung nicht gedeckten Beschluss zur Erhebung einer Umlage nur für die zustimmenden Mitglieder gelten zu lassen, weil eine Ungleichbehandlung in der Regel nicht gewollt sei.[1022] Der BGH schränkt jedoch das außerordentliche Kündigungsrecht insoweit ein, als dass der Austritt in angemessenen zeitlichen Zusammenhang mit dem Wirksamwerden des Beschlusses zur Erhebung einer Umlage erklärt werden muss, um die Leistungspflicht entfallen zu lassen.[1023] Als Begründung führt er an, dass es für den Verein absehbar sein müsse, ob ausreichend Vereinsmitglieder die Umlage leisten oder ob durch eine hohe Anzahl von Vereinsaustritten der mit der Umlage erstrebte Zweck nicht erreicht werden kann. Der Verein müsse insbesondere dann Planungssicherheit erhalten, wenn mit der Umlage zu zahlende Verpflichtungen eingegangen werden.

b) Erforderlichkeit eines außerordentlichen Kündigungsrechts

Es ist bereits dargelegt worden, dass die ordentliche Kündigung eines Vereinsmitgliedes seine Umlagepflicht i.d.R. nicht entfallen lässt.[1024] Daher ist die Zubilligung eines außerordentlichen Kündigungsrechts zwangsläufig die einzig sachgerechte Lösung, um das einzelne Vereinsmitglied von einer Umlagepflicht befreien zu können. Soweit auf den Vorzug eines außerordentlichen Kündigungsrechts gegenüber der Alternative abgestellt wird, wonach nur gegenüber den zustimmenden Vereinsmitgliedern der Umlagebeschluss gelten soll[1025], ist jedoch auf Folgendes hinzuweisen: Wird aufgrund der gesellschaftsrechtlichen Treuepflicht eine Umlagepflicht angenommen, so besteht diese gegenüber sämtlichen, also auch den ablehnenden Mitgliedern. Die Frage der Bindungswirkung des Umlagebeschlusses der Mitgliederversammlung stellt sich jedoch nur, soweit eine Umlagepflicht sämtlicher Vereinsmitglieder nicht angenommen werden kann.[1026] Mithin besteht nicht die Alternative, ob der Beschluss nur die zustimmenden Mit-

1021 *Schwarz/Schöpflin*, in: Bamberger/Roth, § 58 Rn. 4.

1022 *Schöpflin*, in: MüHdbGesR-Verein, § 35 Rn. 9 a.E.; *ders.*, WuB II N. § 58 BGB 1.08; *Schwarz/Schöpflin*, in: Bamberger/Roth, § 58 Rn. 4.

1023 BGH, Urt. v. 24.9.2007 – II ZR 91/06, NZG 2008, 38, 40 Rn. 20; ausführlich hierzu unten S. 230 ff.

1024 S. hierzu die Nachweise in Fn. 1017, 1018.

1025 S. hierzu die Nachweise in Fn. 1022.

1026 Vgl. zur Problematik der Bindungswirkung eines unwirksamen Beschlusses oben S. 133 ff.

glieder bindet, denn die Verpflichtung der ablehnenden Mitglieder ergibt sich ja gerade aus der gesellschaftsrechtlichen Treuepflicht.

c) Konkrete Voraussetzungen zum Vorliegen eines außerordentlichen Kündigungsrechts

aa) Ansicht des BGH

Fraglich ist jedoch, ob einem Vereinsmitglied allgemein bei einer Umlagepflicht auf Grundlage der gesellschaftsrechtlichen Treuepflicht ein außerordentliches Kündigungsrecht zuzubilligen ist. Bevor dies jedoch näher analysiert werden soll, ist zunächst darauf einzugehen, unter welchen konkreten Voraussetzungen ein außerordentliches Kündigungsrecht zugunsten eines Vereinsmitgliedes bejaht wird. Die Rechtsprechung des BGH gibt insoweit Anlass zu Auslegungsschwierigkeiten. Nach einer Ansicht scheint der BGH nämlich nicht jede Umlagepflicht als Kündigungsgrund anzusehen.[1027] Insbesondere bei einer nur geringen Umlage sei nach dem BGH ein sofortiger Austritt nicht möglich, so dass in diesen Fällen das Vereinsmitglied eine entsprechende Umlage hinnehmen müsse.[1028] Diese Auslegung der BGH-Entscheidung erscheint jedoch nicht zwangsläufig. So stellt der BGH klar, dass das Vereinsmitglied bei einer Umlagepflicht mit einer finanziellen Belastung konfrontiert werde, die es entweder nicht tragen will oder kann.[1029] Diese Formulierung zeigt, dass es nicht (nur) auf das Leistungsvermögen des Vereinsmitgliedes oder die Höhe der Umlage ankommt, sondern auch maßgeblich sein kann, ob das Vereinsmitglied überhaupt die Umlage leisten möchte. Mithin wird ebenso auf den grundsätzlichen Willen zur finanziellen Leistungsbereitschaft abgestellt. Die allgemeine Zubilligung eines außerordentlichen Kündigungsrechts bei einer Umlagepflicht lässt sich auch aus der Formulierung des BGH schließen, wonach die Umlagepflicht dem Vereinsmitglied die weitere Mitgliedschaft unzumutbar machen könne.[1030] Insoweit hat der BGH nicht festgelegt, dass dies der Fall sein muss. Er stellt also allein auf die Möglichkeit ab. Ob die Umlagepflicht die Mitgliedschaft tatsächlich unzumutbar macht, lässt er folglich dahinstehen. Diese Formulierungsweise des BGH spricht demzufolge dafür, dass er dem einzelnen Vereinsmitglied im Falle einer Umlagepflicht allgemein ein außerordentliches Kündigungsrecht einräumt, und zwar unabhängig von der Frage, wie hoch die Umlage im Einzelfall ist. Auch scheint dieses Recht dem Vereinsmitglied zuzustehen, für den die Umlage unter Berücksichtigung

1027 *Schubert*, WM 2008, 1197, 1202 f.
1028 *Schubert*, WM 2008, 1197, 1203.
1029 BGH, Urt. v. 24.9.2007 – II ZR 91/06, NZG 2008, 38, 40 Rn. 19.
1030 BGH, Urt. v. 24.9.2007 – II ZR 91/06, NZG 2008, 38, 40 Rn. 19.

seiner schützenswerten Belange zumutbar ist. Ein anderes Ergebnis würde auch aus dem Grunde problematisch sein, weil ansonsten vom BGH sowohl bei der Bewertung einer Umlagepflicht als auch bei der Zubilligung eines außerordentlichen Kündigungsrechts die Frage der Zumutbarkeit geprüft werden müsste. Da das Kündigungsrecht jedoch gerade bei zumutbaren Umlagepflichten eine Entbindung von dieser Pflicht ermöglichen soll, kann es hierbei nicht auf eine identische Prüfung hinauslaufen. Dies hätte nämlich zur Folge, dass bei Annahme der Zumutbarkeit einer Umlagepflicht ein entsprechendes Kündigungsrecht stets ausgeschlossen wäre. Mithin ist die Entscheidung des BGH so auszulegen, dass dem Vereinsmitglied allgemein bei einer Umlagepflicht, die keine Grundlage in der Satzung findet, ein außerordentliches Kündigungsrecht zusteht, unabhängig von der individuellen Zumutbarkeit oder Höhe der Umlage.[1031]

bb) Umlagepflicht als wichtiger Grund

Trotz der Regelung des § 39 Abs. 2 BGB ist allgemein anerkannt, dass einem Vereinsmitglied bei Vorliegen eines wichtigen Grundes ein außerordentliches Kündigungsrecht zusteht, dessen Ausübung nicht an die Einhaltung von satzungsmäßigen Fristen gebunden ist.[1032] Dabei ist ein wichtiger Grund anzunehmen, wenn dem Mitglied der weitere Verbleib im Verein bis zum Ablauf der satzungsmäßig vorgesehenen Kündigungsfrist nach Abwägung der Umstände des Einzelfalles nicht zumutbar ist.[1033] Ein wichtiger Grund im vorbezeichneten Sinne könnte hier in der Umlagepflicht liegen.

Bemerkenswert ist, dass der BGH im Rahmen des Kündigungsrechts bei einer Umlagepflicht weder das Vorliegen eines wichtigen Grundes prüft noch eine Zumutbarkeitsabwägung vornimmt, sondern, wie bereits dargestellt, ohne tiefer gehende Erörterung sämtlichen Vereinsmitgliedern ein solches Recht zugesteht. Er weist zwar darauf hin, wonach die finanzielle Belastung die Mitgliedschaft unzumutbar machen könne. Jedoch scheint ihm allein die Möglichkeit einer unzumutbaren finanziellen Belastung aus-

1031 So wohl auch *Schwarz/Schöpflin*, in: Bamberger/Roth, § 58 Rn. 4.

1032 RG, Urt. v. 23.10.1930 – IV 721/29, RGZ 130, 375, 378; BGH, Urt. v. 1.4.1953 – II ZR 235/52, BGHZ 9, 157, 162 = NJW 1953, 780 (zur GmbH); OLG Oldenburg, Urt. v. 18.12.2008 – 8 U 182/08, BeckRS 2009, 15974 = NZG 2009, 917; *Reuter*, in: MünchKomm-BGB, § 39 Rn. 10; *Schwarz/Schöpflin*, in: Bamberger/Roth, § 39 Rn. 7; *K. Stöber*, Vereinsrecht, Rn. 196.

1033 RG, Urt. v. 23.10.1930 – IV 721/29, RGZ 130, 375, 378: *„Unerträgliche Belastung"*; BGH, Urt. v. 1.4.1953 – II ZR 235/52, BGHZ 9, 157, 162 = NJW 1953, 780 (zur GmbH); OLG Oldenburg, Urt. v. 18.12.2008 – 8 U 182/08, BeckRS 2009, 15974 = NZG 2009, 917; *Reuter*, in: MünchKomm-BGB, § 39 Rn. 10; *Schubert*, WM 2008, 1197, 1202; Staudinger/*Weick*, § 39 Rn. 4.

reichend zu sein, um bei einer Umlagepflicht ein außerordentliches Kündigungsrecht anzunehmen. Dieses Ergebnis überrascht insofern, weil der BGH im Rahmen der Prüfung einer Umlagepflicht aufgrund der gesellschaftsrechtlichen Treuepflicht zu dem Ergebnis kommt, dass die Höhe der Umlage für die Vereinsmitglieder gerade zumutbar sei.[1034] Zwar erfolgt hier ebenfalls keine individualisierte Prüfung der Zumutbarkeit. Gleichwohl geht er im konkreten Fall von ihrem Vorliegen aus. Bei der Frage des außerordentlichen Kündigungsrechts genügt ihm nunmehr allein die theoretische Möglichkeit der Unzumutbarkeit hinsichtlich der Umlage. Wie jedoch ein Sachverhalt zu beurteilen wäre, wenn die Umlage tatsächlich für ein Mitglied unzumutbar sein sollte, ist durchaus problematisch. In solch einem Fall müsste sich nämlich der II. Zivilsenat aufgrund der Annahme der Zumutbarkeit bezüglich der Umlagepflicht in Widerspruch setzen. Ein anderes Ergebnis wäre nur dann vertretbar, wenn das Gericht von zwei verschiedenen Zumutbarkeitsmaßstäben ausgehen würde, nämlich einem generellen im Rahmen der Umlagepflicht und einem individuellen im Rahmen des außerordentlichen Kündigungsrechts. Dies ist jedoch nach der vorangegangen Analyse nicht erkennbar. Zudem wäre es auch nicht sachgerecht, denn die Frage der Zumutbarkeit kann im Hinblick auf die Umlagepflicht für das einzelne Vereinsmitglied schließlich nur einheitlich beantwortet werden. Somit lässt sich festhalten, dass die Ansicht, die dem Vereinsmitglied bei einer Umlagepflicht ein außerordentliches Kündigungsrecht zubilligt, dies unabhängig vom Vorliegen eines wichtigen Grundes, und damit der individuellen Zumutbarkeit der weiteren Mitgliedschaft tun will. Ein anderes Ergebnis wäre auch aufgrund der gebotenen einheitlichen Zumutbarkeitsprüfung nur schwer vertretbar. Dieser Widerspruch wäre lediglich dann auflösbar, wenn hinsichtlich der Umlagepflicht die Zumutbarkeit generell, im Hinblick auf das Kündigungsrecht individuell bestimmt werden würde. Diese Differenzierung hätte für den Verein den Vorteil, dass dieser lediglich beurteilen müsste, ob eine Vielzahl der Mitglieder die Umlage zu leisten im Stande ist. Ist ein Vereinsmitglied nunmehr der Ansicht, für ihn sei die Leistung der Umlage unzumutbar, so hätte er dies im Zweifel im Rahmen eines Prozesses gegenüber dem Verein darzulegen und zu beweisen. Eine derartige Unterscheidung wird jedoch von der allgemein vertretenen Ansicht nicht vorgenommen und ist auch wegen des damit verbundenen Herausdrängens finanzschwacher Mitglieder abzulehnen. Nach der hier vertretenen Ansicht ist die Frage der Zumutbarkeit einer Umlagepflicht vielmehr individuell zu bestimmen.[1035] Mithin kann die Frage, ob ein außerordentliches Kündigungs-

1034 BGH, Urt. v. 24.9.2007 – II ZR 91/06, NZG 2008, 38, 40 Rn. 17.
1035 S. hierzu oben S. 215 ff.

recht zugunsten eines Vereinsmitgliedes besteht, nicht anders beantwortet werden. Dies bedeutet, dass wenn eine Umlagepflicht aufgrund der gesellschaftsrechtlichen Treuepflicht angenommen wird, die weitere Mitgliedschaft auch zumutbar ist. Ein wichtiger Grund zur Annahme eines außerordentlichen Kündigungsgrundes liegt daher nicht vor. Ein anderer Umstand, der einen wichtigen Grund darstellen könnte, ist nicht ersichtlich. Somit kommt bei einer Umlagepflicht, entgegen der allgemein vertretenen Ansicht, ein außerordentliches Kündigungsrecht nicht in Betracht, da es am Vorliegen eines wichtigen Grundes fehlt.

cc) Außerordentliches Kündigungsrecht gem. § 67a Abs. 1 GenG analog

Die Zubilligung eines außerordentlichen Kündigungsrechts ohne Bestehen eines wichtigen Grundes weist eine Ähnlichkeit zu § 67a Abs. 1 GenG auf. Danach kann ein Mitglied einer Genossenschaft seine Mitgliedschaft bei bestimmten Satzungsänderungen außerordentlich kündigen. Dies gilt insbesondere wenn sein Geschäftsanteil erhöht wird (§ 16 Abs. 2 S. 1 Nr. 2 GenG) oder anderweitige finanziell belastende Maßnahmen (§ 16 Abs. 2 S. 1 Nr. 3 und 4 GenG) beschlossen werden.[1036] Zwar scheidet das Mitglied erst zum Schluss des Geschäftsjahres aus, vgl. § 67a Abs. 2 S. 2 GenG. Jedoch entfällt die Zahlungspflicht aufgrund der Fiktion des § 67a Abs. 2 S. 5 GenG. Hintergrund der Vorschrift ist der Minderheitenschutz.[1037] Nach § 16 Abs. 2 S. 1 Nr. 2 bis 5 GenG können nämlich gegen den Willen einer Minderheit die finanziellen Lasten eines Genossenschaftsmitgliedes verpflichtend erhöht werden. Es kann nunmehr überlegt werden, ob eine analoge Anwendung des § 67a Abs. 1 GenG für den Fall der Umlagepflicht im Vereinsrecht möglich und sachgerecht ist.

Erforderlich ist hierfür zunächst das Vorliegen einer planwidrigen Regelungslücke.[1038] Ob eine solche vorliegt erscheint fraglich, denn jedem Vereinsmitglied wird über den Wortlaut des § 39 Abs. 2 BGB hinaus bereits ein außerordentliches Kündigungsrecht zugestanden.[1039] Zwar wird für dieses nach allgemein vertretener Ansicht das Vorliegen eines wichtigen Grundes gefordert.[1040] Jedoch könnte im Hinblick auf das Nichtbestehen eines außerordentlichen Kündigungsrechts ohne das Vorliegen eines wichtigen Grundes

1036 Ausführlicher hierzu unten S. 249 ff.

1037 *Fandrich*, in: Pöhlmann/Fandrich/Bloehs, § 67a Rn. 1.

1038 BGH, Urt. v. 13.4.2006 – IX ZR 22/05, BGHZ 167, 178, 185 f. Rn. 18 = NJW 2006, 2996.

1039 Vgl. hierzu oben S. 223 mit Fn. 1032.

1040 S. hierzu die Nachweise in Fn. 1032.

von einer Regelungslücke ausgehen werden. Diese Regelungslücke ist jedoch nicht planwidrig, denn durch die Anerkennung eines außerordentlichen Kündigungsrechts ohne wichtigen Grund würden die satzungsmäßigen Fristen des § 39 Abs. 2 BGB weitestgehend leer laufen.

Zudem ist das Vorliegen einer notwendigen vergleichbaren Interessenlage[1041] problematisch. Im GenG stellt sich das außerordentliche Kündigungsrecht gem. § 67a Abs. 1 GenG als Instrument des Minderheitenschutzes dar.[1042] Es soll dem überstimmten Genossenschaftsmitglied für den Fall der Lastenvermehrung freistellen, vergleichbar mit § 27 GmbHG, ob es zur Zahlung bereit ist oder nicht. Im Vereinsrecht ist jedoch die Ausgangssituation eine andere. Hier ist die Zustimmung des Vereinsmitgliedes zu einer Beitragserhöhung stets erforderlich. Nimmt man nunmehr aufgrund der gesellschaftsrechtlichen Treuepflicht eine Zustimmungspflicht an und damit grundsätzlich eine Leistungspflicht, so wird das Vereinsmitglied nicht von der Mehrheit überstimmt. Vielmehr kann auch eine Mehrheit von Mitgliedern zu einer Zustimmung verpflichtet sein, sollte etwa eine Minderheit den Beschluss wirksam herbeigeführt haben und die Voraussetzungen einer Zustimmungspflicht gegeben sein. Gewährt man den zustimmungspflichtigen Mitgliedern dennoch ein Sonderkündigungsrecht, so stellt sich dies als ein individuelles Recht dar, welches jedoch nicht (vorrangig) dem Minderheitenschutz dient. Es geht nämlich in diesem Fall nicht darum, einen Ausgleich für eine Überstimmung durch die Mehrheit zu garantieren. Vielmehr sollen die individuellen Folgen einer Zustimmungspflicht angemessen ausgeglichen werden. Hierbei handelt es sich jedoch um eine andere Interessenlage. Diese wäre nur dann mit § 67a Abs. 1 GenG vergleichbar, wenn jedem Vereinsmitglied im Rahmen einer Beitragserhöhung ein außerordentliches Kündigungsrecht zustehen würde und die Beitragserhöhung bereits durch die Mehrheit der Vereinsmitglieder wirksam beschlossen werden könnte. Dies ist jedoch auch nach Ansicht des BGH nicht der Fall, denn es bedarf stets der (antizipierten) Zustimmung sämtlicher betroffener Mitglieder.[1043] Eine analoge Anwendung des § 67a Abs. 1 GenG ist daher wegen einer fehlenden planwidrigen Regelungslücke, zumindest aber wegen einer nicht vergleichbaren Interessenlage abzulehnen.

1041 Vgl. hierzu *Larenz*, Methodenlehre, S. 381 f.

1042 *Fandrich*, in: Pöhlmann/Fandrich/Bloehs, § 67a Rn. 1.

1043 BGH, Urt. v. 24.9.2007 – II ZR 91/06, NZG 2008, 38, 39 Rn. 11; Urt. v. 2.6.2008 – II ZR 289/07, NZG 2008, 675, 676 Rn. 21.

dd) Zubilligung eines außerordentlichen Kündigungsrechts aus Zweckmäßigkeitsgesichtspunkten

Der Beweggrund der Rechtsprechung, die die allgemein anerkannten Grundsätze zum Vorliegen eines außerordentlichen Kündigungsrechts außer Betracht lässt, ist offenbar, einen angemessenen Ausgleich innerhalb des nichtwirtschaftlichen Vereins zu schaffen („Vereinsfrieden") sowie sachgerechte Ergebnisse zu ermöglichen. Insbesondere wird durch diese Lösung der regelmäßig ehrenamtlich tätige Vorstand davon entlastet im Einzelfall zu prüfen, ob die Umlage für jedes einzelne Mitglied auch zumutbar ist. Fraglich ist jedoch, ob allein aus Zweckmäßigkeitserwägungen dem Vereinsmitglied ein außerordentliches Kündigungsrecht zuzubilligen ist.

Die Ansicht des BGH und der ihm folgenden Literatur ist aus dem Grunde sachgerecht, weil hierdurch verhindert wird, dass die leistungsbereiten Mitglieder den Verein zunächst auflösen müssen, um sodann eine zeit- und kostenintensive Neugründung vorzunehmen. Insbesondere durch den Erhalt der bereits vorhandenen Infrastruktur des Vereins wird etwa eine Übertragung von Grundstücken oder sonstigem Vereinsvermögen auf einen neu gegründeten Verein, die zudem mit einem Zeit- und Kostenaufwand verbunden ist, vermieden. Zwar können die Mitglieder die Satzung insoweit ändern, als dass gem. § 45 Abs. 1 BGB der neu gegründete Verein Anfallberechtigter des Vereinsvermögens sein soll. Zudem kann in der Satzung nach § 45 Abs. 2 S. 1 Fall 1 BGB vorgesehen sein, dass der Anfallberechtigte durch die Mitgliederversammlung bestimmt werden kann. Jedoch ist bei einem fehlenden Kündigungsrecht fraglich, ob die entsprechenden Mehrheitsquoren in der Mitgliederversammlung regelmäßig erreicht werden können. Selbst wenn dies möglich sein sollte, bedarf es auch bei dieser erleichterten Vorgehensweise hinsichtlich der Vermögensübertragung zunächst einer aufwändigen Neugründung eines Vereins. Schließlich wird durch die Zubilligung eines Kündigungsrechts auch die Selbstbestimmung des einzelnen Mitgliedes insofern berücksichtigt, als es selbst darüber entscheiden kann, ob es die Leistung der Umlage für angemessen und sinnvoll hält. Gegen das Argument, dass durch die Austrittsmöglichkeit nur die leistungsbereiten Mitglieder im Verein verbleiben und eine aufwändige Neugründung entbehrlich wird, lässt sich die Möglichkeit der Vereinsmitglieder anführen, nach einer Auflösung des Vereins unter bestimmten Voraussetzungen diesen wieder in einen werbenden umzuwandeln[1044]. Gleichwohl ist hierfür nach überwiegender Ansicht ein Beschluss mit einer Mehrheit von drei Vierteln der

1044 *Reuter*, in: MünchKomm-BGB, § 49 Rn. 17; *K. Schmidt*, Gesellschaftsrecht, S. 315; *Schwarz/Schöpflin*, in: Bamberger/Roth, § 41 Rn. 20.

erschienenen Mitglieder erforderlich.[1045] Kommt nunmehr diese nach § 41 S. 2 BGB ebenfalls erforderliche Mehrheit hinsichtlich des Auflösungsbeschlusses vorher zustande, so wird es regelmäßig schwierig sein, zugleich eine zur Fortführung des Vereins erforderliche Mehrheit zu erreichen. Daher stellt sich die Fortsetzung des Vereins nach einer beschlossenen Auflösung regelmäßig nicht als gangbare Alternative zu einer Neugründung dar.

Gleichwohl ist die Gewährung eines außerordentlichen Kündigungsrechts unter dem Gesichtspunkt problematisch, dass hierdurch ein Massenaustritt der Mitglieder ermöglicht wird. Daher kann sich die Annahme einer Umlagepflicht als wertlos erweisen, wenn nicht genügend leistungsbereite Mitglieder im Verein verbleiben. Zwar hat der BGH dieses Problem erkannt und im Hinblick auf die Zumutbarkeit der Umlage im konkreten Fall festgestellt, dass die Höhe der Umlage nicht zum Hinausdrängen einer Vielzahl von Mitgliedern führen würde.[1046] Dennoch erscheint es durchaus zweifelhaft und schwierig, ob im Vorhinein überhaupt festgestellt werden kann, dass die Höhe der Umlage zu einer Vielzahl von Austritten führen wird. Schließlich muss nicht nur die Höhe der Umlage Grund für einen Austritt sein. Die Mitglieder können durchaus auch aus anderen Gründen einen Austritt bevorzugen. So kann etwa das beabsichtigte Investitionsvorhaben von den Vereinsmitgliedern grundsätzlich kritisch beurteilt werden und der Austritt einiger Mitglieder für eine gewisse Eigendynamik innerhalb des Vereins sorgen. Wird das beabsichtigte Vorhaben aufgrund der Vielzahl von Austritten nicht finanzierbar, so besteht die Möglichkeit, dass es zu einer Benachteiligung der ausgetretenen Mitglieder kommen kann. Wird nämlich die für den Fortbestand zwingend notwendige Umlage nicht in einem ausreichenden Maße erhoben, so ist regelmäßig die Auflösung des Vereins wegen des nicht mehr vorhandenen Vereinslebens die einzig sinnvolle Vorgehensweise. Liegt keine Satzungsbestimmung vor, so fällt das Vermögen des Vereins den dann noch vorhandenen Mitgliedern anteilig zu, § 45 Abs. 3 BGB. Somit werden die bereits ausgetretenen Mitglieder benachteiligt, soweit der Verein über einen Überschuss nach der Liquidation verfügt. Ein sachlicher Grund für diese Benachteiligung kann jedoch deswegen verneint werden, weil die leistungsbereiten Mitglieder sich nicht durch die tatsächliche Leistung der Umlage hinter ihren Verein gestellt haben. So werden die

1045 *Reichert*, Vereinsrecht, Rn. 4396; *Reuter*, in: MünchKomm-BGB, § 49 Rn. 16; *K. Schmidt*, Verbandszweck, S. 306 f.; *ders.*, Gesellschaftsrecht, S. 315; *Schwarz/Schöpflin*, in: Bamberger/Roth, § 41 Rn. 20; Soergel/*Hadding*, § 41 Rn. 23; Staudinger/*Weick*, § 49 Rn. 21; a. A. *K. Stöber*, Vereinsrecht Rn. 825 (einfache Mehrheit ausreichend).

1046 BGH, Urt. v. 24.9.2007 – II ZR 91/06, NZG 2008, 38, 40 Rn. 17.

verbleibenden Mitglieder also lediglich aufgrund ihrer grundsätzlichen Bereitschaft eine Umlage zu leisten privilegiert. Jedoch ist hinsichtlich eines möglichen Massenaustritts zu beachten, dass der Verlust der Anfallberechtigung nach § 45 Abs. 3 BGB regelmäßig die Ausnahme darstellen wird. Nichtwirtschaftliche Vereine sehen nämlich in der Satzung häufig gem. § 45 Abs. 1 BGB gemeinnützige Institutionen[1047] oder einen Dachverband als Anfallberechtigten vor. Zudem verfolgen die Vereinsmitglieder primär keine wirtschaftlichen Interessen, so dass der Wegfall der Anfallberechtigung eine nur geringe Beeinträchtigung darstellt. Überdies ist auf die unterschiedliche Rechtslage zum Personengesellschaftsrecht hinzuweisen. Diesbezüglich hat der BGH darauf hingewiesen, dass die Gewährung eines außerordentlichen Kündigungsrechts, wenn der Gesellschaftszweck nicht mehr erreicht werden kann, eine allgemeine Flucht aus der Gesellschaft begünstigen könnte.[1048] Dies würde die Last und Verantwortung im Hinblick auf eine Liquidation allein den verbliebenen Gesellschafter aufbürden, obwohl sämtliche Gesellschafter im selben Maße von dem Kündigungsgrund betroffen seien. Dies sei unbillig und stünde in Widerspruch dazu, dass die Gesellschafter mit ihrem Beitritt in die Gesellschaft mit den restlichen Gesellschaftern eine Risikogemeinschaft darstellen. Diese Gesichtspunkte treffen im Vereinsrecht nicht zu, da die Vereinsmitglieder mangels persönlicher Haftung[1049] keine Risikogemeinschaft darstellen. Zudem sieht § 48 Abs. 1 S. 1 BGB nicht die Vereinsmitglieder, sondern grundsätzlich die Vorstandsmitglieder als Liquidatoren vor. Die Last einer Vereinsauflösung wird also verteilt. Allein die Gefahr eines Massenaustritts spricht daher nicht gegen die Gewährung eines außerordentlichen Kündigungsrechts bei Bestehen einer Umlagepflicht.

Somit ist nach den vorbezeichneten Zweckmäßigkeitsgesichtspunkten die Zubilligung eines außerordentlichen Kündigungsrechts durchaus sachgerecht. Trotzdem verzichtet sowohl der BGH als auch die Literatur auf die vorbezeichneten praktischen Erwägungen abzustellen und auf dieser Grundlage ein Kündigungsrecht zu statuieren. Wie die Erörterungen zur Frage der betragsmäßigen Festsetzung des regelmäßigen Beitrags gezeigt haben, ist

1047 Vgl. hierzu etwa § 10 Ziff. 2 der Mustersatzung des Sächsischen Staatsministeriums der Justiz (Hrsg.), „Alles zum Verein", Stand: November 2008, abrufbar unter http://www.justiz.sachsen.de.

1048 BGH, Urt. v. 12.5.1977 – II ZR 89/75, BGHZ 69, 160, 163 = NJW 1977, 2160.

1049 BGH, Urt. v. 8.7.1970 – VIII ZR 28/69, BGHZ 54, 222, 224 = NJW 1970, 2015; Urt. v. 10.12.2007 – II ZR 239/05, BGHZ 175, 12, 18 Rn. 14 = NZG 2008, 670; Palandt/*Ellenberger*, Einf v § 21 Rn. 12; *K. Schmidt*, Gesellschaftsrecht, S. 719; *Schwarz/Schöpflin*, in: Bamberger/Roth, § 21 Rn. 17.

ein Abstellen auf die praktischen Bedürfnisse eines nichtwirtschaftlichen Vereins durchaus üblich.[1050] Aufgrund des generalisierenden Zumutbarkeitsmaßstabes, welchen der BGH im Hinblick auf die Umlagepflicht anlegt, wird jedoch eine tatsächliche Entscheidungsfreiheit durch ein außerordentliches Kündigungsrecht nur bei leistungsfähigen Mitgliedern gewahrt. Ist die Umlage individuell unzumutbar, so führt das Bestehen eines außerordentlichen Kündigungsrechts zu einem faktischen Austrittszwang. Wird hingegen mit der hier vertretenen Ansicht der Zumutbarkeitsprüfung ein individueller Maßstab zu Grunde gelegt, so fehlt es bei Annahme einer Umlagepflicht stets an dem Vorliegen eines wichtigen Grundes zur Bejahung eines außerordentlichen Kündigungsrechts. Diese Ansicht hat auch den Vorteil einer einheitlichen Betrachtungsweise. Aus rechtlichen Gesichtspunkten ist daher die Zubilligung eines außerordentlichen Kündigungsrechts bei einer Umlagepflicht, die keine ausreichende Grundlage in der Satzung findet, abzulehnen. Zwar mag ein außerordentliches Kündigungsrecht aus Praxissicht angemessen erscheinen; an einer fehlenden dogmatischen Grundlage dieser Ansicht ändert dies jedoch nichts.

d) Kündigungsfrist

Auch wenn nach hier vertretener Ansicht ein außerordentliches Kündigungsrecht bei Bestehen einer Umlagepflicht abgelehnt wird, ist nachfolgend zu erörtern, welche Kündigungsfrist für die Ausübung des außerordentlichen Kündigungsrechts gilt. Der BGH hat insoweit ausgeführt, dass der Austritt in einem angemessenen zeitlichen Zusammenhang mit dem Wirksamwerden des Beschlusses über die Umlagepflicht erklärt werden muss.[1051] Dabei ist das Gericht nicht näher auf die Frage eingegangen, was insoweit unter einem angemessenen zeitlichen Zusammenhang zu verstehen ist. Dies liegt daran, dass im konkreten Fall das beklagte Vereinsmitglied verspätet den (ordentlichen) Austritt zum Ende des Jahres 2004 erklärt hatte und sich der BGH insoweit lediglich auf die Prüfung beschränkte, zu welchem Zeitpunkt das Mitglied hätte austreten müssen, um der Umlagepflicht zu entgehen.[1052] Aufgrund der Fälligkeit der Umlage im August 2004 hätte das beklagte Mitglied nach Ansicht des BGH spätestens zum Ende des Jahres 2003 austreten müssen. Hinsichtlich des Zwecks, den Austritt innerhalb eines angemessenen Zeitraumes zu erklären, weist der BGH auf das Interesse des Vereins hin absehen zu können, ob ausreichend Mitglieder die Umlage leisten wer-

1050 S. hierzu die Nachweise in Fn. 910.

1051 BGH, Urt. v. 24.9.2007 – II ZR 91/06, NZG 2008, 38, 40 Rn. 20.

1052 BGH, Urt. v. 24.9.2007 – II ZR 91/06, NZG 2008, 38, 40 Rn. 21 ff.

den.[1053] Auch das Gesetz erkennt durch § 39 Abs. 2 BGB das Bedürfnis des Vereins nach Planungssicherheit hinsichtlich seines Mitgliederbestandes an und lässt die Vereinbarung von Kündigungsfristen sowie bestimmten Austrittszeitpunkten zu.[1054] Der BGH verfolgt also mit der notwendigen Einhaltung einer Kündigungsfrist einen schon vom Gesetzgeber legitimierten Zweck.

aa) Fristbeginn

Die Kündigungsfrist beginnt nach den Feststellungen des BGH mit dem Wirksamwerden des Beschlusses zur Erhebung der Umlage. Ein Beschluss der Mitgliederversammlung eines Vereins kommt mit der Abstimmung zustande und wird hierdurch wirksam.[1055] Eine Feststellung und Verkündung des Beschlussergebnisses hat keine konstitutive Wirkung und ist daher als Wirksamkeitsvoraussetzung nicht erforderlich.[1056] Auf die Wirksamkeit des Beschluss abzustellen erscheint zunächst widersprüchlich, denn schließlich geht das Gericht in der Entscheidung davon aus, dass die Beschlüsse der Mitgliederversammlung keine ausreichende Grundlage in der Satzung haben.[1057] Somit ist grundsätzlich von der Unwirksamkeit der Beschlüsse auszugehen, zumindest gegenüber dem dissentierenden Mitglied.[1058] Jedoch stellt der BGH klar, dass die Beschlüsse zur Erhebung der Umlage aufgrund der unabweisbaren Notwendigkeit der Umlage ausnahmsweise wirksam seien.[1059] Dabei ist er im konkreten Fall bereits von der Verbindlichkeit des Beschlusses der Mitgliederversammlung vom März 2003 ausgegangen.[1060] Das Gericht gelangt zu diesem Ergebnis, obwohl die Umlage nicht sofort fällig gestellt wurde und dem Abschluss der durch die Umlage finanzierten Verträge noch einmal gesondert durch die Mitgliederversammlung zugestimmt werden musste. Bis zu dieser Zustimmung durch die Mitgliederver-

1053 BGH, Urt. v. 24.9.2007 – II ZR 91/06, NZG 2008, 38, 40 Rn. 20.

1054 *Schubert*, WM 2008, 1197, 1203.

1055 BGH, Urt. v. 26.5.1975 – II ZR 34/74, BGH NJW 1975, 2101; Urt. v. 12.1.1987 – II ZR 152/86, NJW 1987, 2430; *Reuter*, in: MünchKomm-BGB, § 32 Rn. 50; *Schwarz/Schöpflin*, in: Bamberger/Roth, § 32 Rn. 28; Soergel/*Hadding*, § 32 Rn. 34.

1056 BGH, Urt. v. 26.5.1975 – II ZR 34/74, BGH NJW 1975, 2101; Urt. v. 12.1.1987 – II ZR 152/86, NJW 1987, 2430; OLG Schleswig, Beschluss v. 12.1.2005 – 2 W 308/04, RPfleger 2005, 317, 318; OLG München, Beschluss v. 29.1.2008 – 31 Wx 78, 81/07, NZG 2008, 351, 353; *Reuter*, in: MünchKomm-BGB, § 32 Rn. 50; Staudinger/*Weick*, § 32 Rn. 36; *Zöllner*, Schranken, S. 396.

1057 BGH, Urt. v. 24.9.2007 – II ZR 91/06, NZG 2008, 38, 39 Rn. 10.

1058 Vgl. zur Bindungswirkung eines unwirksamen Beschlusses oben S. 133 ff.

1059 BGH, Urt. v. 24.9.2007 – II ZR 91/06, NZG 2008, 38, 39 Rn. 10.

1060 BGH, Urt. v. 24.9.2007 – II ZR 91/06, NZG 2008, 38, 40 Rn. 23.

sammlung hätten nämlich der Vorstand und die Mitglieder Klarheit darüber erlangen müssen, ob der Kaufpreis für das Grundstück durch die Umlage hätte finanziert werden können. Gegen die Ansicht des BGH spricht, dass erst auf der Mitgliederversammlung im Juni 2004 dem konkreten Grundstückserwerb sowie Darlehensvertrag zugestimmt werden sollte, und damit der unmittelbaren finanziellen Belastung der Mitglieder aufgrund des Fälligstellens der Umlage. Jedoch spricht für die Auffassung des BGH, wonach bereits im Sommer 2002 feststand, dass der Erwerb anderer Grundstücke nicht in Betracht kam.[1061] Zudem konkretisierten sich die Kaufabsichten des Vereins durch die Diskussion des Kaufvertragsentwurfes in der Mitgliederversammlung im November 2002. Überdies wurde mit dem Beschluss vom März 2003 der Vorstand zu verbindlichen Verhandlungen ermächtigt. Auch stand zu diesem Zeitpunkt bereits der von den Mitgliedern aufzubringende Eigenkapitalanteil konkret fest. Mithin sollte die darauf folgende Mitgliederversammlung nicht erst die Höhe der Umlage festlegen. Das beklagte Vereinsmitglied konnte somit spätestens nach dem ersten Beschluss der Mitgliederversammlung im März 2003 mit der Erhebung der Umlage ernsthaft rechnen. Auch wusste es um die Höhe der finanziellen Belastung. Allgemein formuliert ist also für den Beginn der außerordentlichen Kündigungsfrist nicht erst ein Beschluss der Mitgliederversammlung erforderlich, der die Erhebung eine Umlage fällig stellt. Vielmehr ist es als ausreichend anzusehen, wenn die finanzielle Belastung im Beschluss konkret beziffert wird und die Umsetzung des durch die Umlage zu finanzierenden Vorhabens unmittelbar bevorsteht. Unter diesen Voraussetzungen ist es nämlich für das Vereinsmitglied erkennbar, dass er in einer bestimmten Höhe zu einer Umlageleistung herangezogen wird.

bb) Bestimmung der Kündigungsfrist

(1) Parallele zu § 314 Abs. 3 BGB

Nach der Erörterung des Fristbeginns ist nunmehr zu analysieren, unter welchen Voraussetzungen von einem angemessenen zeitlichen Zusammenhang auszugehen ist. Zur näheren Eingrenzung dieses Zeitraumes ist zu untersuchen, ob insoweit auf die Maßstäbe zur Vorschrift des § 314 Abs. 3 BGB abgestellt werden kann. Danach kann der Kündigungsberechtigte nur innerhalb einer angemessenen Frist ein Dauerschuldverhältnis kündigen, nachdem er vom Kündigungsgrund Kenntnis erlangt hat. Zweck dieser Regelung ist es, dass zum einen zwischen den Vertragsparteien möglichst schnell klare

1061 BGH, Urt. v. 24.9.2007 – II ZR 91/06, NZG 2008, 38, 40 Rn. 22.

Verhältnisse und damit Rechtssicherheit geschaffen wird.[1062] Zum anderen geht die Norm davon aus, dass bei einem längeren Zuwarten eine Fortsetzung des Vertragsverhältnisses zumutbar ist. Hinsichtlich der Einhaltung einer Kündigungsfrist bei Bestehen einer Umlagepflicht hat der BGH ausdrücklich auf die Absehbarkeit für den Verein im Hinblick auf den Austritt bzw. Verbleib der Mitglieder abgestellt[1063], also auf die Schaffung von klaren Verhältnissen zwischen Verein und Mitgliedern. Dieser mit § 314 Abs. 3 BGB identische Gesichtspunkt spricht für eine analoge Anwendung der Norm im Vereinsrecht.[1064] Fraglich ist jedoch, ob dies auch für die Erwägung gilt, wonach ein weiteres Zuwarten die Fortsetzung des Schuldverhältnisses zumutbar macht. Hiergegen spricht, dass die finanzielle Belastung des Vereinsmitgliedes identisch bleibt, unabhängig vom Zeitablauf.[1065] Gleichwohl ist das auch vom Gesetz gebilligte Interesse des Vereins auf Herstellung von Planungs- und Rechtssicherheit als ausreichend anzusehen, um die Vorschrift des § 314 Abs. 3 BGB analog anwenden zu können.

Im Hinblick auf § 314 Abs. 3 BGB wird die Angemessenheit der Frist nach dem Inhalt des Dauerschuldverhältnisses bestimmt sowie nach den bereits genannten Regelungszwecken.[1066] Zudem kann die Vereinbarung einer ordentlichen Kündigungsfrist einen Anhaltspunkt bieten.[1067] Je länger diese ist, desto länger kann auch die Frist des § 314 Abs. 3 BGB sein. Die starre Frist des § 626 Abs. 2 BGB kann hingegen nicht übertragen werden.[1068] Sie kann lediglich einen Anhaltspunkt bieten und stellt nach überwiegender Ansicht insbesondere keine Mindestfrist dar.[1069] Im Hinblick auf den Kündigungsberechtigten ist zu berücksichtigen, ob dieser umfangreiche Ermittlungen tätigen muss oder ob eine eingehende rechtliche Prüfung erforderlich ist.[1070] Diese berechtigten Interessen können die Frist verlängern.

1062 Reg. Begr. BT-Drucks. 14/6040, S. 178; *Gaier*, in: MünchKomm-BGB, § 314 Rn. 20.

1063 S. hierzu den Nachweis in Fn. 1060.

1064 *Schubert*, WM 2008, 1197, 1203.

1065 *Schubert*, WM 2008, 1197, 1203.

1066 *Gaier*, in: MünchKomm-BGB, § 314 Rn. 20; *Unberath*, in: Bamberger/Roth, § 314 Rn. 22.

1067 *Unberath*, in: Bamberger/Roth, § 314 Rn. 22.

1068 BGH, Urt. v. 26.9.1996 – I ZR 194/95, BGHZ 133, 331, 335 = NJW 1997, 1706.

1069 *Gaier*, in: MünchKomm-BGB, § 314 Rn. 20; *Unberath*, in: Bamberger/Roth, § 314 Rn. 22; a. A. *v. Hase*, NJW 2002, 2278, 2279.

1070 BGH, Urt. v. 26.9.1996 – I ZR 194/95, BGHZ 133, 331, 335 f. = NJW 1997, 1706; *Gaier*, in: MünchKomm-BGB, § 314 Rn. 20.

(2) Übertragung der Maßstäbe auf das Vereinsrecht

Überträgt man diese Maßstäbe zur Bestimmung einer angemessenen Frist nach § 314 Abs. 3 BGB auf das Vereinsrecht, so lässt sich feststellen, dass einerseits auf den Zweck der Einhaltung einer Kündigungsfrist abzustellen ist und andererseits die ordentliche Kündigungsfrist sowie berechtigte Interessen des Kündigungsberechtigten Berücksichtigung finden müssen. Mithin ist zunächst das Interesse des Vereins maßgeblich, bis zu welchem Zeitpunkt dieser Kenntnis darüber haben muss, welche Mitglieder die Umlage leisten oder aber austreten wollen. Insoweit sei auf die Feststellung in der Entscheidung des BGH hingewiesen, dass der Vorstand und die Mitglieder bis zur Zustimmung der Kauf- und Darlehensverträge wissen mussten, wer vom Kündigungsrecht Gebrauch macht und ob die Umlage noch finanziert werden konnte.[1071] An dieser Feststellung des BGH ist sicherlich richtig, dass spätestens zu diesem Zeitpunkt eine Absehbarkeit im Hinblick auf den Mitgliederbestand, und damit der Umlagefinanzierung, vorliegen musste. Jedoch kann es nicht als angemessen gelten, wenn ein Vereinsmitglied fast sechzehn Monate zuwartet, bis es sich für einen Austritt entscheidet. Im konkreten Fall wäre nämlich ohne weiteres ein ordentlicher Austritt zum Ende des Jahres 2003 möglich gewesen, der auch die Umlagepflicht ausgeschlossen hätte.[1072] Die Frist muss daher erheblich kürzer bestimmt sein als bei der ordentlichen.[1073] Dies ergibt sich auch aus dem Gesichtspunkt, dass der Verein bereits nach dem Beschluss der Mitgliederversammlung im März 2003 verbindliche Verhandlungen hinsichtlich des Grundstückserwerbs und eines Darlehensvertrages aufnehmen wollte. Dies war auch aus Sicht des Vereins erforderlich, denn der Pachtvertrag über das Vereinsgrundstück lief zum Ende des Jahres 2003 aus. Um jedoch konkrete sowie verbindliche Verhandlungsgespräche führen zu können, musste der Vorstand bereits zu diesem Zeitpunkt wissen, ob die Finanzierung eines Grundstückserwerbs durch ein ausreichendes Bereitstellen von Eigenkapital der Mitglieder überhaupt möglich ist. Insbesondere gegenüber den darlehensgebenden Banken wird man davon ausgehen müssen, dass der Eigenkapitalanteil der Mitglieder erhebliche Auswirkungen auf den erfolgreichen Abschluss eines Darlehensvertrages und dessen Bedingungen hat. Aus Sicht des Vereins wäre daher bereits unmittelbar nach der fristauslösenden Mitgliederversammlung im März 2003 das Bedürfnis vorhanden gewesen, Kenntnis über mögliche Austritte zu haben, um adäquate und sachgerechte Verhandlungen zu führen. Zur Bestimmung der Frist wäre auch die satzungsmäßige ordentliche Kün-

1071 BGH, Urt. v. 24.9.2007 – II ZR 91/06, NZG 2008, 38, 40 Rn. 23.
1072 BGH, Urt. v. 24.9.2007 – II ZR 91/06, NZG 2008, 38, 40 Rn. 21.
1073 *Schubert*, WM 2008, 1197, 1203.

digungsfrist maßgeblich gewesen, die anscheinend drei Monate zum Ende eines Kalenderjahres betrug.[1074]

Gleichwohl sind auch die schutzwürdigen Belange des Vereinsmitgliedes zur Bestimmung einer angemessene Frist zu berücksichtigen. Das einzelne Vereinsmitglied muss die Möglichkeit erhalten, seine aktuelle finanzielle Leistungsfähigkeit zu überprüfen. Zudem muss es abwägen können, ob die geplante Investition im Verhältnis zur Umlage steht und sich zukünftig auch im Vereinsangebot positiv niederschlägt. Des Weiteren ist die Frist so zu bestimmen, dass auch eine Beratung des Vereinsmitgliedes durch fachkundige Dritte, beispielsweise Rechtsanwälte, ermöglicht wird. Denn nur wenn das Mitglied in Kenntnis der tatsächlichen und rechtlichen Umstände entscheidet, kann auch von einem wirklichen Wahlrecht zwischen Austritt und Verbleib (verbunden mit einer Umlagepflicht) ausgegangen werden und einer effektiven Wahrung seines Selbstbestimmungsrechtes. Eine abschließende Beurteilung in den vom BGH entschiedenen Fall erscheint deshalb nicht sachgerecht, weil insoweit entscheidungserhebliche Tatsachen unbekannt sind.[1075] So wäre es etwa relevant, ab welchen Zeitpunkt der Verein mit konkreten Verhandlungen beginnen wollte bzw. musste und wie im Einzelnen die ordentliche Kündigungsfrist ausgestaltet war.

Die außerordentliche Kündigungsfrist bei Bestehen einer Umlagepflicht ist also anhand der zu § 314 Abs. 3 BGB entwickelten Maßstäbe zu bestimmen. Dabei ist zum einen das Interesse des Vereins zu berücksichtigen, möglichst schnell Klarheit über den zukünftigen Mitgliederbestand zu erlangen. Nur hierdurch kann der Verein absehen, ob der Zweck der Umlage auch erfüllt werden kann. Zum anderen sind die satzungsmäßige ordentliche Kündigungsfrist zu beachten sowie die berechtigten Interessen des Vereinsmitgliedes. Dieses muss über ausreichend Zeit verfügen, um die relevanten Umstände der Umlagepflicht (etwa eigene Leistungsfähigkeit, Bewertung des Investitionsvorhabens, rechtliche Prüfung) prüfen zu können.

Die Feststellung des BGH, dass bereits der erste Beschluss der Mitgliederversammlung im März 2003 als maßgeblicher Zeitpunkt für die Fristberechnung in Betracht kommt, hat erhebliche Auswirkungen auf die Mitgliedschaft in einem nichtwirtschaftlichen Verein. Durch die Maßstäbe des BGH werden die Obliegenheiten eines Vereinsmitgliedes deutlich erhöht, da in einem vergleichbaren Fall nicht nur der Zeitpunkt des maßgeblichen Beschlusses richtig ermittelt werden muss. Das Vereinsmitglied ist auch ge-

1074 BGH, Urt. v. 24.9.2007 – II ZR 91/06, NZG 2008, 38, 40 Rn. 24.

1075 *Gehrlein*, BB 2008, 16 geht gleichwohl davon aus, dass ein ca. drei Monate später erklärter Austritt „nicht zwingend“ verspätet sei.

halten, in einer relativ kurzen Zeitspanne eine Entscheidung zu treffen. Durch die Kürze der außerordentlichen Kündigungsfrist kann daher ein Untätigbleiben mit erheblichen finanziellen Belastungen verbunden sein. Gerade die fehlende individuelle Zumutbarkeitsprüfung der Umlagenhöhe verstärkt die notwendige Aufmerksamkeit eines Vereinsmitgliedes.

e) Zwischenergebnis

Liegen die Voraussetzungen einer Umlagepflicht vor, so kann nach hier vertretener Ansicht das Vereinsmitglied seine Mitgliedschaft nicht außerordentlich kündigen. Es fehlt am Vorliegen eines wichtigen Grundes. Ob ein solcher vorliegt, ist anhand einer individuellen Zumutbarkeitsprüfung bezüglich der weiteren Mitgliedschaft zu analysieren. Das Ergebnis dieser Prüfung kann im Hinblick auf die Zumutbarkeit der weiteren Mitgliedschaft nicht anders ausfallen als bei der Untersuchung, inwieweit die Voraussetzungen einer Umlagepflicht vorliegen. Erkennt man gleichwohl bei Bestehen einer Umlagepflicht ein außerordentliches Kündigungsrecht an, so ist die Kündigungsfrist anhand der Kriterien zu § 314 Abs. 3 BGB zu bestimmen.

III. Aktienrecht

1. Arten von Leistungspflichten

Nach § 54 Abs. 1 AktG besteht die Hauptpflicht eines Aktionärs in der Leistung der Einlage. Diese Pflicht besteht bei Gründung der Gesellschaft mit Feststellung der Satzung, vgl. § 23 Abs. 1 S. 1 AktG, oder bei einer Kapitalerhöhung mit dem Zustandekommen des Zeichnungsvertrages, vgl. § 185 AktG.[1076] Die Einlagepflicht ist gem. § 54 Abs. 1 AktG auf den Ausgabebetrag begrenzt. Aufgrund der zwingenden Wirkung der Norm nach § 23 Abs. 5 AktG sind entsprechende abweichende Satzungsregelungen unwirksam und eine etwaige Satzungsänderung nach § 241 Nr. 3 AktG nichtig.[1077] Wegen dieser betragsmäßigen Begrenzung der Einlagepflicht wird regelmäßig gefolgert, dass Nachschusspflichten im Aktienrecht nicht beste-

1076 *Bungeroth*, in: MünchKomm-AktG, § 55 Rn. 3 f.

1077 BGH, Urt. v. 20.9.2004 – II ZR 288/02, BGHZ 160, 253, 258 f. = NJW 2004, 3561; *Bungeroth*, in: MünchKomm-AktG, § 54 Rn. 21; *Cahn/v. Spannenberg*, in: Spindler/Stilz, § 54 Rn. 28; *Hüffer*, AktG, § 54 Rn. 5; *Westermann*, in: Heidel-AktG, § 54 Rn. 4.

hen.[1078] Dieser Ansicht ist zuzustimmen, da die vertraglich vereinbarte finanzielle Leistungspflicht abschließend und zwingend geregelt ist. Eine über die ursprüngliche Leistungspflicht hinausgehende finanzielle Leistungspflicht kommt daher nicht in Betracht.

Außerdem kann in der Satzung einer AG eine Nebenverpflichtung des Aktionärs begründet werden, welche allerdings den engen Grenzen des § 55 Abs. 1 AktG unterliegt. Danach ist eine Nebenverpflichtung nur dann möglich, wenn die Übertragung der Aktien an die Zustimmung der Gesellschaft gebunden ist. Dies bedeutet, dass Nebenverpflichtungen ausschließlich bei vinkulierten Namensaktien gem. § 68 Abs. 2 AktG zulässig sind.[1079] Zudem darf die Nebenverpflichtung weder unmittelbar noch mittelbar in Geld bestehen[1080] und sie muss eine wiederkehrende Leistung beinhalten[1081]. Hierdurch soll verhindert werden, dass durch die einzige Ausnahmevorschrift zu § 54 Abs. 1 AktG die Einlagevorschriften umgangen werden.[1082] Nebenverpflichtungen müssen nach dem Wortlaut des § 55 Abs. 1 S. 1 AktG in der Satzung festgelegt sein. Dabei müssen Art, Inhalt und Umfang der Nebenleistung bestimmt werden.[1083]

Die Nebenleistungspflicht eines Aktionärs gem. § 55 Abs. 1 AktG kann seine Hauptpflicht nach § 54 Abs. 1 AktG nicht ersetzen.[1084] Grund hierfür ist, dass die Leistungen nach § 55 Abs. 1 AktG nicht der Aufbringung des Grundkapitals dienen und demzufolge auch nicht den Kapitalaufbringungs- und -erhaltungsvorschriften unterliegen. Sollte eine Nebenleistungspflicht als Einlageleistung gegenüber den Aktionären in der Satzung vorgeschrieben sein, so ist diese als Sacheinlage nach § 27 Abs. 1 AktG zu bewerten.[1085] Hinsichtlich der Beitragspflichten eines Aktionärs stellt sich also eine Neben-

---

1078 *Bungeroth*, in: MünchKomm-AktG, § 54 Rn. 21; *Cahn/v. Spannenberg*, in: Spindler/Stilz, § 54 Rn. 2; *Fleischer*, in: K. Schmidt/Lutter, § 54 Rn. 6; *Hüffer*, AktG, § 54 Rn. 5; *Raiser/Veil*, Kapitalgesellschaftsrecht, § 11 Rn. 51; *Schuster*, ZGR 2010, 325, 331; *Westermann*, in: Heidel-AktG, § 54 Rn. 6.

1079 *Fleischer*, in: K. Schmidt/Lutter, § 55 Rn. 7; *Hüffer*, AktG, § 55 Rn. 2; *Westermann*, in: Heidel-AktG, § 55 Rn. 3.

1080 *Cahn/v. Spannenberg*, in: Spindler/Stilz, § 55 Rn. 8; *Hüffer*, AktG, § 55 Rn. 4; *Fleischer*, in: K. Schmidt/Lutter, § 55 Rn. 14.

1081 *Bungeroth*, in: MünchKomm-AktG, § 55 Rn. 16; *Fleischer*, in: K. Schmidt/Lutter, § 55 Rn. 13.

1082 *Fleischer*, in: K. Schmidt/Lutter, § 55 Rn. 14.

1083 RG, Urt. v. 27.5.1932 – II 332/31, RGZ 136, 313, 318; *Bungeroth*, in: MünchKomm-AktG, § 55 Rn. 5; *Westermann*, in: Heidel-AktG, § 55 Rn. 4.

1084 *Cahn/v. Spannenberg*, in: Spindler/Stilz, § 55 Rn. 1; *Fleischer*, in: K. Schmidt/Lutter, § 55 Rn. 10.

1085 *Fleischer*, in: K. Schmidt/Lutter, § 55 Rn. 10.

verpflichtung gem. § 55 Abs. 1 AktG als optionale Ergänzung der zwingenden Einlageleistung gem. § 54 Abs. 1 AktG dar.[1086]

Sieht die Satzung einer AG eine Pflicht i.S.d. § 55 Abs. 1 AktG vor, so wird sie allgemein als Nebenleistungs-AG bezeichnet.[1087] Ihr Zweck bekommt dadurch einen genossenschaftlichen Charakter.[1088] Durch die Einführung der Vorgänger-Vorschrift im Jahre 1897 (§ 212 HGB a.F.)[1089] sollte der Zuckerrübenindustrie ermöglicht werden, eine satzungsmäßige und damit mitgliedschaftliche Lieferpflicht der Aktionäre zu vereinbaren.[1090] Zudem sollte eine derartige Pflicht begründet werden können, ohne dass den Aktionären ein Kündigungsrecht zusteht, welches bei der nahe liegenden Rechtsformwahl einer Genossenschaft gerade der Fall ist, vgl. § 65 Abs. 1 GenG.[1091] Obwohl die Norm auf diesen Anwendungsfall nicht beschränkt ist, hat sie kaum praktische Relevanz erfahren.[1092]

2. Nachträgliche Erhöhung von Leistungspflichten im Aktienrecht

Die Regelungen der §§ 54, 55 AktG sind hinsichtlich der mitgliedschaftsrechtlichen Leistungspflichten eines Aktionärs abschließend und zwingend.[1093] Dies bedeutet, dass die Aktionäre keinerlei Pflicht zur Erbringung von Geldzahlungen haben, die über die nach § 54 Abs. 1 AktG begrenzte Einlagepflicht hinausgehen.[1094] Auch im Rahmen einer Kapitalerhöhung gilt dies.[1095] Unbenommen ist es den Aktionären hingegen, individualvertrag-

1086 *Bungeroth*, in: MünchKomm-AktG, § 55 Rn. 2.

1087 *Kübler/Assmann*, Gesellschaftsrecht, S. 195; *K. Schmidt*, Gesellschaftsrecht, S. 773 f.

1088 *Fleischer*, in: K. Schmidt/Lutter, § 55 Rn. 2; *Raiser/Veil*, Kapitalgesellschaftsrecht, § 11 Rn. 54; *K. Schmidt*, FS Immenga, 2004, S. 705, 708.

1089 Vgl. zum Wortlaut des § 212 HGB a.F. *K. Schmidt*, FS Immenga, 2004, S. 705, 710.

1090 *Bungeroth*, in: MünchKomm-AktG, § 55 Rn. 3; *Fleischer*, in: K. Schmidt/Lutter, § 55 Rn. 4; *K. Schmidt*, Gesellschaftsrecht, S. 774; eingehend zur gesetzeshistorischen Entwicklung *ders.*, FS Immenga, 2004, S. 705, 709 ff.

1091 *Hüffer*, AktG, § 55 Rn. 1.

1092 *Cahn/v. Spannenberg*, in: Spindler/Stilz, § 55 Rn. 3; *Hüffer*, AktG, § 55 Rn. 1; *K. Schmidt*, Gesellschaftsrecht, S. 774; *ders.*, FS Immenga, 2004, S. 705, 711.

1093 *Bungeroth*, in: MünchKomm-AktG, § 54 Rn. 22.

1094 *Fleischer*, in: K. Schmidt/Lutter, § 54 Rn. 15; *Raiser/Veil*, Kapitalgesellschaftsrecht, § 11 Rn. 51; *K. Schmidt*, Gesellschaftsrecht, S. 799; *Westermann*, in: Heidel-AktG, § 54 Rn. 6.

1095 RG, Urt. v. 15.10.1902 – I 181/02, RGZ 52, 287, 293 f.; *Armbrüster*, ZGR 2009, 1, 27; *Raiser/Veil*, Kapitalgesellschaftsrecht, § 20 Rn. 14; *K. Schmidt*, Gesellschaftsrecht, S. 901 f.

liche Abreden mit der Gesellschaft zu treffen[1096] oder freiwillig höhere Leistungen zu erbringen[1097]. Eine Freiwilligkeit der Leistung ist jedoch dann nicht mehr anzunehmen, wenn bei mangelnder Leistung Nachteile eintreten, die nicht bloß in der Kehrseite der Bevorzugung leistungswilliger Aktionäre liegen.[1098]

Verglichen mit dem Personengesellschafts- und Vereinsrecht lässt sich also im Hinblick auf die Einlageleistung eines Aktionärs feststellen, dass durch das AktG eine darüber hinausgehende Geldleistungspflicht, etwa in Form einer gespaltenen Beitragspflicht, unzulässig ist. Zudem besteht aufgrund des abschließenden Charakters der §§ 54 Abs. 1 AktG, 55 Abs. 1 AktG keine Möglichkeit, eine zusätzliche Geldleistungspflicht des Aktionärs, beispielsweise im Rahmen einer Kapitalerhöhung oder einer sonstigen Satzungsänderung, zu begründen. Somit ist nach dem AktG allein schon durch die zwingenden und abschließend geregelten Leistungspflichten eine Erhöhung der Geldleistungspflichten nicht möglich. Dies erklärt auch, warum eine mit § 707 BGB oder § 53 Abs. 3 GmbHG vergleichbare Vorschrift hinsichtlich von Geldleistungspflichten eines Aktionärs entbehrlich ist. § 180 Abs. 1 AktG gilt ausweislich seines Wortlautes nur für Nebenverpflichtungen gem. § 55 AktG.[1099] In Bezug auf Geldleistungspflichten gilt das Belastungsverbot zugunsten des Aktionärs also absolut, denn auch mit Zustimmung der Aktionäre ist die Begründung einer satzungsmäßigen, über die ursprüngliche Einlageleistung hinausgehenden sonstigen Leistungspflicht in Geld unzulässig.

Nebenleistungspflichten nach § 55 Abs. 1 AktG können hingegen auch nachträglich durch eine Satzungsänderung begründet werden. Neben der Einhaltung der §§ 55, 179 AktG ist hierzu die Zustimmung aller betroffenen Aktionäre nach § 180 Abs. 1 AktG erforderlich.[1100] Dabei gilt das zwingende Zustimmungserfordernis auch für die Erhöhung oder Verschärfung bestehen-

---

1096 *Bungeroth*, in: MünchKomm-AktG, § 54 Rn. 30 ff.; *Cahn/v. Spannenberg*, in: Spindler/Stilz, § 54 Rn. 29; *Hüffer*, AktG, § 54 Rn. 7 f.

1097 *Bungeroth*, in: MünchKomm-AktG, § 54 Rn. 28 f.; *Hüffer*, AktG, § 54 Rn. 9; *Westermann*, in: Heidel-AktG, § 54 Rn. 6.

1098 RG, Urt. v. 15.10.1902 – I 181/02, RGZ 52, 287, 293 f.; Urt. v. 18.9.1912 – I 27/12, RGZ 80, 81, 85 f.; *Cahn/v. Spannenberg*, in: Spindler/Stilz, § 54 Rn. 34.

1099 *Holzborn*, in: Spindler/Stilz, AktG, § 180 Rn. 3; *Seibt*, in: K. Schmidt/Lutter, § 180 Rn. 2.

1100 *Fleischer*, in: K. Schmidt/Lutter, § 55 Rn. 9; *Stein*, in: MünchKomm-AktG, § 180 Rn. 3.

der Nebenleistungspflichten.[1101] Insoweit besteht aufgrund des zwingenden Zustimmungserfordernisses eine vergleichbare Rechtslage mit dem Personengesellschafts- und Vereinsrecht.

IV. GmbH-Recht

1. Nachschusspflichten gem. §§ 26 ff. GmbHG

Das GmbHG sieht in den §§ 26 ff. GmbHG ausdrücklich die Möglichkeit von Nachschusspflichten vor. Dabei definiert das Gesetz einen Nachschuss als eine Einzahlung, die über den Nennbetrag des Geschäftsanteils hinausgeht, § 26 Abs. 1 GmbHG. Zur wirksamen Begründung von Nachschusspflichten ist zwingend eine satzungsmäßige Grundlage erforderlich.[1102] Zudem bedarf es für die Entstehung der Nachschusspflicht eines Beschlusses der Gesellschafter, der nach allgemeiner Ansicht als unabdingbare Voraussetzung angesehen wird.[1103] Eine Übertragung des Einforderungsbeschlusses der Gesellschaftsversammlung auf ein anderes Organ ist unzulässig.[1104] Der Einforderungsbeschluss bedarf, vorbehaltlich gesellschaftsvertraglicher Regelungen, einer einfachen Mehrheit, vgl. § 47 Abs. 1 GmbHG.[1105] Die Regelung des § 53 Abs. 3 GmbHG ist insoweit nicht anwendbar.

Die Satzung einer GmbH kann drei verschiedene Formen der Nachschusspflicht beinhalten.[1106] Grundsätzlich ist zwischen der sog. unbeschränkten (§ 27 GmbHG) sowie der beschränkten Nachschusspflicht (§ 28 GmbHG) zu differenzieren. Zudem besteht noch die Möglichkeit der Kombination beider Formen (§§ 27 Abs. 4, 28 Abs. 1 S. 2 GmbHG). Wichtigster Unterschied zwischen den beiden Grundformen ist das sog. Abandon- oder Preisgaberecht, welches einem Gesellschafter nur bei einer unbeschränkten Nachschusspflicht zusteht (§ 27 Abs. 1 S. 1 GmbHG). Eine beschränkte Nach-

1101 RG, Urt. v. 27.5.1932 – II 332/31, RGZ 136, 313, 317; *Holzborn*, in: Spindler/Stilz, § 180 Rn. 4; *Hüffer*, AktG, § 180 Rn. 3.

1102 RG, Urt. v. 23.2.1909 – II 450/08, RGZ 70, 326, 330; *Altmeppen*, in: Roth/Altmeppen, § 26 Rn. 8; Michalski/*Zeidler*, § 26 Rn. 12; Scholz/*Emmerich*, § 26 Rn. 9; *Schütz*, in: MünchKomm-GmbHG, § 26 Rn. 45.

1103 RG, Urt. v. 23.2.1909 – II 450/08, RGZ 70, 326, 330; OLG Frankfurt, Urt. v. 10.1.1992 – 10 U 308/90, NJW-RR 1992, 1512, 1513; *Hueck/Fastrich*, in: Baumbach/Hueck, § 26 Rn. 8; *Müller*, in: Ulmer/Habersack/Winter, § 26 Rn. 39 f.

1104 RG, Urt. v. 23.2.1909 – II 450/08, RGZ 70, 326, 328 ff.; Michalski/*Zeidler*, § 26 Rn. 18; *Schütz*, in: MünchKomm-GmbHG, § 26 Rn. 56.

1105 *Müller*, in: Ulmer/Habersack/Winter, § 26 Rn. 42; Scholz/*Emmerich*, § 26 Rn. 15.

1106 *Altmeppen*, in: Roth/Altmeppen, § 26 Rn. 7; *Hueck/Fastrich*, in: Baumbach/Hueck, § 26 Rn. 3 ff.; *Schütz*, in: MünchKomm-GmbHG, § 26 Rn. 27 f.

schusspflicht liegt dann vor, wenn sie auf einen bestimmten Betrag begrenzt wird (§ 26 Abs. 3 GmbHG).[1107]

Die Begründung einer Nachschusspflicht ist auch durch eine nachträgliche Satzungsänderung möglich.[1108] In diesem Fall ist die Zustimmung aller betroffenen Gesellschafter erforderlich (§ 53 Abs. 3 GmbHG) sowie die notarielle Beurkundung des satzungsändernden Beschlusses (§ 53 Abs. 2 GmbHG).[1109] Dies gilt auch bei einer nachträglichen Verschärfung der Nachschusspflichten, etwa wenn eine beschränkte in eine unbeschränkte Nachschusspflicht umgewandelt werden soll.[1110] Neben der möglichen zusätzlichen finanziellen Belastung verliert der betroffene Gesellschafter in diesem Fall zudem sein Preisgaberecht nach § 27 Abs. 1 S. 1 GmbHG. Die nach § 53 Abs. 3 GmbHG erforderliche Zustimmung kann – vergleichbar mit dem Personengesellschaftsrecht – bereits antizipiert in der Satzung erklärt werden.[1111] Hierzu ist jedoch erforderlich, dass die Satzung Art und Umfang der Leistungsvermehrung hinreichend bestimmt festlegt.[1112] Aufgrund der vergleichbaren Interessenlage der Gesellschafter können insoweit die diesbezüglichen Anforderungen aus dem Personengesellschaftsrecht[1113] übertragen werden. Wegen der notwendigen Bestimmtheit ist es daher nicht möglich, bereits in der Gründungssatzung der Änderung zu einer unbeschränkten Nachschusspflicht antizipiert zuzustimmen. Insoweit besteht nämlich keine Möglichkeit, den Umfang der Nachschusspflicht einzugrenzen. Denkbar ist dies jedoch im Hinblick auf die nachträgliche Einführung einer beschränkten Nachschusspflicht, denn insoweit ist eine konkrete Bezifferung möglich.

1107 Vgl. zur näheren Abgrenzung im Einzelnen *Bayer*, in: Lutter/Hommelhoff, § 26 Rn. 11; *Esch*, NJW 1978, 2529, 2532; Michalski/*Zeidler*, § 26 Rn. 15; *Müller*, in: Ulmer/Habersack/Winter, § 26 Rn. 32 f.; Scholz/*Emmerich*, § 26 Rn. 11; *Schütz*, in: MünchKomm-GmbHG, § 26 Rn. 84 f.

1108 *Altmeppen*, in: Roth/Altmeppen, § 26 Rn. 8; *Hueck/Fastrich*, in: Baumbach/Hueck, § 26 Rn. 7; Scholz/*Priester/Veil*, § 53 Rn. 149.

1109 KG, Urt. v. 20.12.1999 – 2 U 6691/98, NZG 2000, 688, 689; OLG München, Urt. v. 24.1.2000 – 17 U 4879/99, GmbHR 2000, 981; *Müller*, in: Ulmer/Habersack/Winter, § 26 Rn. 29; *Schütz*, in: MünchKomm-GmbHG, § 26 Rn. 45.

1110 *Altmeppen*, in: Roth/Altmeppen, § 26 Rn. 8; *Bayer*, in: Lutter/Hommelhoff, § 26 Rn. 7; Michalski/*Zeidler*, § 26 Rn. 13; Scholz/*Emmerich*, § 26 Rn. 9a.

1111 *Hueck/Fastrich*, in: Baumbach/Hueck, § 53 Rn. 32; *Schäfer*, Geschäftsanteil, S. 258; *Scherf*, Nachschußpflicht, S. 45 f.; *Wicke*, GmbHG, § 53 Rn. 14; *Zimmermann*, in: Rowedder/Schmidt-Leithoff, § 53 Rn. 57.

1112 *Bayer*, in: Lutter/Hommelhoff, § 53 Rn. 22; Hachenburg/*Ulmer*, § 53 Rn. 59 mit Fn. 124; *Schäfer*, Geschäftsanteil, S. 258 ff.

1113 Vgl. hierzu oben S. 95 ff.

Das GmbHG sah bereits in seiner ersten Fassung aus dem Jahr 1892 die Möglichkeit von Nachschusspflichten vor. Seitdem haben die Regelungen kaum Änderungen erfahren.[1114] Mit der Einführung einer Nachschusspflicht im Recht der GmbH wollte der Gesetzgeber in Anlehnung an das Institut der Zubuße bei der Bergrechtlichen Gewerkschaft[1115] und der Nachschusspflicht in der Reederei, die ebenfalls mit einem Austrittsrecht verbunden ist[1116], eine flexiblere Finanzierungsmöglichkeit als bei der AG schaffen.[1117] Insbesondere sollte eine schnelle Anpassung des jeweiligen Finanzbedarfs der GmbH ermöglicht werden, ohne eine Kapitalerhöhung mit dem entsprechenden Aufwand durchführen zu müssen.

Obwohl Nachschusspflichten gesetzlich als mögliches Finanzierungsmittel vorgesehen sind, haben diese im Recht der GmbH nur eine sehr geringe praktische Bedeutung.[1118] Die Vorschriften werden daher bisweilen auch als überflüssig angesehen.[1119] Dies liegt zum einen daran, dass Nachschusspflichten keinerlei steuerliche Vorteile zur Folge haben. Die steuerrechtliche Bedeutung von Nachschusspflichten, etwa zur Absicherung des Schütt-Aus-Hol-Zurück-Verfahrens, ist durch die Einführung des Halbeinkünfteverfahrens im Jahre 2002 weggefallen.[1120] Zum anderen stehen den Gesellschaftern mit der Vereinbarung von Nebenleistungspflichten nach § 3 Abs. 2 GmbHG sowie rein schuldrechtlicher Gesellschafterdarlehen sehr flexible und in der Praxis leicht zu handhabende Finanzierungsmittel zur Verfügung.[1121] Insbesondere wegen der Deregulierung des Eigenkapitalersatzrechts durch die Einfügung des § 30 Abs. 1 S. 3 GmbHG sowie der Abschaffung der §§ 32a und b GmbHG a.F. werden sich Gesellschafterdarlehen voraussichtlich noch

1114 Michalski/*Zeidler*, § 26 Rn. 3; *Müller*, in: Ulmer/Habersack/Winter, § 26 Rn. 2.

1115 Vgl. § 102 Abs. 2 Preußisches Allgemeines Berggesetz von 1865.

1116 Vgl. Art. 468 EGHGB a.F.; jetzt §§ 500 f. HGB, vgl. hierzu oben S. 48 ff.

1117 Reg. Begr. RT-Drucks. 1890/92, Aktenstück Nr. 660, S. 3371; *Müller*, in: Ulmer/Habersack/Winter, § 26 Rn. 2 f.; Scholz/*Emmerich*, § 26 Rn. 1; *Schütz*, in: MünchKomm-GmbHG, § 27 Rn. 5.

1118 *Bayer*, in: Lutter/Hommelhoff, § 26 Rn. 1 f.; *Hommelhoff/Kleindiek*, FS 100 Jahre GmbH-Gesetz, 1992, S. 421, 422 ff.; *Hueck/Fastrich*, in: Baumbach/Hueck, § 26 Rn. 1; Michalski/*Zeidler*, § 26 Rn. 2; *Schütz*, in: MünchKomm-GmbHG, § 26 Rn. 9 mit Fn. 22.

1119 *Hommelhoff/Kleindiek*, FS 100 Jahre GmbH-Gesetz, 1992, S. 421, 424 f.; ebenfalls kritisch *Wiedemann*, ZGR 1977, 690, 692 f.; mit rechtspolitischen Bedenken hingegen *K. Schmidt*, ZIP 2009, 737, 740 mit Fn. 35.

1120 *Müller*, in: Ulmer/Habersack/Winter, § 26 Rn. 6 a.E.; *Scherf*, Nachschußpflicht, S. 28 mit Fn. 96; *Schütz*, in: MünchKomm-GmbHG, § 26 Rn. 10.

1121 *Hommelhoff/Kleindiek*, FS 100 Jahre GmbH-Gesetz, 1992, S. 421, 423 f.; Scholz/*Emmerich*, § 26 Rn. 1a; *Schütz*, in: MünchKomm-GmbHG, § 26 Rn. 9.

größerer Beliebtheit erfreuen, als dies bisher ohnehin der Fall war.[1122] Zudem ist ein wesentliches Hauptmotiv der Nachschusspflichten, nämlich die Vermeidung einer aufwändigen Kapitalerhöhung zur Eigenkapitalfinanzierung, durch die Einführung des genehmigten Kapitals (§ 55a GmbHG)[1123] weitgehend entfallen.[1124] Hierdurch können nämlich die Geschäftsführer für einen Zeitraum von bis zu fünf Jahren ohne satzungsändernden Beschluss ermächtigt werden, das Stammkapital zu erhöhen. Mithin ist nur noch eine entsprechende Anmeldung zum Handelsregister erforderlich. Diese Regelung ermöglicht also nunmehr eine kostengünstige und schnelle Eigenkapitalzuführung für die GmbH.[1125]

Als Beispiel aus der Praxis lässt sich die 1974 aus Anlass der Herstatt-Insolvenz[1126] gegründete Liquiditäts-Konsortialbank GmbH anführen, deren Aufgabe die Sicherung der Liquidität der Kreditinstitute ist. Nach ihrer Satzung besteht derzeit bei einem Stammkapital von EUR 372 Mio. eine beschränkte Nachschusspflicht von insgesamt EUR 1,86 Mrd.

2. Nebenleistungspflichten gem. § 3 Abs. 2 GmbHG

Als weitere mitgliedschaftliche Leistungspflicht, neben der Erbringung der Stammeinlage oder von Nachschüssen, kommen die in der Praxis sehr relevanten[1127] Nebenleistungspflichten in Betracht. Sie sind nachfolgend näher zu erörtern. § 3 Abs. 2 GmbHG weist nicht Beschränkungen für Nebenleistungen auf, wie dies im Recht der AG aufgrund des § 55 Abs. 1 AktG der Fall ist.[1128] Mithin haben die Gesellschafter diesbezüglich einen weiten Gestaltungsspielraum und können verschiedene Arten von Leistungspflichten

---

1122 Gleichwohl sind immer noch die insolvenzrechtlichen Konsequenzen von Gesellschafterdarlehen zu beachten, vgl. §§ 39 Abs. 1 Nr. 5, 135 Abs. 1 InsO.

1123 Eingehend hierzu *Lieder*, DNotZ, 2010, 655 ff.

1124 Vgl. hierzu *Schütz*, in: MünchKomm-GmbHG, § 26 Rn. 11.

1125 BT-Drucks. 16/9739, S. 99; *Kindler*, NJW 2008, 3249, 3253 f.; *Seibert/Decker*, ZIP 2008, 1208, 1211.

1126 Vgl. hierzu BGH, Urt. v. 9.7.1979 – II ZR 118/77, BGHZ 75, 96 = NJW 1979, 1823.

1127 *Hueck/Fastrich*, in: Baumbach/Hueck, § 3 Rn. 32; *Wicke*, in: MünchKomm-GmbHG, § 3 Rn. 65.

1128 *Wicke*, in: MünchKomm-GmbHG, § 3 Rn. 65.

festlegen.[1129] So kommen neben Geld-[1130] oder Sachleistungen[1131] auch bestimmte Verhaltenspflichten der Gesellschafter in Betracht, etwa die Pflicht als Geschäftsführer tätig zu sein[1132] oder Wettbewerbsverbote[1133].

Bisweilen kann jedoch die Abgrenzung einer Nebenleistungspflicht gem. § 3 Abs. 2 GmbHG zu einer Nachschusspflicht gem. § 26 ff. GmbHG problematisch sein, wenn diese in Geld besteht.[1134] In diesem Fall ist durch Auslegung der Satzung zu bestimmen, welche Art von Leistungspflicht vereinbart worden ist.[1135] Ein maßgeblicher Unterschied beider Pflichten besteht darin, dass eine Nebenleistungspflicht nicht zwingend durch einen Gesellschafterbeschluss geltend gemacht werden muss und nicht an das Verhältnis der Geschäftsanteile gebunden ist (vgl. § 26 Abs. 2 GmbHG).[1136] Können die Geldleistungspflichten also durch ein anderes Organ als die Gesellschafterversammlung geltend gemacht werden, etwa den Geschäftsführern oder einem Aufsichtsrat, so spricht dies für eine Nebenleistungspflicht.[1137]

Satzungsmäßige Nebenleistungspflichten müssen nach Art und Umfang hinreichend konkret vereinbart werden.[1138] Dabei muss die Bestimmung so kon-

---

1129 *Hueck/Fastrich*, in: Baumbach/Hueck, § 3 Rn. 32, 39 f.; Michalski/*Michalski*, § 3 Rn. 61; *Roth*, in: Roth/Altmeppen, § 3 Rn. 26; *Wicke*, GmbHG, § 3 Rn. 17, 22 (mit diversen Beispielen aus der Praxis).

1130 BGH, Urt. v. 28.6.1999 – II ZR 272/98, BGHZ 142, 116, 121 = NJW 1999, 2809 (betr. Finanzplankredite); Urt. v. 15.10.2007 – II ZR 216/06, NZG 2008, 73 f. (betr. Vereinbarung eines Aufgeldes [Agio]); *Bayer*, in: Lutter/Hommelhoff, § 3 Rn. 38 ff.; *Füller*, in: Ensthaler/Füller/Schmidt, § 3 Rn. 25 f.

1131 *Bayer*, in: Lutter/Hommelhoff, § 3 Rn. 41; *Füller*, in: Ensthaler/Füller/Schmidt, § 3 Rn. 27; Michalski/*Michalski*, § 3 Rn. 73.

1132 OLG Hamm, Beschluss v. 24.1.2002 – 15 W 8/02, NZG 2002, 421; *Hueck/Fastrich*, in: Baumbach/Hueck, § 3 Rn. 42.

1133 *Bayer*, in: Lutter/Hommelhoff, § 3 Rn. 43; *Füller*, in: Ensthaler/Füller/Schmidt, § 3 Rn. 29 f.; *Wicke*, in: MünchKomm-GmbHG, § 3 Rn. 83 f.

1134 *Müller*, in: Ulmer/Habersack/Winter, § 26 Rn. 26; vgl. zur Abgrenzung einer Nebenleistungspflicht zu einer schuldrechtlichen Vereinbarung BGH, Urt. v. 8.2.1993 – II ZR 24/92, NJW-RR 1993, 607; *Hueck/Fastrich*, in: Baumbach/Hueck, § 3 Rn. 56.

1135 BGH, Urt. v. 17.10.1988 – II ZR 372/87, NJW-RR 1989, 228, 229; Hachenburg/*Ulmer*, § 3 Rn. 68; Michalski/*Michalski*, § 3 Rn. 58; *Schütz*, in: MünchKomm-GmbHG, § 26 Rn. 29.

1136 OLG Frankfurt, Urt. v. 10.1.1992 – 10 U 308/90, NJW-RR 1992, 1512, 1513; Scholz/*Emmerich*, § 26 Rn. 6a.

1137 Scholz/*Emmerich*, § 26 Rn. 6a.

1138 RG, Urt. v. 19.10.1915 – II 137/15, RGZ 87, 261, 265 f.; *Bayer*, in: Lutter/Hommelhoff, § 3 Rn. 46; *Füller*, in: Ensthaler/Füller/Schmidt, § 3 Rn. 23; Hachenburg/*Ulmer*, § 3 Rn. 87; *Hueck/Fastrich*, in: Baumbach/Hueck, § 3 Rn. 38; Scholz/*Emmerich*, § 3 Rn. 44.

kret sein, dass der verpflichtete Gesellschafter das Ausmaß auch zukünftiger Verpflichtungen ohne weiteres überschauen kann.[1139] Unzulässig sind daher Satzungsbestimmungen, die weder zeitlich noch der Höhe nach den Gesellschaftern auferlegte Pflichten begrenzen. Es bedarf also einer hinreichenden Bestimmtheit der finanziellen Leistungspflicht, die durch die Benennung einer Obergrenze erfüllt wird.[1140] Daher ist etwa eine Vereinbarung unzulässig, wonach die Gesellschafter verpflichtet sind, ein Darlehen in Höhe der öffentlichen Abgaben ihrer Gesellschaft zu gewähren.[1141] Dies gilt auch für eine Verlustübernahmepflicht, die weder zeitlich noch in ihrer maximalen Höhe begrenzt ist.[1142]

Vereinzelt wird in der Vereinbarung satzungsmäßiger Nebenleistungspflichten die Möglichkeit gesehen, eine unbeschränkte Nachschusspflicht gem. § 27 GmbHG zu vereinbaren, ohne das jedoch ein Preisgaberecht besteht.[1143] Als Begründung führt diese Ansicht eine Entscheidung des BGH[1144] an, in der angeblich auf das Erfordernis einer zeitlichen Begrenzung verzichtet worden sei. Diesbezüglich ist jedoch darauf hinzuweisen, dass die zeitliche Begrenzung einer Nebenleistungspflicht nicht Gegenstand der Entscheidung war. Vielmehr ging es um die Frage, ob die Beitragsdeckungspflicht schuldrechtlich oder mitgliedschaftlich ausgestaltet worden ist.[1145] Zudem war in dem zugrunde liegende Fall eine jährliche Beschränkung der Deckungspflicht vorhanden, so dass der Gesellschafter nicht unbegrenzt von der Gesellschaft in Anspruch genommen werden konnte. Überdies ist die vorbezeichnete Ansicht unter Berücksichtigung der aktuellen Rechtsprechung[1146]

1139 BGH, Urt. v. 17.10.1988 – II ZR 372/87, NJW-RR 1989, 228, 229; Hinweisbeschl. v. 22.10.2007 – II ZR 101/06, NZG 2008, 148 Rn. 4; *Bayer*, in: Lutter/Hommelhoff, § 3 Rn. 46; *Füller*, in: Ensthaler/Füller/Schmidt, § 3 Rn. 25; *Hueck/Fastrich*, in: Baumbach/Hueck, § 3 Rn. 38; Michalski/*Michalski*, § 3 Rn. 59; *Wicke*, in: MünchKomm-GmbHG, § 3 Rn. 68.

1140 *Bayer*, in: Lutter/Hommelhoff, § 3 Rn. 46.

1141 BGH, Urt. v. 17.10.1988 – II ZR 372/87, NJW-RR 1989, 228, 229; *Wicke*, in: MünchKomm-GmbHG, § 3 Rn. 68.

1142 BGH, Hinweisbeschl. v. 22.10.2007 – II ZR 101/06, NZG 2008, 148 Rn. 4; *Füller*, in: Ensthaler/Füller/Schmidt, § 3 Rn. 25; *Wicke*, in: MünchKomm-GmbHG, § 3 Rn. 68.

1143 *Scherf*, Nachschußpflicht, S. 38 f.

1144 Urt. v. 8.2.1993 – II ZR 24/92, NJW-RR 1993, 607.

1145 BGH, Urt. v. 8.2.1993 – II ZR 24/92, NJW-RR 1993, 607, 608.

1146 BGH, Hinweisbeschl. v. 22.10.2007 – II ZR 101/06, NZG 2008, 148 Rn. 4.

und zustimmenden Literatur[1147] problematisch. Insoweit hat der BGH ausdrücklich auch die zeitliche Beschränkung der Leistungspflicht betont. Somit ist nach Ansicht des BGH eine unbeschränkte Belastung des Gesellschafters durch die Vereinbarung einer Nebenleistungspflicht nicht möglich. Aufgrund der strengen Anforderungen des BGH kann mithin keine Leistungspflicht begründet werden, die auf eine mit § 27 GmbHG vergleichbare Nachschusspflicht ohne Preisgebarecht hinausläuft. Vielmehr ist eine Nebenleistungspflicht gem. § 3 Abs. 2 GmbHG, die in Geld besteht, mit einer beschränkten Nebenleistungspflicht i. S. d. § 26 Abs. 3 GmbHG vergleichbar. Durch die zwingend erforderliche Absehbarkeit auch der zukünftigen Belastungen ist ein fehlendes Preisgaberecht mit dem Schutzbedürfnis des Gesellschafters vereinbar. Werden Nebenleistungspflichten nachträglich in die Satzung aufgenommen oder erhöht, so ist wie bei Nachschusspflichten die Zustimmung der betroffenen Gesellschafter erforderlich (§ 53 Abs. 3 GmbHG).[1148]

Durch die relativ freie Gestaltungsmöglichkeit von Nebenleistungspflichten gem. § 3 Abs. 2 GmbHG können in einer GmbH vergleichbare Beitragspflichten wie im Personengesellschaftsrecht vereinbart werden. Sollen die Gesellschafter einer GmbH neben der Erbringung der Stammeinlage nach der Satzung als Nebenleistungspflicht der Gesellschaft ein Darlehen bestellen, so ist dies mit der im Personengesellschaftsrecht üblichen Konstruktion der gespaltenen Beitragspflicht vergleichbar[1149]. In Bezug auf Finanzplankredite, die ebenfalls als Nebenleistungspflicht vereinbart werden können, hat der BGH daher auch den Begriff der „gesplitteten Einlageverpflichtungen“[1150] verwendet. Aufgrund dieser Vergleichbarkeit lassen sich auch die Abgrenzungskriterien hinsichtlich des Vorliegens eines Nachschusses aus dem Personengesellschaftsrecht übertragen. Daher ist der bei der Vereinbarung von satzungsmäßigen Leistungspflichten gem. § 3 Abs. 2 GmbHG nicht von einem Nachschuss auszugehen. Dies ist erst dann der Fall, wenn die von der Gesellschaft geltend gemachte Leistung über die hinreichend bestimmte satzungsmäßige Nebenleistungspflicht hinausgeht. Wird die Neben-

1147 Vgl. etwa *Armbrüster*, ZGR 2009, 1, 26 f.; *Bayer*, in: Lutter/Hommelhoff, § 3 Rn. 46; *Füller*, in: Ensthaler/Füller/Schmidt, § 3 Rn. 25; *Hueck/Fastrich*, in: Baumbach/Hueck, § 3 Rn. 38; *Wicke*, in: MünchKomm-GmbHG, § 3 Rn. 68; *ders.*, GmbHG, § 3 Rn. 18.

1148 *Hueck/Fastrich*, in: Baumbach/Hueck, § 3 Rn. 37; *Roth*, in: Roth/Altmeppen, § 53 Rn. 34; Scholz/*Priester/Veil*, § 53 Rn. 150; *Wicke*, in: MünchKomm-GmbHG, § 3 Rn. 67.

1149 S. hierzu oben S. 23 ff.

1150 BGH, Urt. v. 28.6.1999 – II ZR 272/98, BGHZ 142, 116, 121 = NJW 1999, 2809; vgl. auch BGH, Hinweisbeschl. v. 1.3.2010 – II ZR 13/09, NZG 2010, 701 Rn. 4.

leistungspflicht nachträglich aufgrund einer Satzungsänderung eingeführt oder erhöht, so liegt hierin kein Nachschuss, sondern die Neufestsetzung der satzungsmäßigen Leistungspflichten.

3. Pflicht zur Übernahme neuer Stammeinlagen

Im Rahmen einer Kapitalerhöhung besteht grundsätzlich keine Pflicht des Gesellschafters zur Übernahme neuer Stammeinlagen.[1151] Sofern eine entsprechende Pflicht im Erhöhungsbeschluss statuiert werden soll, ist die Zustimmung aller betroffenen Gesellschafter nach § 53 Abs. 3 GmbHG notwendig.[1152] Eine Pflicht zur Übernahme neuer Stammeinlagen ist auf Grundlage der gesellschaftsrechtlichen Treuepflicht denkbar, jedoch nur in eng begrenzten Ausnahmefällen anerkannt.[1153] Im Gegensatz zum Personengesellschaftsrecht wird dies nicht etwa bei einem besonderen Finanzbedarf der Gesellschaft diskutiert. Eine Übernahmeverpflichtung im Rahmen einer Kapitalerhöhung soll vielmehr nur dann in Frage kommen, wenn das Stammkapital bestimmten gesetzlichen Anforderungen angepasst werden muss. In Betracht kam dies im Rahmen der GmbH-Novelle 1980[1154], in der das gesetzliche Mindestkapital von DM 20.000 auf DM 50.000 erhöht worden ist, sowie hinsichtlich der Euro-Umstellung[1155] (vgl. § 5 Abs. 2 S. 1 GmbHG). Gleichwohl hat der BGH klargestellt, dass ein GmbH-Gesellschafter nur dann zur Übernahme neuer Stammeinlagen verpflichtet sei, wenn ihm hierdurch keine Nachteile gegenüber dem bisherigen Rechtszustand erwachsen.[1156] Ausgeschlossen seien hiervon jedoch geringfügige Nachteile.[1157] Ohne eine abschließende Bewertung vorgenommen zu haben, ist dies nach Ansicht des BGH nahe liegend, wenn ein GmbH-Gesellschafter

1151 *Lutter*, in: Lutter/Hommelhoff, § 55 Rn. 31; *K. Schmidt*, Gesellschaftsrecht, S. 1173.

1152 *Roth*, in: Roth/Altmeppen, § 55 Rn. 7; *K. Schmidt*, Gesellschaftsrecht, S. 1173.

1153 BGH, Urt. v. 23.3.1987 – II ZR 244/86, NJW 1987, 3192, 3193; *Lutter*, in: Lutter/Hommelhoff, § 55 Rn. 6; *Roth*, in: Roth/Altmeppen, § 55 Rn. 8; *Winter*, Treubindungen, S. 175 ff.; *Zöllner*, in: Baumbach/Hueck, § 55 Rn. 41, 57.

1154 Gesetz zur Änderung des GmbH-Gesetzes und anderer handelsrechtlicher Vorschriften v. 4.7.1980, BGBl. I 1980, S. 836 ff.; vgl. hierzu BGH, Urt. v. 25.9.1986 – II ZR 262/85, BGHZ 98, 276 = NJW 1987, 189; Urt. v. 23.3.1987 – II ZR 244/86, NJW 1987, 3192; *Pentz*, in: Rowedder/Schmidt-Leithoff, § 13 Rn. 51; *Winter*, Treubindungen, S. 175 f., 180 f.

1155 *Lutter*, in: Lutter/Hommelhoff, § 55 Rn. 6 a.E.; *Roth*, in: Roth/Altmeppen, § 55 Rn. 8 a.E.; *Zöllner*, in: Baumbach/Hueck, § 55 Rn. 57.

1156 BGH, Urt. v. 25.9.1986 – II ZR 262/85, BGHZ 98, 276, 280 = NJW 1987, 189.

1157 BGH, Urt. v. 23.3.1987 – II ZR 244/86, NJW 1987, 3192, 3193; zustimmend *Günther*, EWiR 1987, 787, 788; *Winter*, Treubindungen, S. 175 f.

bei einem Jahresgewinn von ca. DM 6 Mio. und einem Kapitalkontenguthaben von ca. DM 4 Mio. seine Stammeinlage um DM 15.000 erhöhen soll.[1158] Die Entscheidung stellt klar, dass eine konkrete und individuelle Zumutbarkeitsabwägung vorgenommen werden muss.[1159] Dies ist zu befürworten, denn die Verpflichtung zur Übernahme neuer Stammeinlagen führt zu einem Verstoß gegen § 53 Abs. 3 GmbHG. Damit jedoch der Ausnahmecharakter einer solchen Verpflichtung gewahrt bleibt, muss eine individuelle Abwägung vorgenommen werden. Zumindest hierdurch kann dem individualschützenden Charakter des § 53 Abs. 3 GmbHG gewisse Rechnung getragen werden. Insoweit kann nichts anderes gelten als im Personengesellschaftsrecht, wo ebenfalls eine individuelle Zumutbarkeitsprüfung vorgenommen wird.[1160] Bei dem vorgenannten Beispiel[1161] ist aufgrund der relativ geringen finanziellen Belastung eine individuelle Zumutbarkeit zu bejahen.

V. Genossenschaftsrecht

1. Leistungspflichten der Genossenschaftsmitglieder

Im Recht der Genossenschaft besteht die maßgebliche finanzielle Leistungspflicht der Genossenschaftsmitglieder in der Einzahlung des Geschäftsanteils, vgl. § 7 Nr. 1 GenG. Die Satzung kann dabei auch die Beteiligung mit mehreren Geschäftsanteilen vorsehen (§ 7a Abs. 1 GenG) und diese zusätzlich als Pflicht statuieren (§ 7a Abs. 2 S. 1 GenG). Daneben ist, wie im Vereinsrecht, die Vereinbarung von sog. Eintrittsgeldern[1162] und Konventionalstrafen (Vereinsstrafen) zulässig.[1163] Weitere finanzielle Leistungspflichten, etwa in Form eines Unkostenbeitrags zur Deckung der allgemeinen Betriebskosten oder eines Fehlbetrages, sind jedoch unzulässig.[1164] Grund hier-

1158 BGH, Urt. v. 23.3.1987 – II ZR 244/86, NJW 1987, 3192, 3193.

1159 *Günther*, EWiR 1987, 787, 788.

1160 Vgl. hierzu oben S. 130 ff.; vgl. zum entsprechenden Zumutbarkeitsmaßstab im Vereinsrecht oben S. 215 ff.

1161 Vgl. den Nachweis in Fn. 1158.

1162 OLG Bamberg, Urt. v. 7.1.1981 – 3 U 113/80, BB 1982, 272 f.; *Ehlenz*, BB 1982, 273 f.

1163 RG, Urt. v. 20.1.1906 – I 243/05, RGZ 62, 303, 307 f.; *Beuthien*, GenG, § 18 Rn. 28; *ders.*, DStR 2009, 275, 276; *K. Müller*, GenG, § 18 Rn. 8; *Pöhlmann*, in: Pöhlmann/Fandrich/Bloehs, § 18 Rn. 12; *Scherf*, Nachschußpflicht, S. 31; *Schulte*, in: Lang/Weidenmüller, § 7 Rn. 21 ff.

1164 RG, Urt. v. 20.1.1906 – I 243/05, RGZ 62, 303, 314; BGH, Urt. v. 18.12.1978 – II ZR 189/77, NJW 1979, 2248; Urt. v. 8.2.1988 – II ZR 228/87, BGHZ 103, 219, 223 = NJW 1988, 1729; *K. Müller*, GenG, § 7 Rn. 58, § 18 Rn. 8, 9a; *Pöhlmann*, in: Pöhlmann/Fandrich/Bloehs, § 18 Rn. 12; *Scherf*, Nachschußpflicht, S. 30; *Schulte*,

für ist die nach § 18 S. 2 GenG geltende Satzungsstrenge.[1165] Danach kann von den Bestimmungen des Gesetzes in der Satzung nur dann abgewichen werden, wenn dies ausdrücklich für zulässig erklärt wird. Die finanziellen Leistungsverpflichtungen der Genossenschaftsmitglieder sind im Gesetz jedoch abschließend geregelt.[1166] So besteht neben der Pflicht zur Einzahlung des Geschäftsanteils die Pflicht zur Ausgleichung eines Fehlbetrages beim Ausscheiden aus der Genossenschaft[1167] (§ 73 Abs. 2 S. 4 GenG) sowie in der Liquidation (§ 87a Abs. 1, 2 GenG). Außerdem kann – soweit eine entsprechende Satzungsbestimmung vorliegt (§ 6 Nr. 3 GenG) – in der Insolvenz eine beschränkte oder unbeschränkte Nachschusspflicht bestehen (§ 105 GenG). Insbesondere die Pflicht zur Begleichung eines Fehlbetrages ausschließlich beim Ausscheiden bzw. in der Liquidation offenbart, dass der Gesetzgeber hiervon während der werbenden Tätigkeit der Genossenschaft abgesehen hat. Mithin liegt im Genossenschaftsrecht ein Nachschuss immer dann vor, wenn eine finanzielle Leistung von einem Genossenschaftsmitglied gefordert wird, die über die zulässigen vorbezeichneten finanziellen Leistungspflichten hinausgeht.

2. Nachträgliche Erhöhung der Leistungspflichten

Nach § 16 Abs. 2 S. 1 Nr. 2, 3 und 4 GenG besteht die Möglichkeit, aufgrund eines Beschlusses der Generalversammlung die finanziellen Leistungspflichten der Genossenschaftsmitglieder zu erweitern. § 16 Abs. 2 S. 1 Nr. 4 GenG betrifft dabei die Nachschusspflicht in der Insolvenz gem. § 105 GenG, die hier jedoch nicht einer näheren Erörterung unterliegen soll.[1168] Während der werbend tätigen Genossenschaft bleibt zur zusätzlichen Eigenkapitalausstattung der Genossenschaft nur die Möglichkeit, den Geschäftsanteil der Mitglieder zu erhöhen (§ 16 Abs. 2 S. 1 Nr. 2 GenG) oder eine Pflichtbeteiligung mit mehreren Geschäftsanteilen einzuführen bzw. zu er-

---

in: Lang/Weidenmüller, § 7 Rn. 23; a.A. *Beuthien*, GenG, § 18 Rn. 28 ff.; *Ferneding*, Verlustdeckungsumlagen, S. 87 f.; missverständlich *K. Schmidt*, Gesellschaftsrecht, S. 1276 f.

1165 *Scherf*, Nachschußpflicht, S. 30.

1166 BGH, Urt. v. 18.12.1978 – II ZR 189/77, NJW 1979, 2248; Urt. v. 8.2.1988 – II ZR 228/87, BGHZ 103, 219, 223 = NJW 1988, 1729: *„Geschlossener Kreis der finanziellen Leistungspflichten"*; *Beuthien*, DStR 2009, 275 f.; *Pöhlmann*, in: Pöhlmann/Fandrich/Bloehs, § 18 Rn. 12; *Scherf*, Nachschußpflicht, S. 30; *Schulte*, in: Lang/Weidenmüller, § 18 Rn. 35, 52.

1167 Vgl. hierzu BGH, Urt. v. 13.10.2008 – II ZR 229/07, NZG 2009, 118; *Beuthien*, DStR 2009, 275, 276 ff.

1168 Eingehend zur Nachschusspflicht in der Insolvenz *Scherf*, Nachschußpflicht, S. 141 ff.

weitern (§ 16 Abs. 2 S. 1 Nr. 3 GenG). Bemerkenswert ist insoweit, dass eine Erhöhung des Geschäftsanteils sowie die Einführung oder Erweiterung von Pflichtbeteiligungen bereits mit einer drei Viertel Mehrheit der in der Generalversammlung abgegebenen Stimmen möglich ist (§ 16 Abs. 2 S. 1 1. HS GenG), soweit die Satzung nicht strengere Mehrheitserfordernisse vorsieht (§ 16 Abs. 2 S. 2 GenG)[1169]. Eine Zustimmung aller betroffenen Genossenschaftsmitglieder ist also nicht notwendig. Bisweilen wird hinsichtlich der Geschäftsanteilserhöhung auf das kapitalgesellschaftsrechtliche Instrument der Kapitalerhöhung verwiesen[1170], bei der ebenfalls eine qualifizierte Mehrheitsentscheidung ausreichend ist (§ 182 Abs. 1 S. 1 AktG; § 53 Abs. 2 S. 1 GmbHG). Dieser Vergleich erweist sich jedoch als problematisch, denn bei einer Genossenschaft führt die Eintragung des Beschlusses über die Erhöhung der Geschäftsanteile bzw. der Einführung oder Erweiterung einer Pflichtbeteiligung in den Genossenschaftsregister zur individuellen Zahlungsverpflichtung sämtlicher Mitglieder[1171]. In einer Kapitalgesellschaft hingegen besteht gerade keine Bezugspflicht zur Übernahme neuer Geschäftsanteile im Rahmen einer Kapitalerhöhung.[1172] Mithin kann aufgrund der unterschiedlichen Rechtsfolgen die kapitalgesellschaftsrechtliche Kapitalerhöhung nicht mit den gesetzlichen vorgesehenen Kapitalmaßnahmen einer Genossenschaft verglichen werden. Es lässt sich also für die Genossenschaft festhalten, dass auch ohne Zustimmung des einzelnen Mitgliedes die finanziellen Leistungspflichten erhöht werden können. Daher ist der aus § 707 BGB, § 53 Abs. 3 GmbHG sowie § 180 Abs. 1 AktG abgeleitete allgemeine Rechtsgedanke[1173] nicht auf die Genossenschaft zu übertragen.[1174] Diesbezüglich lediglich von einer Einschränkung dieses Grundsatzes auszugehen[1175] erscheint deswegen fraglich, weil die § 16 Abs. 2 S. 1 Nr. 2 bis 4 GenG den gesetzlichen Grundfall darstellen. Die vorbezeichnete Norm bildet schon deswegen keine Ausnahme, weil es innerhalb des GenG an einer vergleichbaren Vorschrift wie den § 707 BGB, § 53 Abs. 3 GmbHG oder § 180 Abs. 1 AktG fehlt. Gleichwohl liegt bei der nachträglichen Erhöhung der finanziellen Leistungspflichten eines Genossenschaftsmitgliedes begrifflich kein Nachschuss vor. Grundlage für die Erhöhung der finanziel-

1169 *Fandrich*, in: Pöhlmann/Fandrich/Bloehs, § 16 Rn. 6.

1170 *Scherf*, Nachschußpflicht, S. 31.

1171 *Klose*, Zusatzgrundkapital, S. 44 f.

1172 *Klose*, Zusatzgrundkapital, S. 45; s. hierzu ebenfalls die Nachweise in Fn. 1151 sowie 1095.

1173 Vgl. hierzu die Nachweise in Fn. 5.

1174 *Stein*, in: MünchKomm-AktG, § 180 Rn. 4 a. E.; a. A. *Beuthien*, GenG, § 18 Rn. 29; *ders.*, BB 1987, 7, 10.

1175 *Beuthien*, GenG, § 18 Rn. 29; *ders.*, BB 1987, 7, 10.

len Leistungspflichten ist nämlich gem. § 16 Abs. 2 GenG eine Satzungsänderung. Mithin wird nicht eine Leistung gefordert, die über die bereits in der Satzung vereinbarten Leistungspflichten hinausgeht. Vielmehr werden die satzungsmäßigen finanziellen Leistungspflichten selbst durch die Satzungsänderung neu vereinbart und stellen sodann die Grundlage zur Geltendmachung dar.[1176]

Dogmatische Grundlage für die Möglichkeit, aufgrund einer Mehrheitsentscheidung der Generalversammlung die finanziellen Leistungspflichten auch gegen den Willen der Mitglieder einer Genossenschaft zu erhöhen, ist die sog. „genossenschaftliche Duldungspflicht".[1177] Diese beruht auf dem Förderungsgedanken gem. § 1 GenG und beinhaltet, dass jedes Mitglied der Genossenschaft in den zulässigen Grenzen von Gesetz und Satzung dem Mehrheitswillen unterliegt und sich diesem beugen muss.[1178] Dies gilt vor allem dann, wenn dies zur Stärkung oder Erhaltung der Finanzkraft der Genossenschaft erforderlich ist.

Gleichwohl unterliegt die Einführung oder Erhöhung der finanziellen Leistungspflichten durch einen Mehrheitsbeschluss bestimmten Grenzen.[1179] So darf ein Mitglied nicht über das bei seinem Beitritt absehbare Maß hinaus belastet werden.[1180] Dabei wird jedoch keine Absehbarkeit einer Lastenvermehrung wie im Personengesellschafts- oder Vereinsrecht gefordert, etwa durch die notwendige Fixierung einer Obergrenze in der Satzung. Vielmehr muss die Lastenvermehrung unter Berücksichtigung von Art und Zuschnitt der Genossenschaft geboten und für die Mitglieder wirtschaftlich zumutbar sein.[1181] Dies hat der BGH für den Fall einer Verfünffachung der Pflichtein-

1176 Vgl. zu diesem Aspekt im Personengesellschaftsrecht oben S. 25 ff.

1177 BGH, Beschluss v. 19.4.1971 – II ZB 3/70, BGHZ 56, 106, 108 = WM 1971, 650; *Klose*, Zusatzgrundkapital, S. 45; *Schulte*, in: Lang/Weidenmüller, § 18 Rn. 50; *Wiedemann*, Gesellschaftsrecht I, S. 395 f.

1178 BGH, Beschluss v. 19.4.1971 – II ZB 3/70, BGHZ 56, 106, 108 = WM 1971, 650; *Wiedemann*, Gesellschaftsrecht I, S. 396.

1179 BGH, Urt. v. 15.6.1978 – II ZR 13/77, NJW 1978, 2595 = WM 1978, 1005, 1006; *Fandrich*, in: Pöhlmann/Fandrich/Bloehs, § 16 Rn. 11; *Klose*, Zusatzgrundkapital, S. 46; *Schulte*, in: Lang/Weidenmüller, § 18 Rn. 51 ff.; *Wiedemann*, Gesellschaftsrecht I, S. 396: *„Übermaßverbot"*.

1180 BGH, Beschluss v. 19.4.1971 – II ZB 3/70, BGHZ 56, 106, 109 = WM 1971, 650; Urt. v. 15.6.1978 – II ZR 13/77, NJW 1978, 2595 = WM 1978, 1005, 1006; *Schulte*, in: Lang/Weidenmüller, § 18 Rn. 51.

1181 BGH, Urt. v. 15.6.1978 – II ZR 13/77, NJW 1978, 2595 = WM 1978, 1005, 1006; *Fandrich*, in: Pöhlmann/Fandrich/Bloehs, § 16 Rn. 11; *Klose*, Zusatzgrundkapital, S. 46; *Schulte*, in: Lang/Weidenmüller, § 18 Rn. 53; *Wiedemann*, Gesellschaftsrecht I, S. 396.

lage in einer Interessengemeinschaft selbständiger Kaufleute bejaht, die der Sanierung der Genossenschaft diente.[1182] Mithin kommt es bei der Erhöhung des Eigenkapitals einer Genossenschaft auf eine Einzelfallabwägung an[1183], die Ähnlichkeiten mit der Zustimmungspflicht zu einer Beitragserhöhung im Vereinsrecht aufweist[1184]. Die gesetzliche Möglichkeit, wonach die finanziellen Leistungspflichten der Genossenschaftsmitglieder unbegrenzt erhöht werden können, einzugrenzen, ist gerade vor dem Hintergrund des Minderheitenschutzes sachgerecht und angemessen. Zwar sieht das Gesetz in § 67a Abs. 1 S. 1 GenG ein außerordentliches Kündigungsrecht bei den vorbezeichneten Kapitalmaßnahmen vor, welches bei ordnungsgemäßer Ausübung die Zahlungspflicht entfallen lässt (§ 67a Abs. 2 S. 5 GenG). Jedoch wird dieses außerordentliche Kündigungsrecht regelmäßig nur ein finanzschwaches Mitglied nutzen. Um auch diesen Mitgliedern eine weitere Partizipation in der Genossenschaft zu ermöglichen, bedarf es einer der Kündigungsmöglichkeit vorgeschalteten Kontrolle, ob sich die Erhöhung auch in einem sachgerechten und für die Mitglieder zumutbaren[1185] Rahmen bewegt. Die außerordentliche Kündigungsmöglichkeit gem. § 67a Abs. 1 GenG sollte als eine „ultima ratio" betrachtet werden, um einen Ausgleich für individuell unangemessene Zahlungsverpflichtungen zu schaffen.

Somit lässt sich schlussfolgern, dass im Genossenschaftsrecht eine Erhöhung der finanziellen Leistungspflichten aufgrund des fehlenden zwingenden Zustimmungserfordernisses der betroffenen Genossenschaftsmitglieder leichter zu vollziehen ist als bei anderen Gesellschaftsformen. Jedoch ist die Vereinbarung von finanziellen Leistungspflichten wegen der nach § 18 S. 2 GenG geltenden Satzungsstrenge nicht mit der Gestaltungsfreiheit möglich, wie dies etwa im Personengesellschaftsrecht oder GmbH-Recht der Fall ist.

3. Gesetzliche Anforderungen an die Beitrittserklärung

Hinsichtlich der Voraussehbarkeit der finanziellen Leistungspflichten eines Genossenschaftsmitgliedes weist das GenG eine Besonderheit auf. So bedarf die Beitrittserklärung nach § 15 Abs. 1 S. 1 GenG nicht nur der schriftlichen Form. Es sind zudem die inhaltlichen Vorgaben des § 15a GenG einzuhalten. Danach muss die Beitrittserklärung die ausdrückliche Verpflichtung des Mitgliedes enthalten, die Einzahlung des Geschäftsanteils und ggf. beste-

1182 BGH, Urt. v. 15.6.1978 – II ZR 13/77, NJW 1978, 2595 = WM 1978, 1005, 1006.

1183 *Klose*, Zusatzgrundkapital, S. 46.

1184 S. hierzu oben S. 208 ff.

1185 Vgl. zum notwendigen Vergleichsmaßstab hinsichtlich der Zumutbarkeit *Klose*, Zusatzgrundkapital, S. 46 mit Fn. 210.

hende Nachschusspflichten zu leisten. Dabei ist umstritten, ob nach § 15a GenG eine konkrete Bezifferung der Einzahlung auf den Geschäftsanteil und einer beschränkten Nachschusspflicht erforderlich ist. Nach einer Ansicht wird dies bejaht, denn sonst würde die Warnfunktion der Norm entfallen.[1186] Hiergegen spricht jedoch zunächst der Wortlaut der Norm, der eine konkrete Bezifferung des Betrages nicht fordert.[1187] Zudem wird der Schutzzweck der Norm, nämlich beitretende Personen vor den finanziellen Leistungspflichten aufgrund der Mitgliedschaft zu warnen[1188], auch ohne Nennung von Beträgen erreicht, wenn auf die Satzung entsprechend Bezug genommen wird, welches in der Praxis regelmäßig der Fall ist.[1189] In dieser müssen nämlich entsprechende Angaben enthalten sein (§§ 6 Nr. 3, 7 Nr. 1 GenG). Zudem ist dem Antragsteller nach § 15 Abs. 1 S. 2 GenG vor Abgabe seiner Beitrittserklärung eine Abschrift der Satzung in der jeweils geltenden Fassung zur Verfügung zu stellen. Hierdurch ist es dem Antragsteller zumutbar, die Höhe der finanziellen Pflichten zu entnehmen sowie deren Anlass und Zweck.[1190] Zwar spricht für die Nennung eines Betrages in der Beitrittserklärung, dass der Warnfunktion beitretender Mitglieder hierdurch mehr Rechnung getragen wird. Jedoch ist zu beachten, dass im Genossenschaftsrecht auch ohne Zustimmung des betroffenen Mitgliedes eine Erhöhung seines Geschäftsanteils oder der zu leistenden Nachschüsse in der Insolvenz nachträglich mehrheitlich beschlossen werden kann (§ 16 Abs. 2 S. 1 Nr. 2, 4 GenG). Durch die Nennung eines Höchstbetrages würde hingegen suggeriert, dass dies seine abschließend zu erbringende Leistung sei. Aufgrund dieser Gefahr der Ablenkung von späteren Satzungsänderungen ist daher die konkrete Bezifferung der finanziellen Leistungspflichten nach § 15a GenG nicht erforderlich.[1191]

1186 *K. Müller*, GenG, § 15a Rn. 3.

1187 *Beuthien*, GenG, § 15a Rn. 2; *Röhrich*, EWiR 2005, 761, 762; *Schulte*, in: Lang/Weidenmüller, § 15a Rn. 4.

1188 *Fandrich*, in: Pöhlmann/Fandrich/Bloehs, § 15a Rn. 1.

1189 OLG Schleswig, Urt. v. 11.2.2005 – 1 U 113/04, ZIP 2005, 617, 618; OLG Hamburg, Urt. v. 4.4.2008 – 11 U 208/06, BeckRS 2008, 11086; *Röhrich*, EWiR 2005, 761, 762.

1190 *Fandrich*, in: Pöhlmann/Fandrich/Bloehs, § 15a Rn. 1.

1191 OLG Schleswig, Urt. v. 11.2.2005 – 1 U 113/04, ZIP 2005, 617, 618; OLG Hamburg, Urt. v. 4.4.2008 – 11 U 208/06, BeckRS 2008, 11086; *Beuthien*, GenG, § 15a Rn. 2 a. E.; *Fandrich*, in: Pöhlmann/Fandrich/Bloehs, § 15a Rn. 1 a. E.; *Röhrich*, EWiR 2005, 761, 762.

D. Vergleichende Analyse

Nachfolgend soll der eingangs gestellten Frage nachgegangen werden, ob und inwieweit es sich bei dem Belastungsverbot tatsächlich um einen allgemeinen Grundsatz des Gesellschaftsrechts handelt. Zudem ist von Interesse, ob weitere, damit in Zusammenhang stehende allgemeine gesellschaftsrechtliche Prinzipien herausgearbeitet werden können. Es sind dabei die obigen Untersuchungsergebnisse zu den jeweiligen Rechtsformen auf Unterschiede sowie Gemeinsamkeiten hin zu analysieren. Dies soll vor dem Hintergrund geschehen, wie im Einzelnen die jeweils bestehende Konfliktsituation innerhalb eines Verbands gelöst wird und vor allem zu wessen Gunsten. Sodann kann auch geklärt werden, ob im Hinblick auf die konkreten Voraussetzungen eine etwaige Differenzierung zwischen den Verbandsformen sachlich gerechtfertigt ist. Im Zuge dessen gilt es zu untersuchen, ob im Einzelfall bestimmte Kriterien rechtsformübergreifend Anwendung finden sollten. Schließlich ist die als Ausnahme zu betrachtende Zustimmungspflicht hinsichtlich einer Beitragserhöhung zu erörtern und der Frage nachzugehen, wie sich diese generell in das Postulat eines allgemein gültigen Belastungsverbotes einfügt.

I. Beitragsgestaltung

Wie die bisherige Untersuchung gezeigt hat, ist das Problem der Nachschusspflichten regelmäßig mit der Frage verbunden, in welcher Art und Weise finanzielle Leistungspflichten der Verbandsmitglieder vereinbart werden können. Nur wenn feststeht, welche Möglichkeiten zur Vereinbarung von Leistungspflichten bestehen, kann auch deren nachträgliche Erhöhung erörtert werden. Bevor die nachträgliche finanzielle Lastenmehrung eines Verbandsmitgliedes rechtsformübergreifend analysiert wird, sollen daher zunächst die vertraglich zulässigen Beitragsgestaltungen in Personengesellschaften sowie Körperschaften näher in den Blick genommen werden.

1. Personengesellschaftsrecht

Im Personengesellschaftsrecht müssen die Beiträge der Gesellschafter so ausgestaltet sein, dass die finanzielle Belastung des Gesellschafters absehbar ist. Diese Absehbarkeit wird vor allem bei gespaltenen Beitragspflichten durch die zwingend erforderliche Vereinbarung einer Obergrenze gewährleistet. Dabei ergibt sich für den Gesellschafter einer Personengesellschaft – unabhängig von deren tatsächlichen Gestalt – ein hohes Schutzniveau, weil die finanziellen Leistungspflichten eindeutig und konkret benannt werden müssen. Insbesondere durch die erforderliche Eindeutigkeit der gesellschaftsvertraglichen Regelung besteht ein mit dem AGB-Recht vergleichbares Transparenzgebot, vgl. § 307 Abs. 1 S. 2 BGB. Dass insofern auch die Beitrittserklärung mit in die Auslegung einbezogen wird, ist gerade aus Schutzgesichtspunkten sinnvoll und angemessen. Erklärt doch der Beitretende mit der Unterschrift auf der Beitrittserklärung, dass er von deren Inhalt, und regelmäßig damit auch von seiner zukünftigen finanziellen Belastung, Kenntnis genommen hat. Eine gewisse Ausnahme hiervon bildet die offene Beitragspflicht. Hinsichtlich der wirksamen Vereinbarung einer offenen Beitragspflicht wird vollständig auf eine Bezifferung der finanziellen Beiträge verzichtet. Hierbei wird jedoch der Gesellschafter ausreichend durch die notwendige sachliche und wirtschaftliche Begrenzung des Gesellschaftszwecks geschützt. Betrachtet man die zulässige Vereinbarung von Beitragspflichten im Personengesellschaftsrecht, so besteht ein hohes Schutzniveau zugunsten des Gesellschafters. Das Verbandsinteresse, möglichst flexibel die Finanzausstattung der Gesellschaft zu gestalten, muss insoweit zurückstehen.

2. Körperschaftsrecht

Innerhalb des Körperschaftsrechts ist die Rechtslage hingegen differenzierter zu betrachten. Es ist dabei zwischen den einzelnen Rechtsformen zu unterscheiden.

a) Rechtsfähiger Verein

Bei der Grundform der Körperschaften, dem eingetragenen Verein, besteht eine Zweiteilung hinsichtlich der Beitragsregelungen. Die regelmäßigen Beiträge müssen grundsätzlich nicht ziffernmäßig benannt werden, etwa durch die Vereinbarung einer satzungsmäßigen Obergrenze. Die Höhe der regelmäßigen Beiträge korrespondiert allerdings mit der allgemeinen Preisentwicklung. Darüber hinaus muss die jeweilige Beitragserhöhung hinsichtlich der Vereinsbedürfnisse sachlich vertretbar sowie für die Vereinsmitglieder zumutbar sein. Hierdurch kann eine gewisse Voraussehbarkeit der regelmäßigen Beitragsleistungen gewährleistet werden. Im Vergleich zum Personengesellschaftsrecht wird jedoch der Schutz des einzelnen Vereinsmitgliedes gegenüber dem Interesse des Vereins, möglichst flexibel die Beitragsleistungen anzupassen, etwas mehr zurückgestellt. Dies ist aber im Hinblick auf die nur relativ geringe Schwankung des regelmäßigen Beitrags vertretbar, zumal ein sachlicher Grund hierfür gegeben ist. Schließlich wird es dem nichtwirtschaftlichen Verein anderweitig nicht möglich sein die laufenden Kosten des Vereins zu decken. Es besteht bei einem nichtwirtschaftlichen Verein mangels einer zulässigen Erwerbstätigkeit keine nennenswerte alternative Einnahmequelle. Mithin wird ein angemessener Ausgleich zwischen dem Mitglieder- und Verbandsinteresse getroffen. Das Mitgliederinteresse an der Voraussehbarkeit der Beitragsleistungen ist jedoch dann berührt, wenn die regelmäßige Beitragspflicht nicht an die allgemeine Preisentwicklung gekoppelt ist. Insoweit muss – etwa hinsichtlich der regelmäßigen Mitgliederbeiträge in einem Bankensicherungssystem – zwingend eine Obergrenze in der Satzung genannt werden. Dies gilt auch für sämtliche Beitragsleistungen, die über die reguläre Beitragsschuld hinausgehen, sei es als gespaltene Beitragspflicht oder Umlage. Insoweit gelten identische Voraussetzungen im Hinblick auf die Vereinbarung von zusätzlichen Leistungspflichten wie im Personengesellschaftsrecht. Auffällig ist die diesbezüglich nahezu wortgleiche Rechtsprechung des II. Zivilsenats im Personengesellschafts- sowie Vereinsrecht, die jedoch auf einen rechtsformübergreifenden Hinweis gänzlich verzichtet.[1192] Gleichwohl lässt sich hieraus bereits der allgemein gesellschaftsrechtliche Gehalt der Absehbarkeit von Beitragspflichten erkennen.

b) Aktiengesellschaft

Bei der AG ist die Voraussehbarkeit der finanziellen Leistungspflicht eines Aktionärs zwingende Folge der gesetzlichen Vorgaben. So ist die Einlagepflicht des Aktionärs ziffernmäßig auf einen festen Betrag begrenzt. Zudem besteht keine Bezugspflicht bei einer Kapitalerhöhung. Nur im Rahmen von Nebenverpflichtungen gem. § 55 Abs. 1 AktG können flexiblere Leistungspflichten statuiert werden, die jedoch noch nicht einmal mittelbar in Geld bestehen dürfen. Ein Aktionär kann daher aufgrund der ziffernmäßig begrenzten Einlagepflicht seine finanziellen Leistungspflichten stets präzise voraussehen.

c) GmbH

Die Hauptverpflichtung des Gesellschafters einer GmbH, nämlich die Erbringung der Einlage auf den Geschäftsanteil gem. § 14 GmbHG, ist ziffernmäßig begrenzt (§ 14 S. 2 GmbHG) und damit ebenfalls voraussehbar. Insofern besteht eine mit dem Aktienrecht vergleichbare Rechtslage. Jedoch können in der GmbH darüber hinaus satzungsmäßige Nebenleistungspflichten gem. § 3 Abs. 2 GmbHG statuiert werden, welche im Unterschied zum Aktienrecht ebenfalls in Geld bestehen können. Analog zum Personengesell-

1192 Vgl. jedoch zum rechtsformübergreifenden Hinweis des III. Zivilsenats den Nachweis in Fn. 944.

schafts- und Vereinsrecht müssen diese so vereinbart werden, dass sie für den Gesellschafter voraussehbar sind. Somit besteht aufgrund der ziffernmäßig bestimmten Einlagepflicht und den mit dem Personengesellschaftsrecht vergleichbaren Kriterien hinsichtlich der Vereinbarung einer Nebenleistungspflicht grundsätzlich ein hohes Schutzniveau zugunsten eines GmbH-Gesellschafters. Gleichwohl wird dieser Schutz vor unvorhersehbaren finanziellen Leistungspflichten durch die Möglichkeit einer unbeschränkten Nachschusspflicht gem. § 27 GmbHG durchbrochen. Nach dem Willen des Gesetzgebers wird die fehlende Voraussehbarkeit der Leistungspflicht durch das zwingende Preisgaberecht hinreichend kompensiert. Dabei erscheint die Begrifflichkeit der Nachschusspflicht im Recht der GmbH insbesondere im Vergleich zum Personengesellschaftsrecht fraglich. Wird das Problem der Nachschusspflichten als Anwendungsbereich des Belastungsverbotes verstanden, so ist dies im Recht der GmbH gerade nicht der Fall. Wie die obige Erörterung gezeigt hat, ist nämlich zur Geltendmachung der Nachschusspflichten gem. §§ 26 ff. GmbHG eine Zustimmung der betroffenen Gesellschafter gem. § 53 Abs. 3 GmbHG nicht erforderlich. Dies ist nur bei einer nachträglichen Einführung oder Änderung der Nachschusspflichten zu Lasten der Gesellschafter der Fall. Es ist daher vielmehr von einer zulässigen Form einer offen ausgestalteten Beitragsleistung auszugehen, die im Bedarfsfalle von der Mehrheit eingefordert und konkret bestimmt werden kann. Im Gegensatz zur personengesellschaftsrechtlichen zulässigen „offenen Beitragspflicht" findet eine sachliche Eingrenzung im Vorhinein nicht statt. Der individualschützende Charakter des Belastungsverbotes kommt also bei der GmbH im Rahmen bereits vereinbarter, unbeschränkter Nachschusspflichten nicht zum Tragen. Im Hinblick auf die finanziellen Leistungspflichten eines GmbH-Gesellschafters besteht daher – mit Ausnahme einer unbeschränkten Nachschusspflicht – stets eine Voraussehbarkeit der finanziellen Leistungspflichten.

d) Genossenschaft

In der Genossenschaft besteht die finanzielle Leistungspflicht des Genossenschaftsmitgliedes in der Einzahlung des Geschäftsanteils. Die Voraussehbarkeit dieser Leistung wird vor allem durch die Möglichkeit der Einsichtnahme in die Satzung gem. § 15 Abs. 1 S. 2 GenG sichergestellt, die auch zur Pflichteinzahlung Stellung nehmen muss (§ 7 Nr. 1 GenG)[1193]. Dass in der Satzung eine Pflichtbeteiligung mit mehreren Geschäftsanteilen statuiert werden kann (§ 7a Abs. 2 GenG), ändert nichts an diesem Befund. Hinsicht-

1193 Zu den Anforderungen im Einzelnen vgl. *Fandrich*, in: Pöhlmann/Fandrich/Bloehs, § 7 Rn. 8.

lich der originären Beitragspflichten besteht also für ein beitretendes Genossenschaftsmitglied ein hohes Schutzniveau. Grund hierfür ist die Warnfunktion der gem. § 15 Abs. 1 S. 1 GenG zwingend formbedürftigen Beitrittserklärung, welche inhaltlich die Voraussetzungen des § 15a S. 1 GenG erfüllen muss. Zwar ist die Nennung eines ziffernmäßigen Betrages nicht notwendig, jedoch aufgrund des § 15 Abs. 1 S. 2 GenG auch nicht erforderlich.

3. Zwischenergebnis

Grundsätzlich müssen sowohl im Personengesellschaftsrecht als auch im Körperschaftsrecht die finanziellen Leistungspflichten so vereinbart werden, dass sie für die Gesellschafter absehbar sind. Hinsichtlich des Personengesellschaftsrechts ist dieses Erfordernis aus § 707 BGB zu folgern. Im Aktienrecht ergibt sich dies als Folge der strengen Vorschriften hinsichtlich der Vereinbarung von finanziellen Leistungspflichten. Die finanziellen Leistungspflichten eines GmbH-Gesellschafters sind wegen der Bezifferung der zu erbringenden Einlage sowie durch die notwendige Vereinbarung einer Obergrenze hinsichtlich von Nebenleistungspflichten insoweit vorhersehbar. Obwohl im Vereinsrecht eine mit § 707 BGB vergleichbare Vorschrift fehlt und ebenfalls keine Norm Inhalt und Ausmaß der Beiträge zwingend regelt, ist auch hier eine Absehbarkeit der Beiträge gegeben. Die erforderliche Voraussehbarkeit hinsichtlich der finanziellen Lasten, die mit der Mitgliedschaft in einem Verein verbunden sind, hat der BGH dabei als einen allgemeinen verbandsrechtlichen Grundsatz beschrieben.[1194] Dieser Ansicht des BGH ist zuzustimmen, da dieser Grundsatz – wie soeben dargelegt wurde – sowohl im Körperschafts- als auch im Personengesellschaftsrecht Anwendung findet. Mit der Übertragung der strengen Anforderungen hinsichtlich der Vereinbarung von zukünftigen Beitragspflichten im Personengesellschaftsrecht auf das Vereinsrecht hat der BGH diesen Grundsatz auch praktisch angewandt, wenn auch nicht mit der nötigen Vollständigkeit im Einzelfall.[1195] So wäre es aus dogmatischer Sicht konsequent und zu befürworten auch im Vereinsrecht die Beitrittserklärung mit in die Auslegung zur Bestimmung der finanziellen Leistungspflichten einzubeziehen. Die Absehbarkeit der finanziellen Leistungspflichten als einen allgemeinen gesellschaftsrechtlichen Grundsatz zu statuieren führt darüber hinaus zu einem gesicherten Schutzniveau der Gesellschafter, und zwar unabhängig vom Belastungsverbot. Das Verbot, gegen seinen Willen mit weiteren finanziellen Leistungs-

1194 BGH, Urt. v. 10.7.1995 – II ZR 102/94, BGHZ 130, 243, 247 = NJW 1995, 2981; Urt. v. 19.7.2010 – II ZR 23/09, NZG 2010, 1112 f. Rn. 13.

1195 Vgl. hierzu oben S. 200 ff.

pflichten belastet zu werden, erscheint zudem obsolet, wenn Beiträge nicht hinreichend bestimmt und damit vorhersehbar vereinbart sein müssen. Wäre dies nämlich der Fall, so bestünde seitens des Verbandes kein Bedarf, die finanziellen Leistungspflichten der Mitglieder zu erhöhen. Überdies hätte eine zu offene und freie Beitragsgestaltungsmöglichkeit zur Folge, dass eine klare Abgrenzung, ob und wann das Belastungsverbot Anwendung findet, nur schwer möglich wäre.

Daher ist der allgemein gesellschaftsrechtlich geltende Grundsatz, wonach die finanziellen Leistungspflichten einer Mitgliedschaft absehbar sein müssen, ein effektives Individualschutzinstrument, womit unabhängig vom Geltungsbereich des Belastungsverbotes ein angemessenes Schutzniveau der Gesellschafter erreicht werden kann. Dieser Grundsatz ist dem Belastungsverbot vorgeschaltet. Nur wenn die Beitragsregelungen den jeweiligen Anforderungen entsprechen, die regelmäßig die Absehbarkeit beinhalten, kann auch die Erhöhung der Beiträge problematisiert werden.

Eine Ausnahme von diesem allgemeinen Grundsatz der Voraussehbarkeit der finanziellen mitgliedschaftlichen Leistungspflichten stellen die unbeschränkten Nachschusspflichten im Recht der GmbH dar (§ 27 GmbHG). Unabhängig von der schon oben angesprochenen fehlenden praktischen Notwendigkeit der §§ 26 ff. GmbHG, erscheint es durchaus problematisch, ob der fehlende Individualschutz der Gesellschafter durch das Preisgaberecht ausreichend kompensiert wird. Es ist zu berücksichtigen, dass der betroffene Gesellschafter im Fall der Preisgabe häufig keinen angemessenen Ausgleich für seinen Geschäftsanteil erlangen wird, insbesondere wenn die Gesellschaft den Anteil nicht im freihändigen Verkauf veräußert (vgl. § 27 Abs. 2 S. 1 GmbHG). Jedoch wird auch im freihändigen Verkauf (vgl. § 27 Abs. 2 S. 2 GmbHG), regelmäßig nicht der tatsächliche Wert der Beteiligung zu erzielen sein, sondern häufig nur mit Abschlägen.[1196] Zudem hat der preisgebende Gesellschafter nach § 27 Abs. 2 S. 3 GmbHG die Verkaufskosten zu tragen. Dies schmälert zusätzlich den Verkaufserlös. Außerdem zeigt die Erhöhung der finanziellen Lasten eines Genossenschaftsmitgliedes, dass ein unbegrenzter finanzieller Zugriff auf die Verbandsmitglieder auch bei Geltung eines gesetzlichen Mehrheitsprinzips dessen ungeachtet nur begrenzt möglich ist. Hier wird in Gestalt eines Übermaßverbotes eine zwar nicht von vornherein bestimmbare, aber dennoch sachgerechte Grenze gezogen, bis zu der die Genossenschaftsmitglieder gegen ihren Willen finanziell in Anspruch genommen werden können. Solch eine dem Minderheitenschutz dienende Beschränkung wird jedoch im Recht der GmbH nicht vor-

1196 *Sigle*, ZGR 1999, 659, 669.

genommen und führt zu einer bedenklichen Benachteiligung finanzschwacher Gesellschafter einer GmbH[1197]. Trotz dieser allein im GmbH-Recht geltenden Ausnahme ist jedoch von einem allgemeinen Prinzip des Gesellschaftsrechts auszugehen, dass die finanziellen Leistungen der Verbandsmitglieder vorhersehbar sein müssen.

II. Erhöhung der finanziellen Leistungspflichten

Ausgehend vom allgemeinen Grundsatz der Voraussehbarkeit der finanziellen Leistungspflichten im Gesellschaftsrecht ist nunmehr die Frage zu erörtern, ob es sich bei dem Belastungsverbot ebenfalls um einen solchen handelt, wie vielfach ohne nähere Erörterung behauptet wird.[1198]

Hierfür spricht zunächst, dass die das Belastungsverbot beinhaltenden Normen sowohl im Personengesellschaftsrecht (§ 707 BGB) als auch im Körperschaftsrecht (§ 53 Abs. 3 GmbHG, § 180 Abs. 1 AktG) zu finden sind. Überdies zeigen die Normen Parallelen auf. So ist nach hier vertretener Ansicht bei sämtlichen Normen von deren zwingenden Wirkung auszugehen.[1199] Dies verdeutlicht einen rechtsformübergreifenden Individualschutz. Mithin unterliegt das Belastungsverbot nicht dem Mehrheitswillen der Verbandsmitglieder. Vielmehr kann jedes Mitglied individuell die bindende Wirkung einer Lastenvermehrung grundsätzlich freiwillig herbeiführen. Der Gesetzgeber hat also rechtsformübergreifend dem Individualschutz gegenüber dem gesetzlich oder vertraglich geltenden Mehrheitsprinzip einen hohen Stellenwert eingeräumt. Überdies zeigen sich Gemeinsamkeiten in den Rechtsfolgen bei Nichtanwendung der vorbezeichneten Vorschriften. Die erforderliche Zustimmung wird stets als zusätzliches Erfordernis angesehen, welches neben den Beschluss der Gesellschafter tritt. Im Rahmen der Personengesellschaft, der GmbH sowie der AG führt eine fehlende Zustimmung stets zur Unwirksamkeit des Beschlusses.[1200] Eine weitere Vergleichbarkeit im Hinblick auf die vorbezeichneten Normen lässt sich auch daran erkennen, dass die erforderliche Zustimmung ebenfalls antizipiert erklärt werden kann.

1197 Vgl. zu diesem Aspekt *Altmeppen*, in: Roth/Altmeppen, § 27 Rn. 2 a.E.; Michalski/*Zeidler*, § 27 Rn. 2.

1198 Vgl. hierzu die Nachweise in Fn. 5.

1199 S. hierzu oben S. 40 ff.

1200 Gleichwohl ist im Personengesellschaftsrecht und GmbH-Recht zwischen den zustimmenden sowie dissentierenden Gesellschaftern zu differenzieren, s. hierzu oben S. 133 ff.

Bei näherer Betrachtung ergibt sich jedoch ein differenzierteres Bild hinsichtlich der Ausformung des Belastungsverbotes im Gesellschaftsrecht. So ist zu beachten, dass im Aktienrecht § 180 Abs. 1 AktG nur für die nachträgliche Begründung oder Erweiterung von Nebenleistungen i. S. d. § 55 Abs. 1 AktG Anwendung findet. Die Erhöhung der finanziellen Leistungspflichten ist von § 180 Abs. 1 AktG ausgenommen. Ein erweiterter Anwendungsbereich der Norm ist aufgrund der strengen Kapitalaufbringungsregeln im Aktienrecht auch nicht erforderlich. Bereits aus diesen ergibt sich, dass auch mit der Zustimmung eines Aktionärs eine Erhöhung seiner satzungsmäßigen finanziellen Leistungspflicht nicht möglich ist, denn der Ausgabebetrag der Aktien stellt den Höchstbetrag dar (§ 54 Abs. 1 AktG). Im Hinblick auf die finanziellen Leistungspflichten eines Aktionärs lässt sich daher festhalten, dass für ihn das Belastungsverbot uneingeschränkt, mithin „absolut“ gilt, und zwar unabhängig von § 180 Abs. 1 AktG. Zudem besteht keine Bezugspflicht im Rahmen einer Kapitalerhöhung. Sollte ein Aktionär von seinem Bezugsrecht gem. § 186 Abs. 1 AktG keinen Gebrauch machen, so schmälert sich damit seine Beteiligungsquote. Regelmäßig wird dies jedoch mit einer geringeren finanziellen Belastung einhergehen, etwa durch eine verhältnismäßige Reduzierung der Dividende, als sich zur Zeichnung neuer Aktien zu verpflichten. Dieses „absolut“ geltende Belastungsverbot wird deshalb regelmäßig zu Recht mit der Feststellung umschrieben, dass Nachschusspflichten dem Aktienrecht fremd seien.[1201] Das finanzielle Belastungsverbot im Aktienrecht ist demnach mit dem sog. unverzichtbaren Kernbereich eines Personengesellschafters zu vergleichen, wo ebenfalls die Zustimmung des betroffenen Gesellschafters nicht zu einem wirksamen Verzicht der Rechtsposition führen kann.[1202]

Im Personengesellschafts-, Vereins- und GmbH-Recht besteht hingegen die Möglichkeit mit Zustimmung des betroffenen Verbandsmitgliedes die finanziellen Leistungspflichten zu erhöhen. Insoweit gilt das Belastungsverbot also „relativ“, denn es steht zur Disposition des Einzelnen. Dies deckt sich mit der hier vertretenen Annahme, dass das Belastungsverbot zum unentziehbaren, nicht jedoch zum unverzichtbaren Kernbereich eines Gesellschafters einer Personengesellschaft gehört.[1203]

Die allgemeine und rechtsformübergreifende Gültigkeit des Belastungsverbotes im Gesellschaftsrecht zeigt sich in der Erforderlichkeit einer Zustimmung, wenn die Beitragsleistungen eines Vereinsmitgliedes begründet oder

1201 Vgl. hierzu die Nachweise in Fn. 1078.

1202 Vgl. hierzu oben S. 80 ff.

1203 S. hierzu oben S. 80 ff.

erhöht werden sollen. Eine solche ist notwendig, obwohl eine mit § 707 BGB, § 53 Abs. 3 GmbHG oder § 180 Abs. 1 AktG vergleichbare Vorschrift im Vereinsrecht fehlt. Schließlich könnte aufgrund des gesetzlich vorgesehenen Mehrheitsprinzips im Vereinsrecht (§§ 32 Abs. 1 S. 3, 33 Abs. 1 S. 1 BGB) eine andere Ansicht vertretbar sein. Die Begründung zusätzlicher Beiträge stellt eine Satzungsänderung dar, bei der nach der Gesetzesanwendung gem. § 33 Abs. 1 S. 1 BGB eine qualifizierte Mehrheit ausreichend ist. Überdies könnte ein fehlendes Zustimmungserfordernis aus dem Umkehrschluss ableitet werden, dass eine vergleichbare Vorschrift wie § 707 BGB oder § 53 Abs. 3 GmbHG im Vereinsrecht fehlt und zudem das – gleichwohl dispositive (§ 40 BGB) – Gesetz lediglich für den Fall der Zweckänderung Einstimmigkeit vorsieht (§ 33 Abs. 1 S. 2 BGB). Außerdem wird in § 35 BGB die Zustimmung eines betroffenen Vereinsmitgliedes ausdrücklich nur bei der Beeinträchtigung von Sonderrechten gefordert. Werden jedoch die Beiträge sämtlicher Mitglieder erhöht oder zusätzliche Beiträge begründet, so stellt dies keinen Eingriff in ein Sonderrecht dar.

Gleichwohl würde die fehlende Anwendung des Belastungsverbotes im Vereinsrecht die Mitgliedschaft in einem nichtwirtschaftlichen Verein mit hohen finanziellen Risiken behaften. Dies kann zu untragbaren Ergebnissen für das einzelne Vereinsmitglied führen und wäre sachlich nicht gerechtfertigt. Ein nichtwirtschaftlicher Verein kann bereits durch die flexible Gestaltung der regelmäßigen Beiträge seine laufenden Kosten decken. Sollen die Mitglieder darüber hinaus finanzielle Beiträge leisten, so ist aus Gründen eines effektiven Individualschutzes eine Zustimmung der Mitglieder notwendig. Zudem kann gegen das Argument, wonach im Vereinsrecht grundsätzlich das Mehrheitsprinzip Anwendung findet, eingewendet werden, dass dieses auch im GmbH-Recht gilt (§§ 47 Abs. 1, 53 Abs. 2 S. 1 GmbHG). Gleichwohl ist hier gem. § 53 Abs. 3 GmbHG das Belastungsverbot ebenfalls spezialgesetzlich verankert. Zudem ist die nach § 707 BGB erforderliche Zustimmung auch dann notwendig, wenn das gesetzliche Einstimmigkeitsprinzip wirksam zugunsten des Mehrheitsprinzips abbedungen worden ist. Dies macht noch einmal deutlich, dass bei einer Beitragserhöhung die Zustimmung des betroffenen Verbandsmitgliedes ein zusätzliches Erfordernis neben dem Gesellschafterbeschluss darstellt. So bedarf es etwa auch dann der Zustimmung eines betroffenen Gesellschafters, wenn sein Stimmrecht ausgeschlossen sein sollte.[1204] Die Frage nach dem Mehr-

---

1204 BGH, Urt. v. 14.5.1956 – II ZR 229/54, BGHZ 20, 363, 368 f. = NJW 1956, 1198; *Roth*, in: Roth/Altmeppen, § 53 Rn. 44; *Schäfer*, Geschäftsanteil, S. 59 ff.; Scholz/*Priester/Veil*, § 53 Rn. 92; *Zimmermann*, in: Rowedder/Schmidt-Leithoff, § 53 Rn. 55.

heitsprinzip beinhaltet lediglich eine Antwort darauf, wem die formale Beschlusskompetenz zukommt. Über den Individualschutz ist damit ohne ausdrückliche gesetzliche Anordnung, dass die Beiträge mittels einer Mehrheitsentscheidung erhöht werden können, noch keine weitere Bewertung vorgenommen.

Ein Beispiel, wo eine entsprechende gesetzgeberische Bewertung ausnahmsweise erfolgt ist, findet sich im Genossenschaftsrecht. Zum einen fehlt hier eine das Belastungsverbot beinhaltende Norm. Zum anderen sieht das Gesetz ausdrücklich die Möglichkeit vor, mittels einer satzungsändernden Mehrheitsentscheidung die finanziellen Leistungspflichten bindend für sämtliche Mitglieder zu erhöhen (§ 16 Abs. 2 S. 1 Nr. 2, 3 und 4 GenG). Als Ausgleich für diese allein durch einen Mehrheitsbeschluss verpflichtende Lastenvermehrung sieht das GenG ein außerordentliches Kündigungsrecht vor (§ 67a Abs. 1 GenG). Dieses dem Minderheitenschutz dienende Kündigungsrecht[1205] macht deutlich, dass insoweit ein Individualschutz bei Lastenvermehrungen im Genossenschaftsrecht fehlt. Lediglich ein der regelmäßig finanzschwachen Minderheit dienendes Übermaßverbot verhindert, dass die Erhöhung der finanziellen Leistungspflichten über einen im Einzelfall sachlich nicht gerechtfertigten und zumutbaren Rahmen hinausgeht.

Dieser Befund lässt nach einer Ansicht den Schluss zu, dass im Genossenschaftsrecht der Individualschutz unterbewertet, im Recht der Personengesellschaften und GmbH hingegen überwertet sei.[1206] Diese Ansicht lässt sich nach der vorstehenden Analyse sogar noch drastischer dahingehend formulieren, dass im Personengesellschaftsrecht und im Grundsatz auch im GmbH-Recht ein Individualschutz besteht, im Genossenschaftsrecht hingegen eine übermäßige finanzielle Belastung allein durch einen Minderheitenschutz sichergestellt wird. Der Individualschutz ist mithin nicht unterbewertet, sondern er besteht nicht mangels Geltung des Belastungsverbotes.

Fraglich ist jedoch, ob sich der fehlende Individualschutz mit der besonderen Struktur der Genossenschaft erklären lässt. Hierzu lässt sich anführen, dass der primäre Zweck der Genossenschaft vom Gesetz her nicht in einer Gewinnerzielungsabsicht liegen muss (§ 1 Abs. 1 GenG) und auch nicht darf[1207]. Somit muss die Genossenschaft im Wesentlichen mittels der eingezahlten Geschäftsanteile ihren satzungsmäßigen Zweck, nämlich durch einen

1205 *Fandrich*, in: Pöhlmann/Fandrich/Bloehs, § 67a Rn. 1.

1206 *Wiedemann*, Gesellschaftsrecht I, S. 396.

1207 *Fandrich*, in: Pöhlmann/Fandrich/Bloehs, § 1 Rn. 6; *Kübler/Assmann*, Gesellschaftsrecht, S. 145; *K. Müller*, GenG, § 1 Rn. 33; *Schulte*, in: Lang/Weidenmüller, § 1 Rn. 28.

gemeinschaftlichen Geschäftsbetrieb ihre Mitglieder zu fördern, erfüllen. Zudem besteht stets die Gefahr der Schmälerung des Genossenschaftsvermögens, unabhängig vom wirtschaftlichen Handeln der Genossenschaft. Aufgrund der Austrittsmöglichkeit der Genossenschaftsmitglieder (§ 65 Abs. 1, 5 GenG) kann dies regelmäßig durch die Geltendmachung des Auseinandersetzungsguthabens (vgl. § 73 GenG) eintreten. Trotz der Beschränkungsmöglichkeiten einer Kündigung (§ 65 Abs. 2 S. 2, 3 GenG) und des Auseinandersetzungsanspruches beim Ausscheiden (§ 73 Abs. 3 S. 2 GenG) kann es notwendig sein, dass eine finanzielle Unterstützung der Genossenschaft durch dessen Mitglieder zur weiteren Zweckverfolgung erforderlich ist. Die mit einer finanziellen Stärkung des Genossenschaftskapitals einhergehende Verbesserung der Wettbewerbsfähigkeit hat der BGH bereits früh als ein Ziel formuliert, welches in modernen wirtschaftlichen Verhältnissen besondere Bedeutung habe.[1208] An diesem Ziel hat sich für die Genossenschaften nichts geändert, zumal die Wettbewerbssituation für viele Genossenschaften wohl eher schwieriger als leichter geworden ist. Daher ist der Verzicht eines Individualschutzes zugunsten der Genossenschaftsmitglieder zum einen der besonderen Struktur dieser Rechtsform geschuldet. Zum anderen wird durch die Begrenzung der Erhöhung von finanziellen Leistungspflichten und dem außerordentlichen Kündigungsrecht gem. § 67a Abs. 1 GenG ein gewisser Schutz einer i.d.R. finanzschwachen Minderheit gewährleistet.

Es lässt sich daher feststellen, dass das Belastungsverbot im Genossenschaftsrecht nicht gilt. Jedoch tritt an seine Stelle ein als Übermaßverbot zu bezeichnender Schutz der Mitglieder. Aufgrund dessen ist ein Genossenschaftsmitglied vor einer unangemessenen sowie schrankenlosen finanziellen Belastung geschützt.

Auf Grundlage der nunmehr gewonnenen Erkenntnisse lässt sich das Belastungsverbot als allgemeiner Grundsatz des Gesellschaftsrechts beschreiben. Er findet rechtsformübergreifend Anwendung. Dennoch ist der Grundsatz im Gesellschaftsrecht verschieden stark ausgeprägt und erfährt im Genossenschaftsrecht eine Ausnahme. Es lässt sich daher die These widerlegen, dass das auch als „Freiheitsrecht“ bezeichnete Belastungsverbot unabhängig von der Rechtsform als Personen- oder Kapitalgesellschaft sowie unabhängig von dem Charakter des Verbandes als personalistisch oder körperschaftlich gilt.[1209] Zudem zeigt sich das eingangs dargestellte Postulat, wonach sich die Regelung des § 707 BGB bereits aus allgemeinen Prin-

1208 BGH, Beschluss v. 19.4.1971 – II ZB 3/70, BGHZ 56, 106, 109 = WM 1971, 650.
1209 So aber *Wiedemann*, ZGR 1977, 690, 692.

zipien herleiten lasse[1210], vor dem Hintergrund der in dieser Untersuchung gewonnenen Erkenntnisse als problematisch. Die Differenzierung zwischen Vereins- und Genossenschaftsrecht zeigt, dass auch ohne eine das Belastungsverbot beinhaltende Norm eine Übertragung des Belastungsverbotes auf andere Rechtsformen nicht zwangsläufig vorgenommen werden kann. Es bedarf vielmehr einer differenzierten Betrachtungsweise, gerade auch im Hinblick auf die gesetzgeberische Wertung. Überdies ist zu beachten, dass § 53 Abs. 3 GmbHG sowie § 180 Abs. 1 AktG aufgrund der kapitalgesellschaftsrechtlichen Besonderheiten, wie etwa die Möglichkeit einer Kapitalerhöhung, eine weitaus geringere Anwendung erfahren als dies bei § 707 BGB der Fall ist. Mithin hat § 707 BGB als spezialgesetzliche Ausformung des Belastungsverbotes einen wesentlichen Anteil daran, dass das Belastungsverbot als ein allgemein gesellschaftsrechtlicher Grundsatz angesehen wird. Ob bei der mangelnden gesetzlichen Fixierung einer mit § 707 BGB vergleichbaren Norm im Personengesellschaftsrecht allein aufgrund der § 53 Abs. 3 GmbHG, § 180 Abs. 1 AktG das Belastungsverbot im Personengesellschaftsrecht Anwendung finden würde, erscheint mehr als fraglich. Dies auch deswegen, weil im Aktien- und GmbH-Recht kein einheitliches Belastungsverbot gilt, sondern dies einerseits als unverzichtbares, andererseits als unentziehbares Individualrecht ausgestaltet ist. Die besondere Bedeutung des § 707 BGB zeigt sich auch außerhalb vom Anwendungsbereich des Belastungsverbotes in der „Ausstrahlungswirkung" auf die Gestaltung von Beitragsregelungen. Außerdem darf nicht das besondere Gewicht des Belastungsverbotes in anderen dogmatischen Streitigkeiten verkannt werden. So hat schließlich bereits das RG anhand des Belastungsverbotes den Bestimmtheitsgrundsatz entwickelt.[1211] Die besondere Bedeutung des § 707 BGB zeigt sich auch darin, dass der BGH in der *„Otto"*-Entscheidung ausdrücklich auf den Problembereich der nachträglichen Beitragserhöhung hingewiesen hat, obwohl dieser nicht entscheidungserheblich war.[1212]

Abschließend kann nunmehr festgestellt werden, dass das Belastungsverbot im Hinblick auf die Erhöhung der finanziellen Leistungspflichten in einer AG am strengsten gilt. Insoweit resultiert aus dem Belastungsverbot ein unverzichtbares Individualschutzinstrument. Etwas geringer ist das Belastungsverbot im Personengesellschafts- und Vereinsrecht ausgeprägt. Dies liegt darin begründet, dass mit Zustimmung der Verbandsmitglieder die finanziellen Leistungspflichten nachträglich erhöht werden können. Zudem kann unter bestimmten, engen Voraussetzungen die gesellschaftsrechtliche Treue-

1210 Staudinger/*Habermeier*, § 707 Rn. 1.
1211 S. hierzu die Nachweise in Fn. 333, 335.
1212 S. hierzu oben S. 85 ff.

pflicht eine Erhöhung der Beiträge auch gegen den Willen der Gesellschafter gebieten. Insoweit besteht nach hier vertretener Ansicht entgegen § 707 BGB ausnahmsweise eine Nachschusspflicht. In der GmbH gilt das Belastungsverbot ebenfalls als ein unentziehbares Individualschutzinstrument. Dem Genossenschaftsrecht ist das Belastungsverbot fremd. Stattdessen gilt hier das dem Minderheitenschutz dienende Übermaßverbot.

III. Pflicht zur Leistung höherer Beiträge

Eine Durchbrechung des Belastungsverbotes stellt die Pflicht zur Zahlung eines erhöhten Beitrags aufgrund der gesellschaftsrechtlichen Treuepflicht dar. Sie stellt also eine Nachschusspflicht aus objektivem Recht dar. Dieser Befund überrascht zunächst, insbesondere vor dem Hintergrund der zwingenden Wirkung der das Belastungsverbot beinhaltenden Normen. Hinsichtlich dieses Problemkreises ist ebenfalls zwischen den Rechtsformen zu differenzieren.

Im Aktienrecht ist eine Pflicht zur Erhöhung der satzungsmäßigen Einlage ausgeschlossen. Grund hierfür ist, dass selbst mit Zustimmung der Aktionäre die mitgliedschaftlichen finanziellen Leistungspflichten nicht erhöht werden können. Im GmbH-Recht kommt eine Pflicht zur Übernahme weiterer Leistungspflichten, etwa die Erhöhung der Stammeinlage, lediglich in wenigen Sonderfällen sowie bei einer nur unwesentlichen finanziellen Belastung des Gesellschafters in Betracht. Dies ist auch sachgemäß, denn diesen Rechtsformen steht schon von Gesetzes wegen mit der Möglichkeit einer Kapitalerhöhung eine für die Gesellschafter schonendere Eigenkapitalbeschaffung zur Verfügung. Indes kann bezüglich eines Kapitalerhöhungsbeschlusses im Falle einer Sanierung eine Zustimmungspflicht bestehen. Die entsprechenden Grundsätze und Voraussetzungen, nach denen eine Zustimmungspflicht bejaht werden kann, verfügen über einen allgemein gesellschaftsrechtlichen Gehalt und lassen sich auch auf das Personengesellschaftsrecht übertragen.

Die Gesellschafter einer Personengesellschaft können unter engen Voraussetzungen zu erhöhten Beiträgen verpflichtet werden. Gleichwohl ist diese Möglichkeit als „ultima ratio“ einzuordnen, so dass etwa eine gesellschaftsvertraglich vorgesehene Kapitalerhöhung Vorrang genießt. Durch die engen Voraussetzungen, bei deren Vorliegen eine Beitragserhöhungspflicht angenommen werden kann, besteht lediglich ein sehr schmaler Anwendungsbereich für die Durchbrechung des Belastungsverbotes, und damit einer Nachschusspflicht. Zudem wird auch im Rahmen der Zustimmungspflicht zu einer Leistungsvermehrung durch die Prüfung der individuellen Zumutbarkeit hinsichtlich der finanziellen Leistungspflicht der jeweiligen Leistungsfähigkeit des Gesellschafters hinreichend Rechnung getragen. Außerdem ist die Beitragserhöhungspflicht als ein Korrektiv zu verstehen, welches ausschließlich wirtschaftlich notwendige und sinnvolle Maßnahmen ermöglichen soll. Dies ist regelmäßig der Fall, wenn sie eine für die Gesellschafter wirtschaftlich nachteilige Gesellschaftsliquidation, etwa aufgrund der gesetzlichen Nachschusspflicht, verhindern soll. Die Beitragserhöhungspflicht eines Gesellschafters soll also für wenige Ausnahmefälle die wirtschaftlich einzig sinnvolle Handlungsalternative für den weiteren Bestand der Gesellschaft sicherstellen.

Fraglich ist jedoch, inwieweit sich eine Zustimmungspflicht zu einer Beitragserhöhung mit dem Belastungsverbot vereinbaren lässt, insbesondere vor dem Hintergrund des Schutzzwecks des Belastungsverbotes. Zwar wird mit einer Pflicht zur Leistung höherer Beiträge gegen das Belastungsverbot, und damit den Individualschutz, verstoßen. Betrachtet man jedoch die im Rahmen dieser Untersuchung erörterten Kriterien einer Zustimmungspflicht genauer[1213], so garantieren diese im Einzelfall das geringste finanzielle Belastungsniveau für den einzelnen Gesellschafter, welches er auch persönlich zu leisten im Stande ist. Das Belastungsverbot würde sich bei dessen starrer Anwendung als nur vorläufiger Schutz vor finanziellen Belastungen erweisen, denn durch die gesetzliche Nachschusspflicht gem. § 735 BGB können sich diese erheblich steigern. Dem Gesellschafter kann jedoch regelmäßig das Interesse unterstellt werden, dass er während seiner gesamten Mitgliedschaft in einer Personengesellschaft seine finanziellen Belastungen möglichst gering halten möchte. Mithin besteht für den einzelnen Gesellschafter über das individuelle Interesse hinaus, während der werbend tätigen Gesellschaft nicht gegen seinen Willen mit weiteren Beiträgen konfrontiert zu werden, das Interesse an einer möglichst geringen finanziellen Belastung während der gesamten Mitgliedschaft, also etwa auch während der Liquidation. Diesem ebenfalls individuellen Interesse kann jedoch nur dann entsprochen werden, wenn die Frage einer objektiven Nachschusspflicht nicht nur auf Grundlage des Zeitraums der werbend tätigen Gesellschaft, sondern ebenfalls unter Berücksichtigung einer späteren Liquidation. Mithin werden auch bei einer Pflicht zur Leistung höherer Beiträge die individuellen Interessen der Gesellschafter hinreichend sowie angemessen berücksichtigt.

Im Vereinsrecht kann ein Vereinsmitglied ebenfalls zu höheren Beiträgen verpflichtet werden, wenn dies für den Fortbestand des Vereins unabweisbar notwendig ist. Im Unterschied zum Personengesellschaftsrecht kommt es

1213 S. hierzu oben S. 115 ff.

nach Ansicht des BGH jedoch nicht auf eine individuelle, sondern generelle Zumutbarkeit der Beitragserhöhung an. Zudem soll dem Vereinsmitglied ein Sonderkündigungsrecht zustehen, durch dessen rechtzeitige Ausübung die Leistungspflicht entfällt. Dies ist deswegen problematisch und nach hier vertretener Ansicht abzulehnen, weil hierdurch finanzschwache Mitglieder aus dem Verein gedrängt werden. Es ist daher wie im Personengesellschaftsrecht auf eine individuelle Zumutbarkeit der erhöhten Beitragspflicht abzustellen. Dies schließt ebenfalls ein Sonderkündigungsrecht aus, denn es mangelt am Vorliegen eines wichtigen Grundes. Liegt nämlich eine individuelle Zumutbarkeit der erhöhten Leistungspflicht vor, ist auch die weitere Mitgliedschaft zumutbar.

Dessen ungeachtet kann erwogen werden, die Grundsätze des BGH zur Beitragserhöhungspflicht im Vereinsrecht auf das Personengesellschaftsrecht zu übertragen.[1214] Insoweit ist vor allem die Frage von Interesse, ob sich auch ein Gesellschafter einer Personengesellschaft durch eine außerordentliche Kündigung von seiner erhöhten Leistungspflicht befreien kann.

Für eine Ausstrahlungswirkung der vereinsrechtlichen Rechtsprechung des BGH auf das Personengesellschaftsrecht könnte sprechen, dass der II. Zivilsenat ausnahmsweise in einer Entscheidung eine Beitragserhöhungspflicht angenommen hat.[1215] Insoweit besteht also ein Vorteil darin, dass „positive" Kriterien herangezogen werden können, die eine Zustimmungspflicht nahe legen. Zudem konnte der BGH auch zu den Rechtsfolgen einer Umlagepflicht Stellung nehmen. Aufgrund dessen hat er zu den Voraussetzungen eines Sonderkündigungsrechts näher Stellung genommen. Im Personengesellschaftsrecht stellte sich das Problem eines Sonderkündigungsrechts hingegen nicht, weil eine Zustimmungspflicht zu einer Beitragserhöhung in den aktuellen Urteilen stets verneint worden ist.[1216] Überdies weist die vereinsrechtliche Rechtsprechung des BGH eine hohe Aktualität auf, denn sie ist nach den Urteilen betreffend einer Zustimmungspflicht im Personengesellschaftsrecht ergangen.[1217]

Fraglich ist jedoch, ob allein diese Gründe eine Übertragung der Grundsätze aus dem Vereinsrecht auf das Personengesellschaftsrecht rechtfertigen. Zunächst ist darauf hinzuweisen, dass der II. Zivilsenat des BGH eine Umlage-

1214 *Gehrlein*, BB 2008, 16, 17; *Möller*, BB 2008, 238, 239.

1215 S. hierzu oben S. 213 ff.

1216 Vgl. hierzu die Nachweise in Fn. 552.

1217 Eine Ausnahme bildet lediglich das Urt. v. 19.10.2009 – II ZR 240/08, BGHZ 183, 1 = NJW 2010, 65 – *„Sanieren oder Ausscheiden"*, welches jedoch nicht die Zustimmungspflicht zu einer Beitragserhöhung zum Gegenstand hat, sondern hinsichtlich des zwangsweisen Ausscheidens, vgl. hierzu oben S. 153 ff.

pflicht im Vereinsrecht bejaht hat, jedoch auf eine Bezugnahme seiner entsprechenden Rechtsprechung im Personengesellschaftsrecht vollständig verzichtet hat. Zudem hat er hinsichtlich der Pflicht zur Leistung zusätzlicher Beiträge andere Voraussetzungen als im Personengesellschaftsrecht aufgestellt. Dies verkennt der nicht für das Gesellschaftsrecht zuständige III. Zivilsenat des BGH, der rechtsformübergreifend auf die scheinbar identischen, durch den II. Zivilsenat aufgestellten Voraussetzungen hinsichtlich der Zustimmungspflicht im Personengesellschafts- und Vereinsrecht hinweist.[1218] Insbesondere wird aufgrund der Benennung identischer Voraussetzungen fälschlicherweise der Eindruck vermittelt, dass vom II. Zivilsenat im Vereinsrecht eine individuelle, und nicht eine generelle Zumutbarkeitsprüfung durchgeführt wird. Insoweit ist jedoch von einer bewussten Abgrenzung zum Personengesellschaftsrecht auszugehen. Der II. Zivilsenat hat für diese Rechtsform ausdrücklich klargestellt, dass insoweit die Kriterien einer Zustimmungspflicht höchstrichterlich geklärt seien.[1219] Eine Abkehr von dieser gefestigten Rechtsprechung im Personengesellschaftsrecht ist jedoch allein aufgrund der Herausarbeitung eigenständiger Kriterien im Vereinsrecht nicht feststellbar, zumal stets der für das Gesellschaftsrecht zuständige II. Zivilsenat in Kenntnis der entsprechenden Voraussetzungen im Personengesellschaftsrecht geurteilt hat. Überdies hat der II. Zivilsenat in den früheren Urteilen, in denen er eine Zustimmungspflicht im Personengesellschaftsrecht bejaht hat[1220], die Frage des Sonderkündigungsrechts im Gegensatz zum Vereinsrecht vollkommen unerwähnt gelassen. Außerdem ist zu beachten, dass allein durch die Zubilligung eines Sonderkündigungsrechts im Vereinsrecht eine für das einzelne Vereinsmitglied noch zumutbare Lösung gefunden wird.[1221] Im Personengesellschaftsrecht ist aufgrund der individuellen Zumutbarkeitsprüfung ein Sonderkündigungsrecht hingegen obsolet, da bei einer Unzumutbarkeit der Beitragserhöhung schon eine Zustimmungspflicht zu einer Beitragserhöhung entfällt. Es bedarf daher zum Schutz der Gesellschafter keines Sonderkündigungsrechts. Das Bestehen eines Sonderkündigungsrechts bei einer Zustimmungspflicht zu einer Beitragserhöhung im Personengesellschaftsrecht hätte zudem bedenkliche Folgen, sowohl für die Gesellschaft also auch für die Gesellschafter. Es birgt nämlich die Gefahr einer Massenflucht der Gesellschafter aus der Gesellschaft.[1222] Dies wiederum hätte zur Folge, dass die austretenden Gesellschafter ihren Auseinander-

1218 BGH, Urt. v. 2.7.2009 – III ZR 333/08, NZG 2009, 1143 Rn. 11.

1219 Vgl. hierzu die Nachweise in Fn. 553.

1220 Ausführlich hierzu oben S. 121 ff.

1221 Vgl. hierzu oben S. 221 ff.

1222 BGH, Urt. v. 12.5.1977 – II ZR 89/75, BGHZ 69, 160, 163 = NJW 1977, 2160 (betr. Sonderkündigungsrecht wg. Unmöglichwerdens des Gesellschaftszwecks).

setzungsanspruch gem. § 738 Abs. 1 S. 2 BGB (ggf. i.V.m. §§ 105 Abs. 3, 161 Abs. 2 HGB oder § 1 Abs. 4 PartGG) geltend machen und das Gesellschaftsvermögen, soweit noch vorhanden, weiter geschmälert oder gar vollständig aufgezehrt wird. Die Last und Verantwortung im Hinblick auf eine notwendige Liquidation würde allein den verbliebenen Gesellschaftern aufgebürdet werden, obwohl sämtliche Gesellschafter von dem Kündigungsgrund betroffen sind. Dies gilt insbesondere dann, wenn die Zumutbarkeit der Beitragserhöhung wie im Vereinsrecht nicht individuell, sondern generell bestimmt wird. Nach Ansicht des BGH sind die Folgen der Zubilligung eines Sonderkündigungsrechts in einer Publikums-KG, wenn der Gesellschaftszweck nicht mehr erreicht werden kann, unbillig und stehen in Widerspruch dazu, dass die Gesellschafter mit ihrem Beitritt in die Gesellschaft mit den restlichen Gesellschaftern eine Risikogemeinschaft darstellen.[1223] Dies muss auch dann gelten, wenn das Sonderkündigungsrecht aufgrund einer Zustimmungspflicht zu einer Beitragserhöhung besteht, denn auch insoweit wären alle Gesellschafter von dem Kündigungsgrund (Beitragserhöhungspflicht) betroffen. Gerade die persönliche Haftung der Gesellschafter einer Personengesellschaft sowie ihre Verbundenheit als Risiko- und Haftungsgemeinschaft stellen einen wesentlichen Unterschied zum Vereinsrecht dar. Zwar ist darauf hinzuweisen, dass vor allem bei Publikumspersonengesellschaften in Form einer GbR die persönliche Haftung quotal beschränkt wird.[1224] Jedoch bezogen sich die vorbezeichneten Erwägungen des BGH auf die Kommanditisten einer Publikums-KG, die gem. § 171 Abs. 1 1. HS HGB ebenfalls nur begrenzt persönlich haften. Insoweit besteht also kein Unterschied zu einer Publikums-GbR mit einer quotalen Haftungsbegrenzung der Gesellschafter. Zudem kann auch bei einer beschränkten persönlichen Haftung, insbesondere bei Schmälerung des Gesellschaftsvermögens, eine beträchtliche Haftungssumme in Betracht kommen. Mithin wäre eine Übertragung der Grundsätze des Vereinsrechts auf das Personengesellschaftsrecht, insbesondere des Sonderkündigungsrechts, unangemessen und berücksichtigt nicht hinreichend die Struktur der Personengesellschaft. Zudem hätte sie unbillige Ergebnisse für die in der Gesellschaft verbleibenden Gesellschafter zur Folge. Die vereinsrechtliche Rechtsprechung des BGH hat daher keine Ausstrahlungswirkung auf das Personengesellschaftsrecht bezüglich der Pflicht zur Leistung höherer Beiträge.

1223 BGH, Urt. v. 12.5.1977 – II ZR 89/75, BGHZ 69, 160, 163 = NJW 1977, 2160.

1224 Vgl. hierzu BGH, Urt. v. 21.1.2002 – II ZR 2/00, BGHZ 150, 1, 4 f. = NJW 2002, 1642; *Holmer*, Geschlossener Immobilienfonds, S. 47 ff.; *Schäfer*, FS Nobbe, 2009, S. 909 ff.; *Timm/Schöne*, in: Bamberger/Roth; § 714 Rn. 45; *Ulmer/Schäfer*, in: MünchKomm-BGB, § 714 Rn. 64 f.

IV. Ausblick – Rechtspolitische Diskussion

Im Hinblick auf die rechtswissenschaftliche Diskussion sowie Praxisrelevanz der Nachschusspflichten liegt der Schwerpunkt, wie bereits dargestellt, nicht bei den gesetzlich vorgesehenen Nachschusspflichten im Recht der GmbH, sondern vielmehr bei den Publikumspersonengesellschaften. Am Ende dieser Untersuchung soll diesbezüglich auf rechtspolitische Vorschläge eingegangen werden, also ob ein Änderungsbedarf an der gegenwärtigen Gesetzeslage besteht. Im Rahmen dieser Untersuchung ist deutlich geworden, dass der Schutz des Gesellschafters vor weiteren finanziellen Leistungspflichten im Mittelpunkt steht. Es soll daher die Frage aufgeworfen werden, ob ein erhöhtes Schutzbedürfnis des einzelnen Anlegers einer Publikumspersonengesellschaft besteht, welches durch entsprechende gesetzliche Regelungen sichergestellt werden könnte.

Nach einer Ansicht wird für einen erhöhten Präventivschutz zugunsten der beitretenden Anleger eines geschlossenen Fonds, mithin einer Publikumspersonengesellschaft, plädiert[1225], die in der Regel Verbraucher gem. § 13 BGB sind[1226]. Zwar wird von dieser Ansicht durchaus erkannt, dass mit der Anwendung des VerkProspG auf geschlossene Fonds gem. § 8f Abs. 1 VerkProspG eine gewisse Transparenz hergestellt wird. So müssen in einem Prospekt nach § 8g Abs. 1 VerkProspG alle tatsächlichen und rechtlichen Angaben enthalten sein, die für eine zutreffende Beurteilung der Vermögensanlage notwendig sind. Hierzu gehören nach § 8g Abs. 2 VerkProspG i.V.m. § 4 Nr. 11 VermVerkProspV ebenfalls Angaben darüber, unter welchen Umständen der Anleger verpflichtet ist, weitere Zahlungen zu erbringen, insbesondere weitere Zahlungen zu leisten. Jedoch wird trotz dieser strengen Transparenzanforderungen ein wirksamer Schutz der Anleger bezweifelt, weil diese vielfach den Prospekt nicht mit der erforderlichen Aufmerksamkeit und Ernsthaftigkeit zur Kenntnis nehmen.[1227] Ein wirksamer Schutz soll unter anderem dadurch erreicht werden, dass die Anleger auf dem Beitrittsformular mit einer Unterschrift bestätigen müssen,

1225 *Armbrüster*, Gesellschaftsrecht und Verbraucherschutz, S. 42 f.; *ders*., ZGR 2009, 1, 28; *ders*., EuZW 2010, 614, 616.

1226 *Armbrüster*, Gesellschaftsrecht und Verbraucherschutz, S. 9; die überwiegende Ansicht sieht Kapitalanleger als Verbraucher gem. § 13 BGB an, vgl. zum Streitstand *Armbrüster*, ZIP 2006, 406 ff.; *Edelmann*, in: HdbKapAnlR, § 3 Rn. 1 ff.; *Micklitz*, in: MünchKomm-BGB, § 13 Rn. 10; *Schneider*, Rückabwicklung, S. 163 ff.; *K. Wagner*, BKR 2003, 649 ff.; *v. Weschpfennig*, BKR 2009, 99 ff.

1227 *Armbrüster*, Gesellschaftsrecht und Verbraucherschutz, S. 41; *ders*., ZGR 2009, 1, 28; vgl. zur fehlenden Kenntnisnahme des Prospektes durch eine Vielzahl der Anleger BGH, Urt. v. 22.7.2010 – IX 203/09, NZG 2010, 1026, 1028 Rn. 15.

über die wesentlichen Risiken, die mit der Beteiligung einhergehen, aufgeklärt worden zu sein.[1228] Hierbei sollen nicht nur die maßgeblichen Risikofaktoren einer Beteiligung benannt werden, wie etwa deren Langfristigkeit oder deren begrenzte Veräußerbarkeit, sondern auch die Möglichkeit des Totalverlustes der Einlage sowie die – hier allein interessierende – mögliche Erhöhung der vertraglich vorgesehenen Beiträge.[1229] Hierdurch werde die Warnfunktion effektiv erreicht.

Für ein erhöhtes Schutzniveau der Gesellschafter im Hinblick auf die nachträgliche Erhöhung der Beitragspflichten könnte zunächst sprechen, dass nicht sämtliche geschlossene Fonds den strengen Regeln des VerkProspG unterliegen. So gelten etwa Ausnahmen einer Prospektpflicht für Versicherungsunternehmen gem. § 8f Abs. 2 Nr. 2 Fall 1 VerkProspG sowie Kreditinstitute gem. § 8f Abs. 2 Nr. 7 d) Fall 1 VerkProspG. Dies wird in der Praxis einen nicht unerheblichen Anteil der Anlagevermittlung ausmachen. Auf die fehlende oder nur oberflächliche Kenntnisnahme des regelmäßig umfangreichen Prospektinhalts durch den beitretenden Anleger wurde bereits hingewiesen.[1230]

Die Forderung nach einem erhöhten Schützbedürfnis der beitretenden Anleger erscheint jedoch aus mehreren Gesichtspunkten problematisch. Es sind nämlich – wie auch von der vorbezeichneten Ansicht selbst angeführt[1231] – die Anleger selbst, die nicht hinreichend den Inhalt eines Prospektes berücksichtigen. Wer jedoch freiwillig auf die Kenntnisnahme gesetzlich geforderter Mindestangaben verzichtet, der ist aufgrund dieser eigenverantwortlichen Entscheidung nicht schutzbedürftig. Schließlich hätte er von den maßgeblichen Informationen Kenntnis nehmen können. Überdies ist auch bei dem oben genannten Vorschlag eines Beitrittsformulars mit entsprechenden Hinweisen nicht ausgeschlossen, dass auch diese Informationen nicht hinreichend zur Kenntnis genommen werden. Zudem kann sich die ungenaue und pauschale Benennung der Risiken als Problem erweisen. Dies könnte in der Praxis zu einer Bezugnahme des Prospektes führen und das Schutzniveau aufgrund der mangelnden Kenntnisnahme des Prospektes im Ergebnis nicht erhöhen. Überdies besteht die Gefahr, dass mit einem inhaltlich entsprechenden Beitrittsformular der bisweilen zwingend erforderliche

1228 *Armbrüster*, Gesellschaftsrecht und Verbraucherschutz, S. 42 f.; *ders.*, ZGR 2009, 1, 28.

1229 *Armbrüster*, Gesellschaftsrecht und Verbraucherschutz, S. 43; *ders.*, ZGR 2009, 1, 28.

1230 S. hierzu die Nachweise in Fn. 1227.

1231 *Armbrüster*, Gesellschaftsrecht und Verbraucherschutz, S. 41; *ders.*, ZGR 2009, 1, 28.

Prospekt für die Beurteilung der Beitrittsentscheidung faktisch noch weiter an Gewicht verliert. Die wirtschaftlich bedeutende Beitrittsentscheidung würde in einer Vielzahl von Fällen wohl ausschließlich anhand eines nur sehr knapp formulierten Beitrittsformulars beurteilt werden. Ob hierdurch allerdings die Warnfunktion bei einem Fondsbeitritt erhöht wird, ist durchaus zweifelhaft. Das Problem der fehlenden Kenntnisnahme hinsichtlich der Risiken eines Beitritts würde vielmehr substituiert als gelöst werden. Daher ist eher an die Eigenverantwortlichkeit der beitretenden Anleger (also i. d. R. Verbraucher)[1232] zu appellieren, die sich anhand des Prospektes mit den rechtlichen und wirtschaftlichen Folgen einer Beteiligung auseinandersetzen sollten[1233]. Tun sie dies nicht, müssen sie die entsprechenden Folgen hinnehmen. Schließlich ist zu beachten, dass in der Rechtsprechung des EuGH[1234], sowie in jüngster Zeit auch in der des BGH[1235], von einem durchschnittlich informierten, aufmerksamen und verständigen Durchschnittsverbraücher i. S. eines Verbraucherleitbildes ausgegangen wird. Unter Zugrundelegung dieses Verbraucherleitbildes kann angenommen werden, dass ein „mündiger" Verbraucher als beitretender Anleger nicht nur um die Chancen, sondern auch die Risiken einer Kapitalbeteiligung weiß.[1236] Bemerkenswerst ist insoweit auch die Feststellung des BGH, die er bezüglich einer Anlageempfehlung hinsichtlich eines geschlossenen Immobilienfonds getroffen hat.[1237] So gehört es nach Ansicht des XI. Zivilsenats zum Allgemeinwissen, dass zum Zeitpunkt ihrer Erstellung vertretbare Prognosen stets mit dem Risiko einer negativen Abweichung behaftet sind und die Entwicklung der Rentabilität einer Kapitalanlage sich nicht mit Sicherheit voraussagen lässt. Insoweit sei daher auch keine gesonderte Aufklärung notwendig. Zudem kann unabhängig von dieser Rechtsprechung von einem

1232 Vgl. hierzu die Nachweise in Fn. 1226.

1233 Zur Bedeutung des Prospektes für die Anlageentscheidung vgl. etwa BGH, Urt. v. 22.7.2010 – IX 203/09, NZG 2010, 1026, 1027 f. Rn. 15.

1234 Urt. v. 16.7.1998 – Rs. C-210/96, Slg. I 1998, 4657, 4691 Rn. 31 = NJW 1998, 3183 – *„Gut Springheide"*; Urt. v. 28.1.1999 – Rs. C-303/97, Slg. I 1999, 513, 546 f. Rn. 36 = NJW 1999, 2430 – *„Sektkellerei Kessler"*; Urt. v. 13.1.2000 – Rs. C-220/98, Slg. I 2000, 117, 146 Rn. 27 = NJW 2000, 1173 – *„Èstee Lauder"*; *Meyer*, WRP 1993, 215 ff.; *S. Müller*, Verbraucher, S. 35 ff.; *K. Wagner*, BKR 2003, 649, 653; *Wiedenmann*, Verbraucherleitbild, S. 198 ff.

1235 Urt. v. 19.8.1999 – I ZR 225/97, NJW 1999, 3491, 3493; Urt. v. 25.4.2002 – I ZR 272/99, NJW 2002, 3390, 3340; Urt. v. 2.10.2003 – I ZR 252/01, NJW 2004, 439; *Keil*, EWiR 2003, 185; *S. Müller*, Verbraucher, S. 55 ff.

1236 *K. Wagner*, BKR 2003, 649, 652 ff.; vgl. auch *ders.*, DStR 2005, 1449, 1454 a. E.

1237 BGH, Urt. v. 27.10.2009 – XI ZR 337/08, NZG 2009, 1393, 1395 Rn. 23; *Klöhn*, WM 2010, 289, 291; vgl. auch BGH, Urt. v. 21.3.2006 – XI ZR 63/05, NJW 2006, 2041, 2042 Rn. 16; Urt. v. 18.7.2008 – V ZR 71/07, NJW 2008, 3059 Rn. 11, 14.

Anleger erwartet werden, dass er den Prospekt mit entsprechenden Inhalten zur Kenntnis nimmt. Tut er dies nicht und wird er mit einer entsprechenden Beitragszahlung konfrontiert, so sind die Folgen ebenfalls nicht als unbillig anzusehen, denn dem betroffenen Gesellschaftern obliegt nicht das Prozessrisiko. Vielmehr wird regelmäßig die Gesellschaft gegen den Gesellschafter Klage auf Zahlung eines erhöhten Beitrags erheben.

Ein ungenügendes Schutzniveau der Anleger aus der nur eingeschränkten Geltung einer Prospektpflicht (vgl. § 8f Abs. 2 VerkProspG) abzuleiten, erscheint nicht sachgerecht. So wurde schon bei der Einführung der Prospektpflicht für geschlossene Fonds ab 2005[1238] darauf hingewiesen, dass schon unabhängig von einer gesetzlichen Pflicht bereits vielfach mit Prospekten geworben worden ist, die entsprechende Angaben enthielten.[1239] Die Fortschritte und Änderungen hinsichtlich der Transparenz aufgrund der neu eingeführten Prospektpflicht sind daher als gering bezeichnet worden.[1240] Gerade bezüglich der gesetzlich vorgesehenen Ausnahmen einer Prospektpflicht für Versicherungsunternehmen gem. § 8f Abs. 2 Nr. 2 Fall 1 VerkProspG sowie Kreditinstitute gem. § 8f Abs. 2 Nr. 7 d) Fall 1 VerkProspG ist darauf hinzuweisen, dass diese Gesellschaften nach wie vor mittels Prospekten für den Beitritt zu geschlossenen Fonds werben. Eine Verringerung der Transparenz hinsichtlich eines großen Teils der Anlagevermittlung ist daher nicht festzustellen.

Zudem ist ein erhöhtes Schutzniveau von beitretenden Anlegern zu einem geschlossenen Fonds – unabhängig von einer Prospektpflicht – wegen der Rechtsprechung des BGH hinsichtlich der Beitragsgestaltung sowie Beitragserhöhung im Personengesellschaftsrecht nicht erforderlich. Durch die hohen Anforderungen, die an die Wirksamkeit entsprechender Vertragsgestaltungen gestellt werden, besteht für jeden Gesellschafter die Möglichkeit, seine finanzielle Höchstbelastung aus dem Gesellschaftsvertrag zu erkennen. Zudem wird er vor widersprüchlichen und zu unbestimmten Klauseln geschützt und muss insofern nicht mit weiteren finanziellen Belastungen rechnen. Allein hierdurch wird bereits ein angemessen hohes Schutzniveau zugunsten der Gesellschafter geschaffen. Überdies hat die Heranziehung der Beitrittserklärung in die Vertragsauslegung dazu geführt, dass nunmehr auch in dieser die finanziellen Pflichten des Gesellschafters konstitutiv aufgenommen werden können. Es ist daher wahrscheinlich, dass die

1238 Gesetz zur Verbesserung des Anlegerschutzes v. 28.10.2004, BGBl. I 2004, S. 2630 ff.

1239 *Armbrüster*, Gesellschaftsrecht und Verbraucherschutz, S. 41.

1240 *Hasenkamp*, DStR 2004, 2154, 2159.

Fonds-Initiatoren in Zukunft noch häufiger sämtliche finanziellen Leistungspflichten in die Beitrittserklärung aufnehmen werden, als dies bisher schon der Fall war. Da die Beitrittserklärung von den beitretenden Gesellschaftern regelmäßig eigenhändig unterschrieben wird, kann allein durch diese Verfahrensweise ein ausreichender und angemessener Präventivschutz erreicht werden. Insbesondere gelten diese Voraussetzungen unabhängig von einer Prospektpflicht und der tatsächlichen Ausgestaltung einer Personengesellschaft, so dass ein vollumfänglicher Schutz besteht. Mithin besteht kein Bedarf an der Erhöhung des Präventivschutzes zugunsten von beitretenden Anlegern zu einem geschlossenen Fonds im Hinblick auf nachträgliche Beitragserhöhungen.

Abschließend sei darauf hingewiesen, dass es derzeit Bestrebungen des nationalen Gesetzgebers gibt, den sog. „Grauen Kapitalmarkt" umfassend zu regulieren.[1241] Der Begriff des Grauen Kapitalmarkts ist nicht legaldefiniert. Maßgeblich für diesen Bereich des Kapitalmarktes ist jedoch seine bisher fehlende umfassende Regulierung, etwa durch Publizitäts- und Erlaubnispflichten nach dem WpHG oder KWG.[1242] Typologisch lässt er sich als Markt für nicht wertpapiermäßig verbriefte Risikokapitalanlagen beschreiben.[1243] Hierunter fallen vor allem Anteile an Publikumspersonengesellschaften, mithin geschlossene Fonds.[1244] Mit der im Jahre 2005 durch das VerkProspG eingeführten Prospektpflicht lassen sich die Bestrebungen des Gesetzgebers erkennen, auch den Grauen Kapitalmarkt zu regulieren. Dies zeigt sich ebenfalls in der Ausweitung des Anwendungsbereiches vom WpHG auf einen Teil des bisherigen Grauen Kapitalmarktes.[1245] Durch das Gesetz zur Novellierung des Finanzanlagenvermittler- und Vermögensanlagerechts sollen nunmehr die noch bestehenden Regelungslücken weitestgehend geschlossen werden, etwa durch sog. „Beipackzettel", die Erweiterung der Pflichtangaben im Prospekt und verschärfte Anforderungen an Versicherungsvermittler.[1246] Gerade im Hinblick auf das hier allein interessierende Thema der Nachschusspflichten ist die geplante Änderung des § 4 Nr. 11 VermVerkProspV von Belang. Diese Nom soll dahingehend geändert

1241 Vgl. hierzu den Diskussionsentwurf des BMF und BWMi für ein Gesetz zur Novellierung des Finanzanlagevermittler- und Vermögensanlagerechts vom 16.2.2011; BT-Drucks. 17/3628, S. 32; 17/3803, S. 1; FAZ v. 18.3.2011, Nr. 41, S. 13; *Maas/Jäger*, BKR 2010, 316 ff.

1242 *Bruski*, in: Schimansky/Bunte/Lwoski, Vor § 104 Rn. 8.

1243 *Bruski*, in: Schimansky/Bunte/Lwoski, Vor § 104 Rn. 8; *Fleischer*, BKR 2004, 339.

1244 BT-Drucks. 16/13402, S. 2; *Bruski*, in: Schimansky/Bunte/Lwoski, Vor § 104 Rn. 8; *Fleischer*, BKR 2004, 339.

1245 *Bruski*, in: Schimansky/Bunte/Lwoski, Vor § 104 Rn. 8.

1246 FAZ v. 18.3.2011, Nr. 41, S. 13.

werden, dass nunmehr als Regelbeispiel einer „weiteren Leistung" neben der persönlichen Haftung des Anlegers dargestellt werden muss, unter welchen Umständen etwaige Nachschüsse zu leisten sind.[1247] Ausweislich der Begründung kommt es darauf an, ob der Gesellschaftsvertrag die Leistung von Nachschüssen vorsieht.[1248] Im Hinblick auf die Maßgeblichkeit des Prospektes für die Anlageentscheidung[1249] ist diese Aufwertung des Prospektes zu begrüßen. Allerdings zeigt sich in der gesetzgeberischen Tätigkeit erneut die Ungenauigkeit bei der Verwendung der Begrifflichkeit eines Nachschusses. Es ist aufgezeigt worden, dass bei einer im Gesellschaftsvertrag vorgesehenen nachträglichen Beitragserhöhung gerade kein Nachschuss vorliegt.[1250] Der Diskussionsentwurf meint wohl unter einem Nachschuss die Möglichkeit einer nachträglichen Beitragserhöhung zu verstehen. Die geplante Einführung eines sog. Vermögensanlagen-Informationsblattes[1251] ist im Hinblick auf die Warnfunktion über etwaige Beitragserhöhungen aus den bereits oben genannten Gründen abzulehnen. Dabei wird das Informationsblatt wohl auch zu der Möglichkeit nachträglicher Beitragserhöhungen Stellung nehmen müssen, da es sich hierbei um ein nach dem geplanten § 13 Abs. 2 Nr. 3 Vermögensanlagegesetz mit der Vermögensanlage verbundenes Risiko handelt.

Neben der Verfolgung aktueller Gesetzesvorhaben kann es hinsichtlich des Problems der Nachschusspflichten von Interesse sein, nicht nur das Gesellschaftsrecht in den Blick zu nehmen, sondern auch angrenzende Rechtsgebiete. So kann etwa der Frage nachgegangen werden, ob sich das Belastungsverbot auch in anderen, dem Gesellschaftsrecht nahe liegenden Rechtsgebieten, wieder findet.[1252] Gerade im Hinblick auf die hier diskutierte Sanierungsmöglichkeit mittels einer Kapitalerhöhung[1253] sei auf das neue Schuldverschreibungsgesetz (SchVG)[1254] hingewiesen. Danach kann gem.

1247 Diskussionsentwurf des BMF und BWMi für ein Gesetz zur Novellierung des Finanzanlagevermittler- und Vermögensanlagerechts vom 16.2.2011, S. 42.

1248 Diskussionsentwurf des BMF und BWMi für ein Gesetz zur Novellierung des Finanzanlagevermittler- und Vermögensanlagerechts vom 16.2.2011, S. 78.

1249 Vgl. hierzu den Nachweis in Fn. 1233.

1250 Eingehend hierzu oben S. 13 ff.

1251 Diskussionsentwurf des BMF und BWMi für ein Gesetz zur Novellierung des Finanzanlagevermittler- und Vermögensanlagerechts vom 16.2.2011, S. 13 f.

1252 Zur Parallele von Nachschusspflichten und baulichen Veränderungen gem. § 22 Abs. 1 WEG vgl. *Elzer*, ZWE 2010, 70 f. (betr. Übertragung der gesellschaftsrechtlichen Beschlussmängelkategorien).

1253 Eingehend hierzu oben S. 158 ff.

1254 Gesetz zur Neuregelung der Rechtsverhältnisse bei Schuldverschreibungen aus Gesamtemissionen und zur verbesserten Durchsetzbarkeit von Ansprüchen von Anlegern aus Falschberatung v. 31.7.2009, BGBl. I 2009, S. 2512 ff.

§ 5 Abs. 1 S. 3 SchVG durch einen Mehrheitsbeschluss der Gläubigerversammlung eine Leistung der Gläubiger nicht begründet werden. Gleichwohl sieht § 5 Abs. 3 S. 1 Nr. 3 SchVG die Möglichkeit vor, aufgrund eines Mehrheitsbeschlusses die Hauptforderung zu verringern. Ein entsprechender Beschluss hat nach § 5 Abs. 2 S. 1 SchVG auch gegenüber den ablehnend stimmenden Gläubigern bindende Wirkung. Allein dieser Vergleich zeigt, dass im SchVG im Hinblick auf die wirtschaftlichen Interessen der Beteiligten ähnliche Konfliktlagen auftreten können wie im Rahmen des Problemkreises der Nachschusspflichten im Gesellschaftsrecht. Verstärkt wird dieser Eindruck dadurch, dass auch hinsichtlich von Schuldverschreibungen eine Zustimmungspflicht zur Änderung der Anleihebedingungen angedacht wird.[1255] Hinsichtlich einer dogmatischen Grundlage wird insoweit überlegt, ob die Grundsätze zur Zustimmungspflicht zu einer Änderung des Gesellschaftsvertrages aus dem Gesellschaftsrecht übertragen werden können.

Dass das Problem der Nachschusspflichten jedoch nicht auf das Zivilrecht beschränkt ist, zeigt ein Blick in das Öffentliche Recht. Im Rahmen von Zweckverbänden[1256] wird ebenfalls die Begrifflichkeit der Nachschusspflicht[1257] sowie die der Umlage[1258] verwendet. Auch sonst zeigen sich bestimmte Parallelen zum Zivilrecht. So wird die Umlage im Zweckverband von den Verbandsmitgliedern erst dann erhoben, wenn die sonstigen Einnahmen des Verbandes nicht ausreichen.[1259] Dies erinnert an die Unterdeckungsklausel bei geschlossenen Immobilienfonds.[1260] Zudem wird auch hinsichtlich des Zweckverbandes diskutiert, inwieweit die Höhe der Verbandsumlage begrenzt werden muss.[1261] Interessant ist insoweit, dass auch bei Zweckverbänden auf das Problem der Mehrheitsmacht hingewiesen wird.[1262] Überdies wird sogar erwogen, bestimmte Vorschriften aus dem Personengesellschaftsrecht im Recht des Zweckverbandes anzuwenden.[1263]

1255 *Hopt*, FS Steindorff, 1990, S. 341, 378 f.

1256 Zweckverbände sind ein Zusammenschluss kommunaler Körperschaften zur Erfüllung ihnen obliegender Aufgaben, s. hierzu etwa § 7 NKomZG oder § 44 SächsKomZG.

1257 *Paulick*, DÖV 2009, 110, 116.

1258 § 16 Abs. 1 NKomZG; § 25 Abs. 1 SächsKomZG.

1259 § 16 Abs. 1 S. 1 NKomZG; § 25 Abs. 1 S. 1 SächsKomZG.

1260 Vgl. hierzu den Nachweis in Fn. 84.

1261 *Cromme*, LKV 1998, 161, 166; *Paulick*, DÖV 2009, 110, 111 f.

1262 *Cromme*, LKV 1998, 161, 166; *Paulick*, DÖV 2009, 110, 111.

1263 *Paulick*, DÖV 2009, 110, 113 ff. (im Hinblick auf § 735 BGB sowie § 159 HGB).

E. Zusammenfassung der wesentlichen Ergebnisse

1. Im Personengesellschaftsrecht liegt ein Nachschuss immer dann vor, wenn die Gesellschaft von einem Gesellschafter eine Leistung fordert, die über den im Gesellschaftsvertrag vereinbarten Beitrag i.S.d. § 707 BGB hinausgeht. Zur Bestimmung eines Nachschusses ist die Abgrenzung zum vertraglich vereinbarten Beitrag maßgeblich.

2. Sog. „mittelbare" Nachschusspflichten beinhalten keine Nachschüsse im vorbezeichneten Sinne (s. These 1). Erfüllt ein Gesellschafter eine Verbindlichkeit der Gesellschaft und kann er lediglich seine Mitgesellschafter anteilig in Regress nehmen, so sind die entsprechenden finanziellen Folgen als Ausfluss der persönlichen Gesellschafterhaftung zu bewerten, nicht aber als ein nach § 707 BGB unzulässiger Nachschuss.

3. Der Schutzzweck des § 707 BGB liegt darin, den einzelnen Gesellschafter vor weiteren unübersehbaren Leistungspflichten zu schützen. Die Norm dient damit (vorrangig) nicht dem Minderheiten-, sondern dem Individualschutz.

4. § 707 BGB ist eine zwingende Norm, und nicht dispositiv. Dies ergibt sich sowohl aus dem Schutzzweck der Norm als auch aus der vergleichenden Heranziehung der körperschaftsrechtlichen Parallelnormen, § 53 Abs. 3 GmbHG sowie § 180 Abs. 1 AktG. Die zwingende Wirkung des § 707 BGB stellt keinen Widerspruch zur persönlichen Haftung und deren Folgen dar, denn insoweit liegt kein Nachschuss vor (s. These 2). Eine Einschränkung der zwingenden Wirkung aufgrund des § 500 Abs. 1 HGB hinsichtlich der Partenreederei oder besonderer Gesellschaftsformen ist nicht vorzunehmen. Auch bei einem überschaubaren Gesellschafterkreis besteht ein entsprechendes Bedürfnis nach dem Schutz vor unübersehbaren Leistungspflichten. Nach § 707 BGB ist eine nachträgliche Beitragserhöhung zulässig, sofern sämtliche Gesellschafter zustimmen. Insoweit ist der Anwendungsbereich des § 707 BGB nicht berührt.

5. Eine zukünftige Beitragspflicht, die zusätzlich zur Erbringung einer einmaligen Einlage laufend erbracht werden soll (gespaltene Beitragspflicht), muss durch die Angabe einer Obergrenze im Gesellschaftsvertrag für den Gesellschafter absehbar sein. Zudem bedarf es einer eindeutigen Regelung im Gesellschaftsvertrag. Dies bedeutet, dass sich die zukünftige Beitragspflicht in verständlicher Form aus dem Gesellschaftsvertrag ergeben muss. Die Notwendigkeit einer Risikobegrenzung durch

die Vereinbarung einer absoluten Obergrenze besteht nicht nur bei Publikumspersonengesellschaften, sondern auch bei einer Personengesellschaft mit einem überschaubaren Gesellschafterbestand.

6. Der vertraglich vereinbarte Beitrag der Gesellschafter kann nachträglich aufgrund einer Mehrheitsklausel erhöht werden. Hierfür ist zunächst erforderlich, dass die Mehrheit der Gesellschafter im Gesellschaftsvertrag entsprechend ermächtigt wird. Diese „erste Stufe" betrifft allein die formale Legitimation der Gesellschaftermehrheit, über Beitragserhöhungen einen Gesellschafterbeschluss zu fassen. Eine entsprechende Kompetenzzuweisung zugunsten der Mehrheit muss sich nach dem sog. Bestimmtheitsgrundsatz eindeutig, notfalls mittels Auslegung aus dem Gesellschaftsvertrag ergeben. Ausreichend ist hierfür eine Generalklausel, die für sämtliche Beschlüsse der Gesellschafter das Mehrheitsprinzip vorsieht. Insoweit gelten für Beitragserhöhungen, auch unter Berücksichtigung des *„Otto"*-Urteils des BGH, keine strengeren Maßstäbe.

7. Neben dieser formalen Beschlusskompetenz bedarf es auf einer „zweiten Stufe" der Zustimmung sämtlicher Gesellschafter zu einer mehrheitlich beschlossenen Beitragserhöhung. Die zwingend erforderliche Zustimmung ist ein zusätzliches Erfordernis neben dem Mehrheitsbeschluss. Das Zustimmungserfordernis folgt aus dem Belastungsverbot, welches Teil des unentziehbaren Kernbereichs eines Gesellschafters ist. Aus § 707 BGB folgt für den einzelnen Gesellschafter kein Zustimmungsrecht, sondern ein Zustimmungsvorbehalt.

8. Die nach § 707 BGB stets erforderliche Zustimmung eines Gesellschafters kann auch schon antizipiert im Gesellschaftsvertrag erklärt werden. Sie ist eine Willenserklärung, die auf eine Vertragsänderung unter bestimmten Voraussetzungen gerichtet ist. Zum Vorliegen einer antizipierten Zustimmung bedarf es der Benennung einer absoluten Obergrenze bis zu deren Höhe eine Beitragserhöhung zulässig ist. Grund hierfür ist der effektive Schutz des Gesellschafters vor unübersehbaren Leistungspflichten. Diese Voraussetzung lässt sich jedoch nicht aus § 26 Abs. 3 GmbHG ableiten, denn insoweit fehlt es an einer vergleichbaren Interessenlage. Die Begrenzung einer Beitragserhöhung kann sich auch auf einen bestimmten Abrechnungszeitraum beziehen.

9. Unter eng begrenzten Voraussetzungen besteht eine Zustimmungspflicht eines Gesellschafters zu einer nachträglichen Beitragserhöhung, also eine objektive Nachschusspflicht. Grundlage hierfür ist die gesellschaftsrechtliche Treuepflicht. Zur Vermeidung interessenwidriger Ergebnisse im Einzelfall steht dem § 707 BGB ausnahmsweise nicht entgegen. Eine

Zustimmungspflicht kommt dann in Betracht, wenn die Beitragserhöhung sämtlicher Gesellschafter im Gegensatz zur Insolvenz oder Liquidation der Gesellschaft wirtschaftlich betrachtet die einzig vernünftige Handlungsoption darstellt und unmittelbar nachfolgende Beitragserhöhungen ausgeschlossen sind. Zudem muss die Beitragserhöhung für den einzelnen Gesellschafter individuell zumutbar sein. Die Grundsätze des BGH zur Beitragserhöhungspflicht im Vereinsrecht lassen sich nicht auf das Personengesellschaftsrecht übertragen. Dies gilt insbesondere hinsichtlich der Gewährung eines Sonderkündigungsrechts. Ein möglicher Massenaustritt der Gesellschafter stünde in Widerspruch zu der Risiko- und Haftungsgemeinschaft, welche die Gesellschafter einer Personengesellschaft darstellen.

10. Stimmen nicht sämtliche Gesellschafter einer mehrheitlich beschlossenen Beitragserhöhung zu, so führt dies zur Unwirksamkeit des Beschlusses. Hinsichtlich der Bindungswirkung des Beschlusses ist zu differenzieren. Gegenüber den ablehnenden Gesellschaftern entfaltet der Beschluss keine Rechtsfolgen; er ist zumindest ihnen gegenüber relativ unwirksam. Bezüglich der zustimmenden Gesellschafter ist nur dann von einer Teilwirksamkeit des Beschlusses auszugehen, wenn dies ihrem Willen entspricht. Hierzu bedarf es jedoch konkreter Anhaltspunkte. Im Zweifel ist auch den zustimmenden Gesellschaftern gegenüber von der Unwirksamkeit des Beschlusses auszugehen. Gesellschaftsvertragliche Fristen, die eine Geltendmachung der Unwirksamkeit eines entsprechenden Beschlusses vorsehen, führen nicht zu einer Zustimmungsfiktion. Vielmehr ist ein Berufen auf eine Fristenvereinbarung nach § 242 BGB treuwidrig, denn dies würde den Schutzzweck des § 707 BGB konterkarieren.

11. Ein ausschließlich mit Gesellschaftern besetzter Beirat kann eine nachträgliche Beitragserhöhung wirksam beschließen. Der Grundsatz der Verbandssouveränität ist nicht berührt. Dennoch muss der Gesellschaftsvertrag den qualifizierten Anforderungen genügen (s. These 8). Gesellschaftsexterne Personen können über eine nachträgliche Beitragserhöhung entscheiden, wenn der Grundsatz der Verbandssouveränität gewahrt ist. Dies ist der Fall, wenn ihnen keine alleinige Entscheidungskompetenz zukommt. Zudem muss den Gesellschaftern die Möglichkeit zustehen, die vom Beirat getroffene Entscheidung nachträglich abzuändern bzw. aufzuheben (sog. konkurrierende Zuständigkeit). Überdies sind die qualifizierten Anforderungen einzuhalten, damit eine antizipierte Zustimmung der Gesellschafter vorliegt (s. These 8). Aus § 26 Abs. 1 GmbHG lässt sich nicht das zwingende Erfordernis eines Gesellschafter-

beschlusses im Hinblick auf die finanzielle Beteiligung eines Gesellschafters ableiten.

12. Im Sanierungsfall einer Personengesellschaft kommt für sanierungswillige Gesellschafter als alternative Handlungsmöglichkeit zu einer nachträglichen Beitragserhöhung sämtlicher Gesellschafter eine Kapitalerhöhung bzw. ein Kapitalschnitt in Betracht. Zur Bestimmung der Voraussetzungen, nach denen sich die Gesellschafter einer solchen Maßnahme widersetzen können bzw. eine Zustimmungspflicht zu einem Kapitalerhöhungsbeschluss besteht, kann grundsätzlich auf das aktienrechtliche *„Girmes"*-Urteil des BGH abgestellt werden. Dennoch sind die konkreten Maßstäbe aufgrund personengesellschaftsrechtlicher Besonderheiten zu modifizieren. So ist hinsichtlich des Vergleichs der möglichen Geschehensabläufe nicht auf den Austritt des Gesellschafters, sondern seinen Verbleib in der Gesellschaft für den Fall der erfolgreichen Sanierung abzustellen. Grund hierfür ist die geringere Fungibilität von Personengesellschaftsanteilen sowie die regelmäßig vereinbarten Abfindungsbeschränkungen, so dass eine Darstellung des tatsächlichen wirtschaftlichen Wertes der Beteiligung verhindert wird. Einem Gesellschafter, der von seinem Bezugsrecht im Rahmen der Kapitalerhöhung keinen Gebrauch macht, steht aufgrund der nachteiligen Verschiebung der Beteiligungsverhältnisse kein außerordentliches Kündigungsrecht zu. Ein Abwarten bis zum Ablauf der ordentlichen Kündigungsfrist ist zumutbar. Somit fehlt es am Vorliegen eines wichtigen Grundes. Im Rahmen einer Kapitalerhöhung kann ebenfalls bestimmt werden, dass bei fehlender Zeichnung nicht leistungsbereite Gesellschafter automatisch aus der Gesellschaft ausscheiden („Sanieren oder Ausscheiden"). Dieses Prinzip ist nur bedingt zur Sanierung einer Gesellschaft geeignet, da die Gefahr einer Vielzahl von Austritten besteht. Dies wiederum kann zur Folge haben, dass die verbleibenden leistungsbereiten Gesellschafter die (nachteiligen) Folgen einer ggf. notwendigen Liquidation alleine tragen müssen.

13. In einem nichtwirtschaftlichen Verein bedarf es zur Erhebung von Mitgliedsbeiträgen einer Satzungsbestimmung. Ob es der Benennung einer Obergrenze bedarf, richtet sich nach der Art des Beitrags. Ordentliche Beiträge, wie der jährliche Mitgliedsbeitrag, bedürfen grundsätzlich nicht einer derartigen Festsetzung. Die Höhe des regelmäßigen Beitrags kann durch die Mitgliederversammlung oder ein anderes Organ festgesetzt werden. Jedoch muss sich die Festsetzung in einem voraussehbaren Rahmen halten, also etwa an die allgemeine Preisentwicklung gebunden sein. Sind die ordentlichen Beiträge jedoch aufgrund des Vereinszwecks

nicht vorhersehbar, so bedarf es der Festsetzung einer Obergrenze. Eine gespaltene Beitragspflicht sowie außerordentliche Beiträge, beispielsweise eine Umlage, müssen sich nicht nur eindeutig aus der Satzung ergeben, sondern auch durch die Vereinbarung einer Obergrenze objektiv bestimmt sein. Dabei kann für die Frage der Absehbarkeit der zusätzlichen Leistungspflicht ebenfalls das Antragsformular mit in die Auslegung einbezogen werden.

14. Im Vereinsrecht ist ebenfalls wie im Personengesellschaftsrecht (s. These 9) in eng begrenzten Ausnahmefällen aufgrund der gesellschaftsrechtlichen Treuepflicht eine Zustimmungspflicht zu einer nachträglichen Beitragserhöhung anzunehmen. Auch bei einer ideellen Zweckverfolgung kann ausnahmsweise das Bestehen einer objektiven Nachschusspflicht interessengerechter sein als die Auflösung oder Insolvenz des nichtwirtschaftlichen Vereins. Dabei muss der erhöhte Beitrag für den Fortbestand des Vereins unabweisbar notwendig sein und diesen nachhaltig sicherstellen. Zudem müssen alternative Finanzierungsmöglichkeiten ausgeschöpft sein. Die zusätzliche Leistungspflicht muss für das einzelne Vereinsmitglied individuell zumutbar sein. Ansonsten könnte die Leistungspflicht gerade bei einer finanzstarken Mitgliedermehrheit zu Lasten einer finanzschwachen Minderheit durchgesetzt werden. Aufgrund der Zubilligung eines außerordentlichen Kündigungsrechts durch den BGH führt dies zu einem faktischen Ausschluss der finanzschwachen Mitglieder.

15. Besteht für das einzelne Vereinsmitglied eine Zustimmungspflicht zur Erhöhung seiner finanziellen Leistungspflichten, so kann das betroffene Mitglied nicht aufgrund der objektiven Nachschusspflicht seine Mitgliedschaft außerordentlich kündigen. Es fehlt am Vorliegen eines wichtigen Grundes. Aufgrund des individuellen Zumutbarkeitsmaßstabes hinsichtlich der Leistungspflicht (s. These 14) kann die Frage der Zumutbarkeit bezüglich des wichtigen Grundes nicht anders beantwortet werden. § 67a Abs. 1 GenG findet mangels planwidriger Regelungslücke und vergleichbarer Interessenlage im Vereinsrecht keine analoge Anwendung.

16. Wird gleichwohl das Bestehen eines außerordentlichen Kündigungsgrundes bei einer Umlagepflicht im Vereinsrecht angenommen, so bemisst sich die Kündigungsfrist nach den Maßstäben zu § 314 Abs. 3 BGB. Hierbei ist das Interesse des Vereins an einer möglichst schnellen Klärung hinsichtlich des Mitgliederbestandes zu berücksichtigen. Nur hierdurch kann der Verein das zusätzliche Beitragsvolumen abschätzen. Die satzungsmäßige ordentliche Kündigungsfrist sowie die berechtigten

Interessen des Vereinsmitgliedes sind ebenfalls mit in die Abwägung einzubeziehen.

17. Im Aktienrecht ist aufgrund der zwingenden Begrenzung der Einlagepflicht auf den Ausgabebetrag sowohl die Vereinbarung einer darüber hinaus gehenden finanziellen Leistungspflicht als auch die nachträgliche Erhöhung der mitgliedschaftlichen finanziellen Leistungspflichten unzulässig. Das Belastungsverbot gilt im Hinblick auf die finanziellen Leistungspflichten eines Aktionärs absolut.

18. Im Recht der GmbH müssen satzungsmäßige Nebenleistungspflichten gem. § 3 Abs. 2 GmbHG, die in Geld bestehen, für die Gesellschafter absehbar sein. Hierzu bedarf es der Benennung einer Obergrenze. Aufgrund der Absehbarkeit entsprechender finanziellen Leistungspflichten liegt hierin nicht eine unbeschränkte Nachschusspflicht ohne Gewährung eines Preisgaberechts.

19. Im Recht der Genossenschaft können neben Eintrittsgeldern und Konventionalstrafen nur die gesetzlich zulässigen finanziellen Leistungspflichten begründet werden. Dies ergibt sich aus der Satzungsstrenge gem. § 18 S. 2 GenG. Eine nachträgliche Erhöhung der finanziellen Leistungspflichten ist trotz fehlender Geltung des Belastungsverbotes und Bestehens eines außerordentlichen Kündigungsrechts gem. § 67a Abs. 1 GenG nur in einem zumutbaren Rahmen möglich. Die Beitrittserklärung einer Genossenschaft gem. § 15a GenG muss die finanziellen Leistungspflichten nicht ziffernmäßig fixieren. Der Warnfunktion wird auch ohne ziffernmäßige Benennung der finanziellen Leistungspflichten ausreichend Rechnung getragen und hierdurch der Eindruck vermieden, dass die finanziellen Leistungspflichten der Genossenschaftsmitglieder unveränderlich feststehen.

20. Die Absehbarkeit der finanziellen Leistungspflichten eines Verbandsmitgliedes stellt einen allgemein gesellschaftsrechtlich geltenden Grundsatz dar. Dessen Einhaltung stellt ein angemessenes Schutzniveau zugunsten der Verbandsmitglieder sicher, ohne dass der Anwendungsbereich des Belastungsverbotes eröffnet ist. Zudem kann hierdurch eine adäquate Abgrenzung eines Beitrags zu einem Nachschuss vorgenommen werden. Der Grundsatz hinsichtlich der Absehbarkeit von finanziellen Leistungspflichten ist dem Belastungsverbot vorgeschaltet. Eine Ausnahme erfährt dieser Grundsatz nur im Recht der GmbH (vgl. § 27 GmbHG).

21. Neben der Absehbarkeit der finanziellen Leistungspflichten ist auch das Belastungsverbot als ein allgemeiner Grundsatz des Gesellschaftsrechts

zu werten. Hierfür lässt sich zum einen anführen, dass sowohl im Personengesellschaftsrecht als auch im Körperschaftsrecht Normen bestehen, die das Belastungsverbot in spezialgesetzlicher Ausformung beinhalten. Überdies bekräftigen die Normen aufgrund ihrer zwingenden Wirkung den besonderen rechtsformübergreifenden Individualschutz des Belastungsverbotes. Zum anderen zeigt die Anwendung des Belastungsverbotes im Vereinsrecht, dass auch ohne eine spezialgesetzliche Verankerung dieses Grundsatzes die Zustimmung zu einer Lastenvermehrung notwendig ist, trotz Geltung des Mehrheitsprinzips.

22. Eine pauschale und uneingeschränkte Übertragung des Belastungsverbotes auf sämtliche Gesellschaftsformen ist unzulässig. Für eine Übertragung dieses Grundsatzes ist eine fehlende gesetzgeberische Wertung hinsichtlich des Belastungsverbotes erforderlich. Aus diesem Grunde kann das Belastungsverbot nicht auf das Genossenschaftsrecht übertragen werden. Die finanziellen Leistungspflichten von Genossenschaftsmitgliedern können allein aufgrund eines Mehrheitsbeschlusses zu deren Lasten erhöht werden. Insoweit besteht eine Ausnahme des individualschützenden Belastungsverbotes, die sich jedoch mit der besonderen Struktur dieser Gesellschaftsform erklären lässt.

23. Der allgemeine Grundsatz des Belastungsverbotes ist unterschiedlich stark ausgeprägt. Im Aktienrecht ist das Belastungsverbot den unverzichtbaren Mitgliedschaftsrechten zuzuordnen, da auch mit Zustimmung des Aktionärs die mitgliedschaftlichen finanziellen Leistungspflichten nicht erhöht werden können. Im Personengesellschafts- und Vereinsrecht sowie im GmbH-Recht ist das Belastungsverbot hingegen ein unentziehbares Mitgliedschaftsrecht, auf welches mittels Zustimmung verzichtet werden kann.

24. Der Präventivschutz im Hinblick auf nachträgliche Beitragserhöhungen ist bei Publikumspersonengesellschaften ausreichend. Sowohl die strengen Anforderungen an die wirksame Vereinbarung einer Klausel, welche eine Beitragserhöhung vorsieht, als auch die Einbeziehung der Beitrittserklärung in die Vertragsauslegung gewährleisten einen angemessenen Präventivschutz der Kapitalanleger. Flankiert wird dieser Schutz durch die Prospektpflicht. Weitere gesetzliche Aufklärungs- oder Belehrungspflichten im Rahmen des Beitritts führen zu einer noch stärkeren Entwertung der Prospektpflicht.

Literaturverzeichnis

Abram, Nils, Die Nachschusspflicht des Gesellschafters einer Publikums-Personengesellschaft, MDR 2006, 7–12.

Armbrüster, Christian, Rückabwicklung von Fondsbeteiligungen – deutsches Gesellschaftsrecht modifiziert europäisches Verbraucherschutzrecht, EuZW 2010, 614–616.

Ders., Anmerkung zu BGH, Urteil v. 19.10.2009 – II ZR 240/08, EWiR 2009, 739–740.

Ders., Haftung des Treugebers für Gesellschaftsschulden bei fehlerhaftem Fondsbeitritt, NJW 2009, 2167–2173.

Ders., Nachschusspflicht im Personengesellschaftsrecht, ZGR 2009, 1–30.

Ders., Kapitalanleger als Verbraucher? Zur Reichweite des europäischen Verbraucherschutzrechts, ZIP 2006, 406–415.

Ders., Gesellschaftsrecht und Verbraucherschutz – Zum Widerruf von Fondsbeteiligungen, 2005, Berlin (zit.: *Armbrüster*, Gesellschaftsrecht und Verbraucherschutz).

Ders., Die treuhänderische Beteiligung an Gesellschaften, Habil., 2001, Köln/Berlin/Bonn/München (zit.: *Armbrüster*, Treuhand).

Assmann, Heinz-Dieter/Schütze, Rolf A. (Hrsg.), Handbuch des Kapitalanlagerechts, 3. Auflage, 2007, München (zit.: *Bearbeiter*, in: HdbKapAnlR).

Bamberger, Heinz Georg/Roth, Herbert (Hrsg.), Beck'scher Online-Kommentar zum Bürgerlichen Gesetzbuch, Edition 18 (Stand: 1.8.2010), München (zit.: *Bearbeiter*, in: Bamberger/Roth).

Barfuß, Werner, Zur Erhöhung der Einlagen in der Personengesellschaft, DB 1977, 571–575.

Barta, Sebastian/Geiseler-Bonse, Sebastian, Nachzahlungsforderungen bei geschlossenen Immobilienfonds im Unterdeckungsmodell, BKR 2006, 265–270.

Baumbach, Adolf/Hopt, Klaus J./Merkt, Hanno, Handelsgesetzbuch mit GmbH & Co., Handelsklauseln, Bank- und Börsenrecht, Transportrecht (ohne Seerecht), 34. Auflage, 2010, München (zit.: Baumbach/*Bearbeiter*).

Baumbach, Adolf/Hueck, Alfred, GmbH-Gesetz, Kommentar, 19. Auflage, 2010, München (zit.: *Bearbeiter*, in: Baumbach/Hueck).

Beuthien, Volker, Genossenschaftsgesetz mit Umwandlungs- und Kartellrecht sowie Statut der Europäischen Genossenschaft, 15. Auflage, 2011, München (zit.: *Beuthien*, GenG).

Ders., Verlustdeckungsbeiträge ausgeschiedener Genossenschaftsmitglieder, DStR 2009, 275–277.

Ders., Mehrheitsprinzip und Minderheitenschutz im Vereinsrecht – Grenzen der Mehrheitsherrschaft bei Vereinszweckänderung und Pflichtenmehrung, BB 1987, 6–12.

Beuthien, Volker/Gätsch, Andreas, Vereinsautonomie und Satzungsrechte Dritter, ZHR 156 (1992), 459–479.

Bickel, Christian, Grenzen der Zustandshaftung des Eigentümers für die Grundstückssanierung bei Altlasten, NJW 2000, 2562–2563

Bitter, Georg, Sanierung in der Insolvenz – Der Beitrag von Treue- und Aufopferungspflichten zum Sanierungserfolg, ZGR 2010, 147–200.

Bohlken, Lars/Sprenger, Regine, Minderheitenschutz bei Personengesellschaften – Ein Beitrag zum Verhältnis von Bestimmtheitsgrundsatz, Kernbereichslehre und Treuepflicht im Lichte der BGH-Urteil vom 15.1.2007 („Otto"), vom 24.11.2008 („Schutzgemeinschaftsvertrag II") und vom 19.10.2009 („Sanieren oder Ausscheiden") –, DB 2010, 263–267.

Cromme, Franz, Kommunalrechtlicher Rahmen für die Sanierung von Zweckverbänden – Gebühren, Verbandsumlagen, Schadensersatzansprüche und Vollstreckungsbeschränkungen bei überschuldeten Abwasserverbänden, LKV 1988, 161–168.

Dauner-Lieb, Barbara/Heidel, Thomas/Ring, Gerhard (Hrsg.), Anwaltkommentar BGB, Band 1: Allgemeiner Teil mit EGBGB, 2005, Bonn (zit.: *Bearbeiter*, in: AnwKBGB).

Dembksi, Jan, Gesellschaftsrechtliche Treubindungen von Nichtmitgliedern, insbesondere nachmitgliedschaftliche Treupflichten, Diss., 2009 (zit.: *Dembski*, Treubindungen).

Deutscher, Jörg, Sanieren oder Ausscheiden – „Squeeze Out" in geschlossenen Immobilienfonds", ZfIR 2010, 481–490.

Ders., Sanierungsmaßnahmen bei maroden Immobilienfonds – (kein) aussichtsloser Kampf gegen den Bundesgerichtshof?, ZfIR 2008, 41–48.

Dütz, Wilhelm, Verbandsbezogene Verhaltenspflichten von Koalitionsmitgliedern, in: Festschrift für Marie Luise Hilger und Hermann Stumpf, 1983, 99–124.

Ebenroth, Cartsen Thomas/Boujong, Karlheinz/Joost, Detlev/Strohn, Lutz, Handelsgesetzbuch, Band 1 (§§ 1–342e), 2. Auflage, 2008, München (zit.: *Bearbeiter*, in: Ebenroth/Boujong/Joost/Strohn).

Ehlenz, Hans-Dieter, Anmerkung zu OLG Bamberg, Urt. v. 7.1.1981 – 3 U 113/80, BB 1982, 273–274.

Eilers, Stephan/Rödding, Adalbert/Schmalenbach, Dirk (Hrsg.), Unternehmensfinanzierung, 2008, München (zit.: *Bearbeiter*, in: Unternehmensfinanzierung).

Elzer, Oliver, Die Zustimmung zu baulichen Veränderungen, die Anfechtungsfrist und das Gesellschaftsrecht: Eine kurze Aufforderung zum Nachdenken, ZWE 2010, 70–71.

Ensthaler, Jürgen/Füller, Jens Thomas/Schmidt, Burkhardt, Kommentar zum GmbH-Gesetz, 2. Auflage, 2010, Köln (zit.: *Bearbeiter*, in: Ensthaler/Füller/Schmidt)

Erman, Handkommentar zum Bürgerlichen Gesetzbuch, hrsg. von Harm Peter Westermann, 12. Auflage, 2008, Köln (zit.: Erman/*Bearbeiter*).

Esch, Günter, Die gesellschaftsvertragliche Vereinbarung der Rückgewähr ausgeschütteter Gewinne der GmbH, NJW 1978, 2529–2534.

Fastrich, Lorenz, Funktionales Rechtsdenken am Beispiel des Gesellschaftsrechts, 2001, Berlin/New York (zit.: *Fastrich*, Funktionales Rechtsdenken).

Faust, Florian, Der Regress gegen Mitgesellschafter bei Personenhandelsgesellschaften, in: Festschrift für Karsten Schmidt, 2009, 357–373.

Ferneding, Ludger, Verwaltungskosten- und Verlustdeckungsumlagen eingetragener Genossenschaften, Diss., 1993, Marburg (zit.: *Ferneding*, Verlustdeckungsumlagen).

Fleischer, Holger, Prospektpflicht und Prospekthaftung für Vermögensanlagen des Grauen Kapitalmarkts nach dem Anlegerschutzverbesserungsgesetz, BKR 2004, 339–347.

Fleischmann, Hans Gunnar/Meyer-Scharenberg, Dirk, Endlich veröffentlicht: Der neue Bauherren- und Fondserlass, DStR 2004, 20–24.

Förster, Hermann W., Nachschusspflicht bei Aktiengesellschaften, Diss., 1903, Göttingen.

Frings, Michael, Neues zur gespaltenen Beitragspflicht der Personengesellschafter, NZG 2008, 218–219.

Gehling, Anselm, Haftungsrisiken des (Anleger-)Kommanditisten, BB 2011, 73–80.

Gehrlein, Markus, Anmerkung zu BGH, Urteil v. 24.9.2007 – II ZR 91/06, BB 2008, 16–17.

Ders., Zur Nachschusspflicht des dissentierenden Gesellschafters, BB 2007, 1019–1020.

Giedinghagen, Jan/Fahl, Holger, Alles (noch) bestimmt genug?, DStR 2007, 1965–1970.

Giesberts, Ludger/Reinhardt, Michael (Hrsg.), Beckscher Online-Kommentar Umweltrecht, Edition 17 (Stand: 1.10.2010), München (zit.: *Bearbeiter*, in: Giesberts/Reinhardt).

Göbel, Reinhard, Mehrheitsentscheidungen in Personengesellschaften: Bestimmtheitsgrundsatz, materielle Beschlußkontrolle und Kernbereich der Mitgliedschaft, Diss., 1992, Baden-Baden (zit.: *Göbel*, Mehrheitsentscheidungen).

Goette, Wulf, „Sanieren oder Ausscheiden" – Zur Treuepflicht des Gesellschafters in der Sanierungssituation, GWR 2010, 1–4.

Ders., Anmerkung zu BGH, Urteil v. 5.11.2007 – II ZR 230/06, DStR 2008, 115.

Ders., Minderheitenschutz bei gesellschaftsvertraglicher Abweichung vom Einstimmigkeitsprinzip, in: Festschrift für Walter Sigle, 2000, 145–161.

Ders., Anmerkung zu BGH, Beschluss v. 15.1.1996, DStR 1996, 879–881.

Grunewald, Barbara, Die Finanzierungsverantwortung des Kommanditisten, in: Festschrift für Bernhard Großfeld, 1999, 319–342.

Dies., Die Auslegung von Gesellschaftsverträgen und Satzungen, ZGR 1995, 68–92.

Dies., Vereinsordnungen – Praktische Bedeutung und Kontrolle, ZHR 152 (1988), 242–262.

Günther, Walter, Anmerkung zu BGH, U.rteil v. 23.3.1987 – II ZR 244/86, EWiR 1987, 787–788.

Haas, Matthias, Keine Trittbettfahrten für Sanierungsmuffel, NJW 2010, 984–985.

Hachenburg, Max, GmbHG, Großkommentar, Band 1 (Allgemeine Einleitung, §§ 1–34), 8. Auflage, 1992; Band 3 (§§ 53–85; Register), 8. Auflage, 1997, Berlin/New York (zit.: Hachenburg/*Bearbeiter*).

Hadding, Walther, Nochmals: Rechtsfähigkeit der Gesellschaft bürgerlichen Rechts und persönliches Verpflichtetsein ihrer Gesellschafter, in: Festschrift für Thomas Raiser, 2005, 130–144.

Ders., Einschränkung des Umfangs organschaftlicher Vertretungsmacht bei OHG und KG entsprechend § 179a AktG?, in: Festschrift für Marcus Lutter, 2000, 851–869.

Ders., Zum Rückgriff des ausgeschiedenen haftenden Gesellschafters einer OHG oder KG, in: Festschrift für Walter Stimpel, 1985, 139–163.

Harrer, Herbert/Müller, Roger, Die Renaissance des Freiverkehrs – Eine aktuelle Analyse mit internationalem Vergleich, WM 2006, 653–664.

v. Hase, Karl, Fristlose Kündigung und Abmahnung nach neuem Recht, NJW 2002, 2278–2283.

Hasenkamp, Annabel, Die neue Prospektierungspflicht für Anbieter geschlossener Fonds, DStR 2004, 2154–2159.

Heidelberger Kommentar zum Aktiengesetz, hrsg. von Tobias Bürgers und Torsten Körber, 2008, Heidelberg (zit.: *Bearbeiter*, in: Heidel-AktG).

Heinrichs, Nils, Bestimmtheitsgrundsatz, Kernbereichslehre und materielle Beschlusskontrolle unter besonderer Berücksichtigung des Verhältnisses der Institute zueinander, Diss., 2006, Berlin (zit.: *Heinrichs*, Bestimmtheitsgrundsatz).

Hermanns, Marc, Bestimmtheitsgrundsatz und Kernbereichslehre – Mehrheit und Minderheit in der Personengesellschaft, ZGR 1996, 103–115.

Heymann, Ernst, Handelsgesetzbuch (ohne Seerecht), Kommentar, hrsg. von Norbert Horn, Band 2 (Buch 2, §§ 105–237), 1996, Berlin/New York (zit.: Heymann/*Bearbeiter*).

Holler, Lorenz, Sanierung aus wichtigem Grund – Neues zur mehrheitlichen Vertragsänderung und Beschlusskontrolle in (Publikums-)Personengesellschaften, ZIP 2010, 1678–1685.

Ders., Grenzen der Mehrheitsmacht in Personengesellschaften, DB 2008, 2067–2074.

Holmer, Alexander, Die Gesellschaft bürgerlichen Rechts als Grundlage geschlossener Immobilienfonds, Diss., 2006, Berlin (zit.: *Holmer*, Geschlossener Immobilienfonds).

Hommelhoff, Peter/Kleindiek, Detlef, Das eigenkapitalersetzende Gesellschafterdarlehen zwischen Nachschußkapital und Finanzplankredit, in: Festschrift 100 Jahre GmbH-Gesetz, 1992, 421–445.

Hoppe, Tilman, Anmerkung zu BGH, Urteil v. 4.7.2005 – II ZR 126/04, ZfIR 2006, 61–62.

Hopt, Klaus J., Änderungen von Anleihebedingungen – Schuldverschreibungsgesetz, § 796 BGB und AGBGB –, in: Festschrift für Ernst Steindorff, 1990, 341–383.

Huber, Ulrich, Gesellschafterkonten in der Personengesellschaft, ZGR 1988, 1–103.

Ders., Vermögensanteil, Kapitalanteil und Gesellschaftsanteil an Personalgesellschaften des Handelsrechts, Habil., 1970, Heidelberg (zit.: *Huber*, Vermögensanteil).

Hueck, Alfred, Das Recht der offenen Handelsgesellschaft, 1971, Berlin/New York (zit.: *Hueck*, OHG).

Hüffer, Uwe, Aktiengesetz, 9. Auflage, 2010, München (zit.: *Hüffer*, AktG)

Hüttemann, Rainer, Unternehmensbewertung als Rechtsproblem, ZHR 162 (1998), 563–593.

Jauernig, Othmar (Hrsg.), Bürgerliches Gesetzbuch mit Allgemeinem Gleichbehandlungsgesetz (Auszug), Kommentar, 13. Auflage, 2009, München (zit.: Jauernig/*Bearbeiter*).

Jickeli, Joachim/Urban, Kathrin, Anmerkung zu BGH, Urteil v. 5.3.2007 – II ZR 282/05, LMK 2007, 222338.

Kaligin, Thomas, Nachschußklauseln in Gesellschaftsverträgen von Publikumspersonengesellschaften, DB 1981, 1172–1174.

Keil, Tilo, Anmerkung zu BGH, Urteil v. 25.4.2002 – I ZR 272/99, EWiR 2003, 185–186.

Keilbach, Heinz, Das Erfordernis einfacher Mehrheit in Vereinssatzungen, DNotZ 1998, 597–602.

Kellermann, Alfred, Zur Anwendung körperschaftsrechtlicher Grundsätze und Vorschriften auf die Publikums-Kommanditgesellschaft, in: Festschrift für Walter Stimpel, 1985, 295–306.

Kindler, Peter, Grundzüge des neuen Kapitalgesellschaftsrecht – Das Gesetz zur Modernisierung des GmbH-Rechts und zur Bekämpfung von Missbräuchen (MoMiG), NJW 2008, 3249–3256.

Kiss, Michael, Anlegerschutz bei geschlossenen Immobilienfonds in der Rechtsform der kupierten Publikums-KG, Diss., 2006, Münster (zit.: *Kiss*, Anlegerschutz).

Klam, Cornelia, Die Nachschusspflicht in einer Gesellschaft bürgerlichen Rechts, INF 2006, 74–77.

Klöhn, Lars, Optimistische Prognosen in der bürgerlich-rechtlichen Prospekthaftung. Zugleich Besprechung von BGH WM 2009, 2303, WM 2010, 289–296.

Klose, Holger, Zusatzgrundkapital für eingetragene Genossenschaften, Diss., 1998, Marburg (zit.: *Klose*, Zusatzgrundkapital).

Koller, Ingo/Roth, Wulf-Henning/Morck, Winfried, Handelsgesetzbuch, Kommentar, 6. Auflage, 2007, München (zit., *Bearbeiter*, in: Koller/Roth/Morck).

Kollhosser, Helmut, Anmerkung zu BGH, Urteil v. 28.4.1975 – II ZR 16/73, NJW 1976, 144–145.

Ders., Zustimmungspflicht zur Abänderung von Gesellschaftsverträgen bei Personenhandelsgesellschaften?, in: Festschrift für Harry Westermann, 1974, 275–290.

Kreißig, Wolfgang, Der Sportverein in Krise und Insolvenz, Diss., 2004, Frankfurt am Main (zit.: *Kreißig*, Sportverein).

Kübler, Friedrich/Assmann, Heinz-Dieter, Gesellschaftsrecht, 6. Auflage, 2006, Heidelberg.

Lang, Johan/Weidmüller, Ludwig, Genossenschaftsgesetz. Kommentar, mit Erläuterungen zum Umwandlungsgesetz, 36. Auflage, 2008, Berlin (zit.: *Bearbeiter*, in, Lang/Weidmüller).

Larenz, Karl, Methodenlehre der Rechtswissenschaft, 6. Auflage, 1991, Berlin (zit.: *Larenz*, Methodenlehre).

Larenz, Karl/Wolf, Manfred, Allgemeiner Teil des Bürgerlichen Gesetzbuches, 9. Auflage, 2004, München (zit.: *Larenz/Wolf*, BGB AT).

Laule, Gerhard, Anmerkung zu BGH, Beschluss v. 26.3.2007 – II ZR 22/06, WuB II J. § 707 BGB 2.07.

Leenen, Detlef, „Bestimmtheitsgrundsatz" und Vertragsänderungen durch Mehrheitsbeschluss im Recht der Personengesellschaften, in: Festschrift für Karl Larenz, 1983, 371–393.

Lettl, Tobias, Die Anpassung von Personengesellschaftsverträgen (GbR, oHG) aufgrund von Zustimmungspflichten der Gesellschafter, AcP 202 (2002), 3–39.

Ley, Ursula, Gesellschafterkonten im Lichte der grundlegenden BFH-Entscheidung vom 16.10.2008, IV R 98/06, DStR 2009, 613–620.

Dies., Rechtsnatur und Abgrenzung aktivistischer Gesellschafterkonten, DStR 2003, 957–964.

Lieder, Jan, Grund- und Zweifelsfragen des genehmigten Kapitals der GmbH, DNotZ 2010, 655–682.

Ders., Anmerkung zu LG Berlin, Urteil v. 19.4.2007 – 52 S 359/06, EWiR 2007, 655–656.

Löffler, Joachim, Der Kernbereich der Mitgliedschaft als Schranke für Mehrheitsbeschlüsse bei Personengesellschaften, NJW 1989, 2656–2662.

v. Look, Frank, Anmerkung zu BGH, Urteil v. 2.6.2008 – II ZR 289/07, LMK 2009, 273641.

Lüdicke, Jochen/Arndt, Jan-Holger, Geschlossene Fonds. Rechtliche, steuerliche und wirtschaftliche Fragen bei Immobilien-, Schiffs-, Flugzeug-, Solarenergie-, Private-Equity- sowie Lebensversicherungsfonds und anderen geschlossenen Fondsprodukten, 5. Auflage, 2009, München (zit.: *Lüdicke/Arndt*, Geschlossene Fonds).

Lutter, Marcus, Ausschluß von Gesellschaftern, Einziehung von Geschäftsanteilen und gesellschafterliche Treuepflicht, GmbHR 1997, 1134–1135.

Lutter, Marcus/Hommelhoff, Peter, GmbH-Gesetz, Kommentar, 17. Auflage, 2009, Köln (zit.: *Bearbeiter*, in: Lutter/Hommelhoff).

Maas, Gero/Jäger, Lars, Geschlossene Fonds – Änderung im Prüfungsmaßstab und weitere Aspekte der Neuregulierung, BKR 2010, 316–320.

Marsch-Barner, Reinhard, Treuepflicht und Sanierung, ZIP 1996, 853–857.

Meyer, Alfred Hagen, Das Verbraucherleitbild des Europäischen Gerichtshofs – Abkehr vom „flüchtigen Verbraucher“, WRP 1993, 215–224.

Michalski, Lutz (Hrsg.), Kommentar zum Gesetz betreffend die Gesellschaften mit beschränkter Haftung (GmbH-Gesetz), Band I (Systematische Darstellungen, §§ 1–43 GmbHG), 2. Auflage, 2010, München; Band II (§§ 35–85 GmbHG, §§ 1–4 EGGmbHG), 2. Auflage, 2010, München (zit.: Michalski/*Bearbeiter*).

Ders., Der Gesellschafterwechsel bei Personengesellschaften, NZG 1998, 95–98.

Möller, Christian, Anmerkung zu BGH, Urteil v. 5.11.2007 – II ZR 230/06, BB 2008, 238–239.

Motive zu dem Entwurfe eines Bürgerlichen Gesetzbuches für das Deutsche Reich: Band II, Recht der Schuldverhältnisse, 1888, Berlin/Leipzig (zit.: Motive zum BGB, Bd. II).

Mugdan, Benno (Hrsg.), Die gesammelten Materialien zum Bürgerlichen Gesetzbuch für das Deutsche Reich, Band II, 1899, Berlin (zit.: *Mugdan*, Motive zum BGB, Bd. II).

Müller, Andreas, Die Erhebung von Umlagen, MDR 1992, 924–925.

Müller, Klaus, Kommentar zum Gesetz betreffend die Erwerbs- und Wirtschaftsgenossenschaften, Erster Band (§§ 1–33), 2. Auflage, 1991, Bielefeld (zit.: *K. Müller*, GenG).

Müller, Klaus J., Nachschusspflicht der Gesellschafter einer KG und Ausschließung aus wichtigem Grund bei Verweigerung von Nachschüssen, DB 2005, 95–96.

Müller, Sandra, Der Arbeitnehmer als Verbraucher im Sinne des § 13 BGB, Diss., 2005, Berlin (zit.: *S. Müller*, Verbraucher).

Münchener Anwaltshandbuch Personengesellschaftsrecht, hrsg. von Hans Gummert, 2005, München (zit.: *Bearbeiter*, in: AnwHdbPerGesR).

Münchener Handbuch des Gesellschaftsrechts, Band 1 (BGB-Gesellschaft, Offene Handelsgesellschaft, Partnerschaftsgesellschaft, Partenreederei, EWIV), hrsg. von Hans Gummert und Lutz Weipert, 3. Auflage, 2009, München (zit.: *Bearbeiter*, in: MüHdbGesR-GbR); Band 2 (Kommanditgesellschaft, Stille Gesellschaft), hrsg. von Hans Gummert und Lutz Weipert; 3. Auflage, 2009 (zit.: *Bearbeiter*, in: MüHdbGesR-KG); Band 5 (Verein, Stiftung bürgerlichen Rechts), hrsg. von Volker Beuthien und Hans Gummert, 2009, München (zit.: *Bearbeiter*, in: MüHdbGesR-Verein).

Münchener Kommentar zum Aktiengesetz, hrsg. von Wulf Goette und Mathias Habersack, 3. Auflage: Band 4 (§§ 179–277), 2011; Band 1 (§§ 1–75), 2008; München (zit.: *Bearbeiter*, in: MünchKomm-AktG).

Münchener Kommentar zum Bürgerlichen Gesetzbuch, hrsg. von Kurt Rebmann, Roland Rixecker und Jürgen Säcker, 4. Auflage: Band 5 (Schuldrecht Besonderer Teil III [§§ 705–853], PartGG, ProdHaftG), 2004 (zit.: 4. Auflage); 5. Auflage: Band 1 (Allgemeiner Teil [§§ 1–240, ProstG], 2006; Band 2 (Schuldrecht Allgemeiner Teil [§§ 241–432]), 2007; Band 5 (Schuldrecht Besonderer Teil III [§§ 705–853], PartGG, ProdHaftG), 2009, München (zit.: *Bearbeiter*, in: MünchKomm-BGB).

Münchener Kommentar zum Gesetz betreffend die Gesellschaft mit beschränkter Haftung – GmbHG, hrsg. von Holger Fleischer und Wulf Goette, Band 1: §§ 1–34, 2010, München (zit.: *Bearbeiter*, in: MünchKomm-GmbHG).

Münchener Kommentar zum Handelsgesetzbuch, hrsg. von Karsten Schmidt, 2. Auflage: Band 2: Zweites Buch. Handelsgesellschaften und stille Gesellschaft (§§ 105–160), 2006; Band 3: Zweites Buch. Handelsgesellschaften und stille Gesellschaft (§§ 161–237, Konzernrecht der Personengesellschaften), 2007, München (zit.: *Bearbeiter*, in: MünchKomm-HGB).

Oetker, Hartmut (Hrsg.), Kommentar zum Handelsgesetzbuch (HGB), 2009, München (zit.: Oetker/*Bearbeiter*).

Oppenländer, Frank, Zivilrechtliche Aspekte der Gesellschafterkonten der OHG und KG, DStR 1999, 939–943.

Palandt, Otto, Bürgerliches Gesetzbuch, 70. Auflage, 2011, München (zit.: Palandt/*Bearbeiter*).

Paul, Wolfgang/Richter, Tim, Kommanditistenhaftung im Rahmen der Sanierung von Schifffahrtsgesellschaften, DB 2010, 2153–2158.

Paulick, Andreas, Ausgewählte Haftungsfragen im Recht des Zweckverbandes, DÖV 2009, 110–116.

Pöhlmann, Peter/Fandrich, Andreas/Bloehs, Joachim, Genossenschaftsgesetz, Kommentar, 3. Auflage, 2007, München (zit.: *Bearbeiter*, in: Pöhlmann/Fandrich/Bloehs).

Priester, Hans-Joachim, „Sanieren oder Ausscheiden“ im Recht der GmbH, ZIP 2010, 497–503.

Ders., Grundsatzfragen des Rechts der Personengesellschaften im Spiegel der Otto-Entscheidung des BGH, DStR 2008, 1386–1392.

Raiser, Thomas/Veil, Rüdiger, Recht der Kapitalgesellschaften, 5. Auflage, 2010, München (zit.: *Raiser/Veil*, Kapitalgesellschaften).

Reger, Gerald/Stenzel, Igor, Der Kapitalschnitt auf Null als Mittel zur Sanierung von Unternehmen – Gesellschaftsrechtliche, börsenzulassungsrechtliche und kapitalmarktrechtliche Konsequenzen, NZG 2009, 1210–1214.

Reichert, Bernhard, Handbuch Vereins- und Verbandsrecht, 12. Auflage, 2010, Köln (zit.: *Reichert*, Vereinsrecht).

Reiff, Peter/Nannt, Sarah, Die Anteilsübertragung in der Personengesellschaft – Dogmatische Grundlagen, Voraussetzungen und Rechtsfolgen, DStR 2009, 2376–2382.

Reuter, Dieter, Der Beirat der Personengesellschaft, in: Festschrift für Ernst Steindorff, 1990, 229–247.

Ders., Die Verfassung des Vereins gem. § 25 BGB, ZHR 148 (1984), 523–554.

Röhrich, Roland, Anmerkung zu OLG Schleswig, Urteil v. 11.2.2005 – 1 U 113/04, EWiR 2005, 761–762.

Röhricht, Volker/v. Westphalen, Friedrich Graf (Hrsg.), Handelsgesetzbuch. Kommentar zu Handelsstand, Handelsgesellschaften, Handelsgeschäften und besonderen Handelsverträgen (ohne Bilanz-, Transport- und Seerecht), 3. Auflage, 2008, Köln (zit.: *Bearbeiter*, in: Röhricht/v. Westphalen).

Römermann, Volker, Anmerkung zu BGH, Urteil v. 19.10.2009 – II ZR 240/08, NZI 2009, 910–911.

Roth, Günter H./Altmeppen, Holger, GmbH-Gesetz, Kommentar, 6. Auflage, 2009, München (zit.: *Bearbeiter*, in: Roth/Altmeppen).

Röttger, Robert, Die Kernbereichslehre im Recht der Personenhandelsgesellschaften, Diss., 1989, Heidelberg (zit.: *Röttger*, Kernbereichslehre).

Rowedder, Heinz/Schmidt-Leithoff, Christian, GmbHG, Kommentar, 4. Auflage, 2002, München (zit.: *Bearbeiter*, in: Rowedder/Schmidt-Leithoff).

Saenger, Ingo, Anmerkung zu BGH, Urteil v. 5.11.2007 – II ZR 230/06, LMK 2008, 250670.

Sauter, Eugen/Schweyer, Gerhard/Waldner, Wolfram, Der eingetragene Verein, 19. Auflage, 2010, München.

Schäfer, Carsten, Zur beschränkten Gesellschafterhaftung in der Publikums-GbR, in: Festschrift für Gerd Nobbe, 2009, 909–926.

Ders., Mehrheitserfordernisse bei Stimmrechtskonsortien, ZGR 2009, 768–787.

Ders., Nachschusspflichten bei Personengesellschaften, in: Gesellschaftsrechtliche Vereinigung (Hrsg.), Gesellschaftsrecht in der Diskussion 2007, 2008, 137–152 (zit.: *Schäfer*, Gesellschaftsrecht i. d. Diskussion).

Ders., Anmerkung zu BGH, Urteil v. 23.1.2006 – II ZR 126/04, EWiR 2006, 301–302.

Ders., Stimmrechtslose Anteile in der GmbH, GmbHR 1998, 168–174.

Ders., Der stimmrechtslose GmbH-Geschäftsanteil, Diss., 1997, Köln (zit.: *Schäfer*, Geschäftsanteil).

Scherf, Nina, Die Nachschußpflicht im Gesellschaftsrecht, Diss., 2002, Frankfurt am Main (zit.: *Scherf*, Nachschußpflicht).

Schiefer, Christina, Rechtsformen der Publikumsgesellschaften und Sonderrecht der Publikums-KG (Teil 1), DStR 1997, 119–124.

Schimansky, Herbert/Bunte, Hermann-Josef/Lwoski, Hans-Jürgen (Hrsg.), Bankrechts-Handbuch, Band II, 3. Auflage, 2007, München (zit.: *Bearbeiter*, in: Schimansky/Bunte/Lwoski).

Schlegelberger, Franz, Handelsgesetzbuch, Kommentar, 5. Auflage, Band III/1. Halbband (§§ 105–160), 1992; Band III/2. Halbband (§§ 161–177a), 1986, München (zit.: Schlegelberger/*Bearbeiter*).

Schmidt, Karsten, Sanieren oder Ausscheiden. Bemerkungen zum Urteil des BGH vom 19.10.2009 – II ZR 240/08, JZ 2010, 125–130.

Ders., „Schutzgemeinschaftsvertrag II“: ein gesellschaftsrechtliches Lehrstück über Stimmrechtskonsortien, ZIP 2009, 737–743.

Ders., Mehrheitsbeschlüsse in Personengesellschaften – Stand und Fortbildung des Innenrechts der Personengesellschaften nach dem „Otto“-Urteil des Bundesgerichtshofes, ZGR 2008, 1–33.

Ders., Urteilsanmerkung zu BGH, Urteil v. 5.3.2007 – II ZR 282/05; Urteil v. 19.3.2007 – II ZR 73/06, JuS 2007, 971–972.

Ders., Nebenleistungsgesellschaften (§ 55 AktG, § 3 Abs. 2 GmbHG) zwischen Gesellschaftsrecht, Schuldrecht und Kartellrecht – Von der Rübenzucker-AG zum Nebenleistungsnetzwerk, in: Festschrift für Ulrich Immenga, 2004, 705–722.

Ders., Gesellschaftsrecht, 4. Auflage, 2002, Köln/Berlin/Bonn/München.

Ders., Die BGB-Außengesellschaft: rechts- und parteifähig – Besprechung des Grundlagenurteils II ZR 331/00 vom 29.1.2001, NJW 2001, 993–1003.

Ders., Mehrheitsregelungen in GmbH & Co. Verträgen – Verständnis oder Missverständnis des „Bestimmheitsgrundsatzes“, ZHR 158 (1994), 205–228.

Ders., Verbandszweck und Rechtsfähigkeit im Vereinsrecht, 1984, Heidelberg (zit.: *K. Schmidt*, Verbandszweck).

Ders., Wirtschaftstätigkeit von „Idealvereinen“ durch Auslagerung auf Handelsgesellschaften – Bemerkungen zum ADAC-Urteil des BGH, NJW 1983, 543–546.

Ders., Die sanierende Kapitalerhöhung in Aktiengesellschaft, GmbH und Personengesellschaft, ZGR 1982, 519–538.

Ders., Organverantwortlichkeit und Sanierung im Insolvenzrecht der Unternehmen, ZIP 1980, 328–337.

Schmidt, Karsten/Lutter, Marcus, Aktiengesetz, Kommentar, Band I (§§ 1–149), Band II (§§ 150–410), 2. Auflage, 2010, Köln (zit.: *Bearbeiter*, in: K. Schmidt/Lutter).

Schneider, André, Immobilienfondsbeteiligungen in der Rückabwicklung, Diss., 2009, Franfurt am Main (zit.: *Schneider*, Rückabwicklung).

Schodder, Thomas F. W., Anmerkung zu BGH, Urteil v. 25.5.2009 – II ZR 259/07, EWiR 2009, 601–602.

Ders., Anmerkung zu BGH, Urteil v. 5.11.2007 – II ZR 230/06, EWiR 2008, 43–44.

Ders., Anmerkung zu KG, Urteil v. 8.12.2006 – 14 U 21/06, EWiR 2007, 269–270.

Scholz, Franz, Kommentar zum GmbH-Gesetz, 10. Auflage: Band I (§§ 1–34), 2006; Band III (§§ 53–85, Nachtrag MoMiG, §§ 1–4 EGGmbHG), 2010, Köln (zit.: Scholz/*Bearbeiter*).

Schöpflin, Martin, Anmerkung zu BGH, Urteil v. 24.9.2007 – II ZR 91/06, WuB II N. § 58 BGB 1.08.

v. Schorlemer, Benedikt/Stupp, Matthias, Kapitalerhöhung zu Sanierungszwecken – zur Reichweite der Zustimmungspflicht des Minderheitsgesellschafters mit Sperrminorität, NZI 2003, 345–354.

Schubert, Claudia, Der außerordentliche Finanzbedarf des eingetragenen Vereins – Möglichkeiten und Grenzen seiner Finanzierung. Zugleich Besprechung der Entscheidung des BGH vom 24.9.2007, WM 2008, 1197–1204.

Schuster, Gunnar, Zur Stellung der Anteilseigner in der Sanierung, ZGR 2010, 325–355.

Schwab, Martin, Das Prozeßrecht gesellschaftsinterner Streitigkeiten, Habil., 2005, Tübingen.

Seibert, Ulrich/Decker, Daniela, Die GmbH-Reform kommt! Zur Verabschiedung des Gesetzes zur Modernisierung des GmbH-Rechts und zur Bekämpfung von Missbräuchen (MoMiG) im Deutschen Bundestag, ZIP 2008, 1208–1212.

Sigle, Walter, Anmerkungen zum Bestimmtheitsgrundsatz und zur Kernbereichslehre im Recht der Personengesellschaft auf der Grundlage der OTTO-Entscheidung des BGH, in: Festschrift für Uwe Hüffer, 2010, 973–984.

Ders., Gedanken zur Wirksamkeit von Abfindungsklauseln in Gesellschaftsverträgen, ZGR 1999, 659–681.

Soergel, Hans Theodor, Bürgerliches Gesetzbuch mit Einführungsgesetzen und Nebengesetzen, Band 1 (Allgemeiner Teil 1 [§§ 1–103]), 13. Auflage, 2000; Band 5/1 (Schuldrecht IV/1 [§§ 705–822]), 12. Auflage, 2007, Stuttgart/Berlin/Köln/Mainz (zit.: Soergel/*Bearbeiter*).

Spindler, Gerald/Stilz, Eberhard, Kommentar zum Aktiengesetz, Band 1 (§§ 1–149), Band 2 (§§ 150–410), 2. Auflage, 2010, München (zit.: *Bearbeiter*, in: Spindler/Stilz).

Staub, Hermann, Handelsgesetzbuch, Großkommentar, Dritter Band (§§ 105–160), 5. Auflage, 2009, Berlin (zit.: Staub/*Bearbeiter*).

v. Staudinger, Julius, Kommentar zum Bürgerlichen Gesetzbuch mit Einführungsgesetz und Nebengesetzen, §§ 21–79, Bearbeitung 2005; §§ 705–740 (Gesellschaftsrecht), Bearbeitung 2003, Berlin (zit.: Staudinger/*Bearbeiter*).

Stöber, Kurt, Handbuch zum Vereinsrecht, 9. Auflage, 2004, Köln (zit.: *K. Stöber*, Vereinsrecht).

Stöber, Michael, Anmerkung zu OLG Celle, Urteil v. 17.8.2005 – 9 U 33 05, WuB II E. § 707 BGB 1.06.

Stupp, Matthias, Hybride Finanzierungsformen und Nachschusspflicht als Rettungsanker für Fonds-KGs? – Zugleich Anmerkung zu BGH-Urteil vom 19.10.2009 – II ZR 240/08, DB 2009, S. 2596 –, DB 2010, 489–495.

Theisen, Manuel/Lins, Oliver, Defeasance-Strukturen bei Filmfonds – Modell, Funktion und steuerliche Konsequenzen, DStR 2010, 1649 – 1659.

Thierau, Thomas/Messerschmidt, Burkhard, Die Bau-ARGE – Teil 1: Grundstrukturen und Vertragsgestaltung, NZBau 2007, 129–139.

Thümmel, Roderich C., Möglichkeiten und Grenzen der Kompetenzverlagerung auf Beiräte in der Personengesellschaft und in der GmbH, DB 1995, 2461–2465.

Timm, Wolfram, Treuepflichten im Aktienrecht, WM 1991, 481–494.

Ulmer, Peter, Testamentsvollstreckung am Kommanditanteil – Voraussetzungen und Rechtsfolgen, NJW 1990, 73–83.

Ders., Begründung von Rechten für Dritte in der Satzung einer GmbH?, in: Festschrift für Winfried Werner, 1984, 911–931.

Ulmer, Peter/Habersack, Mathias/Winter, Martin, GmbHG, Großkommentar, Band I (Einleitung; §§ 1 bis 28), 2005, Band III (§§ 53 bis 87), 2008, Tübingen (zit.: *Bearbeiter*, in: Ulmer/Habersack/Winter).

Versteyl, Ledger-Anselm/Sondermann, Wolf Dieter, Bundes-Bodenschutzgesetz, Kommentar, 2. Auflage, 2005, München (zit.: *Bearbeiter*, in: Versteyl/Sondermann).

Vierhaus, Hans-Peter, Altlastenfreistellung als Wirtschaftsförderung – Eine Rechtsprechungsübersicht, NVwZ 2004, 418–425.

Voormann, Volker, Der Beirat im Gesellschaftsrecht, 2. Auflage, 1990, Köln/Berlin/Bonn/München (zit.: *Voormann*, Beirat).

Voß, Thorsten, Geschlossene Fonds unter dem Rechtsregime der Finanzmark-Richtlinie (MiFID)?, BKR 2007, 45–54.

Wagner, Klaus-R., Neuere gesellschaftsrechtliche Entwicklungen in Rechtsprechung und Fachschrifttum zu notleidenden geschlossenen Immobilienfonds, WM 2010, 1684–1690.

Ders., Notleidende geschlossene Fonds: Sanieren oder Ausscheiden, NZG 2009, 1378–1381.

Ders., Neue Entwicklungen zum Sonderrecht der Publikums-Personengesellschaften – Teil I, ZNotP 2009, 48–54.

Ders., Nachschusspflichten bei notleidenden geschlossenen GbR-Immobilienfonds, WM 2006, 1273–1281.

Ders., Zur Aufspaltung von Beitragspflichten bei der GbR als Publikumspersonengesellschaft, DStR 2006, 1044–1048.

Ders., Freier Kapitalanlagemarkt: Bewusste und eigenverantwortliche Entscheidung von Anlegern, DStR 2005, 1449–1454.

Ders., Sind Kapitalanleger Verbraucher?, BKR 2003, 649–656.

Ders., Umsetzung von Krisenmanagement bei notleidenden geschlossenen Immobilienfonds, NZG 1999, 868–875.

Ders., Krisenmanagement bei notleidenden geschlossenen Immobilienfonds, NZG 1999, 289–299.

Wagner, Klaus-R./v. Heymann, Ekkehard, Umgang mit Not leidenden geschlossenen Immobilienfonds – Neuere Entwicklungen, WM 2003, 2222–2232 (Teil 1); WM 2003, 2257–2266 (Teil 2).

Walch, Mathias, Die Sanierung der Immobilienfondsgesellschaft, Diss., 2006, Baden-Baden, (zit.: *Walch*, Immobilienfondsgesellschaft).

Weber, Christoph, Sanieren oder Ausscheiden – Treuebindungen bei der Sanierung von Personengesellschaften. Zugleich Besprechung des BGH-Urteils vom 19.10.2009, II ZR 240/08, DStR 2009, 2495, DStR 2010, 702–707.

Ders., Privatautonomie und Außeneinfluß im Gesellschaftsrecht, Habil., 2000, Tübingen (zit.: *C. Weber*, Privatautonomie).

Weber, Martin, Vormitgliedschaftliche Treubindungen. Begründung, Reichweite und Vorauswirkungen gesellschaftsrechtlicher Treuepflichten, Habil., 1999, München (zit.: *M. Weber*, Vormitgliedschaftliche Treubindungen).

Weber, Sebastian/Bulach, Alexander, Hasta la vista, Baby – Ausstieg aus Medienfonds, BKR 2009, 504–508.

Weimar, Robert, Haftung und Verlustbeteiligung des Kommanditisten, DStR 1997, 1730–1734.

Werner, Rüdiger, Anmerkung zu BGH, Urteil v. 5.3.2007 – II ZR 282/05, GmbHR 2007, 536–538.

Wertenbruch, Johannes, Beschlussfassungen und Pflichtverletzungen in Stimmrechtskonsortien, NZG 2009, 645–649.

Ders., Zur Begründung von Nachschusspflichten im Personengesellschaftsrecht, DStR 2007, 1680–1684.

Ders., Beschlussfassung in Personengesellschaft und KG-Konzern, ZIP 2007, 798–803.

Ders., Die Rechtsprechung zum Personengesellschaftsrecht in den Jahren 2003 bis 2005, NZG 2006, 408–421.

v. Weschpfennig, Armin, Der Widerruf der Beteiligung an einem Immobilienfonds – Anwendbarkeit der Grundsätze des fehlerhaften Gesellschaftsbeitritts?, BKR 2009, 99–106.

Westermann, Harm Peter, Die Sanierung geschlossener Immobilienfonds, NZG 2010, 321–328.

Ders. (Hrsg.), Handbuch der Personengesellschaften, Köln, Stand: 33. Lieferung 2005 (zit.; *Bearbeiter*, in: HdbPersGesR).

Wicke, Hartmut, GmbHG, Kommentar, 2008, München (zit.: *Wicke*, GmbHG).

Wiedemann, Herbert, Treuebindungen und Sachlichkeitsgebot, WM 2009, 1–9.

Ders., Zum gesellschaftsrechtlichen Anlegerschutz in Publikums-Personengesellschaften, in: Festschrift für Hans-Joachim Priester, 2007, 857–865.

Ders., Gesellschaftsrecht. Ein Lehrbuch des Unternehmens- und Verbandsrechts. Band II – Recht der Personengesellschaften, 2004, München (zit.: *Wiedemann*, Gesellschaftsrecht II).

Ders., Gesellschaftsrecht. Ein Lehrbuch des Unternehmens- und Verbandsrechts. Band I – Grundlagen, 1980, München (zit.: *Wiedemann*, Gesellschaftsrecht I).

Ders., Kapitalerhöhung in der Publikums-KG – Besprechung der Entscheidung BGHZ 66, 82, ZGR 1977, 690–697.

Wiedenmann, Kai-Udo, Verbraucherleitbilder und Verbraucherbegriff im deutschen und europäischen Privatrecht, Diss., 2004, Frankfurt am Main (zit.: *Wiedenmann*, Verbraucherleitbild).

Winter, Martin, Mitgliedschaftliche Treubindungen im GmbH-Recht. Rechtsformspezifische Aspekte eines allgemeinen gesellschaftsrechtlichen Prinzips, Diss., 1988, München (zit.: *Winter*, Treubindungen).

Wulff, Oliver, Anmerkung zu BGH, Urteil v. 23.1.2006 – II ZR 306/04, WuB II J. § 707 BGB 1.06.

Zimmermann, Martin, Anmerkung zu BGH, Urteil v. 5.11.2007 – II ZR 230/06, WuB II J. § 707 BGB 1.08.

Ders., Anmerkung zu BGH, Urteil v. 19.3.2007 – II ZR 73/06, WuB II J. § 707 BGB 1.07.

Ders., Anmerkung zu BGH, Urteil v. 23.1.2006 – II ZR 126/04, WuB II J. § 707 BGB 2.06.

Zöllner, Wolfgang, Die Anpassung von Personengesellschaftsverträgen an veränderte Umstände, 1979, Heidelberg/Karlsruhe (zit.: *Zöllner*, Anpassung).

Ders., Die Schranken mitgliedschaftlicher Stimmrechtsmacht bei den privatrechtlichen Personenverbänden, Habil., 1963, München/Berlin (zit.: *Zöllner*, Schranken).

Zunft, Fritz, Anmerkung zu BGH, Urteil v. 2.7.1962 – II ZR 204/60, NJW 1962, 2148–2149

Stichwortverzeichnis